삶이 분주하고 바쁠 때 드리는
# 새벽기도
# 365일

삶이 분주하고 바쁠 때 드리는

# 새벽기도
# 365일

용혜원 지음

나무생각

책 처음에

## 기도로 새벽을 열라

우리는 참으로 바쁘고 분주한 시대를 살고 있다. 그러나 아무리 바쁘고 분주한 시간 속에서도 우리가 꼭 해야 할 것이 있다. 그것은 기도다. 아무리 바쁜 일상의 연속이라고 해도 새벽에 잠시 동안 주님의 말씀을 묵상하고 기도한다면 우리는 한층 더 활기 넘치고 희망이 가득한 삶을 살게 될 것이다.

기도는 하나님이 우리 그리스도인들에게 주신 특권이다. 기도는 아무나 할 수 없다. 주님을 영접한 하나님의 자녀들만이 할 수 있다. 하나님은 우리의 기도를 기뻐하시며 들어주신다. 기도는 주님께로 나아가는 길이다.

우리가 기도하지 않는다면 무력감과 죄책감에 시달리게 될 것이다. 그러나 우리가 기도한다면 평안과 하나님의 인도하심이 우리의 삶 속에 가득해짐을 체험하게 될 것이다. 성 클레멘트는 "기도는 하나님과의 교제를 유지하는 것이다"라고 했다.

우리의 삶은 누구와 어떻게 교제하느냐에 따라 달라진다. 기도는 하나님과 교제하는 것이다. 기도하면 우리의 삶은 분명하고 확실하게 달라질 것이다. 기도는 우리를 변화시킨다. 삶에 용기를 주고 희망을 가져다준다. 우리가 효과적인 기도를 드릴 때 하나님은 분명하게 응답하신다. 새벽에 혹은 틈틈이 비록 작은 기도일지라도 하나님께 진실하게 고백한다면 하나님은 기뻐 받으실 것이다. 바쁘다는 핑계는 대지 마라. 우리가 기도할 시간이 없을 정도로 바쁘다면 그 영혼은 벌써 죽어 가고 있는 것이다. 우리는 기도를 통해 우리의 삶을 감동과 감격이 넘치는 삶으로 만들어 가야 한다. 하나님은 언제나 우리와 함께하여 주신다. 이 얼마나 신나는 일인가.

　기도는 우리 삶의 표현이다. 우리가 그리스도인이라면 무엇보다 먼저 기도해야 한다. 기도는 우리의 생명줄이며, 우리의 호흡이다. 주님은 우리에게 기도를 가르쳐 주시고, 친히 기도생활을 하셨다. 우리가 기도하지 않으면 주님을 따를 수 없다. 기도하는 사람은 삶에 기쁨과 감동이 넘친다. 능력 있는 삶 속에 하나님의 자녀다운 삶을 살아갈 수 있다. 우리는 오늘도, 내일도 기도해야 한다. 주님은 언제나 우리와 함께하신다.

2012년 10월
용혜원

## 차례

책 처음에  4

**1월** 우리의 삶을 인도하여 주소서  9

**2월** 날마다 소망 속에 살게 하소서  43

**3월** 주님의 고난을 묵상하게 하소서  75

**4월** 부활의 은혜 속에 살게 하소서  109

**5월** 가정을 위하여 기도하게 하소서  141

**6월** 나라와 민족을 위하여 기도하게 하소서  175

**7월** 성령 충만한 삶을 살게 하소서  207

**8월** 믿음의 열정을 갖고 살게 하소서  241

**9월** 신앙의 열매를 맺게 하소서  275

**10월** 주님의 은혜가 늘 풍성하게 하소서  307

**11월** 우리의 삶이 예수로 물들게 하소서  341

**12월** 우리의 삶 속에 주님의 뜻을 이루소서  373

# 1

January

## 우리의 삶을 인도하여 주소서

나의 삶의 첫 번째 자리에
주님의 말씀이 놓여지기를 원합니다

나의 모든 행동이
주님의 모습을 닮기를 원합니다

나의 모든 발길이
주님의 발자취를 따르기를 원합니다

## 주님의 말씀을 듣게 하소서

내가 하던 말들을 멈추고
주님의 말씀을 듣고자 합니다

내 마음 판에
주님의 말씀이 새겨지기를 원합니다
나의 삶의 첫 번째 자리에
주님의 말씀이 놓여지기를 원합니다

내가 생각하던 것들을 멈추고
주님의 말씀을 묵상합니다

나의 생각 속에
주님이 찾아오시기를 원합니다

나의 모든 행동이
주님의 모습을 닮기를 원합니다
나의 모든 발길이
주님의 발자취를 따르기를 원합니다

주여 내 마음에 오셔서
함께하여 주소서
나의 마음이
주님께 붙잡힌바 되기를 원합니다

# 1 January 1

## 기도는 하나님에게서 시작되는 것이다

복 있는 사람은 악인들의 꾀를 따르지 아니하며 죄인들의 길에 서지 아니하며 오만한 자들의 자리에 앉지 아니하고 오직 여호와의 율법을 즐거워하여 그의 율법을 주야로 묵상하는도다 그는 시냇가에 심은 나무가 철을 따라 열매를 맺으며 그 잎사귀가 마르지 아니함 같으니 그가 하는 모든 일이 다 형통하리로다 시편 1:1-3

새해 첫날을 열어 주신 하나님!
이 첫 시간 첫 입술을 열어 기도하오니 받아 주시기를 원합니다.
올 한 해를 하나님께서 인도하여 주시고 함께하심으로
하나님의 영광을 드러내는 한 해가 되게 해 주시기를 원합니다.
하나님께서 펼쳐 주실 놀라운 일들을 기대하며
소망 가운데 살아가는 한 해가 되게 해 주시기를 원합니다.
올 한 해 계획하고 이루고자 하는 일들을 인도하여 주셔서
우리의 삶 속에 풍성한 열매를 맺기를 원합니다.
우리가 주님께 쓰임받게 하소서.
말씀 속에 살아가게 하시고 기도 속에 살아가게 해 주소서.
성령 충만함 속에 올 한 해 모든 날마다 은혜와 축복이 넘치게 하소서.
우리 주 예수 그리스도의 이름으로 기도합니다. 아멘!

### 오늘의 묵상

기도는 하나님에게서 시작되는 것이다. 그것은 그분의 생각이다. 기도하고 싶은 욕망은 우리와 대화하기를 원하시는 하나님의 더 큰 열망의 결과다. 우리가 기도하고 싶은 충동을 느낄 때는 그분께서 우리에게 하실 말씀이 있는 것이다. 시작하는 이는 하나님이시다. 하루를 시작하고 마칠 때 전보다 더 길게 기도하고 싶은 강한 소망을 갖는 것은 하나님이 주시는 선물이다. 낮 동안 여러 가지 문제와 기회를 위해 기도해야겠다는 필요를 느끼는 것은 하나님께서 나누어 주시려는 지혜와 통찰이 있기 때문이다.

# 1 January 2

## 기도하지 않는 것은 무신론이다

악인들은 그렇지 아니함이여 오직 바람에 나는 겨와 같도다 그러므로 악인들은 심판을 견디지 못하며 죄인들이 의인들의 모임에 들지 못하리로다 무릇 의인들의 길은 여호와께서 인정하시나 악인들의 길은 망하리로다 시편 1:4-6

새로운 생명의 새벽을 열어 주신 주님!
이 새벽에 처음 하는 말이 기도가 되게 하심을 감사드립니다.
이 시간 내 마음과 내 영혼에 흘러넘치는 주님의 은혜를
온전히 체험하게 해 주시기를 원합니다.
온 우주와 세계로 뻗어 있는 주님의 능력의 손길 속에
오늘 하루도 인도하심을 받게 해 주시기를 원합니다.
나의 발길이 믿음의 출입구로 들어가게 하시고
믿음의 통로 안에서 살게 하소서.
주님 앞에 홀로 있는 이 시간부터 사람들과 함께 일하는 시간까지
언제나 주님이 주시는 기쁨을 체험하게 하소서.
오늘도 온종일 주님의 사랑이 나를 휘감고 있음을 알게 하소서.
우리 주 예수 그리스도의 이름으로 기도합니다. 아멘!

### 오늘의 묵상

하나님의 백성들이 얼마나 기도를 적게 하는지 살펴보면 참으로 놀라지 않을 수 없다. 만약 우리가 하나님께 나아와서 우리가 원하고 필요한 것들을 고할 때 이를 얻을 수 있다는 사실을 실제로 믿는다면 우리는 기도할 것이다. 우리가 기도하지 않게 만드는 데는 어느 정도의 불신이나 무신론이 존재하고 있음이 틀림없다. 주님은 사람을 만드셨다. 산과 언덕과 광야도 만드셨다. 그리고 이렇게 말씀하셨다. "나는 너와 대화하기를 원하노라. 네가 내게 나아와 나를 찾아주기를 원하노라. 우리가 함께 교제하기를 내가 원하노라."

# 1 January 3

## 기도드리는 시간을 즐겨라

어찌하여 이방 나라들이 분노하며 민족들이 헛된 일을 꾸미는가 세상의 군왕들이 나서며 관원들이 서로 꾀하여 여호와와 그의 기름 부음 받은 자를 대적하며 우리가 그들의 맨 것을 끊고 그의 결박을 벗어 버리자 하는도다 하늘에 계신 이가 웃으심이여 주께서 그들을 비웃으시리로다 시편 2:1-4

우리의 마음을 쏟는 기도를 들어주시는 주님!
이 새벽에 우리의 마음에 찾아오셔서 우리의 마음을 열게 하사
우리의 기도를 들어주시기를 원합니다.
우리에게 주님을 향한 소망이 있게 해 주시고
그 소망들이 응답받게 해 주시기를 원합니다.
오늘 하루도 주님의 이름으로 승리하는
하루가 되게 해 주시기를 원합니다.
하루를 기도로 시작함으로써 즐거움이 가득하고
기쁨이 가득한 삶을 살아가게 해 주시기를 원합니다.
기도함으로 주님과 교제하는 시간을 즐기게 하소서.
모든 것을 주님께 맡김으로 평안한 하루가 되게 하소서.
우리 주 예수 그리스도의 이름으로 기도합니다. 아멘!

### 오늘의 묵상

기도를 즐겨라. 어떻게 하면 기도가 훨씬 더 즐거워질 수 있을지를 항상 생각하라. 전투를 위해 영적인 군사를 준비시키는 데 있어서 강력한 개인적 기도 습관을 발전시키는 것은 매우 중요하다. 기도를 더욱 깊이 즐길 수 있도록 하는 데 큰 도움을 줄 수 있는 5가지 원칙이 있다. 기도 장소, 기도 시간, 기도 태도, 기도 형식, 기도의 질이다. 기도를 즐기는 것이 바로 당신이 영적 전투를 위해 잘 준비되고 있다는 확실한 증거다.

# 1 January 4

## 기도를 하는 이유는 무엇인가

내가 여호와의 명령을 전하노라 여호와께서 내게 이르시되 너는 내 아들이라 오늘 내가 너를 낳았도다 내게 구하라 내가 이방 나라를 네 유업으로 주리니 네 소유가 땅끝까지 이르리로다 네가 철장으로 그들을 깨뜨림이여 질그릇같이 부수리라 하시도다 시편 2:7-9

우리에게 새 생명을 주신 주님!
간밤에도 깊은 잠을 주사 피곤을 풀어 주시고
이 새벽에 깨워 주심을 사모하며 기도하게 하심을 감사드립니다.
우리로 하여금 기도하는 이유를 알게 하시고
예수의 이름으로 기도하게 하시는 주님을 사랑합니다.
이 새벽 사랑하는 이들의 삶을 인도하여 주시기를 원합니다.
하나님의 백성들과 성도들과 사랑하는 가족들을
오늘도 주님의 사랑으로 인도하여 주시기를 원합니다.
저들의 소망을 아시는 주님께서 이루어 주시고
주님 안에서 오늘도 참소망을 이루며 살아가게 해 주시기를 원합니다.
이 새벽에 기도하게 하시는 주님을 사랑합니다.
우리 주 예수 그리스도의 이름으로 기도합니다. 아멘!

### 오늘의 묵상

하나님의 말씀인 성경은 우리가 기도해야 하는 까닭에 대해 많은 증거를 보여 주고 있다. 그러나 아직도 많은 사람들이 신앙생활에 있어서 기도를 등한시 하고, 꼭 필요한 것이라고 생각하지 않는다. 체험, 교육, 사업, 노력, 적극성, 계획 등에 의지하는 반면 기도를 망각하고 있는 그리스도인이 많다. 어떤 사람은 가끔 기도를 하고 또 다른 사람은 단지 충동을 받을 때만 기도를 한다. 우리는 기도하고 싶은 생각이 들 때만 기도해서는 안 되며, 하나님의 말씀에 따라 우리 생활에서 규칙적으로 행해야 한다. 기도 없이는 완전한 마음의 평화를 누릴 수 없다.

# January 1/5

## 기도는 그리스도인의 비밀무기다

그런즉 군왕들아 너희는 지혜를 얻으며 세상의 재판관들아 너희는 교훈을 받을지어다 여호와를 경외함으로 섬기고 떨며 즐거워할지어다 그의 아들에게 입맞추라 그렇지 아니하면 진노하심으로 너희가 길에서 망하리니 그의 진노가 급하심이라 여호와께 피하는 모든 사람은 다 복이 있도다 시편 2:10-12

우리에게 가장 강한 무기인 기도를 주신 주님!
우리에게 다가오는 어떤 일도 기도로 이겨 내게 하심을 믿사오니
오늘 하루 주님의 능력으로 살게 해 주소서.
우리로 하여금 성령 충만함을 입게 하시고
성령의 인도하심을 따라 짜증이나 불평함 없이
항상 기뻐하는 성도의 삶을 살게 해 주시기를 원합니다.
오늘도 이 새벽부터 잠들 때까지 행복한 삶을 살게 해 주소서.
나의 삶에서 가장 소중한 것이 주님이 되게 해 주시고
그렇게 될 수 있는 믿음을 주시기를 원합니다.
오늘 하루도 주님의 사랑 속에 살게 하심이
그 무엇보다 놀라운 축복임을 고백합니다.
우리 주 예수 그리스도의 이름으로 기도합니다. 아멘!

### 오늘의 묵상

기도와 관련해서 "내가 할 수 있는 일이라고는 아무것도 없다"라고 말할 수는 없다. 우리는 이렇게 말해야 한다. "나는 언제, 어디서나, 심지어 예수께서 행하신 것과 같은 위대한 일들을 할 수 있다. 그러니 우두커니 서 있을 필요는 없다. 왜냐하면 기도할 수 있으니까!" 내가 기도에 대해 발견한 놀라운 사실이 있다. 바로 '기도는 그리스도인의 비밀무기' 라는 것이다. 기도는 지구 어느 곳을 향해서도 발사되고, 적이 미처 탐지할 겨를도 없이 재빨리 목표물을 향해 날아가서 맞출 수 있는 미사일과 같다.

# 1 / 6 January — 감사로 드리는 기도

여호와여 나의 대적이 어찌 그리 많은지요 일어나 나를 치는 자가 많으니이다 많은 사람이 나를 대적하여 말하기를 그는 하나님께 구원을 받지 못한다 하나이다 (셀라) 여호와여 주는 나의 방패시요 나의 영광이시요 나의 머리를 드시는 자이시니이다 내가 나의 목소리로 여호와께 부르짖으니 그의 성산에서 응답하시는도다 (셀라)

시편 3:1-4

오늘 하루를 감사의 기도로 시작하게 하시는 하나님!
우리의 모든 삶이 하나님의 사랑과 은혜로 이루어졌으니
감사와 찬양을 드립니다.
우리가 하나님의 사랑이 아니면 어찌 구원을 받아
천국을 소망하며 살아갈 수 있겠습니까.
오늘도 하나님의 사랑을 받으며
하루를 시작하게 하심을 감사드립니다.
오늘 하루 온종일 하나님께 감사드릴 일들이
많이 일어나기를 기대하고 원합니다.
내가 하는 일에 감사하게 하시고
내가 만나는 사람들에 감사하게 하시며
언제나 최선을 다하여 살게 하여 주소서.
우리 주 예수 그리스도의 이름으로 기도합니다. 아멘!

### 오늘의 묵상

주님은 쉬지 않고 기도하셨으며 범사에 감사를 드리셨다. 주님은 아버지께서 모든 상황에 대한 답을 갖고 계시다는 것을 알고 계셨다. 주님은 또한 자신의 삶이 아버지께 헌신되어 있고 자신이 아버지의 뜻을 수행하기 때문에 나머지는 아버지께서 다 책임져 주실 것을 아셨다. 그러므로 어떤 상황이 벌어지든 언제나 아버지께 기도를 드리셨고 감사를 드리셨다. 우리가 알고 있듯이 이것이야말로 그리스도 예수 안에 있는 우리 한 사람, 한 사람을 향한 하나님의 뜻이다. 무슨 일이 일어나든 하나님께 감사하라.

# 기도를 드리는 법칙이 있다

**January 1 7**

내가 누워 자고 깨었으니 여호와께서 나를 붙드심이로다 천만인이 나를 에워싸 진 친다 하여도 나는 두려워하지 아니하리이다 여호와여 일어나소서 나의 하나님이여 나를 구원하소서 주께서 나의 모든 원수의 뺨을 치시며 악인의 이를 꺾으셨나이다 구원은 여호와께 있사오니 주의 복을 주의 백성에게 내리소서 (셀라) 시편 3:5-8

우리의 기도를 들으시는 주님!
우리의 기도가 주님을 향한 기도가 되게 하소서.
우리의 기도가 주님의 뜻에 합당한 기도가 되게 하소서.
우리의 기도가 주님의 이름으로 드리는 기도가 되게 하소서.
우리의 삶에 수많은 시간들을 허락하여 주셨지만
기도하는 시간이 참으로 소중한 시간이오니
이 새벽에 마음을 활짝 열어 기도하듯이
항상 깨어 기도하는 성도가 되게 하소서.
기도함으로 주님의 마음을 배우게 하시고
기도함으로 주님의 인도하심을 따르게 하여 주시기를 원합니다.
기도해야 할 때가 언제나 지금인 것을 알게 하소서.
우리 주 예수 그리스도의 이름으로 기도합니다. 아멘!

### 오늘의 묵상

기도는 하나님이 우리를 위해 무엇인가 하시는 것이 아니라 우리가 스스로 할 수 있도록 도와주시는 일이다. 우리가 스스로 할 수 있는 일을 하나님이 대신 하시는 경우는 결코 없다. 이것이 기도의 첫 번째 법칙이다. 하나님은 간단한 도피처가 아니다. 기도는 우리가 해야 할 일을 하나님께 밀어붙이는 것이 아니다. 기도는 우리로 하여금 스스로 어떤 일이든 대처할 수 있도록 이끌어 주시는 수단이다. 기도는 상황을 바꾸지 않고 우리를 바꾼다. 기도는 우리가 인생의 어려움에 대해 새로운 방법으로 대처할 수 있도록 도와준다.

# 우리의 삶 속에서 하나님을 찾아라

**January 1/8**

내 의의 하나님이여 내가 부를 때에 응답하소서 곤란 중에 나를 너그럽게 하셨사오니 내게 은혜를 베푸사 나의 기도를 들으소서 인생들아 어느 때까지 나의 영광을 바꾸어 욕되게 하며 헛된 일을 좋아하고 거짓을 구하려는가 (셀라) 여호와께서 자기를 위하여 경건한 자를 택하신 줄 너희가 알지어다 내가 그를 부를 때에 여호와께서 들으시리로다 시편 4:1-3

우리의 빛이 되시는 주님!
우리가 잠에서 깨어나 세수를 하고 새 마음가짐을 갖듯이
기도함으로써 우리의 영혼이 호흡하며 주님께 나아갑니다.
기도는 호흡이오니 멈추지 않는 삶을 살게 하시고
기도함으로써 자신의 삶을 돌아보게 하시고
주님께 모든 것을 맡기게 해 주시기를 원합니다.
새싹들이 새벽에 이슬을 머금고 자라나듯이
오늘을 살아가기 위한 일용할 양식을 허락해 주셔서
우리의 영과 육이 풍요롭기를 원합니다.
날마다 겸손히 기도드림으로써 아름답게 살게 하소서.
우리 주 예수 그리스도의 이름으로 기도합니다. 아멘!

### 오늘의 묵상

모든 것 안에서 하나님을 찾으면 기도가 안 될 수가 없고, 기도를 잘하는 사람은 모든 것 안에서 하나님을 안 볼 수가 없다. 모든 사물은 다 하나님의 선물이고, 하나님의 현존의 거울이다. 존재하는 것은 하나도 빠짐없이 하나님의 창조적 활동의 열매이며, 창조주 하나님의 손자국이다. 이런 뜻에서 존재하는 것 중에 거룩하지 않은 것이 하나도 없으며, 모두가 하나님의 위대하심을 끊임없이 반영하고 있는 것이다. 그러므로 우리는 언제 어디서든지 기도할 수 있고 하나님을 대할 수 있어야 한다.

# 1 January 9

## 기도에 꼭 붙들려야 한다

너희는 떨며 범죄하지 말지어다 자리에 누워 심중에 말하고 잠잠할지어다 (셀라) 의의 제사를 드리고 여호와를 의지할지어다 여러 사람의 말이 우리에게 선을 보일 자 누구뇨 하오니 여호와여 주의 얼굴을 들어 우리에게 비추소서 주께서 내 마음에 두신 기쁨은 그들의 곡식과 새 포도주가 풍성할 때보다 더하니이다 내가 평안히 눕고 자기도 하리니 나를 안전히 살게 하시는 이는 오직 여호와이시니이다 시편 4:4-8

하루하루 모든 삶을 인도하여 주시는 주님!
우리의 삶이 성령의 인도하심을 받아
기도에 붙들림을 받게 해 주시기를 원합니다.
우리에게 기도에 대한 애착을 주사
기도함으로 응답받고 변화받게 해 주시기를 원합니다.
모든 일들을 기도로 시작하고 기도로 이루어지게 하소서.
기도생활이 습관이 되게 해 주시기를 원합니다.
기도가 없이는 그리스도인의 삶을 살아갈 수 없으니
주님의 기도하심을 배우며 살아가게 하소서.
오늘도 기도로 하루를 시작하게 하소서.
우리 주 예수 그리스도의 이름으로 기도합니다. 아멘!

### 오늘의 묵상

조지 뮬러는 기도 없이는 결코 살 수 없는 사람이었다. 그는 기도를 생명으로 여겼으며, 기도가 곧 삶의 전부였다. 기도로 생각하고, 기도로 계획하며, 기도로 말하고, 기도로 행동하는 사람이었으며, 기도의 옷을 입고 살아가는 사람이었다. 기도가 최우선이었으며, 다른 모든 것보다 기도를 중요하게 여긴 사람이었다. 그는 기도 없이는 일을 추진하지 않았으며, 기도 없이는 초청에 응하지 않았으며, 기도 없이는 사역에 임하지 않았다. 그는 기도에 붙들려 있는 사람이었다.

## 1 January 10 기도하면 하나님이 응답해 주신다

> 여호와여 나의 말에 귀를 기울이사 나의 심정을 헤아려 주소서 나의 왕, 나의 하나님이여 내가 부르짖는 소리를 들으소서 내가 주께 기도하나이다 여호와여 아침에 주께서 나의 소리를 들으시리니 아침에 내가 주께 기도하고 바라리이다 시편 5:1-3

아침에 우리의 기도를 들으시는 주님!
잠들었던 사람들이 하루의 일과를 위하여 깨어나는 시간이오니
이 시간 우리의 영혼도 깨어나게 해 주시기를 원합니다.
오늘 하루의 삶을 위하여 기도하오니 응답하소서.
우리의 모든 삶을 위하여 기도하오니 함께하여 주소서.
나의 삶이 주님의 인도하심을 따라 응답받게 하소서.
주님의 뜻을 바꾸려는 어리석음에 빠지지 않게 하시고
주님의 뜻에 순종하는 삶을 살게 하여 주소서.
우리에게 주님의 뜻을 기다리는 인내심을 주시고
우리가 주님의 뜻을 이루는 기쁨을 주시기를 원합니다.
우리 주 예수 그리스도의 이름으로 기도합니다. 아멘!

**오늘의 묵상** 우리는 하나님의 응답이 우리를 향한 하나님의 선하신 뜻을 이루어 주는 것임을 명심해야 한다. 우리가 성경 구절까지 인용해 가면서 하나님의 뜻을 바꾸려고 하는 것은 참으로 부질없는 행위다. 왜냐하면 하나님의 뜻이 성경에 기록된 하나님의 말씀과 모순될 수 없기 때문이다. 만일 그분이 "아니다"라고 말씀하신다면 그분의 응답은 결국 "아니다"이다. 그분이 "기다려라"라고 말씀하신다면 우리는 기다려야 한다. 하나님의 응답은 풍성한 은혜와 우리를 향한 사랑에서 비롯된 응답이기 때문이다.

# 1 January 11 | 하나님은 승리를 주신다

주는 죄악을 기뻐하는 신이 아니시니 악이 주와 함께 머물지 못하며 오만한 자들이 주의 목전에 서지 못하리이다 주는 모든 행악자를 미워하시며 거짓말하는 자들을 멸망시키시리이다 여호와께서는 피 흘리기를 즐기는 자와 속이는 자를 싫어하시나이다 오직 나는 주의 풍성한 사랑을 힘입어 주의 집에 들어가 주를 경외함으로 성전을 향하여 예배하리이다 시편 5:4-7

우리의 삶에 승리를 주시는 주님!
우리는 나약하고 심신이 병들어 있을 때가 많사오니
성령으로 치유하여 주시기를 원합니다.
오직 성령의 능력으로 강한 믿음을 가진
그리스도인의 삶을 살게 해 주시기를 원합니다.
주님께서 우리에게 약속하심이 그대로 이루어짐을 믿고
온전히 주님을 신뢰하며 살아가게 해 주시기를 원합니다.
오늘도 주님의 약속이 이루어지는 하루가 되게 하시고
우리의 삶이 주님의 약속하심을 이루는 삶이 되게 하여 주소서.
오늘도 주님의 약속을 기대하며 살게 하여 주소서.
우리 주 예수 그리스도의 이름으로 기도합니다. 아멘!

### 오늘의 묵상

주님은 하늘과 땅과 사람을 창조하신 전능하신 분이므로 그에게는 우리의 약점을 고칠 능력이 분명히 있다(로마서 14:23). 많은 그리스도인들이 주님께 치료를 간구하고 나서도 치료되었다는 느낌을 갖지 못하여 큰 실수를 하고 있다. 이것은 우리의 느낌과는 전혀 상관없는 문제다. 느낌을 떠나서 하나님의 약속을 믿고 승리를 기대해야 한다. 우리는 우리에게 능력을 주시는 예수로 말미암아 모든 일을 할 수 있다.

# 1 January 12

## 초대교회의 비밀은 기도다

여호와여 나의 원수들로 말미암아 주의 의로 나를 인도하시고 주의 길을 내 목전에 곧게 하소서 그들의 입에 신실함이 없고 그들의 심중이 심히 악하며 그들의 목구멍은 열린 무덤 같고 그들의 혀로는 아첨하나이다 시편 5:8-9

우리에게 강함과 능력을 주시는 주님!
우리에게 주님을 알게 하시고
구원의 비밀을 깨닫게 해 주심을 감사드립니다.
우리의 기도생활에 따라 우리의 삶이 변화되오니
우리가 기도함으로써 힘 있고 바른 성도의 삶을 살게 하소서.
우리가 기도함으로써 주님의 사역을 돕게 하시고
우리가 기도함으로써 신앙이 날마다 성숙하게 하소서.
우리가 기도함으로써 주님의 길로 들어서게 하시고
흔들림 없는 믿음으로 주님 앞에 바로 서게 하소서.
우리가 기도함으로써 교회가 부흥되게 해 주시고
주님의 복음이 온 세상에 확장되게 해 주시기를 원합니다.
우리 주 예수 그리스도의 이름으로 기도합니다. 아멘!

### 오늘의 묵상

초대교회의 비밀은 무엇이었을까? 그것은 바로 하나님의 말씀과 성령 그리고 기도였다. 그들은 하나님의 성령을 전적으로 의지했으며, 하나님의 보좌 앞에 나아가 기도했고, 하나님의 말씀을 함께 나누었다. 사도행전에는 각기 다른 환경에서 적어도 30번 이상의 기도가 언급되어 있다. 사도들의 설교 뒤에는 항상 기도가 있었다. 우리는 바울과 베드로가 '기도의 사람'이었던 것을 기억할 수 있을 것이다. 초대교회는 기도의 능력을 믿었다. 각 지역 교회는 사역자들과 성도들의 기도생활에 따라서 부흥되기도 하고 침체되기도 한다.

# 1 January 13

## 기도를 통해 우리에게 일용할 양식을 주신다

하나님이여 그들을 정죄하사 자기 꾀에 빠지게 하시고 그 많은 허물로 말미암아 그들을 쫓아내소서 그들이 주를 배역함이니이다 그러나 주께 피하는 모든 사람은 다 기뻐하며 주의 보호로 말미암아 영원히 기뻐 외치고 주의 이름을 사랑하는 자들은 주를 즐거워하리이다 여호와여 주는 의인에게 복을 주시고 방패로 함같이 은혜로 그를 호위하시리이다 시편 5:10-12

우리의 필요를 채워 주시는 주님!
아직 어두운 이 새벽 하루를 시작하기 전에
오늘 하루의 삶을 위하여 필요한 것들을 채워 주시기를
주님께 기도하오니 응답하여 주시기를 원합니다.
우리에게 지혜를 주시고, 언어의 능력을 주시고,
대인관계를 잘할 수 있는 감성을 주시기를 원합니다.
어떤 일이든지 잘 대처할 수 있는 순발력을 주시고
인내와 끈기와 책임감으로 맡은 일을 잘 감당하게 하여 주소서.
무엇보다도 영혼을 사랑하는 마음을 주셔서
함께하는 모든 이들을 주님의 사랑으로 대하게 하소서.
우리에게 필요한 것들을 채워 주심을 감사드립니다.
우리 주 예수 그리스도의 이름으로 기도합니다. 아멘!

### 오늘의 묵상

"오늘 우리에게 일용할 양식을 주옵시고." 이 기도는 하나님의 모든 자녀들에게 아버지의 도우시고 채우시는 사랑을 주장할 권리가 있음을 알게 해 준다. 우리가 이 땅에서 필요한 것들을 위해 기도하며 하나님을 의존함으로써 얼마나 많은 영적 축복들을 받고 있는가에 대해 생각해 보면 참으로 놀랍다. 어떤 사람들은 우리를 향하신 하나님의 섭리와 우리의 생활에서의 사소하고 세세한 필요를 전혀 별개의 것으로 생각하여 하나님의 관심 어린 개입이 아닌 인간적인 방법으로 공급받고자 한다. 우리는 하나님의 인도하심과 축복을 받을 수 있도록 직업과 일상생활의 모든 관심사를 그분께 맡겨야 한다.

# 성령은 항상 우리를 의식하고 계신다

**January 14**

여호와여 주의 분노로 나를 책망하지 마시오며 주의 진노로 나를 징계하지 마옵소서 여호와여 내가 수척하였사오니 내게 은혜를 베푸소서 여호와여 나의 뼈가 떨리오니 나를 고치소서 나의 영혼도 매우 떨리나이다 여호와여 어느 때까지니이까 여호와여 돌아와 나의 영혼을 건지시며 주의 사랑으로 나를 구원하소서 시편 6:1-4

모든 것들을 합력하여 선을 이루게 하시는 주님!
우리에게 주어진 모든 것들을 소중히 여기게 하소서.
우리의 가정과 교회, 일터에서 만나는 사람들,
그리고 자연 모두가 하나님의 축복이오니 감사하게 하소서.
우리가 시간이 있을 때마다 함께 기도함으로써
기도의 놀라운 힘과 능력을 더욱더 체험하는
믿음 있는 그리스도인의 삶을 살도록 해 주시기를 원합니다.
홀로는 힘이 나약하고 미약하오니 주님의 크신 능력과 권능으로 하나 된
아름다운 체험을 하게 해 주시기를 원합니다.
오늘도 우리에게 주어진 모든 일들을 감사하며 살게 하소서.
우리 주 예수 그리스도의 이름으로 기도합니다. 아멘!

### 오늘의 묵상

우리는 왜 기도해야 할까? 그 이유는 우리가 기도할 때 성령께서 우리를 돌아보시기 때문이다. 성령은 항상 우리를 의식하고 계신다. 그래도 우리의 주의력과 마음을 그에게 집중시킬 필요가 있다. 그때에 그가 우리에 대하여 갖고 계신 계획을 조용히 들려주실 수 있다. 우리는 우리가 간구하고 있는 모든 것에 대해 우리 자신이 전적으로 일치하고 있다는 것을 발견한다. 이것은 우리가 방황하거나 결심을 못하고 망설이고 주저하거나 또 의심할 여지를 주지 않는다. 우리는 그의 임재 속에서 하나가 되는데 그가 친히 우리에게 그러한 일치감을 주신 것이다.

# 1 January 15

## 그치지 않는 기도를 드려야 한다

사망 중에서는 주를 기억하는 일이 없사오니 스올에서 주께 감사할 자 누구리이까
내가 탄식함으로 피곤하여 밤마다 눈물로 내 침상을 띄우며 내 요를 적시나이다 내
눈이 근심으로 말미암아 쇠하며 내 모든 대적으로 말미암아 어두워졌나이다
시편 6:5-7

우리의 삶이 기도로 시작하기를 원하시는 주님!
날마다 분주한 삶 속에서 잃어버리지 말아야 할 것들을
잃어버릴 때가 많이 있으니 깨닫게 해 주시기를 원합니다.
우리의 삶이 시절을 따라 믿음의 열매를 맺어 가는
생산적인 그리스도인의 삶을 살게 해 주시기를 원합니다.
우리의 삶이 아무리 바쁘고 분주하다 해도
주님의 인도하심을 늘 기억하며 살아가게 하여 주소서.
주님의 말씀을 깊이 묵상하며 기도함으로써
우리가 해야 할 것이 어떤 것인가를 잘 알 수 있도록
성령으로 우리의 삶을 인도하여 주소서.
언제나 주님의 뜻을 구하게 해 주시기를 원합니다.
우리 주 예수 그리스도의 이름으로 기도합니다. 아멘!

### 오늘의 묵상

우리의 마음은 언제나 활동적이다. 우리는 분석하고 깊이 생각하며 공상하고 또 꿈을 꾸기도 한다. 낮이나 밤이나 우리가 생각하지 않는 순간은 한순간도 없다. 우리의 생각은 '그치지 않는다'고 할 수 있다. 때때로 우리는 잠깐만이라도 생각을 멈추고서 많은 걱정과 죄의식 그리고 두려움에서 벗어날 수 있기를 원한다. 생각할 수 있는 능력은 우리의 가장 큰 선물이다. 그러나 그것은 또한 가장 큰 고통의 원천이기도 하다. 우리는 그치지 않는 생각의 희생물이 되어야 할까? 그렇지 않다. 우리는 내면의 독백을 모든 사랑의 원천이신 하나님과의 대화로 전환시킴으로써 우리의 그치지 않는 생각을 그치지 않는 기도로 전환시킬 수 있다.

# 기도는 하나님의 섭리에 순복하는 것이다

**January 16**

악을 행하는 너희는 다 나를 떠나라 여호와께서 내 울음소리를 들으셨도다 여호와께서 내 간구를 들으셨음이여 여호와께서 내 기도를 받으시리로다 내 모든 원수들이 부끄러움을 당하고 심히 떨리어 갑자기 부끄러워 물러가리로다 시편 6:8-10

새로운 날을 허락하여 주신 주님!
어제의 두터운 어둠이 물러가고
새로이 동이 트는 새벽시간입니다.
고요한 중에 주님을 만나고자 고대하는 마음으로
주님께 기도를 드리오니 받아 주시기를 원합니다.
오늘 하루를 속절없이 아무런 의미 없이 보내지 않게 하소서.
우리에게 허락하신 소망을 이루어 가는 하루가 되게 하소서.
오늘도 주님의 사역에 몸과 마음을 다하여 헌신하는 이들을
기억하사 그들의 필요를 돌보아 주시기를 원합니다.
주님을 바라보며 도움을 청하는 이들에게
주님의 사랑하심과 인도하심이 함께하시기를 원합니다.
우리에게 이 새벽에도 기도드리게 하심을 감사드립니다.
우리 주 예수 그리스도의 이름으로 기도합니다. 아멘!

### 오늘의 묵상

하나님의 섭리에 순복한다는 것은 그 섭리적인 뜻이 실제로 일어나기 전까지는 불가능한 일이다. 그 일이 어떤 일인지 실제로 그 일이 일어나기 전에는 알 수 없기 때문이다. 하나님의 뜻이 분명히 알려지지 않은 한 기도 없이 그 어떤 일에 순복한다는 것은 하나님을 시험하는 일이다. 우리가 알아야 할 사실은 올바른 기도란 어떤 일이 실제로 벌어지는 상황에서만 드려질 수 있으리라는 점이다. 죄를 뉘우치지 않는 친구가 있을 경우 그 친구가 지옥에서 건짐받을 수 있는 조건이란 당신이 그 친구를 위해 뜨겁게 그리고 끈질기게 기도하는 일일 것이다.

# 1 January 17

## 기도는 우리의 관심의 표현이다

여호와 내 하나님이여 내가 주께 피하오니 나를 쫓아오는 모든 자들에게서 나를 구원하여 내소서 건져 낼 자가 없으면 그들이 사자같이 나를 찢고 뜯을까 하나이다 여호와 내 하나님이여 내가 이런 일을 행하였거나 내 손에 죄악이 있거나 화친한 자를 악으로 갚았거나 내 대적에게서 까닭 없이 빼앗았거든 원수가 나의 영혼을 쫓아 잡아 내 생명을 땅에 짓밟게 하고 내 영광을 먼지 속에 살게 하소서 (셀라) 시편 7:1-5

이 새벽에 마음의 문을 열어 기도하게 하시는 주님!
이 새벽에 침상에서 일어나 창문을 내다볼 때
소망보다는 절망이 몰아쳐 오는 이들을 기억하시고
주님께서 이들을 인도하여 주시기를 원합니다.
병마에 시달리며 간밤 편안히 잠들지 못한 이들과
경제적인 어려움으로 힘들어하는 이들에게
내일에 대한 기대와 희망을 허락하여 주시기를 원합니다.
사랑에 배신당한 사람들과 갖가지 절망이 가득한
사람들의 마음을 만져 주시기를 원합니다.
맴도는 삶에 몸부림치다가 힘에 겨워
밤이 오면 그냥 푹 쓰러져 잠들어 버리는 하루가 아니라
삶 속에 주님의 인도하심을 체험하는 하루가 되게 하여 주소서.
우리 주 예수 그리스도의 이름으로 기도합니다. 아멘!

### 오늘의 묵상

기도는 다른 사람들에 대한 우리의 관심의 표현이다. 자신을 사랑하듯이 이웃을 사랑하라는 명령에 순종하는 좋은 방법 중 하나는 기도다. 성경에서의 사랑은 물물 교환이나 유익을 구하는 거래 같은 것이 아니다. 가장 순수한 사랑은 대가를 바라지 않고 주는 것이다. 이러한 기준으로 볼 때 다른 사람을 위한 진실한 기도는 훌륭한 사랑의 행위다. 과시하거나 요란을 떨지 않고 조용하고 은밀하게 하나님의 보좌에 다른 이들의 이름과 필요를 알린다. 그들의 관심사가 우리의 관심사이며, 그들의 짐이 우리 마음에도 지워진다. 그러나 기도는 사랑의 실천의 대용품이 아니다. 기도는 사랑을 실천하는 버팀목이 되어 주고 그 길로 우리를 인도해 준다.

# 1 January 18

## 기도할 때마다 예수 그리스도를 새롭게 발견한다

여호와여 진노로 일어나사 내 대적들의 노를 막으시며 나를 위하여 깨소서 주께서 심판을 명령하셨나이다 민족들의 모임이 주를 두르게 하시고 그 위 높은 자리에 돌아오소서 여호와께서 만민에게 심판을 행하시오니 여호와여 나의 의와 나의 성실함을 따라 나를 심판하소서 시편 7:6-8

우리의 기도에 응답해 주시는 주님!
우리의 육신이 잠에서 깨어나 우리의 영혼도 깨어나기 위하여
이 새벽에 주님을 향하여 기도하오니 함께하여 주소서.
성령께서 우리의 마음과 우리의 삶을 인도하여 주사
오늘도 보람 있고 축복된 하루가 되게 해 주시기를 원합니다.
우리가 어느 곳에 있든지 주님이 함께하심을 믿사오니
주님의 권세와 능력으로 우리를 붙잡아 주시기를 원합니다.
우리의 삶이 항상 주 안에서 머물게 해 주시고
죄악은 모양이라도 버리고 거룩하신 주님을 닮아
우리의 삶이 거룩하게 해 주시기를 원합니다.
오늘도 삶 속에서 주님을 새롭게 만나게 해 주시고
주님께서 우리의 마음의 소원을 이루어 주소서.
우리 주 예수 그리스도의 이름으로 기도합니다. 아멘!

### 오늘의 묵상

상상력은 새로운 길로 끊임없이 달리지 않으면 생명을 잃는다. 살아 있는 상상력은 기도에 필수적이다. 우리가 눈을 감고 주변 세계를 차단하면 이제껏 보지 못한 새로운 세계의 모습이 떠오르게 된다. 나의 상상력도 그렇다. 높이 계셔서 내 필요에 귀 기울이시고, 사모하는 그리스도를 주시는 늘 새로운 하나님의 이미지를 본다. 나는 기도할 때마다 그리스도를 새롭게 발견한다. 말씀과 상상이 새로울 때 가능성과 소망도 새롭다. 그러므로 이 스스럼없는 간구로써 하나님 아버지께로 가까이 가서 우리의 필요를 구할 수 있다.

# 1 January 19

## 기도로 주님의 능력을 구하라

악인의 악을 끊고 의인을 세우소서 의로우신 하나님이 사람의 마음과 양심을 감찰하시나이다 나의 방패는 마음이 정직한 자를 구원하시는 하나님께 있도다 하나님은 의로우신 재판장이심이여 매일 분노하시는 하나님이시로다 사람이 회개하지 아니하면 그가 그의 칼을 가심이여 그의 활을 이미 당기어 예비하셨도다 시편 7:9-12

우리의 삶이 신실하기를 원하시는 주님!
우리가 주님 앞에 부끄럼이 없는 삶을 살아가게 하소서.
사람들에게 자신을 뽐내며 살아가지 않게 해 주시고
주님 앞에 신실한 믿음으로 바로 서게 해 주소서.
빨랫줄에 널려 바람에 펄럭이는 빨래 같은 삶처럼
세월의 흐름에 펄럭이다 주께서 거두어들이면
아무런 소용없는 것을 저 잘난 듯 살지 않게 하소서.
오늘 하루도 있어야 할 자리에 있게 하시고
해야 할 일을 하며 살게 하여 주소서.
가지 말아야 할 곳에 가거나 하지 말아야 할 일을 하는
어리석음에 빠지지 않게 하소서.
머물지 못하고 떠나는 삶에 욕심만 부리지 않게 하소서.
우리 주 예수 그리스도의 이름으로 기도합니다. 아멘!

### 오늘의 묵상

매일 일상 속에서 '하나님을 찾는 데 마음을 고정시킨' 사람들은 시련의 날에 하나님의 주소를 찾아 헤매지 않아도 된다. 일상에서 하나님의 임재를 습관적으로 체험하는 사람들은 주님의 도움이 가장 필요할 때 주님의 도움을 찾아 먼 길을 떠날 필요가 없다. 성경은 "여호와와 그의 능력을 구할지어다 그의 얼굴을 항상 구할지어다 (시편 105:4)"라고 말하고 있다. 다시 말해서 시련이나 위험에 처했을 때만이 아니라 매일 매시간 주님의 능력을 구해야 한다는 말씀이다. 하나님은 능력이 충만하시다. 따라서 하나님의 자녀들은 언제나 그 능력을 힘입을 수 있다.

## 기도란 하나님이 만드신 것이다

**January 1 20**

죽일 도구를 또한 예비하심이여 그가 만든 화살은 불화살들이로다 악인이 죄악을 낳음이여 재앙을 배어 거짓을 낳았도다 그가 웅덩이를 파 만듦이여 제가 만든 함정에 빠졌도다 그의 재앙은 자기 머리로 돌아가고 그의 포악은 자기 정수리에 내리리로다 내가 여호와께 그의 의를 따라 감사함이여 지존하신 여호와의 이름을 찬양하리로다 시편 7:13-17

우리의 입술로 주님을 구주로 고백하게 하시는 주님!
우리가 일생 동안 수많은 말들을 하고 살아가지만
기도를 통하여 우리의 말이 주님께 드리는
고백이 되게 하심을 감사드립니다.
기도는 하나님이 만드신 것이오니
우리의 기도를 들으사 응답하여 주시기를 원합니다.
우리에게는 자신 없는 부분도 있고
힘든 일이 닥치면 두려움과 나약함에 빠질 때도 있으니
주님께서 인도하여 주시기를 원합니다.
초대교회 성도들처럼 어떤 어려움 속에서 굴하지 않고
오직 성령의 인도하심을 따라 살아가는 믿음을 갖게 하소서.
우리 주 예수 그리스도의 이름으로 기도합니다. 아멘!

### 오늘의 묵상

기도란 하나님의 자녀라면 누구나 해야 할 의무이며 우리 안에 있는 그리스도의 영으로만 되는 것이므로 주님께 참으로 기도하고자 하는 사람은 하나님을 경외하며 예수 그리스도를 통한 하나님의 은혜를 바라며 신중하게 해야 한다. 기도란 하나님이 만드신 것으로 사람은 이것을 통하여 하나님께 매우 가까이 나아간다. 그러므로 기도하는 영혼이 하나님의 임재하심 가운데 있도록 은혜의 도우심이 한층 필요하다. 하나님의 귀에 좋은 것은 긴 이야기나 유창한 혀가 아니요, 겸손하고 통회하는 마음이다.

# 말씀에 근거한 기도를 드려야 한다

**January 1 / 21**

여호와 우리 주여 주의 이름이 온 땅에 어찌 그리 아름다운지요 주의 영광이 하늘을 덮었나이다 주의 대적으로 말미암아 어린 아이들과 젖먹이들의 입으로 권능을 세우심이여 이는 원수들과 보복자들을 잠잠하게 하려 하심이니이다 시편 8:1-2

우리의 심령 속에 계시는 주님!
지난밤에도 우리에게 편안한 잠을 주시고
새로운 날 새벽을 깨워 기도하게 하심을 감사드립니다.
이 시간에 마음의 평안을 찾게 해 주시고
우리에게 주어지는 모든 아픔들을 사랑으로 감싸게 하소서.
세상에는 우리를 좋아하는 사람들도 있지만,
미워하는 사람, 시기하는 사람, 질투하는 사람,
우리가 실패하기를 바라는 사람들도 있습니다.
사람들 속에 사랑을 잊지 않게 하여 주소서.
주님께서 죄 많은 우리를 사랑하신 것처럼
우리도 모든 이들을 사랑으로 대하며 기쁨을 만들게 하소서.
오늘 하루 그들과 함께 기쁨 속에 살아가게 하소서.
우리 주 예수 그리스도의 이름으로 기도합니다. 아멘!

### 오늘의 묵상

하나님의 말씀은 마음이 해이해져 기도생활을 소홀히 하고 싶은 유혹으로부터 우리를 보호하는 무기가 된다. 약속의 말씀이 우리의 마음에 확고히 자리 잡을 때 하나님을 찬양하게 되고 응답을 받았다는 믿음으로 영광을 돌리게 될 것이다. 우리는 헛된 기도를 하는 것이 아니고 하나님께 생명과 영의 기도를 드리는 것이다. 또 눈을 들어 의로운 자를 찾으시고 우리에게 귀를 기울이시는 하나님이 우리와 함께하시기에 우리가 기도할 때 하나님이 이를 들으신다.

# 1 January 22

## 기도의 필요성을 알고 기도해야 한다

그를 하나님보다 조금 못하게 하시고 영화와 존귀로 관을 씌우셨나이다 주의 손으로 만드신 것을 다스리게 하시고 만물을 그의 발 아래 두셨으니 시편 8:5-6

하루를 새롭게 시작하게 하시는 주님!
우리의 믿음의 출발점이 주님이 되게 하소서.
우리가 날마다 성실함으로 성장하게 하시고
날마다 변화되게 해 주시기를 원합니다.
우리가 주님 안에서, 믿음 안에서 순종하게 하소서.
주여, 오늘도 우리 마음에 뜨거운 열정을 주소서.
이 새벽을 참된 기도로 시작하게 해 주시고
무기력에서 벗어나게 해 주시기를 원합니다.
우리가 믿음 속에 용기를 갖고 맡겨진 일에
최선을 다하고 열심을 다하게 해 주시기를 원합니다.
오늘도 주님을 향한 예배가 되게 해 주시기를 원합니다.
우리 주 예수 그리스도의 이름으로 기도합니다. 아멘!

### 오늘의 묵상

우리는 기도를 통하여 하늘에 계신 아버지께서 우리를 위하여 예비해 두신 부에 도달하는 것이다. 즉 사람과 하나님 사이에 친교가 있어서 우리는 그 친교를 통하여 하늘 성소에 들어가 직접 하나님께 그의 약속에 대하여 애원하는 것이다. 그럼으로써 우리는 하나님께서 말씀으로만 약속하셨다 할지라도 그 약속을 믿는 것이 결코 헛된 일이 아니라는 사실을 발견하게 된다. 주님께서 주시겠다고 약속한 것 가운데 기도로 구하게 되어 있지 않은 것은 하나도 없다는 사실을 발견하게 된다. 주님의 복음은 보화가 묻혀 있는 것을 가리키고 있으며, 우리는 신앙으로써 그것을 이미 보았다. 이제 기도로써 그 보화를 캐내야 하는 것이다.

# 1 January 23

## 하나님의 뜻에 합당한 기도

내가 전심으로 여호와께 감사하오며 주의 모든 기이한 일들을 전하리이다 내가 주를 기뻐하고 즐거워하며 지존하신 주의 이름을 찬송하리니 내 원수들이 물러갈 때에 주 앞에서 넘어져 망함이니이다 주께서 나의 의와 송사를 변호하셨으며 보좌에 앉으사 의롭게 심판하셨나이다 이방 나라들을 책망하시고 악인을 멸하시며 그들의 이름을 영원히 지우셨나이다 시편 9:1-5

우리의 영혼에 새겨 두어야 할 이름이신 주님!
어둠의 침묵이 깨어지는 새벽입니다.
이 새벽에 어둠이 발뒤꿈치를 들고 달아나듯이
우리의 삶 속에서 죄악도 사라지게 하소서.
오늘은 무슨 일이 있더라도 삶 속에서
주님의 은혜를 더욱더 확실하게 체험하게 하소서.
이 시간 성령 충만하게 해 주시기를 원합니다.
우리의 마음 판에 또렷하게 구원의 은혜를 새겨 주사
삶 속에 예수 그리스도의 흔적이 있게 하여 주소서.
주님의 은혜를 사모하는 마음이 부풀게 하시고
기도의 응답 속에 기뻐하며 살게 하여 주소서.
우리 주 예수 그리스도의 이름으로 기도합니다. 아멘!

### 오늘의 묵상

"무엇이든지 하나님의 뜻대로 구하면 하나님은 그 소원을 들어주신다는 것이야말로 하나님에 대한 우리의 확신이다." 기도에 대해 가장 주목할 점이 바로 여기 있다. 그러므로 만일 하나님이 기도에 응답해 주시길 바란다면 우선 자기가 구하고 있는 일이 과연 하나님의 뜻과 일치하고 있는가를 점검해 봐야 한다. 우리가 축복된 행복한 생활을 보내느냐 하는 여부는 하나님의 면전에서 거룩함을 구하는 것과 깊은 관계가 있는 것이다. 하나님의 뜻에 따라서 기도하고 구할 때에만 하나님께서 응답하시는 일을 보증하게 되는 것이다.

# 1 January 24

## 능력 있는 기도의 조건은 무엇인가

원수가 끊어져 영원히 멸망하였사오니 주께서 무너뜨린 성읍들을 기억할 수 없나이다 여호와께서 영원히 앉으심이여 심판을 위하여 보좌를 준비하셨도다 공의로 세계를 심판하심이여 정직으로 만민에게 판결을 내리시리로다 여호와는 압제를 당하는 자의 요새이시요 환난 때의 요새이시로다 여호와여 주의 이름을 아는 자는 주를 의지하오리니 이는 주를 찾는 자들을 버리지 아니하심이니이다 시편 9:6-10

신실하시고 사랑이 충만하신 하나님!
지난밤에는 깊이 잠들지 못했습니다.
머릿속에 온갖 생각들이 꼬리에 꼬리를 물고 찾아와
이리저리 뒤척거리다가 온밤을 뜬눈으로 보내고 말았습니다.
큰 고민거리도 아닌데 왜 그렇게 골똘히 생각했는지 모르겠습니다.
마음에 여유가 없고 진정한 평안이 없기 때문입니다.
오늘 하루가 온몸이 나른하고 피곤할 것입니다.
그러나 주님, 짜증을 내거나 원망함 없이
즐거운 마음으로 하루를 시작할 수 있도록
주님께서 인도하여 주시기를 원하나이다.
우리 주 예수 그리스도의 이름으로 기도합니다. 아멘!

### 오늘의 묵상

기도하는 자들에게 주신 하나님의 약속이 이루어지기 위해서는 특정한 조건이 충족되어야 한다. 이러한 조건을 무시한다면 그분의 약속은 무효화된다.
1. 우리는 기도가 실제적인 능력임을 확인해야 한다(히브리서 11:6)
2. 우리는 하나님 앞에서 솔직하고 진실해야 한다(마태복음 7:7)
3. 우리는 항상 명확하게 구해야 한다(마태복음 7:9-11)
4. 우리는 믿음으로 간구해야 한다(마가복음 11:24)
5. 우리는 하나님의 뜻에 따라 구해야 한다(요한일서 5:14-15)
우리가 하나님 안에 거하고 그분의 말씀이 우리 안에 거할 때 바르게 기도할 수 있다.

# 자신을 위한 기도도 드려야 한다

**1 January 25**

너희는 시온에 계신 여호와를 찬송하며 그의 행사를 백성 중에 선포할지어다 피 흘림을 심문하시는 이가 그들을 기억하심이여 가난한 자의 부르짖음을 잊지 아니하시도다 여호와여 내게 은혜를 베푸소서 나를 사망의 문에서 일으키시는 주여 나를 미워하는 자에게서 받는 나의 고통을 보소서 그리하시면 내가 주의 찬송을 다 전할 것이요 딸 시온의 문에서 주의 구원을 기뻐하리이다 시편 9:11-14

주님의 구원하심으로 기뻐하게 하시는 주님!
이 새벽에 우리 자신을 위한 기도를 드리게 하심을 감사드립니다.
우리에게 용기와 자신감을 주시기를 원합니다.
매사에 실패를 두려워하여 시작도 하기 전에 포기하려고 하는
어리석은 생각을 버리게 해 주시기를 원합니다.
모든 만물 하나하나가 하나님의 뜻과 섭리로 만들어졌음을 아오니
우리가 하나님의 인도하심을 믿고 언제나 포기하지 않게 하소서.
오늘도 성령께서 우리를 인도하여 주심을 체험하게 해 주시고
믿음 속에서 주님의 인도하심을 따르게 해 주시기를 원합니다.
우리의 삶 전체를 설계하시고 인도하시는 주님의 섭리를 믿습니다.
주님께서 오늘의 삶에 함께하여 주시기를 원합니다.
우리 주 예수 그리스도의 이름으로 기도합니다. 아멘!

### 오늘의 묵상

모든 그리스도인의 삶에서 하나님의 인도하심은 매우 실제적인 필요이며, 인도하심의 확실성 또한 매우 실제적이다. 우리는 필요할 때마다 기도하면서 그분의 인도하심을 자신 있게 구할 수 있다. 하나님께서는 우리의 마음에서 최고의 주권자로서 다스리시는 그분의 성령을 통해 우리를 인도하신다. 이 둘은 일치한다. 왜냐하면 성령께서는 결코 말씀과 모순되게 우리를 인도하지 않으시기 때문이다. 하나님께서는 성령의 임재를 통해서 우리를 인도하신다. 그 결과 말씀과 성령과 임재가 일상의 환경에서 일치할 때, 우리는 하나님께서 우리를 인도하셨다는 사실을 확인할 수 있다.

# 기도란 무엇인가

**1 January 26**

이방 나라들은 자기가 판 웅덩이에 빠짐이여 자기가 숨긴 그물에 자기 발이 걸렸도다 여호와께서 자기를 알게 하사 심판을 행하셨음이여 악인은 자기가 손으로 행한 일에 스스로 얽혔도다 (힉가욘, 셀라) 악인들이 스올로 돌아감이여 하나님을 잊어버린 모든 이방 나라들이 그리하리로다 시편 9:15-17

사랑이 풍성하신 주님!
이 땅에 살면서도 기도로 하늘 문을 열게 해 주시는
무한하신 주님의 은혜에 감사드립니다.
주님의 보혈 한 방울 한 방울이
우리의 죄악을 깨끗이 씻어 내어 정결하게 하셨으니
순결한 영혼으로 주님 앞에 서게 해 주시기를 원합니다.
날마다 팽팽한 긴장감 속에서 살아가는 사람들 속에서도
우리의 얼굴을 내밀어 주님을 바라보게 하시고
우리의 손과 마음을 모아 기도하게 해 주시기를 원합니다.
이 새벽에 간절히 기도함으로써 주님이 원하시는
성도의 삶을 살아갈 수 있도록 해 주시옵소서.
우리 주 예수 그리스도의 이름으로 기도합니다. 아멘!

## 오늘의 묵상

기도를 일컬어 하나님께 드리는 영혼의 소리로 정의할 수도 있다. 기도는 구원자와 교통하려는 인간의 노력을 상징한다. 참된 기도는 단순히 정형적인 기도문을 암송하는 것이 아니며 의식이 하나님에 침잠할 때의 신비한 상태를 나타낸다. 이것은 지적인 본성의 상태가 아니다. 또한 이것은 철학자들과 지식인들도 이해할 수 있는 것이다. 미와 사랑에 대한 의식처럼 기도는 책을 통해 얻는 지식이 전혀 필요하지 않다. 하나님에 대한 의식은 태양의 뜨거움이나 꽃의 향기에 대한 의식만큼 자연스럽다. 기도가 지성의 어두운 밤에 드높은 사랑으로 가장 잘 표현되는 것도 바로 이 때문이다.

**January 1 27**

## 예수 그리스도와 기도

궁핍한 자가 항상 잊어버림을 당하지 아니함이여 가난한 자들이 영원히 실망하지 아니하리로다 여호와여 일어나사 인생으로 승리를 얻지 못하게 하시며 이방 나라들이 주 앞에서 심판을 받게 하소서 여호와여 그들을 두렵게 하시며 이방 나라들이 자기는 인생일 뿐인 줄 알게 하소서 (셀라) 시편 9:18-20

생명을 소중하게 여기시는 주님!
우리를 구원하셔서 고귀한 생명력을 주셔서
날마다 성장하게 하여 주심을 감사드립니다.
우리의 심령이 옥토가 되어 30배, 60배, 100배의
결실을 맺음으로써 하나님의 능력을 체험하게 하여 주소서.
오늘도 하나님의 섭리에 감동하고 감격하는 날이 되게 하여 주소서.
우리의 삶에 함께하시는 주님의 놀라운 은혜와
세밀하게 인도하시는 섭리를 체험하게 하여 주소서.
우리의 말과 행동과 삶에서 죄악이 사라지게 하시고
모든 것 위에 은혜를 더하시는 주님의 인도하심을 체험하게 하여 주소서.
우리 주 예수 그리스도의 이름으로 기도합니다. 아멘!

### 오늘의 묵상

기도가 예수 그리스도와 연관되어 있음을 보여 주는 첫 번째 구절은 요한복음에 잘 나타나 있다. 예수의 고별설교를 보면 예수는 '내 이름으로 기도하라'고 거듭 강조하였다. 또한 예수의 이름으로 무엇이든지 구하면 시행하리라고 약속하셨다(요 14:13-14, 15:16). 그뿐 아니라 무엇이든지 그의 이름으로 구하면 주리라고 응답하기도 하셨다(요 16:23). 결국 그는 그의 이름으로 구하는 것은 새로운 어떤 것을 받아 기쁨이 충만하리라고 가르치셨다(요 16:24, 26). 그리스도께서 그의 백성을 위해 생명까지도 바치시고 그들을 위해 하나님 우편에 앉으신 그때부터 그의 이름은 새로운 의미에서 기도에 응답하는 약속과 보증이 되었다.

# 무력함을 인정하는 기도

**January 1 / 28**

여호와여 어찌하여 멀리 서시며 어찌하여 환난 때에 숨으시나이까 악한 자가 교만하여 가련한 자를 심히 압박하오니 그들이 자기가 베푼 꾀에 빠지게 하소서 악인은 그의 마음의 욕심을 자랑하며 탐욕을 부리는 자는 여호와를 배반하여 멸시하나이다 악인은 그의 교만한 얼굴로 말하기를 여호와께서 이를 감찰하지 아니하신다 하며 그의 모든 사상에 하나님이 없다 하나이다 시편 10:1-4

새벽을 깨워 주시는 주님!
이 새벽에 가장 먼저 일어나는 이들은 주님께 기도하는 사람들과
하루를 살기 위하여 일터로 나가는 사람들입니다.
피곤한 삶을 살아가는 사람들이 희망을 찾는 하루가 되게 해 주소서.
절망하는 이들이 소망을 찾는 하루가 되게 해 주소서.
방황하는 이들이 따뜻한 집으로 돌아가는 날이 되게 해 주소서.
길 잃은 양처럼 주님을 떠났던 사람들이
주님 앞으로 돌아오는 하루가 되게 해 주소서.
이 새벽에 우리의 몸과 정신이 잠에서 깨어나듯이
우리의 신앙도 깨어나게 해 주소서.
우리 주 예수 그리스도의 이름으로 기도합니다. 아멘!

**오늘의 묵상** 나의 무력함을 인정하는 기도를 하나님께 드리기 위한 세 가지 방안이 있다. 첫째, 하나님께 솔직하라. 당신의 무력함을 당신 자신이 알고 있음을 하나님께 아뢰라. 둘째, 마음의 소망을 하나님께 가져가라. 당신은 자신의 무력함을 받아들였다. 이제 혼자는 할 수 없는 것을 하나님께서 당신을 통해 하실 수 있다는 믿음을 붙잡도록 하라. 셋째, 이제 문이 열리는 것을 주의해 보라. 올바른 문이 열렸을 때 당신의 손이 손잡이 위에 있다는 조용한 내적 확신을 갖게 될 것이다. 그때가 당신이 행동할 때이며, 창조적으로 활동할 기회다.

# 1 January 29

## 침묵기도의 목적은 무엇인가

그의 길은 언제든지 견고하고 주의 심판은 높아서 그에게 미치지 못하오니 그는 그의 모든 대적들을 멸시하며 그의 마음에 이르기를 나는 흔들리지 아니하며 대대로 환난을 당하지 아니하리라 하나이다 그의 입에는 저주와 거짓과 포악이 충만하며 그의 혀 밑에는 잔해와 죄악이 있나이다 그가 마을 구석진 곳에 앉으며 그 은밀한 곳에서 무죄한 자를 죽이며 그의 눈은 가련한 자를 엿보나이다 시편 10:5-8

십자가의 구속의 사랑을 주신 주님!
이 새벽에 마음을 모아 기도를 드립니다.
우리를 구원하시려고 십자가에 달리신 주님을 생각하면
주님의 놀라우신 사랑이 마음에 가득해 옵니다.
우리의 마음에 주님을 향한 그리움이 가득합니다.
항상 변함없는 사랑을 베풀어 주시는 주님의 마음을 닮고 싶습니다.
이 땅에 사는 동안 주님을 향한 그리움은 언제나 가득합니다.
우리가 주님을 만나고 주님 앞에 서는 날까지
주님께서 언제나 함께하여 주시기를 원합니다.
우리가 날마다 행복할 수 있음은 주님의 은혜입니다.
우리 주 예수 그리스도의 이름으로 기도합니다. 아멘!

### 오늘의 묵상

침묵기도에는 몇 가지 목적이 있다. 첫째, 침묵기도는 하나님의 임재를 기억하고 인정하는 한 가지 방법이다. 침묵기도는 마음속으로 하는 기도의 말 또는 단순히 마음을 주님께 고정시키는 것으로 이루어질 수 있다. 침묵 찬양도 기도의 한 형태다. 이러한 기도의 이점은 무엇인가? 이런 기도를 자주 드릴 경우 우리 몸에 배어 거의 자동으로 나오게 된다는 것이다. 기도는 분명히 하나님에 대한 우리의 사랑을 키워 준다. 기도는 인간의 마음과 뜻과 감정을 변화시킴으로써 효력을 낳는다. 기도는 우리를 안에서부터 변화시킨다. 기도할 때 우리는 용기와 인내심과 겸손을 얻을 뿐 아니라 자신의 믿음도 키우게 된다.

# 1 January 30

## 기도로 하나님의 능력을 체험할 수 있다

그가 구푸려 엎드리니 그의 포악으로 말미암아 가련한 자들이 넘어지나이다 그가 그의 마음에 이르기를 하나님이 잊으셨고 그의 얼굴을 가리셨으니 영원히 보지 아니하시리라 하나이다 여호와여 일어나옵소서 하나님이여 손을 드옵소서 가난한 자들을 잊지 마옵소서 어찌하여 악인이 하나님을 멸시하여 그의 마음에 이르기를 주는 감찰하지 아니하리라 하나이까 시편 10:10-13

우리에게 항상 가까이 다가와 주시는 주님!
이 시간 주님께 가까이 가고 싶습니다.
늘 발에 제대로 맞지 않는 신발을 신고
몸에 제대로 맞지 않는 옷을 입고 살아가는
어설픈 모습을 다 드러내어 주님께 보여드리고
새로운 삶으로 변화를 이루고 싶습니다.
맨날 그 타령으로 살아가는 어리석음에서 벗어나
변화되고 성장되어 풍성한 열매를 맺어 가기를 원합니다.
이렇게 저렇게 핑계를 대며 안주하려 하기보다는
새로운 능력을 받아 도약하는 삶을 살기를 원합니다.
이 새벽에 우리의 마음을 어루만져 주사
심령이 더욱 새로워지게 해 주시기를 원합니다.
우리 주 예수 그리스도의 이름으로 기도합니다. 아멘!

### 오늘의 묵상

기도의 능력을 누구보다 잘 아시는 분은 하나님이시며, 그 다음은 사탄이다. 사탄은 그리스도인들에게서 기도를 빼앗아 하나님의 능력이 임하지 못하도록 애쓴다. 전능하신 하나님께서 기도라는 통로를 통하여 그리스도인들에게 축복과 은혜를 공급하시는 것을 잘 알고 있기 때문이다. 그래서 사탄은 이 통로를 쓸 수 없게 만들어 하나님의 능력이 임하지 못하도록 방향을 잃어버리게 하고 어느 곳에서도 능력을 행사할 수 없게 하려고 한다. 우리가 이러한 사탄의 책략을 미리 안다면 우리에게 승산이 있다. 그 비결은 바로 기도다. 기도로 말미암아 하나님의 축복과 은혜와 능력을 체험할 수 있다.

# 기도의 중요성을 알아야 한다

**1 January 31**

악인의 팔을 꺾으소서 악한 자의 악을 더 이상 찾아낼 수 없을 때까지 찾으소서 여호와께서는 영원무궁하도록 왕이시니 이방 나라들이 주의 땅에서 멸망하였나이다 여호와여 주는 겸손한 자의 소원을 들으셨사오니 그들의 마음을 준비하시며 귀를 기울여 들으시고 고아와 압제당하는 자를 위하여 심판하사 세상에 속한 자가 다시는 위협하지 못하게 하시리이다 시편 10:15-18

우리의 삶의 목적이 분명하기를 원하시는 주님!
우리가 이 새벽에 잠에서 깨어난 것도
주님께서 생명을 주셨기 때문입니다.
우리가 구원을 받아 하나님의 자녀가 되었으니
우리의 삶의 목적이 분명하기를 원합니다.
항구를 떠난 배가 목적지가 없다면 망망한 바다에서
영영 표류하거나 침몰하거나 난파선이 될지도 모르니
주님께서 인도하여 주시기를 원합니다.
우리의 삶이 세월을 따라 흘러만 가지 말고
하나님의 섭리에 따르게 해 주시기를 원합니다.
우리의 삶에 목표가 있을 때 더욱 힘 있고 열정적으로
살아갈 수 있으니 분명한 목적을 가지고 살아가게 하소서.
우리 주 예수 그리스도의 이름으로 기도합니다. 아멘!

### 오늘의 묵상

기도란 인간과 하나님 사이의 무선연락이다. 기도를 통해서 인간은 자신의 창조주와 연락하고 자신이 처해 있는 상황과 필요한 것을 알려드릴 수 있다. 또한 어려울 때 보호하심을 요청하고 힘든 환경에서 이길 수 있는 힘을 간구할 수도 있다. 인간이 존재한 맨 처음부터 인류는 기도의 강한 충동과 필요성을 느꼈고, 지금도 그러하다. 사람의 영적인 수준이 어느 정도이든지 또 어떠한 환경에 처해 있든지 상관없이 기도는 인간 영혼에 필수 요소다. 다만 각각의 기도의 표현과 형식은 사람에 따라 달라진다. 개개인의 영적 발달 상태와 창조주에 대한 지식의 깊이에 따라 달라지기 때문이다.

# 2

February

## 날마다 소망 속에 살게 하소서

나의 마음 전부에 주님의 은혜를
나의 마음 전부에 주님의 평안을
가득가득 넘치도록 담고자 합니다

모든 일 속에서
주님이 원하시는
삶을 살아가게 하소서

## 내게 소망이 있다면

내게 소망이 있다면
한목숨 다하는 날까지
주님이 원하시는
삶을 살아가는 것입니다

나의 마음 전부에 주님의 말씀을
나의 마음 전부에 주님의 사랑을
가득가득 넘치도록 담고자 합니다

모든 일 속에서
주님의 뜻을 이루소서

내게 소망이 있다면
내 삶의 모습을 바라보시는
주님이 환하게 웃으시도록
삶을 살아가는 것입니다

나의 마음 전부에 주님의 은혜를
나의 마음 전부에 주님의 평안을
가득가득 넘치도록 담고자 합니다

모든 일 속에서
주님이 원하시는
삶을 살아가게 하소서

**February 2/1**

## 기도는 가장 경외스러운 단어다

내가 여호와께 피하였거늘 너희가 내 영혼에게 새같이 네 산으로 도망하라 함은 어찌함인가 악인이 활을 당기고 화살을 시위에 먹임이여 마음이 바른 자를 어두운 데서 쏘려 하는도다 터가 무너지면 의인이 무엇을 하랴 여호와께서는 그의 성전에 계시고 여호와의 보좌는 하늘에 있음이여 그의 눈이 인생을 통촉하시고 그의 안목이 그들을 감찰하시도다 시편 11:1-4

봄, 여름, 가을, 겨울, 사계절을 우리에게 주신 주님!
2월의 첫날 새벽입니다.
아직은 나무들이 추위에 떨고 있는 겨울임에도
우리도 모르는 사이에 봄은 먼 곳에서부터 찾아오고 있습니다.
봄을 생각하면 마음이 따뜻해져 옵니다.
이 땅에 사계절이 있듯이 우리의 삶에도 사계절이 있으니
시절을 좇아 열매를 맺으며 살게 해 주시기를 원합니다.
오늘 하루도 보람된 하루가 되게 해 주시고
전 세계에 흩어져 복음을 전하는 이들을 기억하사
주님의 이름으로 축복하여 주시기를 원합니다.
오늘도 하루 온종일 주님의 도구로 쓰임받게 하여 주소서.
우리 주 예수 그리스도의 이름으로 기도합니다. 아멘!

### 오늘의 묵상

기도가 갖는 진지함으로 인하여 기도는 기독교 용어들 중에서 매우 경외스러운 단어들 중 하나다. "오늘 나는 너무나 많은 사역을 해야 하므로 하루 중 처음 세 시간은 기도해야 한다"고 말한 마르틴 루터와 같은 옛 성직자들의 결단을 생각할 때, 또한 무릎까지 빠지는 눈 속에서 열정적으로 기도한 나머지 그 주위의 눈이 다 녹을 정도였다는 데이비드 브레이너드 같은 기도의 용사들의 이야기를 들을 때면 풀이 죽을 정도다. 너무나 많은 시간 동안 무릎을 꿇고 기도한 나머지 무릎이 무감각하게 굳어진 낙타의 무릎과 같이 되었다는 '낙타 무릎의 사도' 야고보의 이야기도 잊을 수 없다. 이처럼 기도는 우리 모두에게 경외스럽게 다가오곤 한다.

## February 2

### 자연스럽게 드리는 기도

여호와는 의인을 감찰하시고 악인과 폭력을 좋아하는 자를 마음에 미워하시도다 악인에게 그물을 던지시리니 불과 유황과 태우는 바람이 그들의 잔의 소득이 되리로다 여호와는 의로우사 의로운 일을 좋아하시나니 정직한 자는 그의 얼굴을 뵈오리로다 시편 11:5-7

우리에게 희망을 주시는 주님!
우리의 희망이 믿음 위에 세워지게 해 주시고
마음을 모아 희망을 이루어 가며 살게 해 주시기를 원합니다.
우리에게 허락하신 무한한 잠재력을 마음껏 발휘하게 하시고
우리가 갖고 있는 재능과 능력을 다 쏟아 내어
희망의 밭을 개간하게 해 주시기를 원합니다.
맡겨진 일에 게으르지 않고 부지런히 최선을 다하게 하시고
날마다 확신을 가지고 도전하여 성취하게 하여 주소서.
열정을 다 쏟아 희망을 이루어 가게 해 주시기를 원합니다.
실패와 낙망, 장해와 고난이 있더라도 다시 일어서서
기어이 희망했던 일들을 이루어 가게 해 주시기를 원합니다.
이 새벽에도 별이 빛나듯이 내 마음에 희망이 빛나게 하소서.
우리 주 예수 그리스도의 이름으로 기도합니다. 아멘!

### 오늘의 묵상

기도에 있어서 무엇보다 중요한 기초는 하나님은 우리가 처해 있는 자리에서 우리가 느끼는 방식대로 시작하기를 원하신다는 점을 이해하는 것이다. 하나님께 나아가기 위해서 어떤 지정된 의식 절차나 특정한 언어들을 거쳐야 할 필요는 없다. 언어는 중요하지 않다. 하나님은 세상에서 가장 고매한 성인들의 언어가 아닌 우리의 정직한 생각을 통해서 느낌과 문제를 표현하는 것에 귀 기울이실 것이다. 하나님은 어느 시간이나 동등하게 현존해 계신다. 하나님은 우리가 가장 사랑하는 이와 포옹하거나 이야기할 때처럼 자발적이고 자연스럽게 기도하기를 원하신다.

## 2 February 3

### 이기적인 기도는 드리지 않아야 한다

그들이 이웃에게 각기 거짓을 말함이여 아첨하는 입술과 두 마음으로 말하는도다 여호와께서 모든 아첨하는 입술과 자랑하는 혀를 끊으시리니 그들이 말하기를 우리의 혀가 이기리라 우리 입술은 우리 것이니 우리를 주관할 자 누구리요 함이로다
시편 12:2-4

어둠을 몰아내고 빛을 주시는 주님!
우리에게 주어진 삶을 값있게 살아가게 해 주시기를 원합니다.
주님께서 목숨까지 버리고 죄악에서 우리를 구원하셨으니
가치 있는 삶을 살게 해 주시기를 원합니다.
우리에게 허락된 삶은 단 한 번뿐이오니
낭비하거나 소홀히 여기지 않게 해 주시기를 원합니다.
인생의 참맛을 못 느끼고 겉핥기식으로 살지 않게 하시고
주어진 모든 일을 적극적으로 하게 해 주시기를 원합니다.
우리에게 냉철한 판단력을 주사 갈 길을 분명히 알아
길이요, 진리요, 생명이신 주님의 길로 가게 하여 주소서.
이루고 싶은 모든 일들을 주님께 간구함으로 응답받게 하소서.
날마다 응답받고 이루어지는 기쁨 속에 살게 하소서.
우리 주 예수 그리스도의 이름으로 기도합니다. 아멘!

### 오늘의 묵상

이기적인 기도를 할 때 어떤 결과가 나타나는가? 오늘날 우리는 함께 어울려 사는 것이 힘들게 되었다. 계속해서 다른 사람들과 논쟁하면서 자신의 쾌락만을 채우고자 하며 하나님을 영화롭게 하는 일에는 별 관심도 없다. 오직 자기 자신을 만족시키는 일에만 관심을 갖는다. 그러나 기도는 자신을 만족시키려는 것이 아니라 하나님의 뜻을 이루는 데 그 목적이 있다. 이기심은 기도가 응답받지 못하게 하는 장벽이다. 우리의 기도는 이기적일 수 있다. 우리는 기도할 때 성령께서 통찰력을 주시도록 구해야 한다. 또한 하나님의 뜻 안에서 기도하는 법을 알기 위해 말씀으로 충만한 삶을 살아야 한다.

## 2 February 4

### 기도할 때는 긴장을 풀어라

여호와의 말씀에 가련한 자들의 눌림과 궁핍한 자들의 탄식으로 말미암아 내가 이제 일어나 그를 그가 원하는 안전한 지대에 두리라 하시도다 여호와의 말씀은 순결함이여 흙 도가니에 일곱 번 단련한 은 같도다 여호와여 그들을 지키사 이 세대로부터 영원까지 보존하시리이다 비열함이 인생 중에 높임을 받는 때에 악인들이 곳곳에서 날뛰는도다 시편 12:5-8

하늘의 별들을 빛나게 하시는 주님!
우리의 삶이 열매 맺는 삶이 되게 해 주시기를 원합니다.
감나무 한 그루에서도 감이 만 개나 열리는 나무가 있으니
우리의 삶에도 풍성한 열매를 맺게 하여 주소서.
우리의 열매가 쭉정이가 되지 않게 하시며
알곡이 되게 하시고 알곡 신앙, 알곡 성도가 되게 하소서.
우리 마음의 빈터에 허무나 쓸데없는 고독이 찾아들지 않게 해 주시고
말씀을 상고함으로 진리를 깨닫게 하여 주소서.
우리의 삶이 세상 것들을 좇지 않게 하시고
말씀을 통하여 새로운 삶을 살게 하여 주소서.
우리가 주님께 쓰임받는 멋진 복음 농사꾼이 되게 하소서.
우리 주 예수 그리스도의 이름으로 기도합니다. 아멘!

### 오늘의 묵상

기도 속의 긴장을 풀어라. 우리의 요구가 받아들여지도록 하기 위해 너무 애쓰지 마라. 주님은 우리가 구하는 것보다 더 많이 주신다. 하나님과 친밀하게 대화하는 것보다, 그분과의 순수한 교제에 몰두하는 것보다 더 좋은 것은 없다. 소원 명세서로 뒤범벅되지 않은 기도야말로 지각 있는 자가 성취할 수 있는 최고의 것이다. 하나님께 무엇인가를 구할 때 우리의 열망을 깨끗이 지워달라고 먼저 기도하라. 무지로부터 구원해 주시기를 구하라. 유혹에서 벗어나게 해달라고 구하라. 기도할 때 정의와 성결 그리고 영적인 지식을 구하라. 그만큼 다른 것들을 부어 주실 것이다.

## 2 February 5

### 어머니의 눈물의 기도

여호와여 어느 때까지니이까 나를 영원히 잊으시나이까 주의 얼굴을 나에게서 어느 때까지 숨기시겠나이까 나의 영혼이 번민하고 종일토록 마음에 근심하기를 어느 때까지 하오며 내 원수가 나를 치며 자랑하기를 어느 때까지 하리이까
시편 13:1-2

우리의 죄악을 도말하사 눈과 같이 희게 하시는 주님!
온 세상에 가득했던 어둠이 물러가기 시작하고
빛이 한 걸음씩 한 걸음씩 내딛는 시간입니다.
간밤의 어둠 속에서도 별들이 빛을 발하듯이
죄악 가득한 세상에서 우리가 빛과 소금의 직분을
잘 감당하는 성도가 되게 하여 주소서.
우리가 나태해지거나 자기의 유익만을 구하지 않게 하시고
남을 위해 봉사하고 헌신할 수 있게 해 주시기를 원합니다.
우리의 삶에 주님의 은혜가 충만하게 하여 주소서.
우리의 삶에 주님의 사랑이 충만하게 하여 주소서.
믿음으로 새벽을 깨워 예수 그리스도의 이름으로 기도하며
날마다 응답받게 해 주시기를 원합니다.
우리 주 예수 그리스도의 이름으로 기도합니다. 아멘!

### 오늘의 묵상

주님께서 나를 어둠의 구렁텅이에서 끌어올리셨다. 나의 어머니는 죽은 아이 때문에 우는 어미보다 더욱 애처롭게 눈물지으며 주님께 나아갔다. 주님은 어머니의 울음소리를 들으셨다. 9년이라는 세월 동안 어머니는 매 순간 눈물의 기도를 드리셨다. 어머니의 모든 노력에도 불구하고 주님은 나를 어둠 가운데 한동안 두셨다. 주님은 어머니께 적어도 두 가지 확신을 주셨다. 먼저 주님은 꿈을 통해 어머니와 함께하겠다고 말씀하셨다. 그리고 사제를 통해 어머니가 나의 실수를 드러내기 위해 나와 논쟁하는 것이 무의미한 일임을 가르쳐 주셨다. 주님은 눈물의 아들을 절대로 버리지 않는다.

## 2 February 6

## 근심과 걱정은 하나님이 만드신 것이 아니다

두렵건대 나의 원수가 이르기를 내가 그를 이겼다 할까 하오며 내가 흔들릴 때에 나의 대적들이 기뻐할까 하나이다 나는 오직 주의 사랑을 의지하였사오니 나의 마음은 주의 구원을 기뻐하리이다 내가 여호와를 찬송하리니 이는 주께서 내게 은덕을 베푸심이로다 시편 13:4-6

우리와 함께 고통당하시는 주님!
이 땅의 많은 사람들이 고통 속에 살아가고 있습니다.
물질적인 어려움과 육체와 정신의 고통 속에서
수많은 이들이 아픔에 시달리고 있습니다.
주님께서 이 모든 고통을 아시오니
이 고통을 견디고 이겨 낼 수 있는 믿음을 주시길 원합니다.
우리에게 고통이 다가올 때 주님의 고통을 기억하게 하시고
고통을 치유하시고 감싸 주시는 주님을 의지하게 하소서.
우리의 마음이 괴로울 때 기도하게 해 주시기를 원합니다.
삶 속에서 일어나는 근심과 두려움을 이겨 낼 수 있는 힘을
주님께서 우리에게 주시기를 원합니다.
주님이 함께하심으로 다가오는 고통을 이겨 내게 하소서.
우리 주 예수 그리스도의 이름으로 기도합니다. 아멘!

### 오늘의 묵상

성도의 선생이요, 지도자요, 안내자요, 마귀의 궤휼을 아시는 하나님께서는 거듭난 영혼에게 말씀하신다. "아무것도 염려하지 말고 다만 모든 일에 기도와 간구로, 너희 구할 것을 감사함으로 하나님께 아뢰라 그리하면 모든 지각에 뛰어난 하나님의 평강이 그리스도 예수 안에서 너희 마음과 생각을 지키시리라(빌립보서 4:6-7)" 근심과 걱정은 하나님께서 만드시는 것이 아니라 암흑의 세력이 만들어 내는 것이다. 성도는 오직 하나님의 권능으로 이를 피하며 승리할 수 있고, 또 이런 힘은 기도의 응답으로써만 얻을 수 있다. 그러므로 성령은 성도에게 권고하시어 기도와 간구와 감사함으로 항상 하나님과 교통하라고 말씀하신다.

## 2 February 7

### 묵상이란 무엇인가

어리석은 자는 그의 마음에 이르기를 하나님이 없다 하는도다 그들은 부패하고 그 행실이 가증하니 선을 행하는 자가 없도다 여호와께서 하늘에서 인생을 굽어살피사 지각이 있어 하나님을 찾는 자가 있는가 보려 하신즉 다 치우쳐 함께 더러운 자가 되고 선을 행하는 자가 없으니 하나도 없도다 죄악을 행하는 자는 다 무지하냐 그들이 떡 먹듯이 내 백성을 먹으면서 여호와를 부르지 아니하는도다 시편 14:1-4

우리의 기도를 귀 기울여 들으시는 주님!
이 새벽 아주 작은 목소리로 입술만 달싹거리며
우리의 깊숙한 마음을 주님께 고백합니다.
우리 마음의 중심을 아시는 주님께서
우리의 마음을 맑고 깨끗하게 해 주시기를 원합니다.
주님의 은혜로 우리의 마음이 정결하게 되기를 원합니다.
이 새벽 우리가 고요히 묵상함으로써
우리를 향하신 주님의 음성을 듣게 하소서.
이 고요한 시간 기도함으로써
주님과 교제를 나누기에 가장 좋은 시간입니다
우리의 마음에 주님의 은혜가 가득 채워지게 하여 주소서.
우리의 삶에 날마다 충만함을 주시기를 원합니다.
우리 주 예수 그리스도의 이름으로 기도합니다. 아멘!

### 오늘의 묵상

영국 출신의 작가인 이블린 언더힐은 이렇게 쓰고 있다. "묵상이란 하나님의 임재 가운데 생각하는 것이라는 말이 가장 간단한 정의일 것이다." 또 다른 영국 작가 던롭은 이렇게 말하고 있다. "진정한 묵상이란 지존자 하나님 혹은 예수 그리스도와의 의식적인 교제다." 그것은 성경 말씀이 의도하는 바를 우리의 의식이 깨달을 때까지 생명의 말씀을 조용히 생각하는 것이다. 묵상이란 말의 희랍 원어는 "곰곰이 생각해 보라"는 의미인 '멜레타오'다. 시편에서는 이 문제를 많이 다루고 있다. 또한 신약에서는 우리의 마음이 하나님으로 완전히 차 있을 때 행동에 옮기고 봉사할 준비가 갖추어져 있다고 가르친다.

# 방패기도란 무엇인가

**2 February 8**

> 그러나 거기서 그들은 두려워하고 두려워하였으니 하나님이 의인의 세대에 계심이로다 너희가 가난한 자의 계획을 부끄럽게 하나 오직 여호와는 그의 피난처가 되시도다 이스라엘의 구원이 시온에서 나오기를 원하도다 여호와께서 그의 백성을 포로된 곳에서 돌이키실 때에 야곱이 즐거워하고 이스라엘이 기뻐하리로다
>
> 시편 14:5-7

환경 속에 함께하시는 주님!
우리에게 어떤 환경이 주어지더라도
잘 이겨 낼 수 있는 믿음 주시기를 원합니다.
씨앗이 땅속에 뿌려져 이른 비와 늦은 비를 맞아 가며 싹이 나고
비바람을 견디며 성장하여 탐스런 열매를 맺는 것입니다.
우리에게 어떤 환경이 주어지든지
핑곗거리가 되지 않게 해 주시기를 원합니다.
작은 물고기가 폭포를 계속 뛰어오르며 거슬러 오르는 것처럼
우리도 주어진 환경에 도전하며 살게 하소서.
우리에게 절망으로 보였던 모든 것들을 극복하여
소망으로 만들어 가는 기쁨을 맛보게 하여 주소서.
오늘도 믿음이 성장하는 날이 되기를 원합니다.
우리 주 예수 그리스도의 이름으로 기도합니다. 아멘!

### 오늘의 묵상

방패기도는 우리가 기도로 세운 영적인 방패다. 이는 우리가 기도하고 있는 사람, 그 사람이 우리 자신이든지, 남편이나 아내이든지, 혹은 어린아이나 사랑하는 사람이든지 간에 그 사람이 철저하게 항복하도록 하는 것이다. 우리가 사랑하는 사람이나 관심을 갖고 있는 사람을 위해서 방패기도를 드린다면 우리는 기도로 그 사람을 완전히 감싸고 있는 것이다. 우리가 그 사람을 기도로 덮고 있는 것이다. 그렇게 함으로써 우리는 하나님께서 기적을 행할 수 있는 완전한 분위기를 만들고 있는 것이다. 이 세상의 어둠이 꿰뚫어지고 있는 것이다. 위로부터 오는 밝은 빛이 비춰지는 것이다. 그렇게 기도로 감싸기 시작하면 얼마 안 있어 기적이 일어나기 시작한다.

## 2 February 9

### 기도는 주님께 축복을 구한다

여호와여 주의 장막에 머무를 자 누구오며 주의 성산에 사는 자 누구오니이까 정직하게 행하며 공의를 실천하며 그의 마음에 진실을 말하며 그의 혀로 남을 허물하지 아니하고 그의 이웃에게 악을 행하지 아니하며 그의 이웃을 비방하지 아니하며
시편 15:1-3

우리를 항상 축복하여 주시는 주님!
이 새벽 주님을 사모하게 하여 주심을 감사드립니다.
우리의 이웃들을 주 안에서 사랑하며 살게 하여 주소서.
오늘도 미워하는 시간보다 사랑하는 시간이 많도록 해 주시고
성령의 은혜를 내려 주셔서 삶의 풍성함을 체험하게 하소서.
주님의 말씀을 통하여 우리의 영혼을 새롭게 하여 주소서.
우리의 눈빛이 간절히 주님을 사모하며
오직 주님만 바라보게 해 주시기를 원합니다.
주님의 손길의 인도함을 받게 해 주시기를 원합니다.
우리에게 주신 소망을 향하여 한 걸음 다가가게 하소서.
우리 주 예수 그리스도의 이름으로 기도합니다. 아멘!

### 오늘의 묵상

주님만이 유일한 창조주이시기에 우리는 주님께 복을 구한다. 우리가 씨를 뿌리고 물을 주지만 주님만이 이를 열매 맺도록 하실 수 있다. 우리는 땅이 소산을 풍성하게 내도록 해달라고 기도한다. 우리는 스스로 먹일 수 없음을 안다. 우리는 주님 목장의 양이다. 주님은 우리를 먹이신다. 주님은 굶주린 자에게 먹을 것을 주신다. 주님이 땅을 만드셨고 우리 정원에 물을 주셨다. 흙덩이를 부수고 비를 뿌려 흙을 부드럽게 하셨다. 소출을 증산시키고 풍성하게 복을 주셨다. 거친 땅을 기름지게 하시고 골짜기마다 옥수수로 가득 채우셔서 웃고 노래하게 하셨다. 주님은 골짜기에 샘이 터져 나오게 하시고 강물이 언덕을 따라 흐르게 하셨다. 이 땅은 주님의 수고의 열매들로 충만하다.

# 2 February 10

## 기도는 듣는 것이다

그의 눈은 망령된 자를 멸시하며 여호와를 두려워하는 자들을 존대하며 그의 마음에 서원한 것은 해로울지라도 변하지 아니하며 이자를 받으려고 돈을 꾸어 주지 아니하며 뇌물을 받고 무죄한 자를 해하지 아니하는 자이니 이런 일을 행하는 자는 영원히 흔들리지 아니하리이다 시편 15:4-5

우리에게 사랑을 주시는 주님!
우리의 삶에 소망과 사랑을 주심에 감사드립니다.
우리의 마음이 언제나 주님을 닮아 가게 해 주시고
믿음으로 기도할 때 응답받게 해 주시기를 원합니다.
오늘도 우리의 삶에 기쁨이 넘치게 해 주시고
주님의 보호하심 아래 살게 해 주시기를 원합니다.
우리에게 믿음을 주셔서 은혜 안에 살게 해 주시기를 원합니다.
언제나 주님과 동행하는 삶을 살게 하여 주소서.
우리의 삶 속에 주님의 권세가 드러나기를 원합니다.
우리의 심령을 새롭게 해 주시고
오늘 우리의 발걸음을 인도하여 주시기를 원합니다.
우리 주 예수 그리스도의 이름으로 기도합니다. 아멘!

### 오늘의 묵상

하나님은 성경을 통해 우리에게 말씀을 주신다. 예수회 신부인 아먼드 니그로는 하나님의 말씀을 '듣는 법'에 관하여 이렇게 말하고 있다. "구절과 구절 사이에 얼마간 간격을 두어 말씀의 메아리와 의미가 메마른 땅에 스며드는 단비처럼 서서히 그대 속으로 스며들게 하라. 한 단어나 구절을 계속해서 되뇌어도 좋다. 이렇게 성경으로 기도하는 것은 하나님께 귀를 기울이는 체험을 하게 된다. 말씀을 실제에 적용하려고 하거나 심오한 뜻과 의미를 찾거나 결론을 얻고 결심하려는 것은 옳지 않다. 그런 일들은 보통 우리의 기도를 망치고 만다. 어린아이처럼 그저 마음을 열어 두고 듣는 것으로 만족하라."

# 2 February 11 기도는 우리의 삶을 변화시킨다

하나님이여 나를 지켜 주소서 내가 주께 피하나이다 내가 여호와께 아뢰되 주는 나의 주님이시오니 주 밖에는 나의 복이 없다 하였나이다 땅에 있는 성도들은 존귀한 자들이니 나의 모든 즐거움이 그들에게 있도다 다른 신에게 예물을 드리는 자는 괴로움이 더할 것이라 나는 그들이 드리는 피의 전제를 드리지 아니하며 내 입술로 그 이름도 부르지 아니하리로다 시편 16:1-4

의로운 자에게 복을 더하시는 주님!
주님께서 우리의 모든 죄악을 살피사 내 죄를 고백하게 하시고
모든 죄악을 용서하여 주시고 의롭게 하여 주심을 감사드립니다.
우리를 부르사 의롭게 해 주시고 하나님의 자녀가 되게 해 주시고
복에 복을 더하사 주님을 구주로 믿게 하심이 축복입니다.
우리가 생활 속에서도 그리스도인답게 살게 하시고
주님이 원하시는 삶을 살게 해 주시기를 원합니다.
세속의 흐름을 따라 흘러가지 않게 하시고
성도로서 구별된 삶을 살게 해 주시기를 원합니다.
주님께서 우리에게 주시는 복을 누리며 살게 하여 주소서.
우리 주 예수 그리스도의 이름으로 기도합니다. 아멘!

### 오늘의 묵상

기도는 우리의 삶을 변화시킨다. 언제 어디서나 그러하다. 성별이나 나이는 관계가 없다. 기도는 우리의 질병을 고칠 수 있고, 우리의 마음과 몸을 변화시킬 수 있다. 우리가 흔들리는 배에서 멀미를 하다가 정신을 차리면 세계를 볼 수 있듯이, 날마다 우리의 인간관계를 교란시키고 압도하기 위해 위협하는 수많은 공포와 슬픔의 바람으로 만들어진 태풍을 진정시킬 수 있다. 이런 것은 달콤한 말에 불과한 것이 아니다. 나는 직접 의심의 그림자에 시달리다가 그것을 극복하고 나의 경험으로 이 진실을 증명했다. 나는 자신 있게 말할 수 있다. 당신도 그 진실을 증명할 수 있다.

## 2 February 12

### 신령과 진정으로 드리는 예배

여호와는 나의 산업과 나의 잔의 소득이시니 나의 분깃을 지키시나이다 내게 줄로 재어 준 구역은 아름다운 곳에 있음이여 나의 기업이 실로 아름답도다 나를 훈계하신 여호와를 송축할지라 밤마다 내 양심이 나를 교훈하도다 내가 여호와를 항상 내 앞에 모심이여 그가 나의 오른쪽에 계시므로 내가 흔들리지 아니하리로다

시편 16:5-8

생명의 빛이신 주님!
동이 터오기를 기다리는 이 새벽에 우리가 주님의 이름을 부르며
기도할 수 있도록 마음을 열어 주심을 감사드립니다.
하루 종일 일에 쫓기어 분주하게 살다 보면
힘들고 지칠 때가 있사오니 힘을 주시기를 원합니다.
매일같이 반복되는 것 같은 삶에 무기력해지고 허무해져
모든 것이 귀찮아질 때도 있으니
우리 마음을 주관하여 주시기를 원합니다.
우리의 기도가 주님의 은혜로 능력 있게 하사
우리를 무기력하게 만들고자 하는 악한 세력들을 결박하게 해 주소서.
이 새벽에 주님께 구하는 우리의 기도를 들으시고
말씀을 따라 우리에게 응답하심을 믿사오니
주님의 뜻에 순복하며 살게 하소서.
우리 주 예수 그리스도의 이름으로 기도합니다. 아멘!

### 오늘의 묵상

그리스도인 중에는 여전히 세 종류의 예배자가 있다. 어떤 이들은 무지로 인해 무엇을 구해야 할지 거의 알지 못한다. 그들은 진지하게 기도하지만 거의 응답을 받지 못한다. 또 어떤 이들은 좀 더 바른 지식을 갖추고 마음과 뜻을 다해 기도하고 때로는 대단히 진지하게 기도하지만, 신령과 진정으로 드리는 예배의 완전한 축복에 이르지 못한다. 우리가 우리 주 예수께 인도해 주시도록 구해야 할 것은 마지막 세 번째 유형의 것이다. 우리는 신령과 진정으로 예배하기를 배워야만 한다. 이것만이 영적 예배다. 그렇게 해야 우리는 하나님께서 찾으시는 그러한 예배자가 된다. 기도에 있어서 모든 것은 신령과 진정의 예배를 잘 이해하고 실천하는 것에 의해 좌우된다.

## 2 February 13 성전은 기도하는 집이다

이러므로 나의 마음이 기쁘고 나의 영도 즐거워하며 내 육체도 안전히 살리니 이는 주께서 내 영혼을 스올에 버리지 아니하시며 주의 거룩한 자를 멸망시키지 않으실 것임이니이다 주께서 생명의 길을 내게 보이시리니 주의 앞에는 충만한 기쁨이 있고 주의 오른쪽에는 영원한 즐거움이 있나이다 시편 16:9-11

우리의 삶에 필요한 것들을 채워 주시는 주님!
우리에게는 욕심이 있어 남의 것을 부러워하거나
남의 것을 탐내고 싶어 하는 마음이 생길 때가 있습니다.
주님께서 우리의 마음을 가난하게 하사
어떠한 형편과 처지에서도 자족할 수 있는
믿음과 능력을 주시기를 원합니다.
어린아이 같은 마음으로 살게 하시고
주님의 마음과 같이 온유하고 겸손하게 살게 하여 주소서.
우리의 영육과 호흡까지 지켜 주심을 믿사오니
주님께서 원하시지 않는 일은 하지 않게 하여 주소서.
생활 속에서 짜증과 원망이 쌓여 갈 때도
주님이 우리와 함께하심을 믿고 벗어나게 하소서.
우리의 모든 것을 주님께 의지하기를 원합니다.
우리 주 예수 그리스도의 이름으로 기도합니다. 아멘!

**오늘의 묵상** 예수 그리스도께서 하나님의 성전은 '기도하는 집'이 되어야만 한다고 선언하셨다(마태복음 21:13). 나는 이것이 오늘날에도 여전히 교회를 향한 하나님의 소망이라고 믿는다. 교회는 성도들을 위해서뿐만 아니라 지역사회를 위해서 기도의 중심지가 되어야 한다. 어떤 교회는 진실로 그렇게 하고 있다. 그리고 점점 더 많은 교회들이 동참하고 있다. 하나님께서는 그리스도의 몸 된 교회 전체에 대한 새로운 인식을 가져다 주고 계신다. 이것이 바로 많은 사람들이 교회가 올바른 부흥의 길로 나아가고 있다고 말하는 이유다.

## 2 February 14

### 영적인 기도의 안전한 길

> 여호와여 의의 호소를 들으소서 나의 울부짖음에 주의하소서 거짓되지 아니한 입술에서 나오는 나의 기도에 귀를 기울이소서 주께서 나를 판단하시며 주의 눈으로 공평함을 살피소서 주께서 내 마음을 시험하시고 밤에 내게 오시어서 나를 감찰하셨으나 흠을 찾지 못하셨사오니 내가 결심하고 입으로 범죄하지 아니하리이다
> 시편 17:1-3

우리의 삶이 주님 안에 거하기를 원하시는 주님!
기도로 시작하는 이 새벽 시간부터
일을 마치고 돌아와 잠자리에 드는 시간까지
주님께서 함께하시고 인도하여 주심을 믿습니다.
사랑하는 자에게 잠을 주시는 주님께서
우리의 삶 전체와 우리의 숨결까지 보호하여 주시고
우리의 갈 길을 인도하여 주시기를 원합니다.
주님의 말씀을 지키며 주님의 뜻에 합당한 삶을 살게 하시고
만나는 사람들과 인간관계가 잘 이루어지게 해 주시고
약속을 철저하게 지키므로 신용 있는 삶을 살게 하여 주소서.
물질관계가 분명하게 하시고 말씀과 기도로 무장하게 하소서.
오늘도 주님이 함께하심을 믿습니다.
우리 주 예수 그리스도의 이름으로 기도합니다. 아멘!

### 오늘의 묵상

하나님께서는 우리에게 간구할 것을 종용하신다. 그가 우리의 상황을 아셔야 할 필요가 있기 때문이 아니라 우리가 간구하는 영적인 훈련이 필요하기 때문이다. 마찬가지로 우리가 하나님께 구체적인 요청을 하는 것은 우리로 하여금 믿음에서 한 걸음 더 나아가게 한다. 우리 중 많은 사람들이 기도할 때 희미한 일반성으로 물러서는 이유는 하나님을 너무 높게 생각하기 때문이 아니고 반대로 너무 낮게 생각하기 때문이다. 우리가 만약 구체적으로 기도했는데 그 요구가 받아들여지지 않는다면 우리는 지금 가지고 있는 그 작은 믿음조차 잃어버리지 않을까 두려워하고 있는 것이다. 그래서 우리는 높은 영적인 기도의 안전한 길로 물러앉는 것이다.

## 2 February 15

## 포기하지 않는 믿음을 가져야 한다

나의 걸음이 주의 길을 굳게 지키고 실족하지 아니하였나이다 하나님이여 내게 응답하시겠으므로 내가 불렀사오니 내게 귀를 기울여 내 말을 들으소서 주께 피하는 자들을 그 일어나 치는 자들에게서 오른손으로 구원하시는 주여 주의 기이한 사랑을 나타내소서 시편 17:5-7

우리의 영혼에 안식을 주시는 주님!
우리가 분주한 일들 속에 빠져들기 전에
이 새벽에 주님의 말씀을 상고하며 기도하기를 원합니다.
우리의 음성을 듣기 원하시는 주님께서
우리의 기도를 들어주시기를 원합니다.
어느 곳에 있든지, 어느 곳을 가든지
언제나 먼저 기도를 드리고 주님과 동행하게 하소서.
맡겨진 일에 불평함 없이 최선을 다하며
땀을 흘리는 보람이 있게 해 주시기를 원합니다.
우리가 행할 일을 주님께서 모두 아시니
지혜를 주사 슬기롭게 이루어 나가게 해 주시기를 원합니다.
오늘도 어디서나 주님의 자녀다운 삶을 살게 하소서.
우리 주 예수 그리스도의 이름으로 기도합니다. 아멘!

### 오늘의 묵상

우리 모두 '포기하지 않는 믿음'을 가져야 한다. 우리가 기도의 응답에 대한 확신을 가져야 하는 이유는 믿음이 하나님의 능력을 품어 내기 때문이다. 마가복음에 보면 예수께서 고향인 나사렛에서는 이적을 행하지 않았다는 놀라운 기사가 나온다(6:1-6). 그런데 헬라어 성경 원문을 자세히 읽어 보면 예수께서 단순히 이적을 행하지 않기로 결심한 것이 아니라 그 지방 사람들의 불신앙으로 이적을 행하실 수 없었다는 사실을 알 수 있다. 예수의 능력이 부족했다거나 예수의 영적 상태가 잘못되었기 때문이 아니라 사람들의 불신앙 때문에 하나님의 능력이 사람들에게 흘러가지 못했던 것이다.

## 기도의 더딘 응답은 무엇 때문인가

**February 2/16**

나를 눈동자같이 지키시고 주의 날개 그늘 아래에 감추사 내 앞에서 나를 압제하는 악인들과 나의 목숨을 노리는 원수들에게서 벗어나게 하소서 그들의 마음은 기름에 잠겼으며 그들의 입은 교만하게 말하나이다 이제 우리가 걸어가는 것을 그들이 에워싸서 노려보고 땅에 넘어뜨리려 하나이다 그는 그 움킨 것을 찢으려 하는 사자 같으며 은밀한 곳에 엎드린 젊은 사자 같으니이다 시편 17:8-12

우리의 구함을 아시고 응답해 주시는 주님!
날마다의 삶 속에서 일어나는 갖가지 일 가운데 결단이 필요할 때
주님께서 지혜와 총명을 주셔서
올바르게 대처하여 실수하거나 낭패 보지 않게 하소서.
우리의 유익만을 위하여 남에게 손해를 끼치지 않게 하소서.
우리의 유익 때문에 주님의 영광을 가리지 않게 하소서.
성령 충만함을 주사 지혜롭게 행하게 해 주시고
주님이 보시기에 아름답고 복된 성도의 삶을 살게 하소서.
주님의 말씀에 귀 기울이게 하시고
주님의 인도하심 따라 날마다 살게 하여 주셔서
거룩하시고 선하신 주님의 삶을 본받게 하여 주소서.
우리의 생명길이 되시는 주님을 따라 살게 하여 주소서.
우리 주 예수 그리스도의 이름으로 기도합니다. 아멘!

### 오늘의 묵상

기도생활의 가장 무서운 장해물 중 하나는 응답이 우리가 바라는 것처럼 빨리 오지 않는다는 사실이다. 우리는 종종 '내가 바로 기도하지 못한 것 같다'는 생각 때문에 낙심하고 기도를 계속하지 않는다. 이것은 우리 주님께서 가끔씩 긴박하게 가르치시는 교훈이다. 우리가 그 사실을 숙고하면 더딘 이유를 알게 될 것이고, 기다림 또한 우리에게 축복을 가져다준다는 것을 알게 될 것이다. 우리의 소원은 더 간절하고 강해져야 하며, 우리는 전심으로 간구해야 한다. 하나님이 우리의 약한 신앙을 강하게 하기 위하여 우리를 꾸준한 기도의 실천학교에 입학시킨다. 기도의 더딘 응답에 큰 축복이 있다는 것을 믿으라.

**2 February 17**

## 기도하는 유일한 시간

여호와여 이 세상에 살아 있는 동안 그들의 분깃을 받은 사람들에게서 주의 손으로 나를 구하소서 그들은 주의 재물로 배를 채우고 자녀로 만족하고 그들의 남은 산업을 그들의 어린 아이들에게 물려주는 자니이다 나는 의로운 중에 주의 얼굴을 뵈오리니 깰 때에 주의 형상으로 만족하리이다 시편 17:14-15

생명의 근원이 되시는 주님!
우리의 삶이 주님의 삶을 본받기를 원합니다.
이 새벽에 우리가 영적으로 깨어나게 하여 주소서.
하루 일을 시작하기 전에 주님의 삶을 묵상하게 하소서.
성령 충만함으로 우리의 삶이 변화되게 하여 주소서.
주님의 말씀을 사모하게 하시고 깨닫게 하여 주사
날마다 즐거워하며 주님의 은혜로 살게 하여 주소서.
주님께서 순결함을 원하시니 정결하게 살게 하소서.
이 땅에 소망을 두지 말고 주님께 소망을 갖게 하사
하늘에 소망을 두고 믿음 안에서 살게 하여 주소서.
어둠 속에서 벗어나 생명의 빛 안에서 살게 하소서
우리 주 예수 그리스도의 이름으로 기도합니다. 아멘!

### 오늘의 묵상

아일랜드 출신인 팻과 마이크는 침몰하는 배에서 겨우 빠져나왔다. 그들은 두 조각의 널빤지로 차가운 대양의 얼음물 위를 떠다녔다. 팻은 엄청난 신성모독죄에 빠져 있었기 때문에 그것을 회개해야 하고 그러면 주님께서 그를 구해 주러 오시리라 생각했다. 팻은 기도하기 시작했지만 그가 자신의 회개기도의 주제에 이르기 전에 마이크가 그들을 향해 오고 있는 배를 보았다. 콜럼부스가 처음 북아메리카 해안을 보았을 때 기뻐했던 것처럼 마이크도 소리쳤다! "잠깐만, 팻, 그만해, 배가 오고 있어." 팻은 당장 기도하는 것을 멈추었다. 이것이 우리가 행하는 일 아닌가? 우리가 기도하는 유일한 시간은 곤경에 처해 있을 때뿐이다. 그러다 일이 잘 되면 우리는 하나님을 잊어버린다.

## 2 February 18 | 장황한 기도는 드리지 말아야 한다

> 나의 힘이신 여호와여 내가 주를 사랑하나이다 여호와는 나의 반석이시요 나의 요새시요 나를 건지시는 이시요 나의 하나님이시요 내가 그 안에 피할 나의 바위시요 나의 방패시요 나의 구원의 뿔이시요 나의 산성이시로다 내가 찬송받으실 여호와께 아뢰리니 내 원수들에게서 구원을 얻으리로다 시편 18:1-3

우리의 삶에 참기쁨을 주시는 주님!
밝은 태양이 동쪽 하늘에 떠오르는 모습은
마치 해맑게 웃는 어린아이의 얼굴 같습니다.
아무런 꾸밈없이 있는 모습 그대로인 것만 같습니다.
우리도 우리의 있는 모습 그대로 주님께 보여드리고
주님께서 주시는 은혜와 축복을 받게 하여 주소서.
우리의 삶에는 용기와 격려가 필요하오니
주님께서 선하심과 인자하심으로 인도하소서.
가족들을 사랑할 수 있는 마음을 주시고
어떤 상황에서도 포기하거나 좌절하지 않게 하소서.
주님은 은혜와 사랑이 충만하시니
우리의 온 마음으로 주님의 사랑을 받게 하여 주소서.
우리 주 예수 그리스도의 이름으로 기도합니다. 아멘!

### 오늘의 묵상

루이스 스페리 쉐퍼 박사가 들려준 이야기다. 어떤 목사님이 미사여구를 다 동원해서 심오하게 기도하는 습관이 있었는데, 종종 그의 단순한 양들이 이해할 수 없는 말을 쓰곤 했다. 이러한 일이 여러 주 동안 계속되자 교인들은 점차 목사님의 기도에 질리고 화가 나기 시작했다. 드디어 성가대에 있던 조그마한 스코틀랜드 여자가 이 일을 바로잡기 위해 모험을 감행했다. 어느 주일날 그 목사님이 또 웅변을 하듯 장황한 기도를 하고 있을 때 그 작은 여인이 성가대와 강단을 구분하는 커튼에 손을 뻗었다. 그리고는 목사님의 성직자복 꼬리를 홱 잡아당겼다. 그리고 이렇게 속삭였다. "그냥 아버지의 이름을 부르고 달라고만 하세요."

# 2 February 19

## 새벽기도

내가 환난 중에서 여호와께 아뢰며 나의 하나님께 부르짖었더니 그가 그의 성전에서 내 소리를 들으심이여 그의 앞에서 나의 부르짖음이 그의 귀에 들렸도다 이에 땅이 진동하고 산들의 터도 요동하였으니 그의 진노로 말미암음이로다 그의 코에서 연기가 오르고 입에서 불이 나와 사름이여 그 불에 숯이 피었도다 그가 또 하늘을 드리우시고 강림하시니 그의 발아래는 어두캄캄하도다 시편 18:6-9

우리의 삶을 세밀하게 보살펴 주시는 주님!
우리의 삶이 주님의 인도하심 속에
멋지고 값있는 삶을 살아가게 해 주시기를 원합니다.
주님 안에서 많은 사람들과 믿음의 교제를 넓혀 가게 하시고
증오심 때문에 삶을 온통 절망으로 만들지 않게 하소서.
사람들의 단점을 찾아내어 고통을 주기보다는 장점을 찾아내어
칭찬과 격려를 아끼지 않게 하여 주소서.
무슨 일을 하든지 준비하는 마음으로
일을 이루어 가기에 부족함이 없게 하시고
열심을 다하여 맡은 일들을 잘 처리해 나가게 하소서.
우리에게 믿음과 지혜를 주시기를 원합니다.
우리의 삶이 주님을 위한 삶이 되기를 원합니다.
우리 주 예수 그리스도의 이름으로 기도합니다. 아멘!

### 오늘의 묵상

동이 트면 이렇게 기도를 시작하라. "오, 주님, 주님은 가장 위대하고 가장 참된 빛이십니다. 오늘의 빛이 주님에게서 나옵니다. 오, 빛이시여, 주님은 이 세상의 모든 사람을 비추십니다. 오, 빛이시여, 주님에게는 밤이나 황혼이 없습니다. 주님과 함께라면 언제나 한낮입니다. 주님이 없으면 모든 것이 흑암입니다. 나의 마음을 밝히소서. 주님을 기쁘시게 하는 것만 보게 하소서. 그렇지 않은 것에는 소경이 되게 하소서. 주님의 길로 걷게 하시고 다른 것에는 빛을 찾지 않게 하소서."

## 2 February 20 | 나사렛 예수 이름의 권세

> 그룹을 타고 다니심이여 바람 날개를 타고 높이 솟아오르셨도다 그가 흑암을 그의 숨는 곳으로 삼으사 장막같이 자기를 두르게 하심이여 곧 물의 흑암과 공중의 빽빽한 구름으로 그리하시도다 그 앞에 광채로 말미암아 빽빽한 구름이 지나며 우박과 숯불이 내리도다 여호와께서 하늘에서 우렛소리를 내시고 지존하신 이가 음성을 내시며 우박과 숯불을 내리시도다 시편 18:10-13

새벽에 단잠을 깨워 기도하게 하시는 주님!
우리가 세상 헛된 영광을 부러워하며 따라가기보다
주님의 말씀에 초점을 맞춰 가며 살게 해 주시기를 원합니다.
우리가 하고 있는 일이 때로는
부귀영화와 명예와 권세가 약속되어 있지 않더라도
순수한 복음으로 살아가게 하소서.
잠시 잠깐의 희열과 기쁨보다는 영원한 약속과 소망을 위하여
우리의 모든 삶을 다 드릴 수 있는 믿음을 주시기를 원합니다.
세상의 사사로운 영광과 명성은 물거품과 같아 금방 사라지지만
주님께서는 우리의 이름을 생명책에 기록하여 주시고
영원한 천국에 초청하여 주셨음을 소망으로 삼게 하여 주소서.
오늘도 하루를 시작하기 전 이 새벽에 기도하게 하심을 감사드립니다.
우리 주 예수 그리스도의 이름으로 기도합니다. 아멘!

### 오늘의 묵상

예수의 이름 안에 생명이 있다(요한복음 20:31)
주님의 이름이 높이 받들어진다(사도행전 19:17)
그리스도인들은 예수 이름 안에 모인다(고린도전서 5:4)
우리는 예수의 이름으로 범사에 감사한다(에베소서 5:20)
하늘에 있는 자들과 땅에 있는 자들과 땅 아래 있는 자들로 모두 예수의 이름에 무릎 꿇게 하신다(빌립보서 2:10)
무엇을 하든지 주 예수의 이름으로 하라(골로새서 3:17)
기도와 찬양은 주 예수의 이름을 영화롭게 한다(데살로니가후서 1:12)

## 2 February 21 — 책 읽기와 기도

> 그가 높은 곳에서 손을 펴사 나를 붙잡아 주심이여 많은 물에서 나를 건져 내셨도다 나를 강한 원수와 미워하는 자에게서 건지셨음이여 그들은 나보다 힘이 세기 때문이로다 그들이 나의 재앙의 날에 내게 이르렀으나 여호와께서 나의 의지가 되셨도다
>
> 시편 18:16-18

우리에게 때에 맞는 은혜를 주시는 주님!
모든 일에는 적당한 시기와 절차가 필요하오니
지혜와 명철을 주사 기회가 올 때 잘 사용하게 하소서.
우리의 믿음을 새롭게 하사 자제력을 잃거나
혼돈이나 미혹에 빠지는 일이 없게 하여 주소서.
큰 고통이 찾아올 때 가장 먼저 기도하게 하시고
언제나 사람이나 물질보다는 주님을 가장 먼저 신뢰하며
순종하게 해 주시기를 원합니다.
우리의 마음이 주님께 집중하게 해 주시고
항상 주님의 인재하심을 인식하며
두려움과 모든 염려를 다 떨쳐버리고 잘 이루어 나가게 하소서.
우리의 믿음이 날로 성장하게 해 주시기를 원합니다.
우리 주 예수 그리스도의 이름으로 기도합니다. 아멘!

### 오늘의 묵상

기도를 시작하기 위한 좋은 방법 중 하나로 경건한 독서를 꼽을 수 있다. 아빌라의 테레사 수녀는 이렇게 말했다. "생각을 집중하는 방법, 소리 내어 기도하는 법을 배우기 위해서 경건 서적을 읽으면 대단히 도움이 된다. 이것은 영혼이 놀라지 않도록 조금씩 설득하고 달래는 것이다. 나는 14년이 넘도록 책이 없으면 묵상하지 못했다." 여기에서 테레사는 일상적인 정신적 행동들로부터 기도라는 집중된 행동으로의 전이를 묘사하고 있다. 경건 서적을 읽는 준비운동은 우리 안에 있는 더욱 깊은 자아가 있는 곳을 열어 줌으로써 효과적인 기도를 가능하게 한다. 우리는 이러한 독서를 주저하지 말고 활용해야 한다.

## 2 February 22 | 다른 사람들과 함께 기도하라

나를 넓은 곳으로 인도하시고 나를 기뻐하시므로 나를 구원하셨도다 여호와께서 내 의를 따라 상 주시며 내 손의 깨끗함을 따라 내게 갚으셨으니 이는 내가 여호와의 도를 지키고 악하게 내 하나님을 떠나지 아니하였으며 그의 모든 규례가 내 앞에 있고 내게서 그의 율례를 버리지 아니하였음이로다 시편 18:19-22

우리의 마음을 주관하시는 주님!
세상은 날로 발전하고 변화에 변화를 거듭하고 있으니
우리에게 지혜와 슬기를 주셔서 잘 대처하게 하소서.
우리가 주님 안에 있음이 참 기쁨이요 소망이오니
우리의 기도를 들으사 응답하여 주시기를 원합니다.
우리의 믿음이 성장하여 더욱더 지혜롭게 하시고
일을 할 때나 성경공부를 할 때나 사람들을 만날 때에도
우리가 지혜롭게 잘 대처할 수 있도록 해 주시기를 원합니다.
우리의 삶이 언제나 주님께 기쁨을 드릴 수 있는 삶이 되게 하시고
무엇을 위해 살아가는지 목적이 분명한 삶이 되게 하소서.
삶에서 무엇을 먼저 해야 하는지 바르게 알게 하사
항상 주님의 나라와 그 의를 구하게 하여 주소서.
우리 주 예수 그리스도의 이름으로 기도합니다. 아멘!

### 오늘의 묵상

개인 기도에 상응해서 예배나 성경공부 후에는 아무리 짧더라도 공중기도가 자연스럽게 이어지는 것이 바람직하다. 다른 사람들과 함께 기도함으로써 생기는 한 가지 이득은 이런 식으로 관심사를 나눔으로써 각자의 능력 안에서 서로에게 실제적인 도움을 주고자 하는 마음이 촉발된다는 것이다. 예를 들어 여러분이 외로워하는 노인을 위해 기도해 왔다면 그 사람을 방문하게 될 것이다. 그것은 두 가지 기도가 응답되는 경우라고 할 수 있다. 우선 여러분의 기도가 응답되고 있다. 왜냐하면 여러분이 필요를 말씀드렸고 하나님이 그것에 관해서 무엇인가를 행하도록 여러분을 인도하셨기 때문이다. 또한 그것은 여러분이 방문하는 사람의 기도가 응답된 것이기도 하다.

## 2 February 23 중보의 기도

> 자비로운 자에게는 주의 자비로우심을 나타내시며 완전한 자에게는 주의 완전하심을 보이시며 깨끗한 자에게는 주의 깨끗하심을 보이시며 사악한 자에게는 주의 거스르심을 보이시리니 주께서 곤고한 백성은 구원하시고 교만한 눈은 낮추시리이다
> 시편 18:25-27

하루의 문을 활짝 열어 주시는 주님!
이 새벽 우리의 마음에 가장 먼저 주님이 찾아와 주셔서
평안을 허락해 주시기를 원합니다.
우리가 하루의 삶을 시작하면서
주님을 가장 먼저 생각하게 해 주시기를 원합니다.
주님이 우리의 생각 속에 찾아오시기를 원합니다.
우리의 마음도 항상 주님께 향하기를 원합니다.
우리가 살아가는 날 동안 행하는 모든 것이
주님의 손길에서 이루어짐을 믿고 따르게 하여 주소서.
우리의 모든 죄의 짐을 주님께 맡기오니
우리에게 맞는 십자가를 주사 감당하며 살게 하여 주소서.
오늘도 성령께서 함께하여 주시기를 원합니다.
우리 주 예수 그리스도의 이름으로 기도합니다. 아멘!

### 오늘의 묵상

십자가의 못 박힘이 시작될 때 중보가 시작된다. 젊은 중보자인 모세를 눈여겨보라. 노예 신분의 굴레 속에서 신음하는 자기 형제들과 모든 것을 같이하기로 결심하여 궁전을 떠나지 않았는가. 쓸쓸하고 황량한 광야를 통하여 백성들을 이끌고 가는 그를 보라. 그들의 우상 숭배로 하나님의 진노가 그들 위에 발하여져 멸망이 임했을 때 그가 중보의 극치로 나아가는 것을 보라. 지금 그가 중보자로서 그들을 위하여 내놓는 것은 그의 육체적인 몸이 아니라 그의 불멸의 영혼인 것이다. "이제 그들의 죄를 사하시옵소서. 그렇지 않사오면 주의 기록하신 책에서 내 이름을 지워버려 주옵소서." 그는 실제로 이런 것을 그들의 '죄를 속하는 것'이라고 불렀다.

## 2 February 24 | 기도를 위한 준비

여호와 외에 누가 하나님이며 우리 하나님 외에 누가 반석이냐 이 하나님이 힘으로 내게 띠 띠우시며 내 길을 완전하게 하시며 나의 발을 암사슴 발 같게 하시며 나를 나의 높은 곳에 세우시며 내 손을 가르쳐 싸우게 하시니 내 팔이 놋 활을 당기도다
시편 18:31-34

창세 전에 우리를 택하사 인도하시는 주님!
이 새벽에 주님을 향하는 우리의 마음이
오늘 하루 종일토록 이어지게 하여 주시고
평생토록 주님과 동행하는 삶을 살게 하소서.
오늘이 아름다운 추억으로 기억될 수 있는 삶을 살게 하시고
이 지상의 화려함에 도취되기보다는
하늘에 보화를 쌓아 가는 삶을 살게 해 주시기를 원합니다.
우리가 혼자만 행복한 삶을 추구하는 것이 아니라
더불어 기뻐하고 사랑하며 나누는 삶을 살게 하소서.
우리의 삶 속에 항상 주님의 사랑과 평안의 파도가 밀려오게 하사
주님의 사랑에 젖어 살게 하소서.
칼날 같은 고통이 밀려와도 주님의 사랑으로 이겨 내게 하소서.
우리 주 예수 그리스도의 이름으로 기도합니다. 아멘!

### 오늘의 묵상

날마다 기도하기 전에 먼저 주님 앞에 잠잠히 있도록 하라. 그날을 위해 주어진 성경 구절을 묵상하라. 조용히 그분이 하나님이심을 묵상하라. 하나님께 경배하라. 이러한 조용한 시간을 가지면 다른 관심사로부터 하나님과 그분의 관심사로 옮아가는 데 도움이 된다. 이러한 시간을 통해 성령께서 당신의 마음을 세상 것들로부터 멀어지게 하고 하나님 안에 있는 평안과 확신으로 채우신다. 기도는 기도생활에서 계속 성장하기 위해서 당신이 얼마나 그분을 의지하고 있는지를 표현하고 있다. 기도를 가르쳐달라고 계속 기도하라. 주님께서 그렇게 해 주실 것이다.

## 2 February 25

### 우리를 위해 중보기도하시는 예수

또 주께서 주의 구원하는 방패를 내게 주시며 주의 오른손이 나를 붙들고 주의 온유함이 나를 크게 하셨나이다 내 걸음을 넓게 하셨고 나를 실족하지 않게 하셨나이다
시편 18:35-36

십자가로 화목을 이루어 주시는 주님!
주님의 십자가가 없었다면
우리는 구원받을 수 없는 죄인일 뿐입니다.
주님께서 우리의 모든 죄악을 홀로 담당하시고
하나님의 노여움을 제거하여 주심을 감사드립니다.
우리로 하여금 주님을 알게 해 주시고
구원의 기쁨을 누리게 하심은
참기쁨이며 소망 중의 소망입니다.
주님께서 우리에게 복음의 기쁨을 충만하게 주셔서
이 기쁨을 전함으로 삶 속에 만족을 느끼게 하여 주소서.
십자가의 사랑은 놀라운 사랑이오니
주님의 사랑 속에 참사랑을 체험하며 살게 하소서.
세상을 살기가 늘 어색한 우리가 믿음으로 살게 하소서.
우리 주 예수 그리스도의 이름으로 기도합니다. 아멘!

### 오늘의 묵상

그리스도께서는 우리를 대신하여 하나님의 권좌 앞에 계시며 지금도 그리하고 계신다. 그렇기 때문에 설사 당신의 기도가 별 가치 없이 느껴져도 낙담할 필요 없다. 참으로 우리 중에 단 한 사람도 기도를 포기하고자 할 필요가 없다. 누군가가 당신과 나를 위해 하나님과 우리 사이의 틈새에 서 있기 때문이다. 이것은 곧 우리가 기도를 통해서 그분과 함께 그 틈 안으로 들어감으로써 엄청난 힘을 자유자재로 쓰는 것이 가능하게 되었다는 것을 의미한다. 거기에서 우리는 그의 중보를 반영하고 이 세상에서의 변화를 지속시킬 수 있는 것이다. 또한 우리는 하나님의 진노를 피하고 마귀의 사악함을 물리치고 아름다움과 사랑과 선함과 진리와 구원의 도구로 쓰일 수 있는 것이다.

## 2 February 26

### 기도는 연장이다

주께서 나를 전쟁하게 하려고 능력으로 내게 띠 띠우사 일어나 나를 치는 자들이 내게 굴복하게 하셨나이다 또 주께서 내 원수들에게 등을 내게로 향하게 하시고 나를 미워하는 자들을 내가 끊어 버리게 하셨나이다 시편 18:39-40

우리의 마음에 여유와 평안을 주시는 주님!
현대사회에는 갖가지 육신적·정신적 질환과 갖가지 고통이
매 순간순간마다 다가와 우리의 삶을 위협하고 있습니다.
물질만능주의가 팽배해져서 개인주의와 이기주의가 횡행하고
사람들은 신경질이 늘어가고 아집이 심해집니다.
이웃의 아픔을 무관심으로 외면하고
자기 자신에 대한 교만과 오만과 자만이 가득합니다.
오직 주님께서 우리의 심령을 잘 살펴 주셔서
이 악한 세상을 잘 살아갈 수 있는 믿음을 주시기를 원합니다.
온갖 음란과 죄악의 덫이 사회 곳곳에 있사오니
우리로 하여금 믿음을 지키고 정결한 삶을 살아가게 하여 주소서.
주님의 거룩한 삶을 닮아 가게 하사 믿음으로 이기게 하소서.
우리 주 예수 그리스도의 이름으로 기도합니다. 아멘!

#### 오늘의 묵상

기도는 연장과 비슷하다. 기도는 우리가 하나님과 함께 일할 수 있게 해 준다. 연장에도 많은 종류가 있듯이 기도에도 여러 가지 다양한 형태가 있다. 우리가 올바른 연장을 선택하여 특별한 기능에 맞도록 사용하기 전에 먼저 하나님께서 우리에게 주신 여러 가지 영적인 연장들을 확인하는 것이 필수적인 과정이다. 모든 기도는 두 그룹으로 나눌 수 있다. 우리가 하나님께 무엇을 구하는 기도와 우리가 하나님께 무엇을 말하는 기도다. 기도란 우리와 하나님 사이에 커뮤니케이션에 대해서 성경이 붙여 준 이름이다. 우리는 하나님에게 어떤 것을 구하는가? 그리고 우리는 하나님에게 어떤 것을 말하는가? 우리의 기도는 우리가 하나님과 어떤 일을 하기 위해서 사용하는 음성적인 도구다.

## 2 February 27 기도할 때의 마음은 어떠해야 하는가

> 그들이 부르짖으나 구원할 자가 없었고 여호와께 부르짖어도 그들에게 대답하지 아니하셨나이다 내가 그들을 바람 앞에 티끌같이 부숴뜨리고 거리의 진흙같이 쏟아 버렸나이다 시편 18:41-42

믿음으로 우리 자신을 정복하게 하시는 주님!
우리 자신이 변하지 않으면 아무것도 할 수 없고
이 세상의 아무것도 변화시킬 수 없사오니
믿음으로 온전히 거듭나게 하사 변화된 삶을 살게 하소서.
우리에게 다가오는 시련과 시험을
믿음과 사랑으로 이겨 나가게 하시고
그리스도인으로서 믿음을 지키게 하소서.
주님의 뜻에서 벗어나거나 어긋나게 될 때도
깨닫게 하시고 바르게 인도하사 모든 것이 합당하게 하여 주소서.
우리가 어떤 경우에도 어둠의 세력에 물들지 않게 하시고
우리를 억누르려는 어떤 세력도 믿음으로 이겨 내게 하여 주소서.
불확실하거나 실망되는 일도 잘 견딜 수 있는 믿음을 주소서.
우리 주 예수 그리스도의 이름으로 기도합니다. 아멘!

### 오늘의 묵상

기도할 때 우리의 마음이 세상을 향하지 않게 하라. 우리의 생각이 내면으로 향하도록 최선을 다하라. 우리의 소원이 물질적인 것이 되지 않도록 하라. 오직 하나님만 바라라. 이렇게 기도하면 바르게 기도하는 것을 배운다. 기도란 마음을 열어 하나님께 올려드리는 것이다. 마치 땅바닥에서 시작된 불꽃이 위로 타오르는 것과 같다. 우리가 기도하면서 간구하는 것들을 하나님이 만지시고 불을 붙이시면 자연히 그 근원된 곳으로 올라간다. 우리가 사랑의 불에 대해 말할 수는 있지만 그것을 설명하기란 쉽지 않다. 그것은 우리의 육체로 느끼는 것이 아니다. 우리 내면의 영에 의한 기도와 헌신으로 느낄 수 있는 것이다. 그것은 영적인 것이다.

## 기도는 어떻게 해야 하는가

**2 February 28**

그들이 내 소문을 들은 즉시로 내게 청종함이여 이방인들이 내게 복종하리로다 이방 자손들이 쇠잔하여 그 견고한 곳에서 떨며 나오리로다 여호와는 살아 계시니 나의 반석을 찬송하며 내 구원의 하나님을 높일지로다 시편 18:44-46

우리의 삶 속에서 화목을 나타내기를 원하시는 주님!
주님께서 우리에게 넓은 마음을 주시기를 원합니다.
우리의 마음이 좁아 다툼이 일어나고
불평할 수밖에 없으니 인도하여 주소서.
서로 이해하고 양보함으로 화목할 수 있게 도와 주시고
함께 조화를 이루어 행복한 삶을 살게 하여 주옵소서.
오늘날 많은 사람들이 욕심과 욕망에 빠져들어
이기적이고 공격적인 성격이 되어 가고 있으니
우리로 하여금 겸손과 인내심을 갖게 하사
순간적 격정과 흥분으로 악을 행치 않게 하소서.
이웃의 아픔을 모른 척하는 무관심에 빠지지 않게 하시고
관심을 갖고 주님의 사랑을 베풀게 해 주시기를 원합니다.
우리 주 예수 그리스도의 이름으로 기도합니다. 아멘!

### 오늘의 묵상

기도의 방법이 많다고 해서 결코 좌절하거나 낙심하지 마라. 대부분의 사람들은 한두 가지 방법으로 기도하며 살고 있다. 그러므로 모든 기도 방법을 다 알아야 하는 것은 결코 아니다. 많은 기도 방법이 있다는 사실은 인간의 성품이 다양하다는 것을 나타내 줄 뿐만 아니라 다양한 연령의 사람들이 기도 기술에 대한 새로운 이해와 참여 방법을 구하고 있다는 것을 말해 준다. 기도는 자기에게 가장 적합한 방법을 선택하여 해 보아야 하고 충분한 시간을 갖고 실행해 본 후에 다른 방법으로 옮겨 가야 한다는 점이다. 이러한 방법들 외에 자신의 기도생활에 적합한 자신만의 기도 방법을 개발할 수도 있다. 기도란 결국 개인의 경험이기 때문이다.

## 2 February 29 감사로 하루를 시작하라

> 여호와여 이러므로 내가 이방 나라들 중에서 주께 감사하며 주의 이름을 찬송하리이다 여호와께서 그 왕에게 큰 구원을 주시며 기름 부음 받은 자에게 인자를 베푸심이여 영원토록 다윗과 그 후손에게로다 시편 18:49-50

영광의 주 하나님!
늘 주님 안에서 성장하는 믿음을 갖게 하소서.
사람들이 예수 그리스도를 만나고 영접하여
믿음으로 구원받게 하여 주시기를 원합니다.
늘 믿음 안에서 가족을 사랑하며 이웃을 사랑하며
나누는 삶을 살게 하시고, 주님 안에서 늘 기뻐하는
믿음의 성도가 되게 하여 주시기를 원합니다.
우리에게 지혜와 명철을 주셔서
복음의 진리를 깨닫게 하시고
삶에 적용하며 살게 하여 주시기를 원합니다.
삶 속에서 예수 그리스도의 향기를 나타내게 하소서.
우리 주 예수 그리스도의 이름으로 기도합니다. 아멘!

### 오늘의 묵상

하나님의 모든 은혜에 감사하는 삶을 살아야 한다. 하나님은 생명을 주시고 삶을 허락해 주셨다. 주님의 거룩한 보혈로 구원을 받았으니 날마다 감사해야 한다. 감사는 구원받은 성도가 마땅히 해야 할 행위이다. 감사가 없는 사람은 기쁨도 없고 감동도 없다. 늘 생활 속에서 주님의 말씀을 실천하며 주님의 은혜와 사랑에 감동하고 감격하는 삶을 살아야 한다. 이 세상의 구원자는 오직 하나님 한 분 뿐이다. 오늘도 감사로 시작하고 하루를 감사로 끝내야 한다. 감사는 그리스도의 행복을 나타내는 말이다.

# 3
March

## 주님의 고난을 묵상하게 하소서

나의 마음이 욕망으로
불타려고 할 때
십자가에서 피 흘리신 주님을
기억하게 하소서

날마다 죄악 속에 허덕이며
살아가는 이 몸
주님의 품 안에 안전하게
품어 주소서

## 주님을 기억하게 하소서

내 손가락이 남의 잘못을
지적하려 할 때
나를 향하신 주님의 손길을
기억하게 하소서

나의 눈이 증오의 불길로
타오르려고 할 때
나를 바라보시는 주님의 눈빛을
기억하게 하소서

나의 발이 죄악으로 향하려 할 때
십자가를 지시고
갈보리 언덕을 오르시는 주님의 모습을
기억하게 하소서

나의 마음이 욕망으로
불타려고 할 때
십자가에서 피 흘리신 주님을
기억하게 하소서

날마다 죄악 속에 허덕이며
살아가는 이 몸
주님의 품 안에 안전하게
품어 주소서

# 3 March 1

## 기도는 하나님께 순종하는 것이다

하늘이 하나님의 영광을 선포하고 궁창이 그의 손으로 하신 일을 나타내는도다 날은 날에게 말하고 밤은 밤에게 지식을 전하니 언어도 없고 말씀도 없으며 들리는 소리도 없으나 그의 소리가 온 땅에 통하고 그의 말씀이 세상 끝까지 이르도다 하나님이 해를 위하여 하늘에 장막을 베푸셨도다 시편 19:1-4

우리를 위하여 고난을 당하신 주님!
우리가 주님으로부터 넘치는 사랑을 충만하게 받았으니
우리의 죄악 때문에 십자가의 고통을 당하신
주님의 고난을 묵상하며 살게 해 주시기를 원합니다.
예수 그리스도 구원의 주님의 십자가가
나의 평생의 자랑거리가 되게 해 주시고
구원의 기쁜 소식을 전함이 평생의 목표가 되게 하소서.
우리는 사나 죽으나 주님의 것이오니
모든 축복을 감사하며 주님의 뜻에 헌신하며 살게 하소서.
온 땅에 따뜻한 봄소식이 가득한 것처럼
우리의 마음에 복음이 가득하게 하여 주옵소서.
우리 주 예수 그리스도의 이름으로 기도합니다. 아멘!

### 오늘의 묵상

우리가 기도해야 하는 이유가 주님의 분명한 명령에 순종하는 것 하나뿐이라면 모든 신실한 그리스도인들은 거기에 순복해야 할 것이다. 지도자의 명령을 따르지 않는다면 군인이나 민간인 할 것 없이 누구에게나 심각한 위험이 닥치게 마련이다. 그 명령을 계속해서 무시하는 사람은 혹독한 훈련을 받게 된다. 실제로 명령을 따르지 않는다면 해고를 당하거나 군법회의에 넘겨지게 된다. 이와 똑같은 원리가 예수 그리스도를 따르는 제자에게도 적용된다. 순종은 참된 제자가 지켜야 할 도리의 중심에 놓여 있다. 우리 주님은 사랑과 온유함으로 우리를 부르신다. 하나님의 명령은 다양하고 명백하다. 우리는 어떤 상황, 어떤 처지에 있어도 기도해야 한다.

# 3 March 2 기도는 연합을 이룬다

여호와의 율법은 완전하여 영혼을 소성시키며 여호와의 증거는 확실하여 우둔한 자를 지혜롭게 하며 여호와의 교훈은 정직하여 마음을 기쁘게 하고 여호와의 계명은 순결하여 눈을 밝게 하시도다 여호와를 경외하는 도는 정결하여 영원까지 이르고 여호와의 법도 진실하여 다 의로우니 금 곧 많은 순금보다 더 사모할 것이며 꿀과 송이꿀보다 더 달도다 시편 19:7-10

우주 만물을 다스리시고 주관하시는 주님!
초록 색깔이 아름답게 느껴지는 계절입니다.
새벽 공기가 아직은 차갑지만 싱그럽게 다가옵니다.
농부가 봄에 씨앗을 뿌리면 새싹이 나고 잘 성장하여
풍성한 열매를 맺는 날이 옵니다.
우리의 삶과 영적 성장도 수많은 역경과 시련을 통하여
새롭게 열매를 맺게 하여 주실 줄 믿습니다.
우리가 꿈꾸는 일을 이루어 가는 과정에도
때로 어설프고 서투르고 실패하고 실수할 때가 많으나
열심을 다하고 최선을 다하여 이루게 해 주시기를 원합니다.
우리의 믿음이 온전해져서 놀라운 감격 속에 살게 하소서.
이 새벽에 기도드림도 영적 성장을 위한 계단을 오르는
믿음의 시간이 되게 하여 주소서.
우리 주 예수 그리스도의 이름으로 기도합니다. 아멘!

### 오늘의 묵상

하나님께서 우리에게 이렇게 고뇌하는 기도를 요구하시는 가장 큰 이유 한 가지는 이 기도가 그리스도와 교회를 하나로 묶어 연합시키기 때문일 것이다. 이 기도는 그리스도와 교회 사이에 그 정도의 공감대를 형성시킨다. 마치 그리스도께서 오셔서 자기 백성들에게 그 자비로운 마음을 넘치도록 부어 주시고 그들이 자신과 공감하고 협력하도록 이끄시는 것처럼 그것밖에는 어떻게 달리 행동할 수 없는 사람들인 것처럼 만들어 놓는다.

# 3 March 3

## 죄를 고백하는 기도를 드리자

또 주의 종이 이것으로 경고를 받고 이것을 지킴으로 상이 크니이다 자기 허물을 능히 깨달을 자 누구리요 나를 숨은 허물에서 벗어나게 하소서 또 주의 종에게 고의로 죄를 짓지 말게 하사 그 죄가 나를 주장하지 못하게 하소서 그리하면 내가 정직하여 큰 죄과에서 벗어나겠나이다 시편 19:11-13

우리의 기도하는 마음을 아시는 주님!
우리가 주님의 손길을 움직일 수 있다면
이 얼마나 놀라운 은혜입니까.
주님께서 우리의 삶 속에 역사하심을 깨닫게 하여 주옵소서.
이 새벽에도 우리의 영성이 깨어 있게 하시고
산만한 마음으로 기도하지 않고 마음을 모아 기도하게 하소서.
오늘도 주님의 말씀을 깊이 묵상하고 마음에 새기며
삶 속에 나타내어 주님의 자녀답게 살게 하여 주소서.
주님의 말씀과 기도로 영적인 능력을 부여받게 하시고
강하고 담대한 믿음으로 모든 어려움과 고통을
주님 안에서 잘 해결하여 나가게 해 주시기를 원합니다.
우리의 삶을 통하여 오늘도 복음이 증거되게 하소서.
우리 주 예수 그리스도의 이름으로 기도합니다. 아멘!

### 오늘의 묵상

성경에서 자주 말하는 기도 중의 하나는 죄를 고백하는 기도다. 죄를 고백하는 기도는 우리가 한 행동이 하나님의 뜻에 위배된다는 사실을 인정하는 것이다. 우리가 죄를 지었음을 하나님께 인정하는 것이다. 하나님께서는 우리가 지은 모든 죄를 확인하고 고백하기를 기대하지 않는다. 그것은 불가능한 일이다. 우리는 자신이 지은 죄 중에서 몇 가지만 알기 때문이다. 그러나 하나님께서는 우리가 알고 있는 모든 죄를 고백하라고 요구하신다. 그리고 우리가 죄를 고백할 때 모든 죄의 더러움으로부터 우리를 깨끗하게 해 주신다고 약속하셨다.

## 우리의 기도는 성령의 도우심이 필요하다

**3 March 4**

네 마음의 소원대로 허락하시고 네 모든 계획을 이루어 주시기를 원하노라 우리가 너의 승리로 말미암아 개가를 부르며 우리 하나님의 이름으로 우리의 깃발을 세우리니 여호와께서 네 모든 기도를 이루어 주시기를 원하노라 시편 20:4-5

폭풍과 광풍을 피하는 피난처 되시는 주님!
우리가 주님을 닮아 가기를 원하오니 주님의 날에 이를 때까지
하나씩 하나씩 닮아 가게 해 주시기를 원합니다.
우리의 삶 속에 순간순간마다 다가오고 찾아오는
모든 역경과 곤경에 쓰러지지 않고
신앙을 성숙하게 만드는 계기로 삼게 하여 주소서.
우리가 주님을 믿는 것과 아는 것에 하나가 되게 해 주시고
주님의 온전함에 날마다 이르게 하여 주소서.
우리의 삶이 그리스도의 장성한 분량의
충만한 데까지 이르게 해 주시기를 원합니다.
우리의 삶이 날마다 주님 마음 가까이 다가가게 해 주시고
순간순간 다가오는 고통도 감사할 수 있는 믿음을 주소서.
우리 주 예수 그리스도의 이름으로 기도합니다. 아멘!

### 오늘의 묵상

우리가 기도로 우리의 마음을 표현한다는 것은 불가능하다. 다시 말하면 성령의 도우심 없이는 영혼 깊숙한 곳에서 나오는 신음과 탄식함으로 진실되고 간절하게 하나님 앞에 영을 쏟아붓는 기도를 할 수가 없다는 것이다. 기도는 입을 주목하여 볼 것이 아니요, 그 마음이 하나님과의 기도에서 사랑과 열정으로 가득 차서 의미와 소원을 아뢰고 있는지를 볼 것이다. 사람의 소원이 깊고 깊을 때 모든 말과 눈물과 영혼 깊은 곳으로부터의 신음도 이것을 표현하지 못한다. 성령의 말할 수 없는 탄식의 도우심이 필요하다.

## 3 March 5 — 주님은 우리의 기도를 사용하신다

여호와께서 자기에게 기름 부음 받은 자를 구원하시는 줄 이제 내가 아노니 그의 오른손의 구원하는 힘으로 그의 거룩한 하늘에서 그에게 응답하시리로다 시편 20:6

우리의 영을 새롭게 하시는 주님!
우리의 심령이 가난해지고 청결해지기를 원하오니
우리의 영을 새롭게 해 주시기를 원합니다.
우리의 믿음이 나약해지면 자제력도 없어지고
어려운 일을 당하면 당황하게 되오니 담대한 믿음을 주소서.
이 새벽에 우리의 영을 맑게 하여 주셔서
우리의 마음이 새롭게 정돈되게 해 주시기를 원합니다.
우리가 세상의 문제 속에서 끌려다니는 것이 아니라
주님의 손을 잡게 하여 주셔서 임마누엘의 신앙으로
날마다 승리하는 삶을 살게 해 주시기를 원합니다.
주님께서 이 새벽에도 우리의 마음에 내적인 평화를 주시고
우리의 영성을 회복하여 주시기를 원합니다.
우리 주 예수 그리스도의 이름으로 기도합니다. 아멘!

### 오늘의 묵상

주님은 우리의 기도를 사용할 계획을 가지고 계신다. 이를 알고 있을 때 우리는 하나님의 뜻이 이루어지며 하나님의 나라가 임할 것을 기도할 수 있다. 우리가 절망 속에서 시급히 무릎을 꿇거나 매일 정기적으로 하나님께 어떤 요구도 할 수 있을 것이다. 우리로 하여금 주님께 나아가도록 촉진하는 것이 무엇이든지 간에 기도가 없었다면 결코 받지 못했을 그런 예비된 축복을 하나님께서는 가져다줄 수 있도록 정해 놓으셨다. 오직 우리가 기도를 드려야만 이를 사용하신다.

## 3 March 6

### 능력이 나타나는 기도

여호와여 왕이 주의 힘으로 말미암아 기뻐하며 주의 구원으로 말미암아 크게 즐거워하리이다 그의 마음의 소원을 들어 주셨으며 그의 입술의 요구를 거절하지 아니하셨나이다 (셀라) 주의 아름다운 복으로 그를 영접하시고 순금 관을 그의 머리에 씌우셨나이다 그가 생명을 구하매 주께서 그에게 주셨으니 곧 영원한 장수로소이다 주의 구원이 그의 영광을 크게 하시고 존귀와 위엄을 그에게 입히시나이다

시편 21:1-5

사랑이 충만하신 주님!
우리가 주님께 받은 사랑이 너무나 크고 충만하기에
온 마음을 다해 주님을 사랑합니다.
주님께서는 생명까지 다 주셔서 우리를 사랑하셨지만
우리가 주님을 사랑함이 참으로 어려우니 믿음을 주사
삶 속에서 주님을 사랑함을 표현하며 날마다 살아가게 하여 주소서.
이 새벽에도 우리의 심령 속에 가득하게 차오르는
주님의 사랑을 온전하게 체험하게 하여 주소서.
우리가 주님을 잘 모르고 잘 깨닫지 못하여
주님을 온전히 표현하지 못하며 영광 돌리지 못함을 용서하소서.
작은 풀잎 하나 작은 벌레까지도 사랑하시는 주님의 사랑을
오늘도 우리의 생활 속에서 체험하게 하소서.
우리 주 예수 그리스도의 이름으로 기도합니다. 아멘!

### 오늘의 묵상

출애굽기 17장에는 놀라운 이야기가 있다. 여호수아가 아말렉 사람들을 물리친 르비딤 전투 이야기다. 여호수아가 군대를 이끌고 싸우는 동안 모세는 산에 올라가서 여호수아를 위하여 기도했다. 언덕 아래를 내려다보면서 모세가 손을 들고 기도하면 여호수아가 이기고 반면에 손을 내리면 여호수아가 밀리는 일이 일어났다. 모세는 계속 손을 올려야 했고, 이를 위해 아론과 훌이 모세의 손을 계속 붙들어 주었다. 그 결과 여호수아는 전쟁에서 승리할 수 있었다.

# 3 March 7

## 우리의 가장 큰 선물

그가 영원토록 지극한 복을 받게 하시며 주 앞에서 기쁘고 즐겁게 하시나이다 왕이 여호와를 의지하오니 지존하신 이의 인자함으로 흔들리지 아니하리이다 왕의 손이 왕의 모든 원수들을 찾아냄이여 왕의 오른손이 왕을 미워하는 자들을 찾아내리로다 왕이 노하실 때에 그들을 풀무불 같게 할 것이라 여호와께서 진노하사 그들을 삼키시리니 불이 그들을 소멸하리로다 시편 21:6-9

우리의 문을 열어 주시는 주님!
이 새벽에 우리의 마음의 문을 두드리는
주님의 세밀하시고 다정하신 음성을 듣게 하사
주님을 우리의 마음에 온전히 받아들이게 해 주시기를 원합니다.
우리가 늘 사람들에게 먼저 인정받기를 원하고
사람들에게 알려지기를 원하기에 상처받고 괴로워하며 고독합니다.
우리가 어떤 환경 속에서도 자족할 수 있는
믿음과 소망이 넘치게 해 주시기를 원합니다.
이 세상의 모든 것들은 언젠가는 모두 다 사라지고 없어질 것들이니
목숨 걸고 피 터지는 투쟁을 벌이지 않게 해 주시기를 원합니다.
영원한 안식과 영원한 평안을 주시는 주님의 인도하심을 기억하며
늘 기쁨 속에 감사하며 살게 해 주시기를 원합니다.
주님이 우리를 사랑하여 주신다는 약속을 기억하며 살게 하소서.
우리 주 예수 그리스도의 이름으로 기도합니다. 아멘!

### 오늘의 묵상

구원을 일컬어 하나님이 주신 선물이라고 하는 까닭은 이것이 우리의 노력으로 이루어진 것이 아니요, 온전히 하나님의 은혜와 자비로 얻어진 것이기 때문이다. 아무 대가도 없이 우리를 구원해 주신 주의 크신 사랑에 우리는 깊은 감사를 드려야 한다. 그러나 하나님께서는 이 큰 선물에 대한 답례로 많은 것을 바라시지 않으신다. 오직 우리가 주님의 이름을 높이 부르며 기도의 삶을 사는 것, 그것만 바라신다.

## 3 March 8 | 통찰력을 구하는 기도를 드려라

왕이 그들의 후손을 땅에서 멸함이여 그들의 자손을 사람 중에서 끊으리로다 비록 그들이 왕을 해하려 하여 음모를 꾸몄으나 이루지 못하도다 왕이 그들로 돌아서게 함이여 그들의 얼굴을 향하여 활시위를 당기리로다 여호와여 주의 능력으로 높임을 받으소서 우리가 주의 권능을 노래하고 찬송하게 하소서 시편 21:10-13

크나큰 사랑으로 다가오시는 주님!
인생이라는 짧은 여행길에 소망을 주시고 동행하여 주시고
우리를 사랑하여 주시는 주님께 감사를 드립니다.
우리의 기도를 통해 주님께서 막혀 있던 모든 것들을 뚫어 주시고
기쁨과 즐거움 속에 살게 해 주시기를 원합니다.
주님을 항상 그리움 속에 사모하며 살게 해 주시기를 원합니다.
못난 모습으로 항상 실수하고 넘어지며
불쑥불쑥 우리의 필요한 것들만 주님께 요구하듯
아이가 보채듯 기도하는 우리의 모습을 용서하여 주시고
주님의 은혜와 사랑으로 인도하여 주시기를 원합니다.
이 새벽에 주님께 드릴 것은 상처투성이뿐인
우리의 죄 지은 마음뿐이지만 드리오니 받아 주소서.
빛 되신 주님께서 우리의 삶의 어둠을 몰아내어 주소서.
우리 주 예수 그리스도의 이름으로 기도합니다. 아멘!

### 오늘의 묵상

우리가 하나님의 뜻을 아는 통찰력을 가질 때 하나님을 기쁘시게 하는 삶을 살게 된다. 성경에 보면 "너희로 하여금 모든 신령한 지혜와 총명에 하나님의 뜻을 아는 것으로 채우게 하시고 주께 합당히 행하여 범사에 기쁘시게 하고 모든 선한 일에 열매를 맺으시며 하나님을 아는 것에 자라게 하시고(골로새서 1:9-10)" 라고 말씀하고 있다. 하나님의 뜻에 대한 이 통찰력은 관념적일 뿐 아니라 실질적이다. 하나님께서는 자신의 계획을 우리와 함께 나누시고 그분의 비밀을 우리에게 열어 보여 주심으로 우리의 영혼을 채우실 뿐만 아니라 삶을 변화시켜 주신다.

# 3 March 9

## 기도는 하나님께로 나아가는 통로다

내 하나님이여 내 하나님이여 어찌 나를 버리셨나이까 어찌 나를 멀리하여 돕지 아니하시오며 내 신음 소리를 듣지 아니하시나이까 내 하나님이여 내가 낮에도 부르짖고 밤에도 잠잠하지 아니하오나 응답하지 아니하시나이다 이스라엘의 찬송 중에 계시는 주여 주는 거룩하시니이다 시편 22:1-3

바람을 만드시고 바람을 주장하시는 주님!
온 세상을 초록으로 물들이고
나무마다 꽃을 피워 줄 봄바람이 불어오기 시작합니다.
우리의 마음에 성령의 바람이 불어오게 하여 주셔서
믿음의 열정이 솟아나오게 해 주시기를 원합니다.
우리의 힘이 되신 주님께서 강하고 담대한 믿음을 주소서.
모든 만물들이 잠에서 막 깨어나는 이 시간
고요히 주님께 기도드리기를 원합니다.
비록 우리는 한없이 부족하지만
깨끗하시고 순전하시고 정결하신 주님의 모습을 닮기 원하며
이 고요함 속에 기도하기를 원하오니 받아 주소서.
오늘 하루도 그냥 훌쩍 지나가는 하루가 아니라
주님 안에서 뜻깊고 보람된 하루가 되게 하소서.
우리 주 예수 그리스도의 이름으로 기도합니다. 아멘!

### 오늘의 묵상

기도는 우리가 하나님께 나아가는 통로다. 성경에 나타난 기적들도 기도를 통하여 이루어졌음을 우리는 알고 있다. 오늘을 살아가는 수많은 사역자들과 그리스도인들도 그들이 기도할 때 분명하게 하나님의 응답을 받았다. 우리의 마음에 문제가 있을 때 기도가 통로가 된다. 우리의 육신에 문제기 있을 때 기도가 통로가 된다. 경제적 어려움과 가족과 나라와 교회의 모든 문제도 예수 이름으로 기도를 드릴 때 하나님께 나아가는 통로가 되고 응답을 받게 되는 것이다.

## 3 March 10 　우리가 기도하기를 원하는 이유

나는 벌레요 사람이 아니라 사람의 비방거리요 백성의 조롱거리니이다 나를 보는 자는 다 나를 비웃으며 입술을 비쭉거리고 머리를 흔들며 말하되 그가 여호와께 의탁하니 구원하실 걸, 그를 기뻐하시니 건지실 걸 하나이다 오직 주께서 나를 모태에서 나오게 하시고 내 어머니의 젖을 먹을 때에 의지하게 하셨나이다 내가 날 때부터 주께 맡긴 바 되었고 모태에서 나올 때부터 주는 나의 하나님이 되셨나이다 나를 멀리하지 마옵소서 환난이 가까우나 도울 자 없나이다 시편 22:6-11

외로움의 첫자리에서 우리를 만나 주시는 주님!
주님은 누구보다 처절하게 외로움의 고통을 십자가에서 체휼하셨기에
항상 우리의 마음을 아시고 위로하여 주심을 감사드립니다.
삶은 누군가를 보내야 하고 떠나야 하는 아픔과 슬픔의 연속입니다.
외로움 속에서도 주님을 만나게 해 주시고
우리의 마음에 평안을 회복하게 해 주셨으니
그 크신 사랑을 날마다 전하게 해 주시기를 원합니다.
우리의 기도가 올려지는 기도가 되게 해 주시기를 원합니다.
주님께서는 우리에게 모든 것을 다 주시고 사랑하셨는데
우리는 오늘도 주님께 무엇을 드려야 하겠습니까.
우리를 향한 주님의 사랑에 날마다 감사를 드립니다.
우리 주 예수 그리스도의 이름으로 기도합니다. 아멘!

### 오늘의 묵상
하나님이 우리가 기도하기를 원하시는 데는 이유가 있다.
1. 기도는 대화를 시작하는 방법이다
2. 기도는 하나님의 마음이 우리의 마음을 통해 흘러나오게 한다
3. 기도는 많은 경우 그 과정을 기도 응답보다도 더 즐거운 것이 되게 한다
4. 기도는 항상 하나님의 공급이 뜻밖의 즐거움이 되게 한다
5. 기도는 하나님이 우리의 필요를 공급하시게 하고 우리가 하나님을 당연시하는 것을 방지하는 수단이다

# 위대한 기도는 찬양과 함께 시작된다

**3 March 11**

많은 황소가 나를 에워싸며 바산의 힘센 소들이 나를 둘러쌌으며 내게 그 입을 벌림이 찢으며 부르짖는 사자 같으니이다 나는 물같이 쏟아졌으며 내 모든 뼈는 어그러졌으며 내 마음은 밀랍 같아서 내 속에서 녹았으며 내 힘이 말라 질그릇 조각 같고 내 혀가 입천장에 붙었나이다 주께서 또 나를 죽음의 진토 속에 두셨나이다 개들이 나를 에워쌌으며 악한 무리가 나를 둘러 내 수족을 찔렀나이다 시편 22:12-16

아직 어두운 새벽 미명에 기도하신 주님!
이 새벽에 주님의 기도하심을 본받아
우리도 고요한 곳에서 기도하기를 원합니다.
기도는 영적인 호흡이오니 쉼 없이 기도함으로
주님과의 교제가 항상 연속되게 해 주시기를 원합니다.
늘 자연스럽게 기도함으로 영적인 연약함을 훈련받게 하소서.
우리가 항상 주님께 순종하는 믿음을 갖게 해 주시고
생활 속에서 주님의 자녀답게 살게 하여 주시기를 원합니다.
기도와 말씀 속에서 영적인 자극과 변화를 갖게 하사
생동감 있게 살아가는 그리스도인이 되게 하여 주소서.
이 새벽에 주님께 기도드릴 수 있음이 행복합니다.
우리 주 예수 그리스도의 이름으로 기도합니다. 아멘!

### 오늘의 묵상

우리가 하나님의 모든 성품뿐만 아니라 우리의 삶 속에서 하시는 일을 찬양할 때 우리는 자유함을 누린다. 하나님을 찬양하면 하나님의 인도를 받아들이게 된다. 찬양의 능력을 체험하며 기도를 드릴 때 새로운 지혜를 얻게 된다. 찬양의 능력을 되찾는 좋은 방법은 시편을 읽는 것이다. 우리가 자유스럽게 찬양하며 걱정과 두려움을 버릴 때, 하나님께서 우리에게 기꺼이 복을 주신다. 찬양은 하나님 존전에 서는 지고한 기쁨을 창조한다. 찬양은 능력 있는 기도의 시작이다.

## 3 March 12 핍박과 시험당할 때 많이 기도하라

내가 내 모든 뼈를 셀 수 있나이다 그들이 나를 주목하여 보고 내 겉옷을 나누며 속옷을 제비 뽑나이다 여호와여 멀리하지 마옵소서 나의 힘이시여 속히 나를 도우소서 내 생명을 칼에서 건지시며 내 유일한 것을 개의 세력에서 구하소서 나를 사자의 입에서 구하소서 주께서 내게 응답하시고 들소의 뿔에서 구원하셨나이다

시편 22:17-21

우리의 고백을 들어주시는 주님!
주님이 우리와 함께하지 않으셨다면
우리가 아무리 살기 위하여 몸부림을 쳐도
아무런 소득과 결과를 만들지 못했을 것입니다.
주님께서 우리와 함께하여 주시고 우리를 구원하여 주시고
우리의 기도를 들어주심에 무한한 감사를 드립니다.
우리가 생활 속에 지치고 짜증이 나고 힘들 때에도
주님 앞에 나아감으로 영혼에 안식을 얻게 해 주시기를 원합니다.
이 새벽에 오늘 하루의 삶을 위하여 주님께 기도하오니
지금 드리는 기도를 받아 주시고 응답하여 주시기를 원합니다.
우리의 허물을 용서하여 주시고 잘못을 고쳐 나가게 하소서.
우리의 부족함을 주님의 은혜로 채워 나가게 하여 주소서.
우리가 언제나 주님을 의지하며 살게 해 주시기를 원합니다.
우리 주 예수 그리스도의 이름으로 기도합니다. 아멘!

**오늘의 묵상** 하나님의 말씀은 모든 일이 잘 될 때뿐만 아니라 슬프고 시험을 당할 때에도 기뻐하라고 우리에게 명하신다. "그러나 의를 위하여 고난을 받으면 복 있는 자니 그들이 두려워하는 것을 두려워하지 말며 근심하지 말고(베드로전서 3:14)" 하나님께서는 우리에게 복을 주시기 위하여 시험을 들게 하시므로, 우리는 어떤 상황에서도 기뻐해야 한다. 핍박을 받거나 반대에 부딪쳤을 때에도 우리는 승리자가 되도록 인내와 능력을 간구하면서 주님께 간절히 기도해야 한다.

# 3 March 13

## 응답되지 않는 기도

여호와를 두려워하는 너희여 그를 찬송할지어다 야곱의 모든 자손이여 그에게 영광을 돌릴지어다 너희 이스라엘 모든 자손이여 그를 경외할지어다 그는 곤고한 자의 곤고를 멸시하거나 싫어하지 아니하시며 그의 얼굴을 그에게서 숨기지 아니하시고 그가 울부짖을 때에 들으셨도다 큰 회중 가운데에서 나의 찬송은 주께로부터 온 것이니 주를 경외하는 자 앞에서 나의 서원을 갚으리이다 시편 22:23-25

우리를 항상 지키시고 보호하여 주시는 주님!
이 새벽에 우리에게 주님을 향한 간절한 마음을 주사
기도하게 하여 주심을 감사드립니다.
우리의 마음을 다 쏟아 놓게 해 주셔서
우리를 바라보시는 주님 앞에 모든 것을 다 드리게 해 주소서.
오늘도 믿음으로 하나 된 삶을 살게 해 주시기를 원합니다.
온 세상에 봄소식이 가득 채워짐처럼
우리의 삶이 온전히 주님으로 가득하게 하소서.
우리는 늘 서툴고 부족하나 온전하신 주님께서 늘 풍성함으로
우리의 갈급한 심령을 채워 주시기를 원합니다.
삶 속에서 찢기고 얽히고설킨 고통을 낫게 하시고
힘과 용기를 얻어 힘 있고 바르게 살아가게 하여 주소서.
오늘도 어디를 가나 어느 곳에 있으나 주님이 함께하여 주소서.
우리 주 예수 그리스도의 이름으로 기도합니다. 아멘!

### 오늘의 묵상

만약에 응답되지 않는 기도가 있다면 그것은 우리가 아예 기도를 하지 않았기 때문이다. "너희가 얻지 못함은 구하지 아니하기 때문이요(야고보서 4:2)" 당신은 기도 없는 삶을 살고 있는가? 그렇다면 기도가 응답되지 않는 것은 기도하지 않기 때문이나. 우리의 기도가 냉랭하고 두루뭉술하고 형식적인가? 그렇다면 우리가 하나님의 손이 일하시는 모습을 스스로 내버리고 있는 것이다. 하나님은 기도를 듣고 응답하기를 기뻐하시나 우리가 구하지 않기 때문에 얻지 못하는 것이다.

## 3 March 14 예수 그리스도의 이름으로 하는 기도

겸손한 자는 먹고 배부를 것이며 여호와를 찾는 자는 그를 찬송할 것이라 너희 마음은 영원히 살지어다 땅의 모든 끝이 여호와를 기억하고 돌아오며 모든 나라의 모든 족속이 주의 앞에 예배하리니 나라는 여호와의 것이요 여호와는 모든 나라의 주재심이로다 시편 22:26-28

우리의 삶에 풍성한 생명력을 주시는 주님!
오늘날 기술이 날로 발전하고 수많은 지식과 정보가 쏟아지는 가운데
풍요로움을 얻기보다 오히려 공허함과 허무함을 느낄 때가 많습니다.
우리는 항상 새로운 것들을 만나려고 노력하지만
예기치 않게 전혀 다른 엉뚱한 방향으로 갈 때가 있습니다.
언제나 우리를 새롭게 인도하여 주시는 주님께서
우리의 삶을 믿음 안에서 이끌어 주시기를 원합니다.
날로 달라지는 세상에서 영원불변의 주님을 신뢰하며 살아감으로써
험한 세파에도 흔들리지 않는 굳건한 믿음을 주소서.
독수리가 날개 치고 오름 같은 힘과 용기를 주시기를 원합니다.
오늘 하루도 복음의 생명의 불길이 활활 타오르게 하소서.
우리 주 예수 그리스도의 이름으로 기도합니다. 아멘!

### 오늘의 묵상

예수 그리스도의 이름으로 하는 기도는 다른 기도와 어떻게 다를까? 예수 이름으로 기도한다는 것은 예수 그리스도의 권위로, 예수 그리스도와 연합하여, 예수 그리스도께서 승인한 기도를 드리는 것을 의미한다. 주님은 우리에게 자신의 이름을 사용할 권한을 주셨다. '부른다'는 말은 찬양하는 것과 기도하는 것을 의미한다. 누구든 예수 그리스도를 주로 부르며 시인하는 자는 구원을 얻을 것이다. 예수 그리스도의 이름으로 기도하는 것은 주님의 의지에 따라 주님의 동의하에 주님의 성품과 뜻에 맞게 행동하는 것이다. 우리가 갖는 영적 권위의 원천이 여기에 있다.

# 3 March 15 복음서는 기도의 가장 좋은 교실이다

> 내가 사망의 음침한 골짜기로 다닐지라도 해를 두려워하지 않을 것은 주께서 나와 함께하심이라 주의 지팡이와 막대기가 나를 안위하시나이다 주께서 내 원수의 목전에서 내게 상을 차려 주시고 기름을 내 머리에 부으셨으니 내 잔이 넘치나이다 내 평생에 선하심과 인자하심이 반드시 나를 따르리니 내가 여호와의 집에 영원히 살리로다 시편 23:4-6

사랑이 늘 풍성하시고 자비로우신 주님!
세상은 우리에게 언제나 질문을 던지고 괴롭히나
주님은 언제나 해답을 주시고 믿음을 반석 위에 세워 주셔서
평안과 기쁨을 주심을 감사드립니다.
시류에 따라 무작정 흘러가는 사람들이 너무나 많이 있습니다.
주님께서 우리에게 은혜와 평강의 강을 허락하여 주사
넘치는 은혜와 기쁨을 날마다 주시기를 원합니다.
주님이 주시는 기쁨은 이 세상의 어떤 기쁨보다 소중하고 고귀하오니
기쁨이 넘치게 해 주시기를 원합니다.
우리의 삶이 즉흥적인 삶이 아니라 주님이 원하는 삶이 되게 하소서.
주님께서 우리의 삶을 오늘도 인도하여 주시기를 원합니다.
우리 주 예수 그리스도의 이름으로 기도합니다. 아멘!

### 오늘의 묵상

우리는 성경의 사복음서만 잘 읽고 묵상해도 기도생활을 기쁘고 알차게 할 수 있다. 사복음서는 기도의 가장 좋은 교실이고 도장이다. 우리는 사복음서를 통해 기도하시는 주님을 비롯하여 여러 계층의 사람들이 기도하는 모습과 그들이 처해 있던 여러 가지 상황들을 볼 수 있다. 그리고 이 복음의 상황들과 오늘날 우리의 처지가 전혀 무관하지 않음을 알게 되면, 이들이 주님께 나아가는 태도와 주님께서 그들에 대해 주시는 모습을 통해 우리가 어떤 마음과 태도로 기도생활을 해야 하는지를 배울 수 있다.

## 3 March 16 하나님의 뜻을 구하는 기도

여호와의 산에 오를 자가 누구며 그의 거룩한 곳에 설 자가 누구인가 곧 손이 깨끗하며 마음이 청결하며 뜻을 허탄한 데에 두지 아니하며 거짓 맹세하지 아니하는 자로다 그는 여호와께 복을 받고 구원의 하나님께 의를 얻으리니 이는 여호와를 찾는 족속이요 야곱의 하나님의 얼굴을 구하는 자로다 (셀라) 시편 24:3-6

우리의 삶의 여정을 인도하시는 주님!
우리의 삶이 멋진 여행이 되기를 원합니다.
어찌 보면 낯설기만 한 이 세상에 익숙해짐으로
사랑으로 아름답게 만들어가게 해 주시기를 원합니다.
우리의 인생길에 사랑하는 동반자를 만나게 하시고
기도로 돕는 이들을 만나게 하심을 감사드립니다.
우리가 꼭 필요한 존재가 되게 하여 주시옵고
우리의 삶이 가치 있는 삶이 되게 해 주시기를 원합니다.
정하신 삶 동안에 정하여진 일들을 잘 감당하게 하소서.
풍성하고 남김이 있는 삶을 살게 하여 주소서.
이 새벽에 기도를 통하여 우리 자신을 살펴보게 하소서.
우리 주 예수 그리스도의 이름으로 기도합니다. 아멘!

### 오늘의 묵상

우리는 다음과 같은 태도로 기도해야 한다. "주님, 주께서 전능하심에 대해 감사드립니다. 주께서는 모든 것을 아시오니 제가 지금 주께 말씀드리려는 내용도 다 알고 계심을 믿고 감사드립니다." 우리는 바로 이런 자세와 마음가짐으로 하나님 앞에 나아가야 한다. 우리가 기도를 드리는 모습은 어떤가? 우리는 우리의 필요를 채워 달라는 요구를 하느라고 시간을 다 허비하고 감사하지 못한다. 우리가 기도드릴 때 하나님께서 자신을 우리에게 나타내기를 원하신다는 것을 깨닫기 위해서는 우선 충분한 시간을 내어 하나님께 감사하고 그분의 뜻을 헤아려야 한다.

# 3 March 17

## 기도했으면 받은 줄로 믿으라

문들아 너희 머리를 들지어다 영원한 문들아 들릴지어다 영광의 왕이 들어가시리로다 영광의 왕이 누구시냐 강하고 능한 여호와시요 전쟁에 능한 여호와시로다 문들아 너희 머리를 들지어다 영원한 문들아 들릴지어다 영광의 왕이 들어가시리로다 영광의 왕이 누구시냐 만군의 여호와께서 곧 영광의 왕이시로다 (셀라)
시편 24:7-10

진리 안에서 우리를 새롭게 해 주시는 주님!
이 새벽에도 주님께서 우리에게 주실
은혜에 대한 기대감으로 우리의 마음이 설렙니다.
우리로 하여금 주님의 진리 속에서 생명의 삶을 탐구하게 하소서.
우리가 가야 할 확실하고 분명한 본향을 향해
소망 속에 날마다 살아가게 해 주시기를 원합니다.
모든 것이 하나님의 은혜와 자비 속에 이루어지오니
주님의 은혜 속에서 존재의 의미를 깨닫게 하여 주소서.
때에 따라 필요한 힘과 에너지를 공급해 주시기를 원합니다.
믿음 속에서 세속의 모든 경계를 뛰어넘어
진리 안에 자유함을 누리게 해 주시기를 원합니다.
우리 주 예수 그리스도의 이름으로 기도합니다. 아멘!

### 오늘의 묵상

"그러므로 내가 너희에게 말하노니 무엇이든지 기도하고 구하는 것은 받은 줄로 믿으라 그리하면 너희에게 그대로 되리라(마가복음 11:24)" 이는 놀라운 주님의 약속이다. 그러나 우리의 좁은 마음이 그것을 받아들이지 못하고 가능한 모든 방법으로 제한시키고 있다. 믿음은 하나님의 말씀이 진리에 대한 단순한 확신이나 어떤 전제로부터 내린 결론은 아니다. 그것은 하나님께서 행하실 것을 말씀하는 것을 들은 귀요, 하나님이 시행하는 것을 보는 눈이다. 그러므로 믿음이 있는 곳에 응답이 오지 않는다는 것은 불가능하다.

# 3 March. 18 기도에 응답받는 대가

> 여호와여 나의 영혼이 주를 우러러보나이다 나의 하나님이여 내가 주께 의지하였사오니 나를 부끄럽지 않게 하시고 나의 원수들이 나를 이겨 개가를 부르지 못하게 하소서 주를 바라는 자들은 수치를 당하지 아니하려니와 까닭 없이 속이는 자들은 수치를 당하리이다 시편 25:1-3

우리의 생명길이 되시는 주님!
주님께서 우리에게 삶이라는 선물을 주시니 감사드립니다.
우리의 삶에 주님의 보혈의 피가 흐르게 해 주심을 감사드립니다.
우리에게 주신 삶의 시간을 잘 활용하게 해 주시고
우리에게 주신 은사와 달란트를 잘 사용하게 하여 주소서.
우리의 삶이 너무나 고귀하고 소중하오니
주님의 인도하심을 따라 잘 펼쳐 나가게 해 주시기를 원합니다.
우리의 삶이 한순간도 주님을 떠나지 않게 해 주시고
우리의 삶이 한순간도 주님을 벗어나지 않게 하여 주소서.
주님만이 우리의 생명의 근원이시니
주님만을 사모하며 주님의 뜻을 이루어 가게 하여 주소서.
주님께서 우리의 소망이 되어 주시기를 원합니다.
우리 주 예수 그리스도의 이름으로 기도합니다. 아멘!

**오늘의 묵상** 우리가 기도에 응답받기를 원한다면 그 대가를 치러야 한다. 첫째, 우리는 하나님과 다른 사람들 사이에 적절한 관계를 맺는 데 시간과 정력을 투자해야 한다. 둘째, 우리는 기도로 무엇을 주문하기보다는 도리어 기꺼운 마음으로 주문을 받아들여야 한다. 기도하는 시간이 필요한 것을 놓고 하나님과 흥정하는 시간이 되어서는 안 된다. 대신 우리는 그분의 뜻이 우리 안에서 이루어지도록 구한 후에 무엇을 하라고 말씀하시는지 기다려야 한다. 셋째, 우리는 하나님께서 우리가 요구할 것을 이루는 데 도구가 되도록 우리 자신을 기꺼이 내어드려야 한다.

# 3 March 19

## 기도에 특별한 규칙이 있는가

> 여호와는 선하시고 정직하시니 그러므로 그의 도로 죄인들을 교훈하시리로다 온유한 자를 정의로 지도하심이여 온유한 자에게 그의 도를 가르치시리로다 여호와의 모든 길은 그의 언약과 증거를 지키는 자에게 인자와 진리로다 시편 25:8-10

우리의 믿음을 세워 주시는 주님!
이 새벽에 주님께 기도드리며 약속하심을 신뢰합니다.
주님께서 항상 약속을 이루어 주시며 인도하심을 믿사오니
우리의 모든 것을 주님께 맡기게 해 주시기를 원합니다.
우리의 희망과 꿈과 그리고 성공의 모든 것들이
주님으로부터 이루어지오니 함께하여 주시기를 원합니다.
주님을 경외하지 않고 이루어지는 것들은 아무런 유익이 없사오니
주 안에서 우리의 소망이 이루어지게 하소서.
우리의 삶과 영혼에 아무런 가치가 없는 것들에
물질과 시간을 투자하지 않게 하여 주소서.
우리의 삶이 주님의 마음에 합한 삶이 되게 하여 주소서.
주님의 말씀 속에서 늘 배우고 깨닫게 해 주시기를 원합니다.
우리 주 예수 그리스도의 이름으로 기도합니다. 아멘!

### 오늘의 묵상

우리는 기도할 때 어떤 규칙이나 형식을 만들 수 없고 기도하는 방법을 누구에게 가르칠 수 없다. 단 한 분 하나님의 성령께서만 기도를 가르칠 수 있기 때문이다. 모든 성도들은 어떻게 기도하며 무엇을 구할 것인지 성령께 배워야 한다. 기도하기 위해서 어떤 단어나 구절이나 표현을 선택할 필요는 없다. 사람의 마음에 기도를 주시는 성령께서 하나님의 자녀 각자에게 그들이 요구하는 감정을 하나님께 기도로 표현할 방법을 가르쳐 주시기 때문이다. 기도문은 기도하는 이들을 돕기 위한 자료일 뿐이다.

# 3 March 20

## 하나님께 귀를 기울이는 기도

여호와여 나의 죄악이 크오니 주의 이름으로 말미암아 사하소서 여호와를 경외하는 자 누구냐 그가 택할 길을 그에게 가르치시리로다 그의 영혼은 평안히 살고 그의 자손은 땅을 상속하리로다 여호와의 친밀하심이 그를 경외하는 자들에게 있음이여 그의 언약을 그들에게 보이시리로다 내 눈이 항상 여호와를 바라봄은 내 발을 그물에서 벗어나게 하실 것임이로다 시편 25:11-15

꿈속에서도 만나고 싶은 주님!
지난밤에도 하루 동안 쌓인 피곤을 베개 삼아 잠들어
이 새벽이 오기까지 곯아떨어지고 말았습니다.
요즘 일이 힘들고 지쳐서 아무런 생각 없이 살아가는 것만 같아
모든 것들이 무의미하고 허무하게 여겨집니다.
우리가 연약해질 때마다 주님을 더욱 의지하기를 바랍니다.
이 새벽에 주님을 갈망하여 주님을 바라봅니다.
우리가 죄악된 생각과 행동에서 벗어나게 하시고
주님의 빛 가운데 거하므로 영성이 회복되게 하여 주소서.
주님의 인도하심으로 우리의 영과 마음이 온전히 새롭게 하소서.
이 새벽 우리의 마음이 주님의 은혜로 가득하게 하소서.
우리 주 예수 그리스도의 이름으로 기도합니다. 아멘!

### 오늘의 묵상

기도는 깊은 묵상 속에서 우리에게 질문하시는 하나님께 귀를 기울이는 것이다. 우리는 하나님께 귀를 기울이는 것이 매우 효과적이라는 것을 안다. 하나님께 귀를 기울이는 기도는 매우 어렵고 힘든 것이다. 그렇지만 철저한 그리스도인의 양심을 가꾸는 데 큰 도움이 된다. 우리가 하나님께 귀를 기울이지 않고 그저 우리 구할 것만 하나님께 구하는 일로 기도 시간을 다 써 버린다면 기도의 이런 유익한 점들을 결코 얻지 못할 것이다.

## 3 March 21 기도는 하나님과의 교제다

주여 나는 외롭고 괴로우니 내게 돌이키사 나에게 은혜를 베푸소서 내 마음의 근심이 많사오니 나를 고난에서 끌어내소서 나의 곤고와 환난을 보시고 내 모든 죄를 사하소서 내 원수를 보소서 그들의 수가 많고 나를 심히 미워하나이다 내 영혼을 지켜 나를 구원하소서 내가 주께 피하오니 수치를 당하지 않게 하소서 내가 주를 바라오니 성실과 정직으로 나를 보호하소서 시편 25:16-21

사랑의 근원이 되시는 생명의 주님!
봄비가 대지를 촉촉이 적시듯 우리의 심령을 적셔 주소서.
봄날에 농부들이 좋은 씨앗을 뿌리듯 우리의 마음이 옥토가 되게 하사
좋은 씨앗을 뿌려 좋은 열매를 풍성하게 거두게 해 주시기를 원합니다.
심고 거두는 일 모두 주님께서 인도하시니 풍성한 열매를 주사
주님께 온전한 영광을 돌리게 해 주시기를 원합니다.
가을에 가지마다 열매가 열려 있는 나무가 아름답듯이
우리의 삶의 가지에도 시절을 좇아 풍성한 열매를 맺게 하소서.
이 새벽에 주님의 사랑이 우리의 마음에 가득하게 하소서.
우리 주 예수 그리스도의 이름으로 기도합니다. 아멘!

### 오늘의 묵상

기도에 주어진 커다란 특권은 기도를 통하여 하나님이 실제로 임재하시며, 그로 말미암아 그분과 대화하고 교제를 즐길 수 있게 된다는 것이다. 우리는 오직 기도를 통해서만 하나님과 가장 친밀히 의사소통을 할 수 있다는 것을 직관적으로 혹은 경험을 통해 깨닫는다. 기도는 영혼의 호흡이다. 우리는 기도를 통해 우리의 메마르고 쇠약해진 심령에 그리스도를 모시게 된다. 그분에게 필요한 것은 다가감이다. 마치 우리가 숨을 쉴 때 공기가 우리의 폐 속에 들어가듯이 주님도 우리의 마음속에 들어오셔서 은혜를 베푸신다.

## 기도 중에 주님을 만난다

**3 March 22**

여호와여 나를 살피시고 시험하사 내 뜻과 내 양심을 단련하소서 주의 인자하심이 내 목전에 있나이다 내가 주의 진리 중에 행하여 허망한 사람과 같이 앉지 아니하였 사오니 간사한 자와 동행하지도 아니하리이다 내가 행악자의 집회를 미워하오니 악한 자와 같이 앉지 아니하리이다 시편 26:2-5

고통 중에 함께하시는 주님!
우리에게 고통이 오더라도 그 고통에는 의미가 있음을 깨닫고
주님께서 주시는 고통이라면 그에 대해 불평불만 없이
믿음으로 잘 감당할 수 있도록 해 주시기를 원합니다.
우리가 기도함으로써 믿음에 확신을 갖게 해 주시고
어떤 순간에도 믿음을 잃지 않게 해 주시기를 원합니다.
주님께서 우리를 위하여 고난을 당하셨으니
우리도 주님을 위하여 고난받음을 기뻐하게 하소서.
주님께서 때에 따라 우리의 필요를 채워 주시고
능력으로 함께하여 주시니 순종하며 나가게 하소서.
주님의 길로 나갈 수 있는 믿음을 우리에게 주시기를 원합니다.
우리가 고난을 받음도 기뻐하며 복된 삶임을 알게 하여 주소서.
우리 주 예수 그리스도의 이름으로 기도합니다. 아멘!

### 오늘의 묵상

주님과 심오한 상봉을 하는 장소는 기도다. 기도는 주님이 이 세상에 계시는 동안 아버지를 발견하시기 위해 흔히 사용하신 장소다. 기도는 우리가 주님을 잃어버렸을 때 주님을 발견하는 장소요, 우리가 주님을 잃어버리려고 할 때 주님을 발견하는 장소다. 기도는 예수께서 하나님의 아들이 되셨듯이 우리가 하나님의 자녀가 되는 장소다. 기도는 죽는 것이요, 새로 태어나는 것이다. 기독교의 전체는 그리스도의 죽음과 부활에 참여하지만, 우리는 기도로써 주님의 부활과 가장 깊이 관여한다. 기도는 우리의 생각, 불안, 게으름 우리의 이기적인 욕망에 대해서 죽었다가 하나님의 생각, 하나님의 뜻과 사랑과 믿음에서 다시 태어나는 것이다.

# 3 March 23 | 하나님께 초점을 맞춘 기도

여호와여 내가 주께서 계신 집과 주의 영광이 머무는 곳을 사랑하오니 내 영혼을 죄인과 함께, 내 생명을 살인자와 함께 거두지 마소서 그들의 손에 사악함이 있고 그들의 오른손에 뇌물이 가득하오나 나는 나의 완전함에 행하오리니 나를 속량하시고 내게 은혜를 베푸소서 내 발이 평탄한 데에 섰사오니 무리 가운데에서 여호와를 송축하리이다 시편 26:8-12

우리의 삶을 평강으로 인도하시는 주님!
온 땅에 따뜻한 봄의 기운과 축복이 가득하듯이
우리의 영혼에도 신앙의 봄이 가득하기를 원합니다.
이 새벽에 주님께 드리는 짧은 기도 시간들이 모여
영적으로 더욱 성숙하게 해 주시기를 원합니다.
씨앗에서 새싹이 나오지 않으면 아무런 소용이 없듯이
우리 영혼도 주님의 보혈의 꽃으로 새롭게 피어나게 하소서.
우리로 하여금 주님의 말씀을 깊이 깨닫게 하사
주님 앞으로 나아감이 기쁨이 되게 해 주시기를 원합니다.
주님께서 우리의 삶이 행복해지기를 원하시고
우리에게 기쁨을 주시기를 원하시니 주님이 함께하심을 기뻐하게 하소서.
주님의 마음을 우리의 마음에 품고 살아가게 하여 주소서.
우리 주 예수 그리스도의 이름으로 기도합니다. 아멘!

### 오늘의 묵상

하나님은 우리를 기도로 부르셨다. 하나님께서는 하나님의 백성들에게 큰 긍휼을 베풀고자 하실 때 무엇보다 기도하도록 하셨다. 하나님께 초점을 맞춘 기도를 하면 하나님의 나라가 기도하는 사람의 마음에 임할 뿐만 아니라 이 세상에 빨리 임하도록 할 수 있다. 하나님의 역사는 대부분 기도한 후에 이루어졌다. 기도는 우리를 하나님께 맞춘 것이지, 하나님을 우리에게 맞추는 것이 아니다. 이는 하나님이 우리 안에 사시도록 하는 것이다. 기도는 인간 중심의 필요가 아니라 하나님이 원하시는 바에 초점을 맞추어야 한다.

# 3 March 24 | 내가 끝나야 하나님이 시작하신다

여호와는 나의 빛이요 나의 구원이시니 내가 누구를 두려워하리요 여호와는 내 생명의 능력이시니 내가 누구를 무서워하리요 악인들이 내 살을 먹으려고 내게로 왔으나 나의 대적들, 나의 원수들인 그들은 실족하여 넘어졌도다 군대가 나를 대적하여 진 칠지라도 내 마음이 두렵지 아니하며 전쟁이 일어나 나를 치려 할지라도 나는 여전히 태연하리로다 시편 27:1-3

우리에게 넘치는 사랑을 주시는 주님!
주님의 사랑은 고갈되는 사랑이 아니라 날마다 넘치는 사랑이오니
그 사랑을 충만히 받게 하여 주심을 감사드립니다.
우리가 주님의 사랑을 느낌으로 주님의 자비하심과
주님의 긍휼하심을 체험하며 살게 해 주시기를 원합니다.
싱그러운 봄날에 초록이 온 땅을 덮음처럼
우리의 삶을 사랑으로 덮어 주시는 주님을 더 깊게 알게 하소서.
우리의 영혼을 구원해 주시는 주님의 손길에 무한히 감사드립니다.
우리가 주님의 커다란 사랑을 받았으니
우리도 주님의 사랑을 날마다 나누며 살게 해 주시기를 원합니다.
이 새벽에도 주님이 우리를 사랑하여 주심을 감사드립니다.
우리 주 예수 그리스도의 이름으로 기도합니다. 아멘!

### 오늘의 묵상

하나님과의 관계에서는 내가 끝나야 하나님이 시작하신다. 내가 끝나지 않으면 하나님은 시작하시지 않는다. 자신의 힘과 지혜를 믿고 버둥대는 사람에게는 하나님께서 당신의 능력과 지혜를 허락해 주시지 않는다. 스스로 그렇게 하도록 내버려 두신다. 아니, 하나님이 주시고 싶어도 주실 수가 없다. 그가 하나님의 능력과 지혜를 필요로 하지 않고 스스로의 힘과 지혜로 살겠다고 애쓰고 있는데, 어떻게 하나님께서 주실 수가 있겠는가. 그러다가 스스로 지쳐서 하나님 앞에 빈손 들고 나와 하나님의 능력과 지혜를 구하면 그때에야 비로소 내려 주신다. 사람의 끝이 없으면 하나님의 시작도 없다.

# 3 March 25

## 기도로 구했으면 기다려라

내가 여호와께 바라는 한 가지 일 그것을 구하리니 곧 내가 내 평생에 여호와의 집에 살면서 여호와의 아름다움을 바라보며 그의 성전에서 사모하는 그것이라 여호와께서 환난 날에 나를 그의 초막 속에 비밀히 지키시고 그의 장막 은밀한 곳에 나를 숨기시며 높은 바위 위에 두시리로다 시편 27:4-5

하루의 삶을 소중하게 여기시는 주님!
하루 동안 세상을 비추기 위하여 태양이 떠올라 빛이 가득하듯이
이 새벽에 우리 마음에 주님께서 빛으로 찾아오시기를 원합니다.
우리가 이 세상에 태어남도 주님의 은혜요, 축복입니다.
우리가 살아가는 날 동안 주님을 위하여 온전히 쓰임받게 하사
주 안에서 기쁨을 누리게 해 주시기를 원합니다.
우리에게 건강을 주시고 살아가기 위한 물질을 주시고
함께 일할 사람들을 온전히 만나게 해 주시기를 원합니다.
주님께 기도함으로 더욱더 신뢰하게 해 주시고
주님의 사랑에 항상 만족하며 살게 해 주시기를 원합니다.
오늘 하루도 주님의 은혜 속에 소중한 날이 되게 하여 주소서.
우리 주 예수 그리스도의 이름으로 기도합니다. 아멘!

### 오늘의 묵상

우리는 참을성이 없다. 우리는 무엇을 원할 때 바로 원한다. 하나님의 일이 하나님의 때에 이루어져야 한다는 사실을 받아들이기란 쉬운 일이 아니다. 우리는 지상에서 단 한 번의 삶을 소유하고 있으며, 언제나 그 결과들을 속히 보고 싶어 한다. 하나님은 영원한 계획을 갖고 계신다. 기도 응답이 오랫동안 지체되는 것처럼 보이는 한 가지 이유는 사실 하나님은 우리가 행동하기를 기다리고 계시는데, 우리는 하나님이 행동하시기를 기다리기 때문이다. 우리는 우리가 기도하는 것이 전적으로 성령의 활동에 의존하고 있으며, 그 활동이 곧 일어나지 않는다고 느낀다. 자기중심적인 사고에 빠져서 우리가 해야 할 바를 깨닫지 못하는 것이다.

# 3 March 26

## 항상 응답하시는 기도

> 여호와여 내가 소리 내어 부르짖을 때에 들으시고 또한 나를 긍휼히 여기사 응답하소서 너희는 내 얼굴을 찾으라 하실 때에 내가 마음으로 주께 말하되 여호와여 내가 주의 얼굴을 찾으리이다 하였나이다 주의 얼굴을 내게서 숨기지 마시고 주의 종을 노하여 버리지 마소서 주는 나의 도움이 되셨나이다 나의 구원의 하나님이시여 나를 버리지 마시고 떠나지 마소서  시편 27:7-9

생명의 빛으로 온 천지에 가득하신 주님!
이 새벽 주님을 찬양하며 경배하기를 원합니다.
하늘에 계신 주님께서 이 땅에 육신을 입고 오셔서
낮고 천한 우리를 구원하시고 인도하여 주심을 감사드립니다.
우리에게 가정을 주시고 사랑하는 사람을 주시고
교회를 주시고 나라를 주시고 일터를 주심을 감사드립니다.
우리에게 희망을 주시고 꿈을 주시고 비전을 주사
이를 이루어 가게 하여 주심을 감사드립니다.
우리가 주님을 알게 하시고 주님을 믿게 하시고
우리의 구주로 고백하게 하여 주심을 감사드립니다.
우리가 주님을 믿고 하는 일 가운데 일어나는
수많은 어려움들을 믿음으로 이겨 내게 해 주시고
주님을 소망하며 살아감이 최고의 기쁨이 되게 하여 주소서.
우리 주 예수 그리스도의 이름으로 기도합니다. 아멘!

### 오늘의 묵상

하나님은 우리의 기도가 응답되어지기를 바라신다. 아직까지 기도는 그리스도인의 신앙 중에서 가장 비밀스러운 것 중 하나다. 우리는 우리의 기도가 계속 응답받을 때에야 비로소 우리가 어떻게 기도해야 하는지 배웠다고 느낄 것이다. 어떻게 기도해야 응답을 받는가? 우리는 진실하게 기도해야 한다. 우리는 은밀하게 기도해야 한다. 우리는 단순하게 기도해야 한다. 우리는 기도해야 할 때 구체적으로 기도해야 한다.

## 3 March 27 기도하는 시간을 가져야 한다

여호와여 주의 도를 내게 가르치시고 내 원수를 생각하셔서 평탄한 길로 나를 인도하소서 내 생명을 내 대적에게 맡기지 마소서 위증자와 악을 토하는 자가 일어나 나를 치려 함이니이다 내가 산 자들의 땅에서 여호와의 선하심을 보게 될 줄 확실히 믿었도다 너는 여호와를 기다릴지어다 강하고 담대하며 여호와를 기다릴지어다
시편 27:11-14

이 새벽에 드리는 소박한 기도를 들어주시는 주님!
주님께서 우리에게 베푸신 은혜와 사랑을
우리의 삶 속에서 나누며 살게 해 주시기를 원합니다.
우리가 하나님의 형상을 닮았으니
우리의 마음도 주님을 닮아 온유하고 겸손하게 하소서.
우리가 주님께서 주신 사명을 잘 감당할 수 있도록
지성과 인성과 감성과 영성을 주셨으니
모든 삶에서 주님께서 원하시는 삶을 살게 하소서.
우리의 삶 속에서 복음이 나타나기를 원합니다.
우리의 삶 속에서 사랑이 나타나기를 원합니다.
주님께서 우리를 죄에서 구원하여 주시고 회복시켜 주셨으니
그 사랑과 그 은혜에 늘 감사하며 살게 하여 주소서.
우리 주 예수 그리스도의 이름으로 기도합니다. 아멘!

### 오늘의 묵상

기도하는 시간이 없이는 아무것도 이루어질 수 없다. 시간이 없어서 기도하지 못한다고 변명하는 사람들이 적지 않다. 반면 일할 시간, 사업할 시간, 여가를 즐길 시간은 있다. 그러나 이 모든 것과 그 밖의 것들, 즉 능력과 성공을 가져다주는 기도를 훈련할 시간이 없다. 다니엘은 하루에 세 번 기도했고 다윗은 하루에 일곱 번 기도한 것으로 성경에 기록되어 있다. 주님은 기도로 하나님 아버지와 교제를 나누셨다. 우리는 반드시 기도의 시간을 가져야 한다. 기도의 시간을 갖는 것은 선택이 아니라 필수다.

## 3 March 28 우리의 영적 무기는 기도다

> 여호와여 내가 주께 부르짖으오니 나의 반석이여 내게 귀를 막지 마소서 주께서 내게 잠잠하시면 내가 무덤에 내려가는 자와 같을까 하나이다 내가 주의 지성소를 향하여 나의 손을 들고 주께 부르짖을 때에 나의 간구하는 소리를 들으소서 악인과 악을 행하는 자들과 함께 나를 끌어내지 마옵소서 그들은 그 이웃에게 화평을 말하나 그들의 마음에는 악독이 있나이다 시편 28:1-3

우리에게 성령 충만함을 주시는 주님!
지금은 고요한 새벽 시간이지만
오늘도 수많은 사건과 사고들이 일어날 것입니다.
높아진 빌딩만큼 빈부의 격차는 날로 심해져 가고
수많은 집들과 빌딩 사이로 숨어드는 범죄자들도 늘어만 갑니다.
오늘 하루도 주님 안에서 의롭게 살기를 원하며
절제하며 순복하기를 원하는 사람들도 있습니다.
아직도 죄악만을 원하며 죄 속에서 헤매며
삶을 망가뜨리는 사람들도 이 땅 곳곳에 있습니다.
주님께서 이 땅을 돌보아 주시기를 원합니다.
주님께서 좌절하고 방황하는 영혼들을 기억하사
교회가 힘을 발휘하게 해 주시고 권능과 능력을 행하게 하소서.
우리 주 예수 그리스도의 이름으로 기도합니다. 아멘!

### 오늘의 묵상

바울은 영적 무기에 대해서 이렇게 말하고 있다. "우리의 씨름은 혈과 육을 상대하는 것이 아니요 통치자들과 권세들과 이 어둠의 세상 주관자들과 하늘에 있는 악의 영들을 상대함이라(에베소서 6:12)" 우리가 영적인 전쟁에서 적과 교전하기 위해서 하나님께 받은 영적인 무기는 기도로부터 시작된다. 우리가 주님의 일을 하려고 할 때 우리에게 필요한 무기는 바로 기도다. 만약에 우리에게 기도가 없다면 우리는 무력할 뿐이다.

# 3 March 29

## 하나님의 사랑 안에서 기도하라

> 그들은 여호와께서 행하신 일과 손으로 지으신 것을 생각하지 아니하므로 여호와께서 그들을 파괴하고 건설하지 아니하시리로다 여호와를 찬송함이여 내 간구하는 소리를 들으심이로다 시편 28:5-6

우리에게 영적 축복을 허락하시는 주님!
새벽별이 어둠이 사라질 때까지 빛을 발함처럼
우리의 삶도 이 땅에서의 목숨이 다하는 날까지
복음의 빛을 삶 속에서 밝히게 해 주시기를 원합니다.
밤이 되면 수많은 가로등과 불빛들이 어둠을 밝히려 하지만
낮을 환하게 밝히는 태양빛 하나만 못합니다.
우리가 원하는 부귀와 영화와 권세와 명예도
우리의 죄를 사하여 주시고 우리를 구원하여 주시고
천국에 들어가도록 인도하여 주신 은혜에 비하면 아무것도 아닙니다.
우리의 삶에 주님의 흔적이 있게 하시고
늘 항상 주님 예수로 만족할 수 있는 믿음과 용기를 주소서.
주님께서 오늘도 우리에게 충만하신 은혜를 주심을 감사합니다.
우리가 평생토록 주님을 사모하며 살게 하여 주소서.
우리 주 예수 그리스도의 이름으로 기도합니다. 아멘!

### 오늘의 묵상

편안하고 긴장이 풀린 자세로 하나님이 가까이 계시다는 것과 우리를 사랑하신다는 것을 생각하고, 우리를 통해서 따뜻한 빛과 색깔과 물과 바람 등이 넘쳐난다는 것을 생각하라. 주님이나 당신이 사랑하고 신뢰하는 타인들을 통해서 우리에게 하나님의 사랑이 다가옴을 생각하라. 우리를 치유하기를 갈망하시는 예수 그리스도의 이름을 부르라. 하나님 보시기에 귀중하고 하나님에 의해서 가치 있게 되는 존재로서 우리의 온몸을 지금 있는 그대로 하나님의 사랑 안에 맡기도록 하라. 부드럽게 숨 쉬면서 하나님의 사랑 안에서 기도를 마무리하라.

## 속죄를 위한 기도

**3 March 30**

여호와는 나의 힘과 나의 방패이시니 내 마음이 그를 의지하여 도움을 얻었도다 그러므로 내 마음이 크게 기뻐하며 내 노래로 그를 찬송하리로다 여호와는 그들의 힘이시요 그의 기름 부음 받은 자의 구원의 요새이시로다 주의 백성을 구원하시며 주의 산업에 복을 주시고 또 그들의 목자가 되시어 영원토록 그들을 인도하소서
시편 28:7-9

기도로 주님을 더 깊이 알게 하시는 주님!
이 새벽에도 주님의 약속의 말씀을 우리에게 주심을 감사드립니다.
이 시간 고요히 묵상하며 오늘까지 인도하여 주신
주님의 사랑에 감사드리며 인도하심을 받기를 원합니다.
우리가 주님을 믿고 따르며 엄청난 기적을 원하기보다는
삶 속에서 우리와 함께하시는 주님을
자연스럽게 체험하게 해 주시기를 원합니다.
이 새벽 시간에 주님께 기도할 수 있음도 기적입니다.
주님께서 우리를 인도하여 주시지 않으면
우리는 한마디도 주님께 기도를 드릴 수가 없습니다.
거룩하신 주님을 닮아 경건한 삶이 되게 하여 주소서.
우리가 기도함으로 주님이 주시는 복을 받게 하여 주소서.
우리 주 예수 그리스도의 이름으로 기도합니다. 아멘!

### 오늘의 묵상

아론은 대제사장임에도 불구하고 먼저 자기 자신과 자기 권속, 즉 자기 가족의 속죄를 위한 회개의 제사를 드렸다. 또한 욥은 자신과 자녀들이 하나님을 마음으로 배반하지 않을까 염려하여 번제를 드리고 있다. 반면 엘리 제사장은 자식들의 죄를 묵인함으로써 자기 자신과 가족이 멸망하였다. 우리는 남을 돌아보기 전에 먼저 자신과 가정을 돌아보아야 한다. 날마다 말씀 앞에서 점검하고 회개하는 생활이 있어야 한다. 우리는 고넬료처럼 투철한 신앙으로 늘 경건한 가정을 만들어 나가야 할 것이다.

# 3 March 31

## 왜 함께 기도를 드리는가

> 너희 권능 있는 자들아 영광과 능력을 여호와께 돌리고 돌릴지어다 여호와께 그의 이름에 합당한 영광을 돌리며 거룩한 옷을 입고 여호와께 예배할지어다 시편 29:1-2

우리가 기도하기를 원하시는 주님!
신기루와 같은 세상일을 원하며 살아가다가
우리가 기도 시간을 잃지 않게 해 주시기를 원합니다.
주님께서는 모든 일을 기도로 시작하시고
기도로 이루시고 기도로 끝을 이루셨습니다.
우리도 기도로 우리의 삶을 인도받게 해 주시기를 원합니다.
우리의 기도가 주님께 상달되고 응답됨을 믿사오니
기도를 통하여 날마다 영적인 교제가 일어나게 하여 주소서.
기도함으로 주님의 임재하심을 깨닫게 하여 주소서.
기도함으로 주님과 대화를 하게 해 주시고
우리 스스로가 대화하며 자신의 삶을 깨닫게 하소서.
이 새벽에도 깨워 주사 기도하게 하심을 감사드립니다.
우리 주 예수 그리스도의 이름으로 기도합니다. 아멘!

### 오늘의 묵상

우리는 왜 함께 기도를 드리는가? 주님의 위대하신 사랑의 마음은 우리가 필요로 하는 것이 영적인 것이든, 정신적인 것이든, 육신적이거나 물질적인 것이든 간에 그 모든 필요를 우리에게 주시기를 바라시기 때문이다. 우리는 주님이 우리에게 주실 수 있는 모든 것을 우리에게 주신다고 믿는다. 우리가 주님 앞에서 간절한 마음으로 기도드릴 때 주님은 우리의 마음과 정신을 위로하여 주시며, 우리 자신이 변화받고 그 기도의 응답을 받을 수 있게 된다. 우리가 함께 기도할 때 우리는 담대하고 정직하게 되며 또 우리가 미처 생각하지 못했던 것까지도 기도하게 된다.

# 4
April

## 부활의 은혜 속에 살게 하소서

나의 삶에 파도가 칠 때
나의 눈에 눈물이 마르지 않을 때
나의 마음을 죄악의 가시가 찌를 때
주여! 나의 삶의 방향키를 잡아 주소서

## 나의 삶에 파도가 칠 때

나의 삶에 파도가 칠 때
나의 눈에 눈물이 마르지 않을 때
나의 마음을 죄악의 가시가 찌를 때
주여! 나의 삶의 방향키를 잡아 주소서

절망과 고통의 늪에서 나를 건져 주시고
삶의 혼란과 역경 속에서
안개의 걷힘같이 벗어나게 하소서

남들이 보기에 작은 고통일지라도
나에게는 엄청난 아픔이 될 수 있으니
주여! 기도로 이겨 내게 하소서

벼랑 끝에 매달려 있는 것만 같고
막다른 골목에 몰린 듯한 위기 속에서도
긴장함으로 판단이 흐려지지 않게 하소서

완악한 나의 자아가 깨어지게 하시고
나의 부족함과 한계를 깨달아
주님의 은혜로 새로이 거듭나게 하소서

## 4 April 1 — 우리는 기도를 계속해야 한다

> 여호와의 소리가 백향목을 꺾으심이여 여호와께서 레바논 백향목을 꺾어 부수시도다 그 나무를 송아지같이 뛰게 하심이여 레바논과 시룐으로 들송아지같이 뛰게 하시도다 여호와의 소리가 화염을 가르시도다 여호와의 소리가 광야를 진동하심이여 여호와께서 가데스 광야를 진동시키시도다 시편 29:5-8

부활의 은총으로 함께하시는 주님!
사망 권세를 이기시고 부활하신 주님을 찬양합니다.
주님께서 부활하심으로 우리에게 소망이 있사오니
온 땅의 모든 사람들의 심령 속에
주님의 부활 소식이 가득하여 변화되기를 원합니다.
우리의 죄악은 물로도 씻을 수가 없고
우리의 죄악은 불로도 태울 수가 없으나
주님의 보혈로 깨끗하게 씻어 주심을 감사드립니다.
이 새벽 미명에 주님께서 우리를 구원하심을 찬양하오니
주님께서 영광을 홀로 받아 주시기를 원합니다.
온 나라 온 땅의 모든 사람들에게
복음의 소식이 전해지기를 원합니다.
우리 주 예수 그리스도의 이름으로 기도합니다. 아멘!

### 오늘의 묵상

우리는 기도를 계속해야 한다. 기도를 쉬지 말아야 한다. 우리가 기도하고 구하기 전에 우선 하지 않으면 안 될 일이 있다. 그것은 정직하게 자기가 범한 죄를 하나님 앞에서 인정하는 일이다. 그리고 현재 체험하고 있는 고통은 자기의 게으름 때문인 것을 솔직하게 인정해야 한다. 우리는 죄를 무릅쓰고 주님 앞에서 자기를 낮추어야 한다. 그러나 절망할 필요는 없다. 십자가의 은혜 때문에 우리는 하나님이 우리를 불쌍히 여기시고 용서해 주시는 것을 발견하기 때문이다. 우리가 주님께 용서를 받는다면 새로운 열심을 가지고 다시 기도를 시작하게 될 것이다.

## 4 April 2 | 올바른 기도 자세를 갖추어라

여호와의 소리가 암사슴을 낙태하게 하시고 삼림을 말갛게 벗기시니 그의 성전에서 그의 모든 것들이 말하기를 영광이라 하도다 여호와께서 홍수 때에 좌정하셨음이여 여호와께서 영원하도록 왕으로 좌정하시도다 여호와께서 자기 백성에게 힘을 주심이여 여호와께서 자기 백성에게 평강의 복을 주시리로다 시편 29:9-11

우리를 창조하여 주신 주님!
모든 나무들 중에 똑같은 나무 모양이 없듯이
우리도 각기 다른 개성을 가지고 살아가고 있습니다.
사람에 따라 각기 생각이 다르고 삶의 방식도 꿈도 다릅니다.
우리가 살아가며 남과 비교함으로 초라해지거나
잘난 듯 착각하며 살아가지 않게 해 주시기를 원합니다.
주님이 보시기에 아름다운 삶을 살아가게 하여 주소서.
우리는 잠자는 시간 외에는 날마다 행동하며 살아가오니
우리의 믿음도 행동하는 믿음이 되게 해 주시기를 원합니다.
행함이 없는 믿음은 죽은 믿음이라 하셨으니
우리의 믿음이 산 믿음이 되게 해 주시기를 원합니다.
우리 주 예수 그리스도의 이름으로 기도합니다. 아멘!

### 오늘의 묵상

우리가 기도할 때 취하는 자세는 너무나 중요하다. 성경에는 여러 가지 기도 자세가 기록되어 있는데 어떤 사람은 무릎을 꿇고 기도했다. 주님께서도 겟세마네 동산에서 무릎을 꿇고 기도하셨다. 얼굴을 땅에 대고 하나님께 기도한 사람도 있다. 다니엘은 항상 무릎을 꿇고 기도했다. 그러나 다윗왕은 하나님과 약속의 땅에 관해 이야기할 때 앉은 자세로 했다. 아브라함은 소돔 땅을 위해 간구할 때 일어선 채로 했다. 이렇게 기도 자세는 여러 가지가 가능하다. 가장 중요한 것은 마음의 자세다. 무릎을 꿇는 것은 마음을 하나님께 꿇어 복종하는 것보다 쉽다. 겉으로 드러나는 모습이 영적인 자세에 대한 증거가 되기는 하나 항상 그런 것은 아니다. 결국 가장 중요한 것은 마음 자세다.

# 4 April 3

## 현대인의 기도

주의 성도들아 여호와를 찬송하며 그의 거룩함을 기억하며 감사하라 그의 노염은 잠깐이요 그의 은총은 평생이로다 저녁에는 울음이 깃들일지라도 아침에는 기쁨이 오리로다 내가 형통할 때에 말하기를 영원히 흔들리지 아니하리라 하였도다
시편 30:4-6

우리가 성령의 열매를 맺기를 원하시는 주님!
이 새벽에 주께 기도할 때 우리의 심령이 맑아지게 해 주시고
우리의 삶이 청결하고 겸손하게 해 주시기를 원합니다.
성령의 은혜로 우리의 오염된 마음이 정화되게 해 주시고
기도함으로 주님의 손길로 우리의 마음이 닦아지게 하소서.
이 새벽에도 주님의 은혜로 힘찬 용기와 힘을 갖게 해 주시기를 원합니다.
우리가 날마다 낮아지게 해 주시고 우리가 날마다 깨닫게 해 주시고
날마다 새로워지게 해 주시기를 원합니다.
우리의 삶 속에서 성령의 열매가 풍성히 맺게 해 주시고
주님께 늘 헌신하며 살게 해 주시기를 원합니다.
우리 주 예수 그리스도의 이름으로 기도합니다. 아멘!

### 오늘의 묵상

대부분의 사람들이 기도를 어렵게 생각한다. 또한 바쁜 현대인들은 기도에 성실할 때가 극히 드물다. 우리는 하나님 앞에서 조용히 머물러 있지 못한다. 침묵 중에 움직이지 않고 서 있는 것도 쉽지 않다. 그러나 그것만이 우리를 주님께로 이끌어 갈 것이다. 심지어 우리는 기도하기를 원한다고 말하지만, 제대로 기도하지 않을 때가 많다. 하루 중에 단 5분도 기도드리지 않는 날도 있다. 우리가 정상적인 생활을 하려고 한다면 기도부터 해야 한다. 우리는 기도를 통하여 하나님과 교제를 나눌 수 있고 우리의 삶을 인도받을 수 있다.

## 4 April 4 기도를 통하여 주님을 앙망하라

여호와여 들으시고 내게 은혜를 베푸소서 여호와여 나를 돕는 자가 되소서 하였나이다 주께서 나의 슬픔이 변하여 내게 춤이 되게 하시며 나의 베옷을 벗기고 기쁨으로 띠 띠우셨나이다 이는 잠잠하지 아니하고 내 영광으로 주를 찬송하게 하심이니 여호와 나의 하나님이여 내가 주께 영원히 감사하리이다 시편 30:10-12

날마다 우리와 함께하여 주시는 주님!
우리의 삶에 날마다 주님이 함께하심을 믿습니다.
이 새벽에 주님의 말씀을 통하여 주님을 만나기를 원합니다.
이 새벽에 기도를 통하여 주님을 만나기를 원합니다.
우리의 경건의 연습을 주께서 도와 주시기를 원합니다.
성령께서 함께하심으로 우리의 영성이 날마다 회복되기를 원합니다.
이 새벽에 주님의 말씀을 통하여 주님을 바라보기를 원합니다.
이 새벽에 기도를 통하여 주님의 모습을 바라보기를 원합니다.
오늘도 주님과 함께 동행하는 삶을 살기를 원합니다.
우리 주 예수 그리스도의 이름으로 기도합니다. 아멘!

### 오늘의 묵상

우리는 기도를 통하여 주님을 앙망하며 살아야 한다. '앙망하다'로 번역된 히브리어 단어는 '붙잡다', '매달리다' 등의 의미를 가지고 있다. 이런 모습의 한 가지 예가 창세기 32장에 잘 나타나 있다. 야곱은 하나님의 사자와 씨름하면서 "당신이 내게 축복하지 아니하면 가게 하지 않겠나이다"라고 했다. 이런 태도를 가진 사람에게 하나님은 응답하신다. 조지 뮬러는 하나님의 뜻이라고 생각되면 하나님이 응답하실 때까지 기도를 멈추지 않았다. 그는 50년 넘게 믿지 않는 두 친구를 위해 기도했는데, 결국 두 사람 모두 주님을 믿고 구원을 얻었다. 어떤 기도든 멈추기에는 너무 이르다. 주님을 앙망하며 기도하라. 응답을 받을 것이다.

# 4 April 5 | 홀로 기도하는 법

여호와여 내가 주께 피하오니 나를 영원히 부끄럽게 하지 마시고 주의 공의로 나를 건지소서 내게 귀를 기울여 속히 건지시고 내게 견고한 바위와 구원하는 산성이 되소서 주는 나의 반석과 산성이시니 그러므로 주의 이름을 생각하셔서 나를 인도하시고 지도하소서 그들이 나를 위하여 비밀히 친 그물에서 빼내소서 주는 나의 산성이시니이다 내가 나의 영을 주의 손에 부탁하나이다 진리의 하나님 여호와여 나를 속량하셨나이다 시편 31:1-5

죄를 고백하면 용서하여 주시는 주님!
우리의 삶이 죄악을 떠난 삶이 되게 하여 주소서.
시도 때도 없이 먹구름처럼 몰려와 우리의 마음을 흔드는
죄악된 생각과 행동에서 떠나게 해 주시기를 원합니다.
우리가 죄의 유혹을 받을 때 주님께서 우리를 붙들어 주사
죄악을 멀리하고 악은 모양이라도 버리게 하소서.
우리가 죄악을 품고 살아가는 것은
스스로 불덩이를 가슴에 안고 있는 것과 같습니다.
주님께서 우리를 정결하게 하사 말씀 위에 굳게 서게 하시고
강하고 담대한 믿음으로 승리하게 해 주시기를 원합니다.
우리 주 예수 그리스도의 이름으로 기도합니다. 아멘!

### 오늘의 묵상

우리가 홀로 기도할 때 우리의 생각이 하나님께 중심을 주고 있고 그분께 열려 있다면 기도는 시작된 것이다. 우리의 생각을 말로 옮기는 것은 자신을 표현하는 익숙한 방법이기 때문에 말은 유익할 수 있지만, 하나님은 우리의 마음을 읽고 계신다. 중요한 것은 생각의 중심을 우리 자신이 아니라 하나님께 두고 기도를 시작하는 것이다. 하나님의 전능하신 능력과 사랑을 묵상하고 우리가 하나님의 임재 가운데 있음을 기뻐하는 것이다.

# 4 April 6 | 기도는 자연스러워야 한다

내가 허탄한 거짓을 숭상하는 자들을 미워하고 여호와를 의지하나이다 내가 주의 인자하심을 기뻐하며 즐거워할 것은 주께서 나의 고난을 보시고 환난 중에 있는 내 영혼을 아셨으며 나를 원수의 수중에 가두지 아니하셨고 내 발을 넓은 곳에 세우셨음이니이다 여호와여 내가 고통 중에 있사오니 내게 은혜를 베푸소서 내가 근심 때문에 눈과 영혼과 몸이 쇠하였나이다 내 일생을 슬픔으로 보내며 나의 연수를 탄식으로 보냄이여 내 기력이 나의 죄악 때문에 약하여지며 나의 뼈가 쇠하도소이다
시편 31:6-10

우리의 몸과 마음을 거룩한 제사로 드리게 하시는 주님!
이 새벽에 우리가 드리는 기도가 감성적인 기도가 아니라
깊은 영성으로 주님께 드리는 진실한 기도가 되기를 원합니다.
우리가 매일매일 주님을 생각하며 살아가는
믿음이 있는 그리스도인의 삶을 살게 해 주시기를 원합니다.
우리의 믿음이 맹신이 아니라 말씀 속에서 분명한 확신을 갖고
온전히 주님을 따르는 믿음이 되게 해 주시기를 원합니다.
믿음은 실상과 증거이니 허상을 꿈꾸지 말고
주님께서 때에 따라 주시는 은혜와 사랑을
풍성히 받게 해 주시기를 원합니다.
우리의 믿음이 날로 성숙하게 해 주시기를 원합니다.
우리 주 예수 그리스도의 이름으로 기도합니다. 아멘!

### 오늘의 묵상

우리의 기도는 자연스러워야 한다. 우리는 자유롭지만 경박하지는 않게 하나님께 나아가라는 권면을 받는다. 기도는 단순하다. 기도는 하나님과 대화하는 것이다. 하지만 기도는 쉬운 것이 아니다. 사실상 기도는 많은 것을 요구하는 영적 훈련이 될 수 있다. 아무런 대가를 요구하지 않는 기도는 아무런 가치도 없다. 마르틴 루터는 기도를 '영혼의 땀'이라고 묘사했다.

## 기도할 때의 기분

**4 April 7**

내가 무리의 비방을 들었으므로 사방이 두려움으로 감싸였나이다 그들이 나를 치려고 함께 의논할 때에 내 생명을 빼앗기로 꾀하였나이다 여호와여 그러하여도 나는 주께 의지하고 말하기를 주는 내 하나님이시라 하였나이다 나의 앞날이 주의 손에 있사오니 내 원수들과 나를 핍박하는 자들의 손에서 나를 건져 주소서

시편 31:13-15

모든 일을 기도와 권능으로 이루시는 주님!
우리의 믿음의 고백이 예수 그리스도가 되게 하여 주소서.
우리의 믿음의 출발점이 예수 그리스도가 되게 하여 주소서.
우리의 신앙이 날마다 새롭게 변화되게 하여 주소서.
날마다 우리에게 풍성히 채워 주시는 주님의 은혜를 받아
이웃에게까지 그 은혜가 넘치게 하여 주소서.
세상은 거짓된 약속들로 가득하고 오직 주님의 약속만이 신실하시니
우리가 주님만을 온전히 믿게 하여 주소서.
우리가 오직 예수 그리스도를 소망하며 살게 해 주시기를 원합니다.
사탄이 거짓된 약속으로 우리를 유혹하려 할 때에도
오직 말씀으로 대적하여 이기는 삶을 살게 하소서.
우리 주 예수 그리스도의 이름으로 기도합니다. 아멘!

### 오늘의 묵상

기도의 체험을 한 사람은 기도하는 시간이 참으로 황홀한 시간이라고 말한다. 그때는 기쁨의 물결이 환호하는 영혼을 감싸고 하늘에 계신 아버지의 사랑이 환희의 파도나 구름처럼 기도하는 사람을 사로잡아 찬양과 경배가 저절로 터져 나오게 한다. 이런 이유 때문에 한 번 기도를 시작하면 몇 달이고 몇 년이고 기도를 하게 된다. 그러나 이러한 희열의 수준에 이르기는 쉽지 않다. 하지만 처음부터 아주 조금씩 이런 기분을 느끼기 시작하여 매번 기도할 때마다 신앙의 울타리 안으로 조금씩 깊이 들어간다는 것을 느끼게 되면 마침내 그 같은 희열의 수준에 이르게 된다.

## 4 April 8 | 기도의 비밀과 능력

주를 두려워하는 자를 위하여 쌓아 두신 은혜 곧 주께 피하는 자를 위하여 인생 앞에 베푸신 은혜가 어찌 그리 큰지요 주께서 그들을 주의 은밀한 곳에 숨기사 사람의 꾀에서 벗어나게 하시고 비밀히 장막에 감추사 말다툼에서 면하게 하시리이다
시편 31:19-20

속사람을 강건하게 해 주시는 주님!
봄에는 비가 내리면 하루가 다르게
산천초목이 쑥쑥 자라는 것을 눈으로 느낄 수 있습니다.
우리가 기도함으로 인해 우리의 삶 속에서
주님의 은혜로 신앙이 자라남을 깨닫게 하여 주소서.
우리의 삶 속에 날마다 성령의 은혜가 충만하도록 해 주심을 믿사오니
주께서 날마다 우리와 함께하여 주시기를 원합니다.
이 새벽에 기도로 하루의 문을 열게 하시고
잠들기 전 기도로 하루의 문을 닫게 하여 주소서.
우리가 기도하지 않으면 능력 있는 그리스도인으로 살아갈 수 없으니
온 마음을 다해 더욱더 깊은 기도를 드리게 하소서.
기도를 통하여 체험하는 그리스도인의 삶을 살게 하소서.
우리 주 예수 그리스도의 이름으로 기도합니다. 아멘!

### 오늘의 묵상

기도는 인류를 구원하는 하나님의 계획에 있어서 가장 크고 신비한 능력이다. 기도는 또 우리 자신을 구원하는 유일한 방법으로 우리 각자에게 필수적인 것이다. "누구든지 주의 이름을 부르는 자는 구원을 받으리라(로마서 10:13)" 기도가 없이는 단 한 사람도 구원을 받을 수 없다. 기도는 사탄의 세력이 있는 이 세상에 살고 있는 구원받은 성도들이 그들의 고향, 그들의 하나님 아버지께 연결하는 고리로서 필수적인 것이다. 우리는 하나님의 끊임없는 도움이 필요하며 이 도움은 기도의 응답으로만 주어진다.

## 4 April 9 | 기도 응답은 확실하다

여호와를 찬송할지어다 견고한 성에서 그의 놀라운 사랑을 내게 보이셨음이로다 내가 놀라서 말하기를 주의 목전에서 끊어졌다 하였사오나 내가 주께 부르짖을 때에 주께서 나의 간구하는 소리를 들으셨나이다 너희 모든 성도들아 여호와를 사랑하라 여호와께서 진실한 자를 보호하시고 교만하게 행하는 자에게 엄중히 갚으시느니라 여호와를 바라는 너희들아 강하고 담대하라 시편 31:21-24

우리의 생명이시며 구원자이신 주님!
오늘도 주님의 인도하심으로 하루를 시작하게 하소서.
우리의 생각과 기분과 감정만으로 살아가지 않도록
진리이신 주님께서 우리의 삶을 정돈되게 하소서.
우리의 삶 전부가 주님의 은혜이오니
오직 주님 한 분만으로 만족하며 살게 해 주시기를 원합니다.
죄는 죄, 은혜는 은혜라는 믿음의 법칙을 분명히 하게 하소서.
미움은 미움, 사랑은 사랑이라는 사랑의 법칙을 분명히 하게 하소서.
오늘 우리의 생각과 모든 행동을 인도하여 주시고
그리스도인의 삶으로 살아가기에 부족함이 없게 하여 주소서.
우리의 삶이 주님이 원하시는 세상의 빛과 소금이 되게 하소서.
우리 주 예수 그리스도의 이름으로 기도합니다. 아멘!

### 오늘의 묵상

오늘날 기도에 대한 명백한 경험 없이 자족하여 안주해 버리는 이들이 많은 것은 그리스도인들의 병든 상태를 나타내 주는 무서운 증세 중의 하나다. 그들은 매일 기도하지 않은 것을 구하며 주님께서 얼마간은 들어주실 것이라고 믿고 있지만, 매일의 규칙적인 기도에 대한 직접적이고 분명한 응답에 관해서는 거의 알지 못한다. 하나님은 매일매일 우리와 교제하기를 원하고 계신다. 그리고 구한 것을 매일매일 실행해 주시기를 원하신다. 기도와 응답, 자녀의 요구와 아버지의 허락은 당연한 것이다.

## 4 April 10 기도하고 싶은 마음

허물의 사함을 받고 자신의 죄가 가려진 자는 복이 있도다 마음에 간사함이 없고 여호와께 정죄를 당하지 아니하는 자는 복이 있도다 내가 입을 열지 아니할 때에 종일 신음하므로 내 뼈가 쇠하였도다 주의 손이 주야로 나를 누르시오니 내 진액이 빠져서 여름 가뭄에 마름같이 되었나이다 (셀라) 시편 32:1-4

우리의 호흡을 지켜 주시는 주님!
이 새벽에도 주님께 기도드리게 하시고
이를 통해 우리가 영혼의 호흡을 할 수 있게 하심을 감사드립니다.
우리의 믿음의 삶에 기도가 중요하오니
늘 깨어 기도하는 습관을 갖게 해 주시기를 원합니다.
이 새벽뿐만 아니라 늘 기도하는 시간을 갖게 하여 주소서.
우리가 항상 나라와 민족과 세계를 위하여 기도하게 하시고
가정과 이웃과 교회와 일터를 위하여 기도하게 하여 주소서.
어떤 일을 하든지 기도함으로 잘 이루어 가게 하시고
기도가 생명줄임을 잊지 않게 하여 주사
늘 기도하는 그리스도인의 삶을 살게 하여 주소서.
우리 주 예수 그리스도의 이름으로 기도합니다. 아멘!

### 오늘의 묵상

기도하고 싶은 마음이 얼마나 오래 지속되는가를 정확하게 말할 수는 없다. 그것은 상황이 얼마나 중요한가, 그리고 하나님께서 말씀하시는 것에 우리가 어떻게 반응하는가에 따라 달라진다. 우리가 기도하고 싶은 마음이 생긴다는 것은 하나님이 우리를 위해 역사하실 것이라는 약속과 같다. 하나님께서는 기도하고 싶은 **충동**을 주심으로써 우리의 신앙이 성장할 수 있는 기회를 주신다. 하나님이 우리에게 기도할 수 있는 마음을 주셨다는 것 자체가 이미 하나님의 뜻이 함께하고 있음을 증명하기 때문이다.

# 4 April 11

## 기도는 열린 마음으로 하라

내가 이르기를 내 허물을 여호와께 자복하리라 하고 주께 내 죄를 아뢰고 내 죄악을 숨기지 아니하였더니 곧 주께서 내 죄악을 사하셨나이다 (셀라) 이로 말미암아 모든 경건한 자는 주를 만날 기회를 얻어서 주께 기도할지라 진실로 홍수가 범람할지라도 그에게 미치지 못하리이다 주는 나의 은신처이오니 환난에서 나를 보호하시고 구원의 노래로 나를 두르시리이다 (셀라) 시편 32:5-7

우리를 사랑해 주시는 주님!
이 새벽에 우리의 마음을 열고 기도하게 하여 주심을 감사드립니다.
우리의 죄악을 씻어 주시고 성령의 은혜를 주셔서
믿음으로 영혼을 새롭게 해 주시기를 원합니다.
우리의 삶에는 기쁨도 있고 슬픔도 찾아오나
우리의 마음을 잘 조절할 수 있는 믿음과 지혜를 주소서.
어려울 때일수록 주님을 의지하며 감사하게 하시고
우리에게 다가오는 어떤 어려움도 믿음으로 이겨 내게 하소서.
우리가 언제나 겸손한 마음으로 기도하여 응답받게 하소서.
남을 위해 기도함으로써 더욱 힘 있는 삶을 살게 하소서.
우리 주 예수 그리스도의 이름으로 기도합니다. 아멘!

### 오늘의 묵상

영성 분별을 제대로 하기 위해서는 무엇보다도 성실한 기도생활이 선행되어야 한다. 그러면 모든 것을 주님과 함께 생각하고 실행한다는 것이 결코 불가능한 것이 아니라는 사실을 터득하게 될 것이다. 엄격히 말하면 그것이 정상적인 그리스도인의 생활이다. 이와 같이 성실한 기도 속에서 분별하는 생활을 하다 보면 모든 사물과 사건, 인물이 소중하지 않은 것이 하나도 없으며, 본능적으로 감당하기 어려운 시련 속에서도 인내와 희망 그리고 때로는 기쁨까지도 체험할 수 있다. 기도는 길게 하든 짧게 하든 관대하고 열린 마음으로 해야 한다.

## 4 April 12 기도의 교훈

악인에게는 많은 슬픔이 있으나 여호와를 신뢰하는 자에게는 인자하심이 두르리로다 너희 의인들아 여호와를 기뻐하며 즐거워할지어다 마음이 정직한 너희들아 다 즐거이 외칠지어다 시편 32:10-11

곤경에 처한 이들을 도우시는 주님!
우리는 살아가면서 누군가에게 상처를 줄 때도 있고
누군가에게 상처를 받아 아파할 때도 있습니다.
사랑하고 믿었던 사람들에게 배신을 당할 때도 있습니다.
기대했던 일들이 일순간 와르르 무너져 내릴 때도 있습니다.
우리가 어떤 곤경에 처해 힘을 잃고 낙심할지라도
주님의 인도하심을 받아 어려움을 훌훌 털어 버리고
다시 새롭게 시작할 수 있는 힘과 용기를 주시기를 원합니다.
우리가 어려운 일을 당했을 때 더 가까이
주님이 함께하심을 믿고 의지하게 하여 주소서.
우리를 도와주셔서 다시 회복되게 하소서.
우리 주 예수 그리스도의 이름으로 기도합니다. 아멘!

### 오늘의 묵상

우리가 다른 사람을 위해 기도하는 순간만큼 그리스도를 닮는 순간은 없다. 다른 사람을 위한 기도는 그들을 위해 우리의 생명을 내어 주는 것이고, 서로의 짐을 져 주는 것이다. 그리스도의 구속의 사역은 중보 사역이다. 예수 그리스도는 지금도 중보자로 활동하고 계신다. 이를 본받아 우리도 중보자로서의 삶을 살아야 한다. 하나님은 우리로 하여금 서로를 위해 기도할 수 있는 특권과 책임을 지닌 거룩한 제사장으로 삼으셨다. 이는 참으로 놀라운 일이다. 우리도 제자들이 어떻게 기도해야 하는지 가르쳐 달라고 요청한 것처럼 우리도 기도를 가르쳐 달라고 간구해야 한다. 그렇다면 우리에게도 가르쳐 주실 것이다.

## 4 April 13 기도의 참된 목적은 무엇인가

> 여호와의 말씀은 정직하며 그가 행하시는 일은 다 진실하시도다 그는 공의와 정의를 사랑하심이여 세상에는 여호와의 인자하심이 충만하도다 시편 33:4-5

기다림을 통해 더욱더 성숙하게 하시는 주님!
우리는 때로 모든 일을 성급하게 처리하려고 할 때가 있습니다.
우리는 모든 일을 쉽게 생각할 때가 있습니다.
눈앞에 나타나는 성과를 좋아하고 자랑하고 싶어 할 때가 종종 있습니다.
주님께서는 천하만사에 때와 기한이 있음을 우리에게 보여 주셨습니다.
기다림을 통하여 우리의 믿음이 더욱 성숙하게 하여 주소서.
순간만을 생각하기보다는 영원을 소망하며 살게 해 주시옵소서.
우리가 감각적인 것만을 원하지 않게 하시고
영혼이 새롭게 됨을 기뻐하며 살게 해 주시기를 원합니다.
우리의 욕심대로 살지 않게 하시고 우리의 십자가를 지고
주님을 온전히 따를 수 있는 믿음을 주시기를 원합니다.
우리 주 예수 그리스도의 이름으로 기도합니다. 아멘!

### 오늘의 묵상

기도의 참된 목적은 무엇인가? 기도란 우리가 하나님을 우리 수준으로 끌어내려 우리에게 굽히게 하고 우리가 바라고 원하는 것에 그분의 뜻을 맞추는 것이 결코 아니다. 기도란 거꾸로 우리를 하나님께 더 가까이 가게 해 주는 것이며, 그분의 뜻과 목적에 더욱더 우리를 맞추어 가는 것이다. 하나님의 뜻은 기도를 통하여 우리가 그분의 뜻을 점점 더 알게 되며 그분의 뜻이 이루어지기를 원하는 그 자리로 점점 더 나아가는 것이다. 하나님은 우리가 드리는 기도를 이루어 주시기 위해 바로 우리를 사용하시는데, 기도는 바로 우리를 하나님께 사용될 수 있는 그 자리로 이끌어 주는 것이다.

## 4 April 14 기도 시간을 많이 가져라

여호와의 말씀으로 하늘이 지음이 되었으며 그 만상을 그의 입 기운으로 이루었도다 그가 바닷물을 모아 무더기같이 쌓으시며 깊은 물을 곳간에 두시도다 온 땅은 여호와를 두려워하며 세상의 모든 거민들은 그를 경외할지어다 그가 말씀하시매 이루어졌으며 명령하시매 견고히 섰도다 시편 33:6-9

우리를 지키시고 인도하여 주시는 주님!
성경공부를 하면서 감동을 받을 때나 집회 때 은혜를 받으면
우리는 우리의 모든 것을 다 드려 헌신하고 싶다고 말합니다.
우리에게 늘 용기와 믿음이 없어 부족함을 압니다.
주님께 더 가까이 나아가기를 원하면서도 망설일 때가 많습니다.
우리가 영적인 것들을 더 열망하며 살게 하여 주소서.
우리에게 주신 시간과 열정을 헛되이 소비하지 말게 하시고
주님의 일에 온 힘을 다 쏟게 해 주시기를 원합니다.
주님이 주신 은혜와 사랑을 낭비하지 않게 해 주시고
더욱더 철저한 믿음으로 기도하게 해 주시기를 원합니다.
신앙생활에 열심을 내게 해 주시고 온전히 섬기게 하소서.
교회 일에 함께하며 화목한 가정을 만들게 하여 주소서.
오늘도 주님께 영광을 돌리는 하루가 되게 하여 주소서.
우리 주 예수 그리스도의 이름으로 기도합니다. 아멘!

### 오늘의 묵상

주님께서는 혼자 기도를 하셨다. 둘이나 셋이서, 혹은 교회의 기도회에서 기도해야 할 시간도 분명히 있다. 그러나 그리스도인은 통성기도뿐만 아니라 묵상기도를 하기 위하여 하나님과 따로 있어야 할 시간이 있어야 한다. 많이 기도해야 한다. 하나님께서는 주 앞에서 오랜 시간의 기도를 통해서만 시험과 유혹을 이겨 내는 자비와 승리를 주신다. 많은 능력, 축복 그리고 승리를 원한다면 우리는 기도로 많은 시간을 보내야 한다.

## 4 April 15 기도는 변화시키는 능력이다

여호와께서 나라들의 계획을 폐하시며 민족들의 사상을 무효하게 하시도다 여호와의 계획은 영원히 서고 그의 생각은 대대에 이르리로다 여호와를 자기 하나님으로 삼은 나라 곧 하나님의 기업으로 선택된 백성은 복이 있도다 시편 33:10-12

땀 흘린 소득을 기뻐하시는 주님!
우리가 열심을 내어 살게 해 주시기를 원합니다.
시간과 물질을 낭비하는 삶을 살지 않게 해 주시고
모든 일에 최선을 다하여 살게 해 주시기를 원합니다.
우리의 노력만으로는 살 수 없으니 주님께서 인도하여 주소서.
세상이 아무리 악으로 치닫는다 하여도
우리는 선으로 심고 선으로 거두게 하여 주소서.
이 새벽에도 성령의 은혜로 충만하기를 원합니다.
항상 어린아이 같은 마음으로 주님께 나아가기를 원합니다.
평안할 때 주님께 기도하게 해 주시고
어려움을 당할 때는 더욱더 주님을 의지하게 하여 주소서.
뜨거운 열정으로 기도하게 해 주시기를 원합니다.
우리가 평안할 때나 어려움을 당할 때나 함께하여 주소서.
우리 주 예수 그리스도의 이름으로 기도합니다. 아멘!

### 오늘의 묵상

우리는 종종 우리가 기도를 하면 주께서 우리가 대략 설명한 대로 일을 처리하실 수 있다고 생각한다. 그러나 응답이 즉시 이루어지지 않으면 하나님께서 우리의 기도를 들으셨는지 의심한다. 그때 놀라운 일이 생기기 시작한다. 걱정하고, 비판하고, 참지 못하고, 방어적이던 우리의 태도가 바뀌기 시작하는 것이다. 사람들에 대한 느낌이 달라지기 시작한다. 주님의 눈으로 그들을 보게 된다. 사랑과 이해와 변화를 느끼게 된다. 보통 이런 변화된 태도를 통하여 그들도 변화되고 싶어 한다. 주님이 우리를 변화시킬 때 주위가 변화된다.

# 4 April 16

## 기도의 응답은 하나님이 하신다

여호와께서 하늘에서 굽어보사 모든 인생을 살피심이여 곧 그가 거하시는 곳에서 세상의 모든 거민들을 굽어살피시는도다 그는 그들 모두의 마음을 지으시며 그들이 하는 일을 굽어살피시는 이로다 많은 군대로 구원 얻은 왕이 없으며 용사가 힘이 세어도 스스로 구원하지 못하는도다 구원하는 데에 군마는 헛되며 군대가 많다 하여도 능히 구하지 못하는도다 시편 33:13-17

우리의 생명을 풍성하게 하시는 주님!
우리에게 기도할 마음을 주심을 감사드리오니
기도할 때마다 우리의 마음을 있는 그대로
주님께 쏟아 내게 해 주시기를 원합니다.
작은 기도로 많은 것을 요구하여 실망하며 살아가거나
나약함에 빠지지 않게 해 주시기를 원합니다.
언제나 깊은 기도와 많은 기도로 우리의 모든 것을
주님께 고하며 살게 해 주시기를 원합니다.
우리의 모든 것이 주님께로 왔으니
주님의 인도하심을 따라 살게 해 주시기를 원합니다.
오늘도 우리를 새롭게 변화시켜 주시기를 원합니다.
우리 주 예수 그리스도의 이름으로 기도합니다. 아멘!

### 오늘의 묵상

하나님 아버지는 변하신 적이 없다. 하나님은 작은 인류, 곧 작은 예수들이라고 불리는 사람들을 얻어서 그들과 교제를 나누려고 우리를 지으셨다. 예수께서 오신 것은 우리를 구원하시기 위해 죽으시고 우리의 죄값을 지불하려는 것만이 아니라, 우리가 원래 무엇을 위해 지음받았는지 보여 주기 위해 오신 것이다. 우리는 하나님의 변함없으심에 감사드려야 한다. 그것이 우리에게 기도의 응답도 변함이 없을 것이라는 확신을 준다. 하나님은 우리에게 어느 시대 어느 경륜을 불구하고 그가 기도를 들으시는 하나님이시며, 기도에 응답하시는 하나님이심을 가르쳐 준다.

## 4 April 17 기도할 때 올바른 동기를 가져라

여호와는 그를 경외하는 자 곧 그의 인자하심을 바라는 자를 살피사 그들의 영혼을 사망에서 건지시며 그들이 굶주릴 때에 그들을 살리시는도다 우리 영혼이 여호와를 바람이여 그는 우리의 도움과 방패시로다 우리 마음이 그를 즐거워함이여 우리가 그의 성호를 의지하였기 때문이로다 여호와여 우리가 주께 바라는 대로 주의 인자하심을 우리에게 베푸소서 시편 33:18-22

우리의 마음을 밝혀 주시는 주님!
우리의 구세주가 되시며 보호자 되시는 주님께
이 새벽에 기도드릴 수 있음이 행복합니다.
이 시간 주님이 우리 안에, 우리가 주님 안에 있게 하셔서
주님과 깊은 교제를 나누게 해 주시기를 원합니다.
우리의 마음과 행함을 아시는 주님께서
우리의 필요를 채워 주심을 믿고 감사드립니다.
주님을 꾸밈없이 온전하게 마음에 새기게 해 주시고
주님께서 필요한 곳에 쓰임받게 해 주시기를 원합니다.
우리가 주님의 말씀으로 양육받게 하시고
기도를 통해 주님의 뜻을 깨닫게 해 주시기를 원합니다.
우리 주 예수 그리스도의 이름으로 기도합니다. 아멘!

### 오늘의 묵상
우리가 효과적인 기도를 드리기 위해서는 올바른 동기가 전제되어야 한다. 기도는 이기적이 되어서는 안 되며, 하나님의 영광을 최우선으로 고려하면서 드려야 한다. 많은 기도들이 전적인 이기심에 근거하여 드려지고 있다. 우리는 이기적인 동기를 갖고자 하는 유혹이 너무도 강하다. 많은 기도가 갈망 수준에서 벗어나지 못하고 있다. 차원 높은 기도 동기와 선교적 노력이 병행될 때 우리의 기도는 더욱더 많은 응답을 받게 될 것이다.

## 4 April 18 병든 자를 위한 기도

내가 여호와를 항상 송축함이여 내 입술로 항상 주를 찬양하리이다 내 영혼이 여호와를 자랑하리니 곤고한 자들이 이를 듣고 기뻐하리로다 나와 함께 여호와를 광대하시다 하며 함께 그의 이름을 높이세 내가 여호와께 간구하매 내게 응답하시고 내 모든 두려움에서 나를 건지셨도다 시편 34:1-4

우리의 삶이 주님의 기쁨이 되기를 원하시는 주님!
새벽마다 기도드리는 데 친숙해지게 해 주시고
주님의 말씀을 통하여 죄를 깨닫게 해 주시며
주님의 말씀을 통하여 생명의 소중함을 알게 하여 주소서.
주님의 말씀을 배움으로 겸손해지고 낮아지게 하소서.
우리에게 맡기신 일들을 불평 없이 잘 감당하여
잘했다 칭찬받는 성도가 되게 하여 주소서.
우리가 온전히 주님의 말씀을 알지 못하면
주님을 알 수가 없고 주님의 사랑도 받을 수 없으니
주님의 말씀을 잘 깨닫게 하여 주소서.
주님께서 우리에게 때를 따라 공급해 주시는
은혜와 사랑을 충만히 받게 해 주시기를 원합니다.
오늘도 말씀을 묵상하며 주님을 구주로 고백하게 하소서.
우리 주 예수 그리스도의 이름으로 기도합니다. 아멘!

### 오늘의 묵상

우리는 병든 자들을 위하여 기도해야 한다. 다른 그리스도인들을 청해서 함께 기도하도록 해야 한다. 우리가 믿음을 합친다면 더 큰 믿음이 될 것이다. 병든 자에게 손을 얹는다. 만진다는 것은 관심을 나타내기 때문이다. 우리의 손은 아무런 치유력이 없다. 주님만이 치유하시다. 그러나 우리가 주님께 간구하고 주님을 찬양할 때 주님께서는 우리의 사랑과 기도와 손길로 말미암아 우리를 통해서 역사하신다. 예수 그리스도는 간구하는 모든 자에게 기적을 행하신다.

## 4 April 19 하나님은 기도를 들으시는가

> 너희는 여호와의 선하심을 맛보아 알지어다 그에게 피하는 자는 복이 있도다 너희 성도들아 여호와를 경외하라 그를 경외하는 자에게는 부족함이 없도다 젊은 사자는 궁핍하여 주릴지라도 여호와를 찾는 자는 모든 좋은 것에 부족함이 없으리로다
> 시편 34:8-10

우리가 하나님의 자녀답게 살기를 원하시는 주님!
우리가 언제나 주님께 순종하게 해 주시고
바른 믿음 속에 강하고 담대하게 살아가게 하여 주소서.
우리의 삶이 온전히 주님을 향하게 해 주시고
늘 신실하며 약속을 지키고 신의를 지키게 하소서.
주님을 사랑하고 이웃을 사랑하게 하시고
정의와 진리가 바르게 서는 데 한몫을 하게 하시고
하나님의 평화가 머물기 위하여 기도하게 하여 주소서.
우리가 어리석지 않고 지혜롭게 해 주시고
예수 그리스도로 옷 입은 참된 성도의 삶을 살게 하여 주소서.
우리에게 주신 사명을 잘 감당하게 해 주시고
주님이 원하시는 일에는 목숨도 아끼지 않게 하여 주소서.
우리가 소망하는 것들이 믿음 속에서 이루어지게 하소서.
우리 주 예수 그리스도의 이름으로 기도합니다. 아멘!

### 오늘의 묵상

하나님은 우리의 기도를 들으시는가? 하나님께서는 능력이 있으신가? 하나님께서 모든 능력을 갖고 계신다면 세상일들은 왜 그렇게 혼란스러운가? 왜 그분은 관여하지 않으시는 것인가? 우리는 주님과 함께 배에 탄 채 풍랑을 맞은 제자들의 심정을 가지게 된다. 우리의 생명이 위험한데 주님께서는 주무시고 계시는 것처럼 느껴진다. 하나님의 침묵에 대한 의문을 주님도 알고 계셨다. 그러한 의문을 해결하기 위해 그분은 제자들에게 기도하라고 말씀하신다. 정기적으로 열심을 다하여 기대를 걸고 기도하라고 말씀하신다. 하나님의 침묵은 결코 방관을 뜻하지 않는다. 오히려 침묵은 하나님께서 아직도 듣고 계시다는 것을 의미한다.

## 4 April 20 | 하나님께서 외면할 수 없는 기도

> 너희 자녀들아 와서 내 말을 들으라 내가 여호와를 경외하는 법을 너희에게 가르치리로다 생명을 사모하고 연수를 사랑하여 복 받기를 원하는 사람이 누구뇨 네 혀를 악에서 금하며 네 입술을 거짓말에서 금할지어다 악을 버리고 선을 행하며 화평을 찾아 따를지어다 여호와의 눈은 의인을 향하시고 그의 귀는 그들의 부르짖음에 기울이시는도다 여호와의 얼굴은 악을 행하는 자를 향하사 그들의 자취를 땅에서 끊으려 하시는도다 시편 34:11-16

우리의 구주가 되시는 주님!
주님께서 우리의 주님이 되심을 믿습니다.
우리가 주님을 믿고 하나님의 자녀가 됨이 축복 중의 축복입니다.
우리가 주님의 은혜 속에 날마다 행복하기를 원합니다.
우리가 행하지 못할 때 기도로 도와 주게 하시고
우리가 행할 때 기도로 도움을 받게 해 주시기를 원합니다.
주님을 사랑한다고 분명하고 확실하게 고백할 수 있는
믿음에 믿음을 더하여 주시기를 원합니다.
우리는 주님의 양이오니 주님께서 인도하여 주소서.
주님께서 우리를 사랑하여 주셨듯이
주님의 사람들을 사랑하며 살게 해 주시기를 원합니다.
우리 주 예수 그리스도의 이름으로 기도합니다. 아멘!

### 오늘의 묵상

하나님께서 결코 외면하실 수 없는 기도가 한 가지 있다. 그것은 바로 하나님의 백성들이 울부짖는 기도다. 능력 있는 기도는 문체, 기교, 우아한 어법, 감동적인 단어들의 적절한 배열, 이런 것들과는 전혀 관계가 없다. 가장 능력 있는 기도는 하나님의 자녀가 하늘을 향해 울부짖는 기도다. 성경에 등장하는 수많은 사람들도 하나님 아버지께 울부짖었다. 하나님께서는 그들의 소리에 귀를 기울이시고 하늘과 땅을 움직여 그들의 필요를 충족시켜 주셨다. 하나님을 향한 탄식과 울부짖음은 하나의 언어다. 하나님께서 가장 빨리 알아들으시는 언어다.

# 4 April 21

## 우리의 기도를 무시하지 않으시는 하나님

의인이 부르짖으매 여호와께서 들으시고 그들의 모든 환난에서 건지셨도다 여호와는 마음이 상한 자를 가까이하시고 중심으로 통회하는 자를 구원하시는도다 의인은 고난이 많으나 여호와께서 그의 모든 고난에서 건지시는도다 그의 모든 뼈를 보호하심이여 그 중에서 하나도 꺾이지 아니하도다 시편 34:17-20

우리에게 항상 먼저 찾아와 주시는 주님!
우리가 주님을 믿는 성도답게
복음을 믿는 그리스도인답게 살게 하시고
우리가 범죄하여 주님의 영광을 가리는 일들이
일어나지 않게 해 주시기를 원합니다.
우리가 기도함으로써 주님께서 주시는 은혜로
영적인 무장을 하여 선한 싸움에서 늘 승리하게 하여 주소서.
주님 안에서 늘 바르게 살게 해 주시고
옳고 그름을 잘 분별하게 해 주시기를 원합니다.
우리가 기도함으로 주님의 역사하심을 체험하게 하시고
우리가 참 믿음으로 참된 성도의 삶을 살게 하소서.
날마다 기뻐하며 소망을 갖게 해 주시기를 원합니다.
우리 주 예수 그리스도의 이름으로 기도합니다. 아멘!

### 오늘의 묵상

하나님은 무한하시고 인격적이시다. 주권적인 계획을 갖고 그 마음의 원대로 역사하시는 분이다. 하나님은 우리의 기도를 무시하지 않고 들어주신다. 우리의 기도가 하나님의 은밀한 뜻을 수행하는 데 한몫할 수 있음을 믿어야 한다. 기도는 하나님의 계획을 실제로 성취하는 수단이 된다. 하나님은 우리에게 기도를 하게 하시며, 기도는 하나님의 축복을 받기 위한 준비다. 참된 기도 정신은 하나님께서 주시는 것이며, 이미 하나님의 선물이 전달되었다는 증거다. 우리는 믿음으로 기도해야 한다.

## 4 April 22 | 영으로 하는 기도

> 여호와여 나와 다투는 자와 다투시고 나와 싸우는 자와 싸우소서 방패와 손 방패를 잡으시고 일어나 나를 도우소서 창을 빼사 나를 쫓는 자의 길을 막으시고 또 내 영혼에게 나는 네 구원이라 이르소서 내 생명을 찾는 자들이 부끄러워 수치를 당하게 하시며 나를 상해하려 하는 자들이 물러가 낭패를 당하게 하소서 시편 35:1-4

항상 넘쳐흐르는 은혜의 샘이신 주님!
이 새벽에도 주님의 은혜가 샘이 솟아나듯
우리의 심령 속에 넘치게 해 주시기를 원합니다.
우리가 기도함으로 믿음의 터를 굳게 세워 나가게 하시고
선한 일을 도모하며 살게 해 주시기를 원합니다.
우리의 믿음이 흔들리지 않게 해 주시고
오직 주님만을 바라보며 살게 해 주시기를 원합니다.
우리가 믿음이 있다면 주님이 원하시는 일을 행함으로써
바른 믿음을 갖게 해 주시기를 원합니다.
우리가 주님의 말씀을 준행하며 살게 해 주시기를 원합니다.
항상 그리스도인답게 소망과 기쁨이 넘치는 삶을 살게 하소서.
우리 주 예수 그리스도의 이름으로 기도합니다. 아멘!

### 오늘의 묵상

영으로 기도한다는 것은 기도하는 사람이 예수 그리스도를 통해 진실하고 의미 있고 간절한 기도로 하나님께 나아가는 것인데, 여기서 말하는 진실, 의미, 간절 등은 하나님의 영으로 말미암은 것이어야 한다. 이 세상의 누구도 성령의 도움 없이는 기도로 하나님께 나올 수 없다. "이는 그로 말미암아 우리 둘이 한 성령 안에서 아버지께 나아감을 얻게 하려 하심이라(에베소서 2:18)" 또 바울은 "이와 같이 성령도 우리의 연약함을 도우시나니 우리는 마땅히 기도할 바를 알지 못하나 오직 성령이 말할 수 없는 탄식으로 우리를 위하여 친히 간구하시느니라 마음을 살피시는 이가 성령의 생각을 아시나니 이는 성령이 하나님의 뜻대로 성도를 위하여 간구하심이니라(로마서 8:26-27)"고 했다.

# 4 April 23 기도에 대한 주님의 가르침

> 내 영혼이 여호와를 즐거워함이여 그의 구원을 기뻐하리로다 내 모든 뼈가 이르기를 여호와와 같은 이가 누구냐 그는 가난한 자를 그보다 강한 자에게서 건지시고 가난하고 궁핍한 자를 노략하는 자에게서 건지시는 이라 하리로다 시편 35:9-10

우리가 성실하게 살아가기를 원하시는 주님!
우리가 주님의 뜻과 인도하심을 따라
주님의 일에 헌신하는 삶을 살게 해 주시기를 원합니다.
깨어 기도하게 하시고 주님을 위하여 일하며
헌신하고 봉사하며 항상 동참하게 해 주시기를 원합니다.
우리의 말과 행동이 성실하게 해 주시고
우리가 가정생활과 교회생활, 사회생활에서
언제나 그리스도인답게 살게 해 주시기를 원합니다.
우리에게 겸손과 사랑의 마음을 주시기를 원합니다.
주님 앞에 낮아지게 하사 은혜를 받게 해 주시기를 원합니다.
믿음 안에서 기도도, 전도도, 헌금도, 말씀묵상도 성실하게 하소서.
우리 주 예수 그리스도의 이름으로 기도합니다. 아멘!

### 오늘의 묵상

주님께서 지상 사역을 하신 기간 동안 여러 가지 이유로 주님을 찾았던 사람들은 관습적으로 하나님께 기도하지 않았다. 그러나 그들의 간청과 말들은 기도의 다양한 측면을 보여 주고 있다. 주님은 그들의 믿음이 부족하다고 나무라셨다. 믿음 있는 기도란 하나님께서 우리가 요청하는 것을 들어주실 거라는 믿음을 가지고 하는 기도를 의미한다. 믿음 있는 기도는 우리가 기도하는 것이 우연히 해결될 것이라고 생각하는 것이 아니다. 그것은 하나님께서 우리가 구하는 것을 그것이 하나님 뜻에 합당한 것이라면 들어주실 수 있다고 믿는 것을 의미한다.

## 4 April 24 | 새 신자의 기도는 주님 안에서 성장하는 방법이다

불의한 증인들이 일어나서 내가 알지 못하는 일로 내게 질문하며 내게 선을 악으로 갚아 나의 영혼을 외롭게 하나 나는 그들이 병 들었을 때에 굵은 베옷을 입으며 금식하여 내 영혼을 괴롭게 하였더니 내 기도가 내 품으로 돌아왔도다 내가 나의 친구와 형제에게 행함같이 그들에게 행하였으며 내가 몸을 굽히고 슬퍼하기를 어머니를 곡함같이 하였도다 그러나 내가 넘어지매 그들이 기뻐하여 서로 모임이여 불량배가 내가 알지 못하는 중에 모여서 나를 치며 찢기를 마지아니하도다 시편 35:11-15

우리를 위하여 항상 간구해 주시는 주님!
주님께서 항상 하나님 보좌 우편에서
우리를 위하여 기도하여 주심에 무한 감사를 드립니다.
이 낯선 세상에서 우리를 위하여 언제나 기도해 주시는
주님의 사랑을 충만히 받게 해 주심을 감사드립니다.
주님께서 구속 사업을 완성하시고자 기도하심을 본받아
우리도 이 땅 끝까지 복음이 충만해지도록
날마다 기도하게 해 주시기를 원합니다.
주님께서 우리를 위하여 성령을 보내 주심을 믿사오니
성령 충만히 받아 능력 있는 성도의 삶을 살게 하소서.
주님께서 우리에게 맡겨 주신 사명을 잘 감당하게 하소서.
주님의 복음이 증인된 삶을 온전히 살게 하여 주소서.
우리 주 예수 그리스도의 이름으로 기도합니다. 아멘!

### 오늘의 묵상

구원받은 처음에는 기쁨에 찬 흥분과 뜨거움, 결박에서 풀려 자유롭게 된 경이로운 기분을 맛보게 된다. 그리하여 새로운 그리스도인은 그러한 기분에만 의존하여 살고자 하는 경향이 있다. 그때 사탄이 나타나 시험과 유혹을 통해 문제들을 일으키기 시작한다. 그리스도인이 자신의 기분과 다른 그리스도인과의 교제에만 의존하여 산다면 주님을 잃게 되고 말 것이다. 그러나 기도하는 법을 알게 된다면 주님 안에서 성장하게 될 것이다.

# 4 April 25

## 기도는 주님의 주권을 인식하는 것이다

주여 어느 때까지 관망하시려 하나이까 내 영혼을 저 멸망자에게서 구원하시며 내 유일한 것을 사자들에게서 건지소서 내가 대회 중에서 주께 감사하며 많은 백성 중에서 주를 찬송하리이다 부당하게 나의 원수된 자가 나로 말미암아 기뻐하지 못하게 하시며 까닭 없이 나를 미워하는 자들이 서로 눈짓하지 못하게 하소서

시편 35:17-19

우리의 심령을 은혜로 채워 주시는 주님!
우리의 심령이 텅 빈 빈터가 되어 헛된 욕망과 욕심으로 가득하여
어리석은 죄에 빠지지 않도록 이끌어 주시고
이 새벽에도 주님께 기도드림으로써
우리의 심령이 주님의 은혜로 충만하게 채워 주시기를 원합니다.
우리의 약한 부분을 고칠 수 있도록 해 주시고
우리의 부족함을 늘 은혜로 충만하게 해 주시기를 원합니다.
우리의 마음에서 시기와 질투와 혈기와 정욕과
거짓과 명예욕과 탐욕이 사라지게 하여 주소서.
온유하고 겸손하신 주님을 닮게 하시고
말씀과 기도로 악한 세력을 물리치게 하여 주소서.
우리의 삶이 오직 예수, 오직 말씀, 오직 기도가 되게 하소서.
우리 주 예수 그리스도의 이름으로 기도합니다. 아멘!

### 오늘의 묵상

기도는 우리가 하늘에 계신 아버지를 알고 있다는 사실에 대해 증거를 준다. 기도는 우리가 자신의 연약함과 부족함을 깨닫고 있음을 나타낸다. 기도는 우리가 하나님 아버지를 믿고 있으며, 그분의 전능하심을 알고 있다는 분명한 확증을 준다. 기도와 하나님의 말씀은 동반자다. 우리는 하나님의 말씀을 믿기 때문에 기도를 한다. 그리고 기도하기 때문에 하나님의 말씀을 깨닫게 된다. 기도를 게을리해서는 안 된다. 영적으로 어린 그리스도인에게 하나님께 부르짖어 간구하는 것을 가르쳐 주어야 한다.

## 기도를 배우는 습관

**4 April 26**

여호와여 주께서 이를 보셨사오니 잠잠하지 마옵소서 주여 나를 멀리하지 마옵소서 나의 하나님, 나의 주여 떨치고 깨셔서 나를 공판하시며 나의 송사를 다스리소서 여호와 나의 하나님이여 주의 공의대로 나를 판단하사 그들이 나로 말미암아 기뻐하지 못하게 하소서 그들이 마음속으로 이르기를 아하 소원을 성취하였다 하지 못하게 하시며 우리가 그를 삼켰다 말하지 못하게 하소서 시편 35:22-25

우리의 모든 죄를 용서하여 주시는 주님!
우리가 주님께 우리의 죄를 고하고 회개함으로써
주님의 보혈로 용서받았음을 더욱 깊이 확인하게 하소서.
주님께서 우리의 죄를 도말하시고 모두 다 용서하셨는데도
미련하게 죄책감에 시달리지 않게 해 주시기를 원합니다.
거듭나고 용서받은 성도답게 당당한 믿음으로 살게 하소서.
우리는 주님의 사랑으로만 살아갈 수 있으니
주님의 사랑을 날마다 충만하게 받게 해 주시기를 원합니다.
우리가 용서받았으니 다들 이들을 용서하게 하시고
증오와 비난하였던 모든 것들을 풀고 마음이 평안하게 하소서.
주님께서 활짝 열어 주신 용서의 길을 믿음으로 가게 하소서.
우리 주 예수 그리스도의 이름으로 기도합니다. 아멘!

### 오늘의 묵상

조지 뮐러는 매사에 겸손하여 기도에 대해서 실제로 배우기를 간절히 원했다. 그는 가만히 앉아서는 기도에 숙련된 사람으로 자랄 수 없다는 것을 알았다. 기도는 기도를 배우기를 갈망하고 기도를 실제로 행하며 배우는 자의 것임에 틀림없다. 5만 번이나 응답받은 조지 뮐러, 그는 기도를 어디서 어떻게 배운 것일까? 이것은 많은 사람들의 큰 관심사다. 조지 뮐러는 날마다 기도를 배우며 실행했던 사람이라고 한다. 기도를 습관화했다는 것이다. 그는 기도생활을 습관화한 사람으로 기도의 훈련을 남달리 잘 쌓은 인물로 평가되었다.

## 4 April 27 기도는 끈질기게 매달리는 것이다

나의 재난을 기뻐하는 자들이 함께 부끄러워 낭패를 당하게 하시며 나를 향하여 스스로 뽐내는 자들이 수치와 욕을 당하게 하소서 나의 의를 즐거워하는 자들이 기꺼이 노래 부르고 즐거워하게 하시며 그의 종의 평안함을 기뻐하시는 여호와는 위대하시다 하는 말을 그들이 항상 말하게 하소서 나의 혀가 주의 의를 말하며 종일토록 주를 찬송하리이다 시편 35:26-28

사죄의 기쁨을 가득하게 하시는 주님!
이 새벽에 기도의 손을 들게 하여 주심을 감사드립니다.
우리의 손이 기도하는 손이 되게 해 주시고
우리의 손이 구제와 봉사하는 손이 되기를 원합니다.
우리의 손이 주님의 사랑을 나누고 전하는
쓸모 있는 손이 되게 해 주시기를 원합니다.
우리의 손이 일하는 손이 되게 해 주시고
남의 상처를 치료해 주고 덮어 주는 손이 되게 하여 주소서.
우리의 손이 봉사하는 손이 되게 해 주시고
용서하고 화해하고 섬기는 손이 되게 해 주시기를 원합니다.
우리의 손이 주님께 쓰임을 받는 손이 되게 하여 주소서.
주님의 손을 잡고 동행하게 해 주시기를 원합니다.
우리 주 예수 그리스도의 이름으로 기도합니다. 아멘!

### 오늘의 묵상

우리는 담대하고 졸라대는 태도로 하나님께 나아오라고 가르친다. "그 간청함을 인하여 일어나 그 요구대로 주리라(누가복음 11:8)" 여기서 '간청함'은 '부끄러워함 없이'라는 의미다. 그것은 대담하게 기도를 드린다는 것이다. 우리는 은혜의 보좌 앞에 확신과 담대함으로 나아가야 한다. 우리는 우리가 구속받은 권리를 최대한 주장해야 한다. 기도는 강하고 담대한 믿음으로 응답될 때까지 끈질긴 믿음으로 해야 한다.

## 순종하기를 기도하라

**4 April 28**

악인의 죄가 그의 마음속으로 이르기를 그의 눈에는 하나님을 두려워하는 빛이 없다 하니 그가 스스로 자랑하기를 자기의 죄악은 드러나지 아니하고 미워함을 받지도 아니하리라 함이로다 그의 입에서 나오는 말은 죄악과 속임이라 그는 지혜와 선행을 그쳤도다 그는 그의 침상에서 죄악을 꾀하며 스스로 악한 길에 서고 악을 거절하지 아니하는도다 시편 36:1-4

우리를 치료해 주시는 주님!
우리의 몸과 마음과 영혼에 병든 부분이 있다면
주님의 손길로 깨끗하게 치료하여 주시기를 원합니다.
오늘 이 시대가 병들었기에 주님이 더욱 필요합니다.
오늘 우리가 병들었기에 주님이 더욱 필요합니다.
질병은 죄에서 시작될 때가 많사오니
우리가 죄에서 떠나고 죄에서 벗어나
주님 안에서 복된 성도의 삶을 살게 해 주시기를 원합니다.
우리가 믿음 안에서 살아가므로 주님의 손길로 치료받게 하소서.
우리가 언제나 주님의 능력을 구하게 해 주시기를 원합니다.
이 새벽에도 주님의 능력이 일어남을 믿습니다.
우리 주 예수 그리스도의 이름으로 기도합니다. 아멘!

### 오늘의 묵상

우리의 마음이 완전히 하나님의 뜻에 순종하기를 바라는 마음으로 기도를 해야 한다. 패너런은 이렇게 기도를 드렸다. "오 하나님이여, 나의 마음을 가져가시옵소서. 왜냐하면 나는 내 마음을 드릴 수가 없습니다. 그리고 하나님이 내 마음을 가지고 계실 때 맡아 주시옵소서. 나는 내 마음을 하나님을 위해 간직할 수가 없나이다. 그리고 나도 모르게 나를 구해 주시옵소서." 우리는 우리의 행위를 스스로 조사하고 하나님께로 돌아가야 한다. 마음과 손을 들어 하나님께 순종하는 삶을 살기를 원하며 주님께 기도를 드려야 한다.

# 4 April 29

## 기도하기 좋은 시간

주의 의는 하나님의 산들과 같고 주의 심판은 큰 바다와 같으니이다 여호와여 주는 사람과 짐승을 구하여 주시나이다 하나님이여 주의 인자하심이 어찌 그리 보배로 우신지요 사람들이 주의 날개 그늘 아래에 피하나이다 그들이 주의 집에 있는 살진 것으로 풍족할 것이라 주께서 주의 복락의 강물을 마시게 하시리이다 시편 36:6-8

우리를 화평하게 하시는 주님!
우리가 주 안에서 같은 마음을 품게 하시고
화평을 원하시는 주님의 마음을 닮게 하여 주소서.
우리는 모두 다 죄와 허물이 있는 사람들이니
서로 용서하고 서로 이해하고 서로 감싸 주며 살게 하소서.
서로를 위하여 기도하면 사랑을 체험할 수 있으니
서로 사랑하며 살게 해 주시기를 원합니다.
우리가 불화하여 분열이 생기지 않게 해 주시고
서로 사랑함으로 하나가 되게 해 주시기를 원합니다.
우리가 교만에서 떠나게 하시고
주님 안에서 평안을 누리게 해 주시기를 원합니다.
우리가 화목함으로 날마다 삶에 기쁨이 충만하게 하소서.
오늘도 주 안에서 항상 기뻐하게 하소서.
우리 주 예수 그리스도의 이름으로 기도합니다. 아멘!

### 오늘의 묵상

우리가 기도하기를 원한다면 기도하기 좋은 장소뿐만 아니라, 기도하기 좋은 시간을 잘 선택해야 한다. 다른 사람들이 잠든 깊은 침묵의 시간은 자연스런 기도를 하게 한다. 밤에 드리는 기도는 비밀스럽다. 하나님만이 증인이시다. 그것은 하나님이 기뻐하시는 흠 없고 겸손한 기도다. 아무런 방해도 소음도 없다. 따라서 순결한 기도, 진지한 기도가 될 수 있다. 과시하고자 하는 것도 없고 인간적인 아부도 없다.

## 4 April 30 집중하는 기도

진실로 생명의 원천이 주께 있사오니 주의 빛 안에서 우리가 빛을 보리이다 주를 아는 자들에게 주의 인자하심을 계속 베푸시며 마음이 정직한 자에게 주의 공의를 베푸소서 교만한 자의 발이 내게 이르지 못하게 하시며 악인들의 손이 나를 쫓아내지 못하게 하소서 악을 행하는 자들이 거기서 넘어졌으니 엎드러지고 다시 일어날 수 없으리이다 시편 36:9-12

우리에게 복음을 주신 주님!
어둠이 찾아오면 불을 밝히듯이 하루의 일과를 시작하기 전에
이 새벽에 기도의 불을 밝히기를 원합니다.
우리의 모든 언행심사를 아시는 주님께서 인도하여 주소서.
오늘 하루도 주님 안에서 의미 있고 보람되게 하소서.
일한 만큼 소득이 있는 삶을 살게 하소서.
우리가 남에게 득이 될지언정 피해를 입히지 않게 하시고
언제나 주님의 도우심으로 살게 해 주시기를 원합니다.
언제 어디서나 필요한 사람이 되게 하소서.
기회가 올 때마다 주님의 생명의 복음을 전하는 것이
우리의 삶의 기쁨이 되게 해 주시기를 원합니다.
우리 주 예수 그리스도의 이름으로 기도합니다. 아멘!

### 오늘의 묵상

그리스도인들에게 기도보다 중요한 것은 없지만, 그럼에도 그리스도인들이 가장 게을리하는 것이 기도다. 대부분의 사람들은 기도하는 데 흥미가 없다. 지루한 의식으로 생각하고, 될 수 있으면 빨리 끝내려고 한다. 책임감이나 근심 때문에 기도할 때도 우리의 기도는 자주 냉랭하고 무력하다. 기도란 마음을 하나님께 올려드리고 연약함을 자복하며 늘 넘어지기만 하는 것에 대해 회개하는 것이다. 특별한 형식이 필요하지 않다. 기도에 별로 관심이 없다고, 기도는 지루하고 기도만 하면 마음이 산만해진다고 투덜댈지도 모른다. 견고한 믿음을 가지고 구하라. 하나님은 의뢰하는 심령을 사랑하신다. 그분을 온전히 신뢰하는 자를 결코 외면하지 않으신다.

# 5
May

## 가정을 위하여 기도하게 하소서

나의 삶 속에서
주님을 깊게 만나게 하소서

깊이 만난 주님을
넓게 넓게 전하게 하소서

## 주님을
## 넓고 깊게 전하게 하소서

나의 삶 속에서
주님을 깊게 만나게 하소서

깊이 만난 주님을
넓게 넓게 전하게 하소서

나의 삶 속에서
주님을 넓게 만나게 하소서

넓게 만난 주님을
깊게 깊게 전하게 하소서

나의 삶 속에서
주님을 높게 만나게 하소서

높게 만난 주님을
넓고 깊게 전하게 하소서

## 5 May 1 하나님의 말씀에는 힘이 있다

여호와를 의뢰하고 선을 행하라 땅에 머무는 동안 그의 성실을 먹을거리로 삼을지어다 또 여호와를 기뻐하라 그가 네 마음의 소원을 네게 이루어 주시리로다 네 길을 여호와께 맡기라 그를 의지하면 그가 이루시고 네 의를 빛같이 나타내시며 네 공의를 정오의 빛같이 하시리로다 시편 37:3-6

오월, 장미의 계절을 주신 주님!
오월의 햇살은 우리의 마음을 싱그럽게 만듭니다.
장미의 향기가 마음에 감성을 불어 넣고
무언가 좋은 일들이 일어날 것만 같은 기대감을 갖게 합니다.
이 계절에 우리의 마음이 희망으로 가득하기를 원합니다.
우리가 주 안에서 삶을 살아갈 수 있음이 축복이오니
주님이 주신 축복을 마음껏 누리며 살게 하여 주소서.
우리의 마음에 영적인 은혜의 샘물을 허락하시는 주님 안에서
기쁨과 소망이 넘치게 해 주시기를 원합니다.
사람들의 눈빛보다 주님의 눈빛을 기억하게 하시고
사람들의 찬사보다 주님이 기뻐하심을 깨닫게 하소서.
바람같이 불어왔다 가버리는 허상에 마음을 두지 말고
영원한 실상이신 주님을 소망하며 살게 하여 주소서.
우리 주 예수 그리스도의 이름으로 기도합니다. 아멘!

### 오늘의 묵상

성경의 힘은 다음과 같다. 성경은 주님에 대한 지식을 전해 준다. 성경은 주님의 지상 생활을 직접 목격한 사람들의 기록으로서 유일한 책이다. 성경은 우리를 변화시킨다. 성경 속에서 우리 삶의 이상과 기준을 발견하고, 삶에 관련되는 하나님의 법칙을 발견하기 때문이다. 성경은 우리의 있는 그대로의 모습과 있어야 할 인생의 모습을 주고 우리로 하여금 부끄러움을 알게 하고 자극하는 것으로 변화하도록 한다. 성경은 우리를 혁신시킨다. 성경 안에서 우리는 만물을 새롭게 하는 은총과 힘에 직면하게 된다. 우리는 말씀을 중심으로 하여 진실한 기도를 드려 응답받아야 한다.

## 5월 2일 간절히 구하는 기도

여호와 앞에 잠잠하고 참고 기다리라 자기 길이 형통하며 악한 꾀를 이루는 자 때문에 불평하지 말지어다 분을 그치고 노를 버리며 불평하지 말라 오히려 악을 만들 뿐이라 진실로 악을 행하는 자들은 끊어질 것이나 여호와를 소망하는 자들은 땅을 차지하리로다 잠시 후에는 악인이 없어지리니 네가 그곳을 자세히 살필지라도 없으리로다 그러나 온유한 자들은 땅을 차지하며 풍성한 화평으로 즐거워하리로다
시편 37:7-11

우리에게 가정을 주신 주님!
주님께서 우리를 사랑해 주셔서
가족을 허락해 주심을 감사드립니다.
우리가 서로 사랑하며 섬기며 봉사함으로써
사랑이 가득한 가정을 만들어 가게 해 주시기를 원합니다.
항상 기쁨과 웃음이 넘치게 해 주시고 건강을 주시고
가족들이 하는 모든 일을 축복해 주셔서
소망이 넘치는 삶을 살게 해 주시기를 원합니다.
가족이 모이면 행복이 넘치게 해 주시고
흩어지면 서로를 위하여 기도하게 해 주시기를 원합니다.
주님께서 우리 가족에게 늘 평안을 주시고
주님이 보시기에 아름다운 가정이 되게 해 주시기를 원합니다.
우리 주 예수 그리스도의 이름으로 기도합니다. 아멘!

**오늘의 묵상** 주님께서 만일 "의에 주리고 목마른 자는 복이 있나니(마태복음 5:6)"라는 말씀을 우리에게 주시지 않았다면 무엇이 약한 성도들이 절망에 빠지는 것을 막아 줄 수 있겠는가? 우리와 주님이 함께 계시지 않는다는 것, 그래서 주님이 내게 들어오시기를 간구하는 것 외에는 우리가 할 수 있는 것이라곤 아무것도 없음을 종종 깨닫는다. 주님께 간절히 구하는 기도를 드리는 것, 그것이 우리의 버팀목이자 반석이 된다.

## 5 May 3 | 기도하는 자

> 악인이 칼을 빼고 활을 당겨 가난하고 궁핍한 자를 엎드러뜨리며 행위가 정직한 자를 죽이고자 하나 그들의 칼은 오히려 그들의 양심을 찌르고 그들의 활은 부러지리로다 의인의 적은 소유가 악인의 풍부함보다 낫도다 악인의 팔은 부러지나 의인은 여호와께서 붙드시는도다 여호와께서 온전한 자의 날을 아시나니 그들의 기업은 영원하리로다 시편 37:14-18

우리의 소망을 이루어 주시는 주님!
우리에게는 누구나 원하는 것이 있고 바라는 것이 있고
이루고자 소망하는 것들이 있습니다.
우리의 마음을 아시고 우리의 소망을 들어주시는
주님의 사랑에 감사드립니다.
우리의 소망이 교만이나 개인적 욕심에서 시작하지 않고
오직 주님의 영광을 나타내는 일이 되게 해 주시고
소망이 이루어질 때마다 주님의 은혜를 기뻐하게 하소서.
새벽에 기도함으로 오늘 하루 깊은 영성을 이루게 하시고
우리의 소망이 주님의 뜻 안에서 이루어지게 하소서.
우리 주 예수 그리스도의 이름으로 기도합니다. 아멘!

### 오늘의 묵상

기도란 우리 영의 평안이요, 우리 생각의 평정함이요, 우리 회상이 평탄케 되는 것이요, 우리 묵상의 자리요, 염려가 그치는 것이요, 걱정이 잠잠해지는 것이다. 기도는 조용한 마음과 흐트러지지 않는 생각의 산물이다. 기도는 자비의 딸이요, 온유의 자매다. 불안하고 산란한 마음으로 하나님께 기도하는 자는 묵상하려고 전장으로 들어가는 자와 같고, 기도실을 군대의 막사 안에 설치하는 자와 같으며 지혜를 찾으려고 최전선에 주둔한 부대를 찾아가는 자와 같다.

## 5 May 4 웨슬리 어머니의 기도

> 그들은 환난 때에 부끄러움을 당하지 아니하며 기근의 날에도 풍족할 것이나 악인들은 멸망하고 여호와의 원수들은 어린 양의 기름같이 타서 연기가 되어 없어지리로다 악인은 꾸고 갚지 아니하나 의인은 은혜를 베풀고 주는도다 주의 복을 받은 자들은 땅을 차지하고 주의 저주를 받은 자들은 끊어지리로다 여호와께서 사람의 걸음을 정하시고 그의 길을 기뻐하시나니 그는 넘어지나 아주 엎드러지지 아니함은 여호와께서 그의 손으로 붙드심이로다 시편 37:19-24

이 새벽에 우리의 마음을 열어 주시는 주님!
우리가 살아가는 가운데 실수를 했거나 잘못했을 때
다른 사람이 충고하는 것을 잘 받아들이게 하여 주소서.
겸허한 마음으로 자신의 잘못을 인정하게 하시고
일을 크게 만들지 않고 스스로의 실수를 받아들이게 하소서.
우리가 잘못했을 때 과연 무엇 때문에 잘못했는지
그 원인을 잘 파악하여 고쳐 나가게 해 주시기를 원합니다.
우리가 내일의 희망을 갖고 살게 하여 주셔서
오늘의 연약함이 내일의 강함으로 변하게 하여 주소서.
이 새벽에도 주님의 말씀에 우리의 삶을 비추어 보게 하시고
우리의 부족함을 채워 주시는 주님을 의지하게 하소서.
우리의 연약함을 주님께서 인도하여 주소서.
우리 주 예수 그리스도의 이름으로 기도합니다. 아멘!

### 오늘의 묵상

수산나 웨슬리는 열아홉 명의 자녀를 두었다. 그녀에게는 혼자 기도할 시간과 장소가 없었다. 그러나 자녀들은 어머니가 흔들의자에 앉아 앞치마로 머리를 가리고 있으면 어머니가 주님과 이야기하고 있다는 것을 알고 아무도 방해하지 않았다. 수산나는 매일 자녀들을 위해 기도했고 매주 한 시간씩 한 아이와 둘이서만 시간을 보냈다. 이후 수산나의 아들인 존 웨슬리와 찰스 웨슬리의 설교와 노래를 통해서 수만 명이 그리스도인이 되었다. 수산나 웨슬리는 그들의 사역의 기초를 다져 놓았다.

# 5 May 5

## 기도를 할 수 있다는 것은

내가 어려서부터 늙기까지 의인이 버림을 당하거나 그의 자손이 걸식함을 보지 못하였도다 그는 종일토록 은혜를 베풀고 꾸어 주니 그의 자손이 복을 받는도다 악에서 떠나 선을 행하라 그리하면 영원히 살리니 여호와께서 정의를 사랑하시고 그의 성도를 버리지 아니하심이로다 그들은 영원히 보호를 받으나 악인의 자손은 끊어지리로다 의인이 땅을 차지함이여 거기서 영원히 살리로다 시편 37:25-29

이웃을 사랑하는 마음을 주시는 주님!
우리의 눈은 좋은 것만 바라보지 않습니다.
다른 사람의 단점이나 결점을 먼저 볼 때가 많고
다른 사람의 상처와 흠을 드러내기를 먼저 합니다.
우리도 완전하지 못하며 부족함과 결점이 너무나 많사오니
연약함을 깨닫게 해 주시기를 원합니다.
우리가 남을 비난하거나 불평을 늘어놓기보다는
사랑할 수 있는 마음을 주시기를 원합니다.
우리의 이웃을 있는 그대로 받아들임으로써
주 안에서 함께할 수 있는 행복한 마음을 갖게 하여 주소서.
사람들은 누구에게나 부족함이 있사오니
서로 채워 감으로 주님의 사랑을 나누며 살게 하여 주소서.
우리 주 예수 그리스도의 이름으로 기도합니다. 아멘!

### 오늘의 묵상

성경을 보면 바울은 그리스도의 심장을 이식받았다고 한다. 그러므로 그리스도인들은 기도를 할 수 있는 것이다. 기도를 할 수 있다는 것은 바로 예수 그리스도의 심장을 이식받았기 때문이다. 예수 그리스도를 믿기 전에는 절대로 하나님께 기도할 수 없다. 심장병 환자이기 때문이다. 그리스도인들에게서는 예수 그리스도의 피가 항상 심장에서 고동치고 있는 것이다. 우리는 호흡이 멈추지 않도록 항상 기도해야 한다.

## 5-6 May 기도의 학교

의인의 입은 지혜로우며 그의 혀는 정의를 말하며 그의 마음에는 하나님의 법이 있으니 그의 걸음은 실족함이 없으리로다 악인이 의인을 엿보아 살해할 기회를 찾으나 여호와는 그를 악인의 손에 버려두지 아니하시고 재판 때에도 정죄하지 아니하시리로다 여호와를 바라고 그의 도를 지키라 그리하면 네가 땅을 차지하게 하실 것이라 악인이 끊어질 때에 네가 똑똑히 보리로다 시편 37:30-34

우리에게 셀 수 없이 많은 축복을 주시는 주님!
이 새벽, 어둠이 사라져 가고 온 땅이 점차 빛으로 가득합니다.
주님이 우리에게 주시는 축복이 너무나 많사오니
그 모든 축복을 누리며 감사하며 살게 하여 주소서.
우리의 삶에서 위기의 때에 주님께 간절히 도움을 청하게 해 주시고
평안할 때에도 주님의 인도하심을 따르게 하여 주소서.
주님과 동행하며 살아가지 않는다면
우리의 삶은 고난과 역경에 빠질 수밖에 없사오니
주님께서 우리의 삶을 인도해 주시기를 원합니다.
우리에게 위기가 찾아올 때 신앙이 더욱 굳건히 서게 하시고
기도로 위기를 돌파하게 해 주시기를 원합니다.
우리 주 예수 그리스도의 이름으로 기도합니다. 아멘!

### 오늘의 묵상

"나는 위대한 하나님께 교육을 받았다"고 말한 세계적인 신유 부흥사 캐드린 쿨만 여사는 정식으로 신학 교육을 받은 적이 없다. 그녀는 때때로 밤을 새워가며 성경을 읽었다. 쿨만은 이렇게 말했다. "나는 세계에서 가장 위대한 선생님 밑에서 교육을 받았습니다. 그것은 어떤 유명한 대학교나 신학교에서 받은 것이 아닙니다. 성령의 가르침이 있는 기도의 학교에서 받은 것입니다."

# 5 May 7

## 주님께 도움을 청하라

온전한 사람을 살피고 정직한 자를 볼지어다 모든 화평한 자의 미래는 평안이로다 범죄자들은 함께 멸망하리니 악인의 미래는 끊어질 것이나 의인들의 구원은 여호와로부터 오나니 그는 환난 때에 그들의 요새이시로다 여호와께서 그들을 도와 건지시되 악인들에게서 건져 구원하심은 그를 의지한 까닭이로다 시편 37:37-40

우리의 삶에 풍성한 열매를 주시는 주님!
우리의 삶에 풍성한 열매를 맺게 해 주시기를 원합니다.
열매를 맺기 위하여 열심을 내어 살게 하시고
모든 일에 적극적으로 동참하게 해 주시기를 원합니다.
열매를 맺음은 기쁘고 행복하고 즐거운 일이오니
풍성한 열매를 맺는 삶을 살게 해 주시기를 원합니다.
우리의 능력의 근원이 되시는 주님께서 힘과 능력을 공급해 주사
우리로 하여금 시절을 좇아 열매를 맺게 하소서.
주님께서 우리에게 능력을 주시면 모든 것을 할 수 있사오니
주님과 함께함으로 열매 맺는 삶을 살게 하여 주소서.
우리 주 예수 그리스도의 이름으로 기도합니다. 아멘!

### 오늘의 묵상

월터 채프먼 박사가 집회를 인도하고 있을 때 한 주정꾼이 그의 집회에 참석했다. 남은 좌석이라고는 앞줄밖에 없었으므로 그는 설교 단상 바로 앞자리에 앉게 되었다. 그는 복음을 듣고 자신의 죄를 깊이 깨닫게 되었다. 구주의 필요를 깊이 느끼고 앞으로 나아가 자신의 모든 죄를 그리스도께 맡겼다. 그 후로도 술을 마시고 싶은 유혹은 거듭거듭 찾아왔지만, 그럴 때마다 그는 최대한 빨리 집으로 달려가서 침대 곁에 무릎을 꿇고 앉아 유혹을 이길 힘을 주시기를 청하며 간절히 기도했다. 그는 구원받은 그리스도인으로서 승리의 삶을 살아가기 시작했다.

# 5 May 8 | 하나님의 긍휼을 구하라

여호와여 주의 노하심으로 나를 책망하지 마시고 주의 분노하심으로 나를 징계하지 마소서 주의 화살이 나를 찌르고 주의 손이 나를 심히 누르시나이다 주의 진노로 말미암아 내 살에 성한 곳이 없사오며 나의 죄로 말미암아 내 뼈에 평안함이 없나이다 내 죄악이 내 머리에 넘쳐서 무거운 짐 같으니 내가 감당할 수 없나이다 내 상처가 썩어 악취가 나오니 내가 우매한 까닭이로소이다 시편 38:1-5

우리의 삶의 목적을 분명하게 하시는 주님!
많은 사람들이 아무런 목적 없이 살아가고 있습니다.
주님께서 우리에게 삶의 목적을 분명히 해 주셔서
주님의 나라와 그 의를 구하게 해 주시고
믿음의 주요, 온전하게 하시는 주님을 바라보게 하여 주소서.
우리에게 주신 달란트를 잘 활용하여 가정과 교회와 일터에서
우리의 숨어 있는 잠재력까지 온전히 발휘하여
의미 있고 목적이 있는 삶을 살아감으로써
좋은 결과를 만들어 가게 해 주시기를 원합니다.
우리의 삶이 성공을 이루어 가는 삶이 되게 해 주시고
우리가 목표를 잘 선정하여 지속적으로 이루어 가는 기쁨을
맛보게 해 주시고 모든 영광을 주님께 돌리게 하소서.
우리 주 예수 그리스도의 이름으로 기도합니다. 아멘!

### 오늘의 묵상

데이비드 브레이너드는 기도에 대해 이렇게 말하고 있다. "집안 구석구석에서 사람들이 모두 기도하면서 하나님의 긍휼을 구했다. 문 밖에서도 여러 사람이 가지도 못하고 서 있지도 못할 정도였다. 사람들마다 자기 영혼에 심각한 염려를 하게 되었다. 자기 주위에 있는 사람들을 전혀 의식하지 못하고 저마다 자신을 위해 기도를 하였다." 우리는 기도할 때 모든 것을 잊고 주님을 바라보며 영성 깊은 기도를 해야 한다. 우리가 살아 있는 기도를 드릴 때 주님은 응답해 주신다.

# 5 May 9

## 기도를 시작하세요

내가 피곤하고 심히 상하였으매 마음이 불안하여 신음하나이다 주여 나의 모든 소원이 주 앞에 있사오며 나의 탄식이 주 앞에 감추이지 아니하나이다 내 심장이 뛰고 내 기력이 쇠하여 내 눈의 빛도 나를 떠났나이다 내가 사랑하는 자와 내 친구들이 내 상처를 멀리하고 내 친척들도 멀리 섰나이다 시편 38:8-11

우리의 꿈을 이루어 가게 하시는 주님!
이 새벽에 우리의 꿈이 이루어지기를 간절히 기도합니다.
우리의 꿈을 이루기 위하여 작은 염려들을 버리게 하시고
마음껏 표현하고 말하게 해 주시기를 원합니다.
우리의 꿈을 방해하는 자를 물리치게 해 주시고
꿈을 이루기 위하여 모든 노력과 열정을 다 쏟게 하여 주소서.
우리의 꿈을 이루기 위하여 부정적인 생각을 버리게 해 주시고
긍정적인 사고방식으로 살아가게 하여 주소서.
우리의 꿈을 이루기 위하여 최선을 다하게 해 주시고
언제나 주님의 인도하심을 받게 해 주시기를 원합니다.
모든 일의 시작과 끝을 기도로 이루게 하소서.
언제나 모든 영광을 주님께 돌리게 하여 주소서.
우리 주 예수 그리스도의 이름으로 기도합니다. 아멘!

### 오늘의 묵상

조지 뮐러는 기도에 대해서 시로 노래했다. "기도를 시작하세요. 하나님은 기도를 가르쳐 주십니다. 낙심하지 마세요. 하나님은 열매를 보여 주십니다. 항상 기도하세요. 하나님은 열매를 열리게 하여 주십니다. 자주 하나님께 찾아가세요. 하나님은 자주 응답하여 주십니다. 일평생 기도하세요. 하나님은 일평생 도와 주십니다. 그리고 영원히 함께하십니다."

## 5 May 10

### 기도란 하나님과의 관계다

내가 넘어지게 되었고 나의 근심이 항상 내 앞에 있사오니 내 죄악을 아뢰고 내 죄를 슬퍼함이니이다 내 원수가 활발하며 강하고 부당하게 나를 미워하는 자가 많으며 또 악으로 선을 대신하는 자들이 내가 선을 따른다는 것 때문에 나를 대적하나이다 여호와여 나를 버리지 마소서 나의 하나님이여 나를 멀리하지 마소서 속히 나를 도우소서 주 나의 구원이시여 시편 38:17-22

우리와 대화하기를 원하시는 주님!
이 새벽에 기도함으로써 주님과 대화하기를 원합니다.
우리가 기도하기 전에 먼저 우리의 마음을 아시니
우리가 드리는 기도를 들으셔서 응답하여 주소서.
우리가 과거에 매달려 살지 않게 해 주시고 내일에 소망을 두며
모든 것을 주님께 인도받으며 살게 해 주시기를 원합니다.
우리의 신앙이 호기심 속에 표현되는 것이 아니라
온몸과 온 마음으로 표현되게 해 주시기를 원합니다.
우리의 생각을 초월하여 역사하시는 주님께서
기도 속에 항상 우리와 대화하여 주심을 감사드립니다.
이 새벽에 기도함으로써 주님께 나아감이 행복합니다.
우리 주 예수 그리스도의 이름으로 기도합니다. 아멘!

**오늘의 묵상** 기도란 곧 하나님과의 관계를 의미하며 하나님과의 대화를 의미한다. 또한 기도란 하나님과 동행하는 삶을 의미하고, 하나님을 사랑한다는 고백이며 하나님을 믿고 의지한다는 고백이다. 기도는 곧 인간의 생사화복을 주장하시는 하나님 앞에 나아가 모든 즐거움과 모든 고민을 함께 나누는 것이다. 그러므로 기도보다 더 아름다운 것은 없다. 기도는 모든 삶의 중심이 되어야 하며, 모든 삶의 진행과 마지막이 되어야 한다. 이것은 유일하게 하나님의 자녀만이 누릴 수 있는 가장 소중한 특권이다.

## 5 May 11 기도에 대한 시인 하이네의 고백

내 마음이 내 속에서 뜨거워서 작은 소리로 읊조릴 때에 불이 붙으니 나의 혀로 말하기를 여호와여 나의 종말과 연한이 언제까지인지 알게 하사 내가 나의 연약함을 알게 하소서 주께서 나의 날을 한 뼘 길이만큼 되게 하시매 나의 일생이 주 앞에는 없는 것 같사오니 사람은 그가 든든히 서 있는 때에도 진실로 모두가 허사뿐이니이다 (셀라) 시편 39:3-5

우리에게 사랑을 공급해 주시는 주님!
이 새벽에 주님을 더 깊이 알고자
기도 속에 우리의 갈망하는 마음을 담습니다.
우리의 친구가 되어 주신다고 말씀하셨으니 주님 앞에
이 시간 우리의 온 마음을 쏟아 놓으니 받아주소서.
늘 실수가 많고 낙심하기 잘하고 우리의 기분은 너무나 잘 변합니다.
금방 이 세상의 모든 것을 다 얻은 듯 좋아하다가도
금방 풀이 죽어 세상에서 가장 불행한 모습이 됩니다.
주님께서 항상 변함없이 우리를 지켜 주시고 보여 주시기에
우리에게는 소망이 있습니다.
주님께서 함께하여 주시기에 우리의 소망은 이루어집니다.
주님의 무한하신 사랑에 감사드립니다.
주님이 우리의 친구가 되심은 가장 큰 자랑입니다.
우리 주 예수 그리스도의 이름으로 기도합니다. 아멘!

### 오늘의 묵상

나는 한낱 불쌍한 인간에 지나지 않습니다. 더욱이 건강한 인간이 아니며 중증의 환자입니다. 이런 상태에 있을 때 만약 하늘에 누군가 있어서 나의 하소연을 들어준다면 얼마나 고맙겠습니까? 그러면 한밤중에 잠꾸러기 마틸데(하이네의 아내)가 잠들고 난 뒤에도 나는 외롭지 않을 것입니다. 마음 내키는 대로 기도도 하고 하소연도 할 수 있습니다. 부끄럽다는 생각을 할 필요도 없이 마음에 있는 것을 무엇이든지 아내에게 말할 수 없는 일까지도 최고의 그분 앞에 털어놓을 수 있을 것입니다. 하인리히 하이네

## 5 May 12 만종과 기도

> 진실로 각 사람은 그림자같이 다니고 헛된 일로 소란하며 재물을 쌓으나 누가 거둘는지 알지 못하나이다 주여 이제 내가 무엇을 바라리요 나의 소망은 주께 있나이다 나를 모든 죄에서 건지시며 우매한 자에게서 욕을 당하지 아니하게 하소서 내가 잠잠하고 입을 열지 아니함은 주께서 이를 행하신 까닭이니이다 주의 징벌을 나에게서 옮기소서 주의 손이 치심으로 내가 쇠망하였나이다 시편 39:6-10

오늘도 우리를 일깨워 주시는 주님!
주님, 어떤 날은 왠지 기도하기도 싫고
일도 하기 싫고 모든 것들이 귀찮아질 때가 있습니다.
주님께서 이런 날의 우리의 마음을 아시니
그대로 두지 마시고 우리의 마음을 일깨워 주시기를 원합니다.
우리가 게으르거나 나태하지 말게 하시고
주님을 온전히 인식하게 하사 주님께서 우리를 위하여
얼마나 놀라운 희생을 하셨는지 깨닫게 해 주시기를 원합니다.
우리의 생활 속에 주님의 뜻을 온전히 이루게 하시고
온 마음으로 주님께 기도를 드리게 하여 주소서.
이 새벽에도 우리의 심령에 은혜를 주심을 감사드립니다.
우리 주 예수 그리스도의 이름으로 기도합니다. 아멘!

### 오늘의 묵상

프랑스의 화가 밀레의 '만종'은 세계적인 명화 중 하나다. 70달러의 물감과 재료를 들여서 그린 이 그림은 어느 미국인에게 1,200달러에 팔렸다. 후에 프랑스 독지가들에 의해 15만 달러에 다시 되사온 뒤 현재는 루브르 박물관에 소장되어 있다. '만종'은 젊은 부부가 석양 무렵에 멀리 예배당에서 종소리가 들려오자 괭이와 삽을 놓고 두 손을 모아 하나님께 기도하는 모습을 그린 것이다. 하나님께 기도하는 모습처럼 귀한 것은 없다.

## 5 May 13 강도의 기도에 대한 주님의 응답

주께서 죄악을 책망하사 사람을 징계하실 때에 그 영화를 좀먹음같이 소멸하게 하시니 참으로 인생이란 모두 헛될 뿐이니이다 (셀라) 여호와여 나의 기도를 들으시며 나의 부르짖음에 귀를 기울이소서 내가 눈물 흘릴 때에 잠잠하지 마옵소서 나는 주와 함께 있는 나그네이며 나의 모든 조상들처럼 떠도나이다 주는 나를 용서하사 내가 떠나 없어지기 전에 나의 건강을 회복시키소서 시편 39:11-13

우리에게 기도할 수 있는 마음을 주시는 주님!
이 새벽에 주님께 드리는 기도가
우리의 죄를 고백하는 통로가 되게 하소서.
주님의 인도를 받는 시간이 되게 하여 주소서.
우리의 소원을 주님께 드리는 시간이 되게 하여 주소서.
남을 위하여 간구와 중보의 기도를 드리게 하여 주소서.
주님을 위하여 모든 것을 감사드리는 시간이 되게 하소서.
주님께 영광을 돌리는 시간이 되게 하여 주소서.
이 새벽에 주님께 드리는 기도가
우리 자신을 주님께 드리는 시간이 되게 해 주시기를 원합니다.
우리가 주님께 기도를 드릴 수 있는 시간을 주심을 감사합니다.
우리 주 예수 그리스도의 이름으로 기도합니다. 아멘!

### 오늘의 묵상

십자가에 달리셨을 때 예수님 우편에 있던 강도의 기도에 대한 응답이다. 주께서 말씀하셨다. "내가 진실로 네게 이르노니 오늘 네가 나와 함께 낙원에 있으리라." 얼마나 확실한 대답인가! "내가 진실로 네게 이르노니", 얼마나 속히 이루어주시겠다 하시는가? "오늘!", 어떤 영광을 말씀하시는가? "낙원에!", 누구와 함께 될 것인가! "나와 함께!"

## 5 May 14

### 조지 뮐러의 기도

여호와를 의지하고 교만한 자와 거짓에 치우치는 자를 돌아보지 아니하는 자는 복이 있도다 여호와 나의 하나님이여 주께서 행하신 기적이 많고 우리를 향하신 주의 생각도 많아 누구도 주와 견줄 수가 없나이다 내가 널리 알려 말하고자 하나 너무 많아 그 수를 셀 수도 없나이다 시편 40:4-5

우리의 도움이 되시는 주님!
우리에게는 언제나 주님의 도움이 필요합니다.
이 지상의 삶에는 영원한 만족이 없고
모든 것들이 스쳐 지나가는 것들뿐입니다.
우리가 사랑하는 것들도 우리가 소유한 것들도 잠시뿐입니다.
우리로 하여금 믿음의 삶을 살게 하시고 구원받게 하사
주님의 길을 택하여 걷게 하심은 은혜입니다.
우리에게 이 새벽에도 기도할 기회를 주심을 감사합니다.
우리에게 이 새벽에도 주님을 생각하게 하시니 감사합니다.
우리가 기도함으로써 주님의 구원하심을 보게 하시고
선하신 주님의 인도하심을 받게 해 주시기를 원합니다.
우리 주 예수 그리스도의 이름으로 기도합니다. 아멘!

### 오늘의 묵상

조지 뮐러는 스위스 시계처럼 아주 정확한 시간에 자신의 방으로 들어가곤 했다. 그는 무릎을 꿇고 주님을 만남으로써 국가와 가정과 자신의 사업과 고아들에게 필요한 것을 구하기 위해 자신의 소원과 소망과 꿈을 하나님께 쏟아 놓을 수 있었다. 또한 그는 일주일에 한 번씩은 자신의 모든 동료들과 함께 조용한 방에서 은밀한 기도회를 가졌다.

## 5 May 15 능력 있는 기도를 드리자

나의 하나님이여 내가 주의 뜻 행하기를 즐기오니 주의 법이 나의 심중에 있나이다 하였나이다 내가 많은 회중 가운데에서 의의 기쁜 소식을 전하였나이다 여호와여 내가 내 입술을 닫지 아니할 줄을 주께서 아시나이다 내가 주의 공의를 내 심중에 숨기지 아니하고 주의 성실과 구원을 선포하였으며 내가 주의 인자와 진리를 많은 회중 가운데에서 감추지 아니하였나이다 시편 40:8-10

생명의 근원이 되시는 주님!
우리에게 주님의 섭리를 깨닫게 해 주시기를 원합니다.
우리가 하나님을 온전히 경외하게 해 주시고 주님의 말씀을 따르게 하사
생명력 있는 그리스도인의 삶을 살게 하여 주소서.
주님의 은혜로 우리의 삶을 풍성하게 하여 주심을 감사드립니다.
우리가 주님께 쓰임받는 겸손한 삶을 살게 하소서.
주님께서 필요하신 곳에서 주님의 목적에 따라 살게 하소서.
우리는 혼자가 아니라 주님이 함께하심을 믿게 하여 주소서.
주님과 늘 친밀하게 하시고 늘 동행하게 하소서.
주님을 온전히 신뢰하게 하사 주님의 인도를 받게 하여 주소서.
우리의 믿음의 균형을 이루게 해 주시기를 원합니다.
우리 주 예수 그리스도의 이름으로 기도합니다. 아멘!

### 오늘의 묵상

우리는 하나님께 능력 있는 기도를 드리기를 원한다. 능력 있는 기도는 참된 회개와 진실한 헌신에서 이루어진다. 하나님의 인도하심 없이는 우리는 기도할 수도 없고 응답을 받을 수도 없다. 우리가 회개하고 온전한 헌신 속에 기도한다면 응답이 이루어질 것이다. 우리의 온몸과 마음으로 성령의 인도하심 속에 기도한다면 하나님의 마음을 뜨겁게 하는 기도가 될 것이다. 우리에게 필요한 것은 확실하고 분명한 믿음이다.

## 5 May 16 │ 윌리엄 로 목사의 기도

> 여호와여 주의 긍휼을 내게서 거두지 마시고 주의 인자와 진리로 나를 항상 보호하소서 수많은 재앙이 나를 둘러싸고 나의 죄악이 나를 덮치므로 우러러볼 수도 없으며 죄가 나의 머리털보다 많으므로 내가 낙심하였음이니이다 여호와여 은총을 베푸사 나를 구원하소서 여호와여 속히 나를 도우소서 내 생명을 찾아 멸하려 하는 자는 다 수치와 낭패를 당하게 하시며 나의 해를 기뻐하는 자는 다 물러가 욕을 당하게 하소서 시편 40:11-14

기도의 문을 항상 열어 주시는 주님!
이 새벽에도 주님께 마음껏 기도할 수 있도록
우리의 마음을 열어 주시니 감사드립니다.
우리의 기도드림이 일상의 대화처럼
자연스럽게 이루어지게 해 주시기를 원합니다.
미사여구만 쓰거나 형식적이거나 이해관계를 따지지 않고
주님의 은혜를 새롭게 받게 해 주시기를 원합니다.
이 새벽에 주님께 기도드리는 것이 습관이 되게 해 주시고
일상 속에서도 순간순간마다 주님의 이름을 자연스럽게 부르며
주님이 우리 구주가 되심을 믿게 하여 주소서.
이 시간 우리의 영혼 속에 임재하시는 주님을
온전히 믿고 따르게 해 주시기를 원합니다.
우리 주 예수 그리스도의 이름으로 기도합니다. 아멘!

### 오늘의 묵상

18세기 영국의 윌리엄 로 목사는 "경건한 삶을 위하여 아침 9시 경건의 시간에는 겸손의 기도를 하고, 정오인 12시 경건의 시간에는 중보의 기도를 하고, 오후 3시 경건의 시간에는 순종의 기도를 하고, 저녁 기도 시간에는 회개의 기도를 하라"고 권면하고 있다.

# 기도의 원칙

**5 May 17**

나를 향하여 하하 하하 하며 조소하는 자들이 자기 수치로 말미암아 놀라게 하소서 주를 찾는 자는 다 주 안에서 즐거워하고 기뻐하게 하시며 주의 구원을 사랑하는 자는 항상 말하기를 여호와는 위대하시다 하게 하소서 나는 가난하고 궁핍하오나 주께서는 나를 생각하시오니 주는 나의 도움이시요 나를 건지시는 이시라 나의 하나님이여 지체하지 마소서 시편 40:15-17

환난을 통하여 믿음을 연단케 하시는 주님!
우리는 모든 것을 완벽하게 할 수는 없습니다.
언제나 분명하고 정확하고 확실하기를 원하지만
종종 실패하고 넘어지며 스스로 지치고 무너질 때가 많습니다.
우리가 실패하는 원인을 잘 찾아내게 해 주시기를 원합니다.
우리에게 닥친 크나큰 고통과 헤어나기 어려운 시련 중에도
주님이 함께하심을 기뻐할 수 있는 믿음을 주시기를 원합니다.
위기가 도리어 성공을 만드는 계기가 됨을 믿사오니
소망 속에 주님의 인도하심을 바라게 해 주시기를 원합니다.
바윗덩어리가 짓누르는 것과 같은 힘든 상황에서도
변명하거나 회피하거나 방관하기보다 헤쳐 나가게 하여 주소서.
주님께서 언제나 우리와 함께하심을 감사드립니다.
우리 주 예수 그리스도의 이름으로 기도합니다. 아멘!

### 오늘의 묵상  우리는 기도의 원칙을 지키며 기도해야 한다.
1. 기도는 예수의 이름으로 해야 한다
2. 마음과 습관과 삶을 통해 예수 그리스도와 완전히 교제하는 사람의 기도여야 한다
3. 성경의 가르침과 조화를 이루는 기도여야 한다
4. '믿음으로' 하는 실제적이고 단순하며 정확하고 확신에 찬 기도여야 한다

## 5 May 18 | 기도는 우리의 생명줄이다

> 여호와께서 그를 지키사 살게 하시리니 그가 이 세상에서 복을 받을 것이라 주여 그를 그 원수들의 뜻에 맡기지 마소서 여호와께서 그를 병상에서 붙드시고 그가 누워 있을 때마다 그의 병을 고쳐 주시나이다 내가 말하기를 여호와여 내게 은혜를 베푸소서 내가 주께 범죄하였사오니 나를 고치소서 하였나이다 시편 41:2-4

이 땅의 모든 사람들이 구원받기를 원하시는 주님!
주님께서 우리를 구원하시고자 베푸시는 사랑과 은혜를
그 무엇으로도 다 표현할 수 없습니다.
주님은 모든 사랑을 표현하시기를 기뻐하시니
우리도 그 사랑을 전하게 해 주시기를 원합니다.
주님의 말씀을 통하여 수많은 사람들이
날마다 주님 앞으로 돌아오게 하여 주옵소서.
우리 마음이 변화되어서 늘 죄악으로 가기를 즐기던 발걸음이
올바른 길, 좁은 길, 주님이 원하시는 길로 향하도록 하소서.
우리의 잘못된 선입견과 사고방식이 변화되어
주님의 말씀을 온전히 받아들이게 해 주시기를 원합니다.
우리를 사랑하사 목숨까지 내어놓으신 주님의 마음을 알게 하소서.
우리 주 예수 그리스도의 이름으로 기도합니다. 아멘!

### 오늘의 묵상

기도는 우리의 생명줄이며, 주님의 삶의 모습이며, 하나님의 명예를 걸고 우리에게 하신 약속이다. 우리가 기도하지 않는 것은 하나님의 뜻을 저버리는 것이다. 하나님을 믿는 사람, 예수 그리스도를 구주로 영접한 하나님의 사람들은 분명히 기도하는 삶을 살아갈 것이다. 그리고 하나님은 분명히 응답하실 것이다. 수많은 그리스도인들의 변화된 모든 삶들은 그들의 힘 있고 강력한 기도 속에 이루어지고 있음을 우리는 확신할 수 있다. 우리의 기도로 하나님께서 영광을 받으시고, 주님은 우리 속에 역사하여 하나님의 일을 하시는 것이다.

# 5 May 19 │ 기도는 성령 충만함을 받게 한다

나의 원수가 내게 대하여 악담하기를 그가 어느 때에나 죽고 그의 이름이 언제나 없어질까 하며 나를 보러 와서는 거짓을 말하고 그의 중심에 악을 쌓았다가 나가서는 이를 널리 선포하오며 나를 미워하는 자가 다 하나같이 내게 대하여 수군거리고 나를 해하려고 꾀하며 이르기를 악한 병이 그에게 들었으니 이제 그가 눕고 다시 일어나지 못하리라 하오며 내가 신뢰하여 내 떡을 나눠 먹던 나의 가까운 친구도 나를 대적하여 그의 발꿈치를 들었나이다 시편 41:5-9

십자가에서 구원을 이루신 주님!
이 새벽에 십자가 보혈의 사랑으로
하나님과 화목을 이루어 주신 주님을 묵상합니다.
십자가에서 우리의 중보가 되사
우리를 구원해 주심을 감사드립니다.
우리로 하여금 주님의 십자가를 통하여
거룩하신 구원의 사랑을 체험하게 해 주시기를 원합니다.
주님의 십자가를 통하여 새로운 구원의 길을 활짝 열어 주사
우리로 하여금 믿음 속에 주님을 소망하게 하여 주소서.
이 새벽에 주님께서 흘리신 피의 공로로 기도하오니
우리를 긍휼히 여기사 받아 주시기를 원합니다.
우리 주 예수 그리스도의 이름으로 기도합니다. 아멘!

### 오늘의 묵상

기도생활은 성령 충만함을 받게 하는 길이요, 구원받은 사람들의 모습이다. 우리가 성령 충만함을 체험하지 못했다면 그보다 더 불행한 일은 없다. 어느 시대를 막론하고 하나님께 쓰임을 받은 사람들은 모두 다 성령 충만했다. 왜냐하면 그들은 기도의 용사였기 때문이다. 우리의 힘만으로는 하나님의 말씀대로, 하나님의 뜻대로 살 수가 없다. 믿음의 삶에는 반드시 성령의 인도하심이 있어야만 한다. 성령 충만함을 받아야 그리스도 안의 새로운 피조물로서 하나님의 말씀대로 새 삶을 살 수 있다. 우리는 기도하면 분명히 성령 충만함을 주실 것을 믿어야 한다.

# 5 May 20

## 하나님의 뜻대로 기도하면 기쁨으로 살아갈 수 있다

그러하오나 주 여호와여 내게 은혜를 베푸시고 나를 일으키사 내가 그들에게 보응하게 하소서 이로써 내 원수가 나를 이기지 못하오니 주께서 나를 기뻐하시는 줄을 내가 알았나이다 주께서 나를 온전한 중에 붙드시고 영원히 주 앞에 세우시나이다 이스라엘의 하나님 여호와를 영원부터 영원까지 송축할지로다 아멘 아멘

시편 41:10-13

우리를 부르사 능력을 주시는 주님!
세상은 우리를 늘 지치고 힘들게 만들어도
주님은 늘 우리를 새롭게 하여 주십니다.
주님께서는 우리가 이 땅에서 필요한 것들을 세밀하게 아시니
우리의 필요와 부족함을 채워 주시기를 원합니다.
주님께서 우리의 필요를 공급해 주시기를 원합니다.
우리가 기도함으로써 주님이 주시는 능력을 받게 해 주시고
우리의 기도가 능력을 받는 통로가 되게 하여 주소서.
우리의 삶이 가난한 자 같으나 부요하여 많은 사랑을 나누고
넘치는 삶을 살게 해 주시기를 원합니다.
주님께서 풍성하시니 우리의 삶도 풍성하게 하소서.
우리의 삶 속에 항상 주님의 은혜가 넘칩니다.
우리 주 예수 그리스도의 이름으로 기도합니다. 아멘!

### 오늘의 묵상

우리가 기도하면 하나님이 주시는 은혜로 말미암아 예수 안에서 기쁨으로 살아갈 수 있다. 아직도 우리가 나약한 상태에 있다면 성숙한 신앙, 곧 성령 충만한 신앙이 되도록 기도해야 한다. 성령 충만함은 받아도 좋고 안 받아도 좋은 것이 아니다. 우리는 하나님의 강력한 뜻에 따라서 누구나 성령 충만함을 받아야 한다. 우리가 하나님의 뜻대로 기도하면 삶이 달라지고 기쁨 속에 살아갈 수 있다. 우리의 삶에 소망이 넘치고 확신이 넘치기 때문이다. 기도를 하면 주님께서 길을 열어 주심을 확신하게 될 것이다. 날마다 기쁨이 넘치는 삶을 살아가게 될 것이다.

## 기도는 성숙한 그리스도인의 삶을 만든다

**5 May 21**

하나님이여 사슴이 시냇물을 찾기에 갈급함같이 내 영혼이 주를 찾기에 갈급하니이다 내 영혼이 하나님 곧 살아 계시는 하나님을 갈망하나니 내가 어느 때에 나아가서 하나님의 얼굴을 뵈올까 사람들이 종일 내게 하는 말이 네 하나님이 어디 있느뇨 하오니 내 눈물이 주야로 내 음식이 되었도다 내가 전에 성일을 지키는 무리와 동행하여 기쁨과 감사의 소리를 내며 그들을 하나님의 집으로 인도하였더니 이제 이 일을 기억하고 내 마음이 상하는도다 시편 42:1-4

삶의 비결을 가르쳐 주시는 주님!
우리가 가난할 때도 잘 적응하게 하시고
우리가 부유할 때도 잘 적응하게 해 주시기를 원합니다.
우리가 예수 그리스도의 남은 고난에 동참하게 하사
주님의 구원의 사랑을 고난을 통하여 체험함으로써
주님의 사랑을 깊이 느끼게 하소서.
우리 주님을 위해 늘 헌신하고 봉사하는 삶을 살게 하시고
주님의 영광을 위하여 애쓰고 노력하게 하소서.
우리의 삶이 언제나 주님을 중심으로 살게 하시고
믿음의 부요함으로써 우리의 믿음이
반석 위에 굳건히 서게 해 주시기를 원합니다.
우리가 항상 영적으로 부요하게 하소서.
우리 주 예수 그리스도의 이름으로 기도합니다. 아멘!

### 오늘의 묵상

우리는 기도생활로 성숙한 그리스도인의 삶을 살아야 한다. 기도하는 삶은 육신에 속한 사람들에게 허락된 삶이 아니다. 반드시 신령한 그리스도인에게 함께하는 것이다. 예수 그리스도를 바로 알고 바로 믿는 사람들은 날마다 기도생활과 더욱 성숙된 삶을 통하여 다른 사람들을 예수 그리스도에게로 인도하는 놀라운 하나님의 사랑을 체험하게 될 것이다. 그리스도인의 삶이 다른 것은 바로 기도생활을 통하여 성령 충만함을 받았기 때문이다. 성숙한 그리스도인의 삶에는 꿈과 비전이 있다.

## 5 May 22 | 기도의 이유와 방법

내 영혼아 네가 어찌하여 낙심하며 어찌하여 내 속에서 불안해하는가 너는 하나님께 소망을 두라 그가 나타나 도우심으로 말미암아 내가 여전히 찬송하리로다 내 하나님이여 내 영혼이 내 속에서 낙심이 되므로 내가 요단 땅과 헤르몬과 미살 산에서 주를 기억하나이다 주의 폭포 소리에 깊은 바다가 서로 부르며 주의 모든 파도와 물결이 나를 휩쓸었나이다 시편 42:5-7

주님의 일에 동참하게 하시는 주님!
우리가 주님의 일에 쓰임받게 해 주시기를 원합니다.
우리가 행동하는 믿음을 갖게 하시고
뜨겁게 기도함으로 심령이 살아나게 하여 주소서.
우리는 연약하고 부족하지만 주님의 능력을 받음으로
주님께 쓰임받기를 간절히 기대하고 원합니다.
우리가 주님께 고백하오니 주님을 믿는 자녀답게 살게 하여 주옵소서.
언제나 주님께서 우리의 구원자이심을 신뢰하게 하소서.
우리가 온전히 쓰임받게 해 주시기를 원합니다.
세상을 바라보며 실망하지 말게 하시고
주님을 온전히 바라보며 소망 가운데 살게 하여 주소서.
우리 주 예수 그리스도의 이름으로 기도합니다. 아멘!

### 오늘의 묵상
1. 주님께서는 쉬지 말고 기도하라고 명령하셨다
2. 주님께서는 주님과 교제하고, 친밀한 교통을 원하신다
3. 기도를 통해 하나님과의 관계가 성장할 수 있다
4. 하나님께서는 우리의 기도에 응답하심을 기뻐하신다
5. 기도를 통해서만 우리의 필요한 영적인 힘을 받을 수 있다
6. 기도는 우리를 하나님의 임재 앞으로 인도한다

## 5 May 23 기도가 가져다주는 것

내 뼈를 찌르는 칼같이 내 대적이 나를 비방하여 늘 내게 말하기를 네 하나님이 어디 있느냐 하도다 내 영혼아 네가 어찌하여 낙심하며 어찌하여 내 속에서 불안해하는가 너는 하나님께 소망을 두라 나는 그가 나타나 도우심으로 말미암아 내 하나님을 여전히 찬송하리로다 시편 42:10-11

우리의 기도를 들어주시는 주님!
우리의 삶을 하나님의 계획 가운데로 인도하여 주소서.
이 새벽기도를 첫걸음으로 시작하여
우리의 기도가 항상 이어져 나가게 해 주시기를 원합니다.
우리가 기도를 포기하지 않는 믿음을 갖게 하소서.
오직 예수라는 절대 믿음을 갖게 하여 주사
주님만으로 만족하며 살게 해 주시기를 원합니다.
주님과의 교제는 기도 외에는 다른 방법이 없으니
기도를 통하여 주님의 섭리와 인도하심을 알게 하소서.
우리의 기도가 생명력 있는 기도가 되게 하시고
우리의 기도가 실패하지 않는 기도가 되게 하소서.
우리가 온전히 쓰임받게 하여 주소서.
우리 주 예수 그리스도의 이름으로 기도합니다. 아멘!

### 오늘의 묵상

우리가 뜨겁게 기도하면 기도가 가져다주는 것이 있다. 우리는 기도로 영적인 힘을 구해야 한다. 우리는 주님의 응답으로 힘과 용기와 격려를 받을 수 있다. 우리는 기도로 연합을 얻을 수 있다. 우리는 연약하다. 그러므로 기도해서 연합을 이루어야 큰 힘을 얻을 수 있다. 우리는 기도에서 영적인 확신을 구할 수 있다. 우리는 온전한 믿음과 소망의 풍성함과 성령의 큰 확신을 응답받을 수 있다. 우리는 기도를 통해서 영적인 지식을 구할 수 있다. 하나님의 비밀인 그리스도를 깨닫게 된다. 우리는 기도를 통해서 그리스도인의 삶의 가장 깊은 비밀을 배우게 된다.

## 5 May 24 일치하는 기도

> 하나님이여 나를 판단하시되 경건하지 아니한 나라에 대하여 내 송사를 변호하시며 간사하고 불의한 자에게서 나를 건지소서 주는 나의 힘이 되신 하나님이시거늘 어찌하여 나를 버리셨나이까 내가 어찌하여 원수의 억압으로 말미암아 슬프게 다니나이까 주의 빛과 주의 진리를 보내시어 나를 인도하시고 주의 거룩한 산과 주께서 계시는 곳에 이르게 하소서 시편 43:1-3

날마다 기쁨을 주시는 주님!
우리가 주님의 이름으로 구원받음은 기쁨 중의 기쁨이니
날마다 주 안에서 기뻐하며 살게 하소서.
우리의 삶이 완전하기를 바라는 것이 아니라
온전하게 하여 주사 주님의 일을 알게 하소서.
이 새벽의 기도가 주님의 뜻을 이루는 기도가 되게 하사
우리가 온전히 주님의 뜻을 따르게 하여 주소서.
주님께서 우리를 인도하시고 사랑하시니
주님의 절대적인 도우심을 믿고 나가게 하소서.
낙망치 말고 응답될 때까지 믿음이 충만하게 하소서.
우리가 분명하고 확실하게 기도드리게 하여 주소서.
날마다 기쁨 속에 살아가기를 원합니다.
우리 주 예수 그리스도의 이름으로 기도합니다. 아멘!

### 오늘의 묵상

우리가 함께 기도를 드릴 때 가장 중요한 것은 일치하는 기도를 드려야 한다는 것이다. 우리는 마음을 모아 기도의 일치 속에 구원과 선교를 위해서 기도해야 한다. 우리가 한마음으로 기도할 때 하나님은 기뻐하시고 응답해 주실 것이다. 우리는 일치하는 기도를 통해서 기도의 숨겨진 힘과 축복을 다시금 풍성하게 맛보게 될 것이다. 이 시대에 대부흥 운동이 일어나도록 기도해야 한다.

## 5 May 25 | 우리는 어떻게 구해야 할까

하나님이여 주께서 우리 조상들의 날 곧 옛날에 행하신 일을 그들이 우리에게 일러 주매 우리가 우리 귀로 들었나이다 주께서 주의 손으로 뭇 백성을 내쫓으시고 우리 조상들을 이 땅에 뿌리 박게 하시며 주께서 다른 민족들은 고달프게 하시고 우리 조상들은 번성하게 하셨나이다 그들이 자기 칼로 땅을 얻어 차지함이 아니요 그들의 팔이 그들을 구원함도 아니라 오직 주의 오른손과 주의 팔과 주의 얼굴의 빛으로 하셨으니 주께서 그들을 기뻐하신 까닭이니이다 시편 44:1-3

자비로우시며 은혜가 풍성하신 하나님!
이 새벽에도 함께하여 주심을 감사드립니다.
우리를 위로해 주시고 날마다 힘을 주셔서
다가오는 시련과 고통을 믿음으로 이겨 내게 하소서.
태양빛이 누구에게나 환히 비추듯이
주님의 구원이 온 땅 사람들에게 가득할 날이 오게 하소서.
오늘 우리의 삶이 주님의 섭리 속에서 이루어지오니
주님께서 인도하여 주시기를 원합니다.
우리가 기도를 통해 경건의 비밀을 깨닫게 하여 주소서.
오늘도 우리를 만나 주시고 함께하여 주시고
우리를 인도하여 주시기를 원합니다.
우리 주 예수 그리스도의 이름으로 기도합니다. 아멘!

### 오늘의 묵상

우리에게 개인적으로 필요한 것은 무엇인가? 그 필요한 것들을 위하여 기도는 하였는가? 우리는 그것을 위해 그 필요를 채워 주실 분에게 구하였는가? 우리는 기도의 응답을 받은 일이 있는가? 우리는 다른 사람들에게 불평을 터뜨리거나 불화하고 그들을 비난한 일이 있는가? 우리는 주님께 구해야 한다. 주님께 가까이 나아가야 한다. 주님은 바로 해답이다. 우리의 갈망이 주님 안에 집중되고 주님과 함께한다면 우리의 기도를 응답해 주신다. 우리는 우리의 모든 것을 기도해야 한다.

## 5 May 26

### 기도 통장이 있습니까

우리가 주를 의지하여 우리 대적을 누르고 우리를 치러 일어나는 자를 주의 이름으로 밟으리이다 나는 내 활을 의지하지 아니할 것이라 내 칼이 나를 구원하지 못하리이다 오직 주께서 우리를 우리 원수들에게서 구원하시고 우리를 미워하는 자로 수치를 당하게 하셨나이다 우리가 종일 하나님을 자랑하였나이다 우리는 하나님의 이름에 영원히 감사하리이다 (셀라) 시편 44:5-8

우리의 경배와 찬양을 받으시기에 합당하신 주님!
우리의 믿음 생활에 열심을 주시고
우리의 삶도 열심을 내어 살게 하여 주소서.
항상 부족함과 나약함을 채워 주시는 은혜 안에서
힘과 용기를 갖고 목적을 성취하는 기쁨을 갖게 하소서.
날마다 주님이 주시는 은혜와 평강 속에 살게 하소서.
오늘도 새로운 하루의 새벽을 열어 주셨으니
진리 안에서 최선을 다하여 살게 하여 주소서.
우리의 삶 속에서도 믿음으로 승리하게 해 주시고
성도로서 친절과 사랑과 섬김의 본이 되게 하여 주소서.
오늘도 주님께서 보호하여 주시고 동행하여 주셔서
모든 일을 합력하여 선을 이루게 하소서.
우리 주 예수 그리스도의 이름으로 기도합니다. 아멘!

**오늘의 묵상** 당신은 기도 통장을 가지고 있는가? 누구나 두세 개의 저금 통장을 갖고 있다. 저금 통장에 돈의 액수가 많으면 어떤 일이 닥쳐도 마음이 든든하고 쉽게 해결할 수 있다. 믿음생활도 마찬가지다. 지금 우리들의 기도 통장에는 얼마나 많은 기도 시간이 저금되어 있는가? 그 기도 저금에 따라서 신앙의 성숙도를 측정할 수가 있다. 우리의 기도 통장을 분실하지는 않았는가?

# 5 May 27 | 자유를 위한 기도

> 그러나 이제는 주께서 우리를 버려 욕을 당하게 하시고 우리 군대와 함께 나아가지 아니하시나이다 주께서 우리를 대적들에게서 돌아서게 하시니 우리를 미워하는 자가 자기를 위하여 탈취하였나이다 주께서 우리를 잡아먹힐 양처럼 그들에게 넘겨 주시고 여러 민족 중에 우리를 흩으셨나이다 주께서 주의 백성을 헐값으로 파심이여 그들을 판 값으로 이익을 얻지 못하셨나이다 주께서 우리로 하여금 이웃에게 욕을 당하게 하시니 그들이 우리를 둘러싸고 조소하고 조롱하나이다 시편 44:9-13

삶의 주인이 되시는 주님!
우리가 이 세상에 태어난 것도 주님의 은혜요
이 세상을 살아감도 주님의 은혜이며
우리의 영혼이 구원받음도 주님의 은혜입니다.
주님께서 선한 목자가 되어 주셔서
우리를 인도하여 주시니 오늘도 복된 성도의 삶을 살게 하소서.
이 새벽도 주님을 바라보게 해 주시고
주님의 사랑하심을 마음속에 새기게 하여 주소서.
우리가 기도할 때마다 성령의 은혜로
감동과 감화를 받으며 살게 해 주시기를 원합니다.
우리의 삶 전체가 주님의 은혜로 이루어졌으니
오늘도 감동하고 감격하며 살게 해 주시기를 원합니다.
우리 주 예수 그리스도의 이름으로 기도합니다. 아멘!

**오늘의 묵상** 길이며 진리이시고 생명이신 주여! 우리를 자유롭게 하는 진리를 구하오니 우리의 기도를 들어주소서. 자유는 우리에게 사랑을 받아야 할 것일 뿐만 아니라 우리에 의해 누려지기도 해야 하는 것을 우리에게 가르쳐 주소서. 자유는 책 속에만 묻어 두기에 너무도 소중한 것입니다. 그냥 사장해 두기에는 너무도 많은 대가를 치러야 합니다. 우리의 자유는 우리가 하고 싶은 일을 행하는 권리가 아니라 옳은 일을 행하기를 즐거워하는 기회인 것을 알게 하소서.

## 5 May 28 — 하나님의 뜻을 아는 것

주께서 우리를 뭇 백성 중에 이야깃거리가 되게 하시며 민족 중에서 머리 흔듦을 당하게 하셨나이다 나의 능욕이 종일 내 앞에 있으며 수치가 내 얼굴을 덮었으니 나를 비방하고 욕하는 소리 때문이요 나의 원수와 나의 복수자 때문이니이다 이 모든 일이 우리에게 임하였으나 우리가 주를 잊지 아니하며 주의 언약을 어기지 아니하였나이다 시편 44:14-17

우리에게 새 생명을 주신 주님!
우리를 구원하사 새 생명을 주신 주님께
이 새벽에 전심으로 기도하며 감사를 드립니다.
우리가 주님의 말씀을 묵상함으로써
마음과 영혼에 충족함을 얻게 해 주시기를 원합니다.
우리의 믿음이 행동하는 믿음으로 활기차고 생명력이 있어
잘 자라고 열매 맺게 해 주시기를 원합니다.
주님께서 우리를 복음의 일꾼으로 삼아 주셔서
온전히 쓰임받는 삶을 살게 하여 주소서.
주님 앞에 낮아지고 사람들 앞에서 겸손하게 하여 주소서.
오늘도 이 나라와 이 민족과 교회와 가정에
주님의 인도하심이 함께하시기를 기도드립니다.
우리 주 예수 그리스도의 이름으로 기도합니다. 아멘!

### 오늘의 묵상

우리가 기도하기 전에 하나님의 뜻을 알 수 있는가? 분명히 그러하다. 하나님의 뜻을 알 수 있는 두 가지 방법은 다음과 같다. 성경을 읽는 것과 하나님께 기도함으로 응답받음이다. 우리가 하나님의 뜻을 알고자 한다면 주님과 동행하는 삶을 살아야 한다. 성경을 통해서, 하나님과의 직접적인 교제를 통해서 우리가 하나님의 뜻을 알 때 우리는 기대할 수 있을 만큼 기도할 수 있으며 응답을 받을 수 있다.

## 믿음으로 간구해야 한다

**5 May 29**

주여 깨소서 어찌하여 주무시나이까 일어나시고 우리를 영원히 버리지 마소서 어찌하여 주의 얼굴을 가리시고 우리의 고난과 압제를 잊으시나이까 우리 영혼은 진토 속에 파묻히고 우리 몸은 땅에 붙었나이다 일어나 우리를 도우소서 주의 인자하심으로 말미암아 우리를 구원하소서  시편 44:23-26

우리의 영원한 반석이 되시는 주님!
이 새벽에 주님께 드리는 우리의 기도가
하나님의 중심을 뜨겁게 하는 살아 있는 기도가 되게 하소서.
우리의 기도가 허공만을 치는 헛된 기도가 아니라
주님이 원하시는 꼭 필요한 기도가 되게 하여 주소서.
우리의 기도가 회개의 기도가 되게 하시고
죄 사함을 받는 기도가 되게 하소서.
우리의 기도가 정결함을 받는 기도가 되게 하시고
마음을 드리는 기도가 되게 하소서.
기도할 때마다 주님께서 임재하여 주시고
기도할 때마다 응답하여 주시기를 원합니다.
이 새벽에 드리는 기도가 진실한 고백이 되기를 원합니다.
우리 주 예수 그리스도의 이름으로 기도합니다. 아멘!

**오늘의 묵상**  우리는 우리의 기도가 실제적인 능력임을 확인해야 한다. 우리는 기도가 변화를 일으킨다고 믿어야 한다. 우리는 세상에서 그 무엇을 이루려면 하나님께서 언제 어디서나 우리의 기도에 응답하신다는 것을 믿어야 한다. 우리는 하나님 앞에서 솔직하고 진실해야 한다. 기도는 항상 명확하게 구해야 한다. 모호한 기도는 불신앙의 피난처일 뿐이다. 우리는 믿음으로 간구해야 한다. 우리는 하나님의 뜻에 따라서 기도해야 한다.

## 중보기도를 위한 성경적 제시

**5 May 30**

내 마음이 좋은 말로 왕을 위하여 지은 것을 말하리니 내 혀는 글솜씨가 뛰어난 서기관의 붓끝과 같도다 왕은 사람들보다 아름다워 은혜를 입술에 머금으니 그러므로 하나님이 왕에게 영원히 복을 주시도다 용사여 칼을 허리에 차고 왕의 영화와 위엄을 입으소서 왕은 진리와 온유와 공의를 위하여 왕의 위엄을 세우시고 병거에 오르소서 왕의 오른손이 왕에게 놀라운 일을 가르치리이다 왕의 화살은 날카로워 왕의 원수의 염통을 뚫으니 만민이 왕의 앞에 엎드러지는도다 시편 45:1-5

어제나 오늘이나 영원토록 변함 없으신 주님!
우리의 삶이 작품이라면 아름다운 작품을 만들게 하소서.
우리의 삶이 소설이라면 훌륭한 이야기를 들려주길 원합니다.
우리의 삶이 시라면 감동적이길 원합니다.
우리의 삶이 그림이라면 멋지게 그리고 싶습니다.
우리의 삶이 조각이라면 걸작을 만들고 싶습니다.
우리의 삶이 도자기라면 잘 만들어지길 원합니다.
우리의 삶이 길이라면 주님의 길로 나아가게 하여 주소서.
모든 것의 모든 것이 되시는 주님께서
우리의 모든 것을 인도하여 주시기를 원합니다.
오늘 하루도 주님의 말씀과 기도로 무장하고 나가
영적인 싸움에서도 이기게 해 주시기를 원합니다.
우리 주 예수 그리스도의 이름으로 기도합니다. 아멘!

### 오늘의 묵상

우리는 다른 사람들을 위해 이렇게 중보기도를 해야 한다. 주님 안에서 무한한 자원에 눈뜰 수 있도록, 성령으로 인해 강건해지도록, 하나님의 은혜로 충만해지도록, 예수 그리스도의 사랑을 완전히 이해하고 감사하도록, 다른 사람에 대한 사랑이 흘러넘치도록, 의의 열매가 풍성하도록, 하나님의 뜻을 분별하고 헌신하도록, 하나님을 기쁘시게 하고 선한 열매를 맺도록, 하나님 알기를 더욱 사모하도록 기도해야 한다.

# 5 May 31

## 기도의 능력

왕의 모든 옷은 몰약과 침향과 육계의 향기가 있으며 상아궁에서 나오는 현악은 왕을 즐겁게 하도다 왕이 가까이하는 여인들 중에는 왕들의 딸이 있으며 왕후는 오빌의 금으로 꾸미고 왕의 오른쪽에 서도다 딸이여 듣고 보고 귀를 기울일지어다 네 백성과 네 아버지의 집을 잊어버릴지어다 그리하면 왕이 네 아름다움을 사모하실지라 그는 네 주인이시니 너는 그를 경배할지어다 시편 45:8-11

우리의 모든 삶을 감찰하시는 주님!
주님께서 우리의 삶을 주관하시고
생명의 길로 인도하심을 감사드립니다.
우리의 삶이 지나간 과거에 얽매여 살지 않게 하시고
내일에 소망을 두며 바른 믿음으로 살게 하소서.
오늘도 지혜를 주셔서 순종하며 살게 해 주시기를 원합니다.
우리가 그리스도인이기에 더 많은 관심을 가지니
사람들에게 그리스도인다운 삶을 보여 주게 하여 주소서.
부정한 것, 불의한 물질에서 떠나게 하소서.
항상 진실하게 살아감으로 주님을 전하기에 부족함이 없게 하소서.
오늘도 우리의 삶이 주님의 삶을 본받기를 원합니다.
우리 주 예수 그리스도의 이름으로 기도합니다. 아멘!

### 오늘의 묵상

예수 그리스도는 기도의 능력을 인간의 손에 쥐어 주셨다. 그리하여 인간들의 기도는 왕국이나 도시들을 멸망으로부터 구했으며, 죽은 사람을 다시 살렸고, 불의와 폭력을 중단시켰으며, 짐승들의 입을 막았고, 자연의 섭리를 변화시켰고, 이집트에 비가 내리게 했으며, 바다가 갈라지게 했다. 기도는 모든 거짓 신들을 통치하며, 태양의 행로를 붙잡고 달의 수레바퀴를 멈추게 하며, 핍박과 억압의 폭력으로 인하여 손상된 우리의 영육을 치유하며, 하나님을 기쁘시게 하며, 우리의 모든 필요를 충족시켜준다.

# 6
J u n e

## 나라와 민족을 위하여 기도하게 하소서

주님의 선하심과
인자하심을 깨달아 알게 하소서

주님의 삶을 묵상하게 하소서
주님의 사랑을 묵상하게 하소서
주님의 십자가를 묵상하게 하소서

## 주님의 선함을
## 깨달아 알게 하소서

오, 주여!
세상 것을 탐하여
욕심이 내 마음을 지배하려 할 때
그 욕심에서 떠날 수 있는
믿음을 주옵소서

욕망이 내 육체를 엄습해 올 때
그 불같은 욕망을 버릴 수 있는
믿음을 주옵소서

주님의 선하심과
인자하심을 깨달아 알게 하소서

주님의 삶을 묵상하게 하소서
주님의 사랑을 묵상하게 하소서
주님의 십자가를 묵상하게 하소서

오, 주여!
선한 마음을 주옵소서
투명한 마음을 주셔서
주님을 온전히 바라보게 하소서

# 6 June 1 잃어버린 영혼들을 위한 기도

> 너희 만민들아 손바닥을 치고 즐거운 소리로 하나님께 외칠지어다 지존하신 여호와는 두려우시고 온 땅에 큰 왕이 되심이로다 여호와께서 만민을 우리에게, 나라들을 우리 발 아래에 복종하게 하시며 우리를 위하여 기업을 택하시나니 곧 사랑하신 야곱의 영화로다 (셀라) 시편 47:1-4

나라와 민족을 인도하시는 주님!
주님, 간절히 기도하오니 이 나라와 이 민족이
주님께 영광을 돌리는 민족이 되게 해 주시기를 원합니다.
하나님 앞에 온전한 예배를 드리는 민족이 되게 하시고
바른 정치로 이 땅에 부정과 부패가 사라지고
질서가 회복되게 해 주시기를 원합니다.
이 나라에 있는 교회들마다 부흥이 되게 하시고
날마다 구원받는 사람들이 늘어 가게 해 주시기를 원합니다.
경제 부흥이 일어나게 하시고 빈부 격차는 줄게 하소서.
이 민족이 통일을 이루고 하나 되어 예배드리게 하소서.
우리 민족이 기도하는 민족이 되게 하소서.
우리 민족이 말씀대로 사는 민족이 되게 하소서.
우리 주 예수 그리스도의 이름으로 기도합니다. 아멘!

### 오늘의 묵상

주님께서 십자가에서 죽음은 하나님께서 그 어느 누구도 멸망받게 내버려두지 않으심을 보여 주신 것이다. 우리가 잃어버린 영혼들이 구원받을 수 있도록 기도할 때 하나님의 뜻을 드러내는 기도를 하는 것이다. 구원받지 않은 영혼들을 위해서 기도하지 않는 것은 하나님께서 가장 큰 임무를 이루도록 주신 큰 능력을 우리 자신이 부인하는 것이다. 하나님께서는 자신의 뜻을 이루기 위하여 항상 중보자들을 사용하셨다. 중보기도는 한 개인이나 국가에 임할 수 있었던 진노를 연기시키거나 심지어 중단시키기도 했다. 우리는 중보기도의 팔로써 이 세상을 안아 기도 속에서 하나님께 바칠 수 있다.

## 6 June 2 | 기도가 영원한 계획을 활성화시킨다

> 찬송하라 하나님을 찬송하라 찬송하라 우리 왕을 찬송하라 하나님은 온 땅의 왕이 심이라 지혜의 시로 찬송할지어다 하나님이 뭇 백성을 다스리시며 하나님이 그의 거룩한 보좌에 앉으셨도다 뭇 나라의 고관들이 모임이여 아브라함의 하나님의 백성이 되도다 세상의 모든 방패는 하나님의 것임이여 그는 높임을 받으시리로다
>
> 시편 47:6-9

교회의 주인이 되시는 주님!
이 새벽에 교회를 위하여 기도합니다.
우리가 드리는 예배가 온전히 드려지게 해 주시고
예배 때마다 성령 충만하게 하여 주소서.
우리가 드리는 예배가 주님의 사랑과 은혜로
시간 시간마다 체험되게 해 주시기를 원합니다.
복음이 살아 있고 주님의 이름이 살아 있는 교회가 되게 하소서.
목회자들이 사역을 잘할 수 있도록 지혜와 능력을 주시고
권능과 사랑이 풍성하여 부족함이 없게 하여 주소서.
교회가 평안하고 부흥하게 해 주시기를 원합니다.
날마다 기도하며 주님과 동행하는 교회가 되게 하여 주소서.
우리 주 예수 그리스도의 이름으로 기도합니다. 아멘!

### 오늘의 묵상

무한하시고 인격적인 하나님께서 지상에 자신의 왕국을 위한 계획들을 세우시고 그 계획들이 자신의 피조물들을 향한 인격적인 사랑에서 이루어지게 하셨다. 이 사랑이 우리에게 얼마나 안정감을 주는가! 이러한 불변의 약속들이 우리로 하여금 낙심하지 않고 기도하게 만들어 주고 있다. 기도를 통하여 우리가 누릴 왕국이 오도록 계획되어 있다는 사실에 우리는 큰 힘을 얻게 된다. 더욱이 역사를 전체적으로 볼 때 그 계획을 움직였던 것은 다름 아닌 하나님 백성들의 기도였음을 쉽게 알 수 있다.

# 6 June 3

## 우리를 변화시키는 하나님의 역사

하나님이 그 여러 궁중에서 자기를 요새로 알리셨도다 왕들이 모여서 함께 지나갔음이여 그들이 보고 놀라고 두려워 빨리 지나갔도다 거기서 떨림이 그들을 사로잡으니 고통이 해산하는 여인의 고통 같도다 주께서 동풍으로 다시스의 배를 깨뜨리시도다 우리가 들은 대로 만군의 여호와의 성, 우리 하나님의 성에서 보았나니 하나님이 이를 영원히 견고하게 하시리로다 (셀라) 시편 48:3-8

모든 만물을 운행하시는 주님!
말씀으로 세상을 창조하신 주님을 찬양합니다.
우리가 우리의 주인 되신 주님을
항상 순복하며 따를 수 있는 믿음을 주시기를 원합니다.
우리 자신을 부인하고 우리의 십자가를 지고
주님이 원하시는 삶을 살게 해 주시기를 원합니다.
오늘 우리에게 새 힘과 새 능력을 주사
힘 있고 바른 성도의 삶을 살게 해 주시기를 원합니다.
우리의 영을 새롭게 하여 주사 온유한 마음을 갖게 하여 주소서.
우리가 언제나 확신을 갖고 살아가게 하사
날마다 전진하는 믿음을 갖게 해 주시기를 원합니다.
오늘도 우리에게 무한하신 사랑과 은혜를 주심을 믿습니다.
우리 주 예수 그리스도의 이름으로 기도합니다. 아멘!

### 오늘의 묵상

하나님은 기도하는 사람의 내면에서 무엇인가 큰일을 하고 계신다. 그분은 우리가 차례차례 한 사람씩 고독한 개인으로 하나님 앞에 나와 무엇을 요청하고 이를 해결받은 뒤 변화되지 못한 채 떠나버리는 것을 좋아하지 않으신다. 하나님은 우리가 요청하는 그 무엇보다 우리 자신에 대해서 더 많은 관심을 갖고 계신다. 물론 그 일은 하나님의 도움이 필요하다. 하나님은 우리를 온갖 역경과 행복한 일을 통해서 우리를 변화시킨다. 그분은 우리가 예수를 닮아 가도록 애쓰시기 때문에 성령이 간섭하시고 일하시며 주장하실 수 있는 곳에 있게 된다.

## 6 June 4 계속 간구해야 한다

하나님이여 우리가 주의 전 가운데에서 주의 인자하심을 생각하였나이다 하나님이여 주의 이름과 같이 찬송도 땅끝까지 미쳤으며 주의 오른손에는 정의가 충만하였나이다 주의 심판으로 말미암아 시온 산은 기뻐하고 유다의 딸들은 즐거워할지어다 너희는 시온을 돌면서 그 곳을 둘러보고 그 망대들을 세어 보라 그의 성벽을 자세히 보고 그의 궁전을 살펴서 후대에 전하라 이 하나님은 영원히 우리 하나님이시니 그가 우리를 죽을 때까지 인도하시리로다 시편 48:9-14

이 세상에서 가장 고귀하신 주님!
우리가 이 세상에 태어나서 주님께 믿음을 고백할 수 있게 하시고
주님이 세상에서 가장 고귀한 분임을
깨닫게 해 주신 사랑에 감사드립니다.
주님께서 우리를 구원하여 주시지 않았다면
죄악의 쓰레기더미와 시궁창에 빠져 있는 줄도 모르고
그 속에서 기뻐하고 즐기며 살았을 것입니다.
주님께서 우리를 죄악의 수렁에서 건져 주시고
주님의 보혈로 우리의 더러움을 깨끗이 씻어 주시므로
영원한 구원의 산 소망을 갖게 하심을 감사드립니다.
우리가 날마다 주님 안에서 살게 해 주시고
우리가 날마다 주님 은혜에 감사하며 살게 하소서.
우리 주 예수 그리스도의 이름으로 기도합니다. 아멘!

**오늘의 묵상** 주님은 우리의 기도가 첫 번에 당장 응답되지 않을 경우 우리의 요구가 관철될 때까지 '계속 간구해야 한다' 는 점을 우리에게 가르치시기를 원하신다. 때로는 우리의 요구들이 즉각적으로 응답되기도 하지만 대개는 그렇지 않다. 그런 일이 일어날 때, 주님께서는 계속 간구하라고 우리에게 말씀하신다. 하나님은 우리가 계속 간구한다는 바로 그 사실 때문에 우리의 간구와 울부짖음에 응답하실 것이다.

## 6 June 5 | 기도할 때 소심함을 갖지 말라

못 백성들아 이를 들으라 세상의 거민들아 모두 귀를 기울이라 귀천 빈부를 막론하고 다 들을지어다 내 입은 지혜를 말하겠고 내 마음은 명철을 작은 소리로 읊조리리로다 내가 비유에 내 귀를 기울이고 수금으로 나의 오묘한 말을 풀리로다 죄악이 나를 따라다니며 나를 에워싸는 환난의 날을 내가 어찌 두려워하랴 시편 49:1-5

세상에서 가장 고귀하신 주님!
태양이 뜨면 세상 곳곳을 비추어 어둠이 사라지듯이
우리의 삶에도 생명의 빛으로 가득하게 하소서.
우리가 믿음으로 빛된 삶을 살게 해 주시기를 원합니다.
이 새벽 비록 짧은 시간이지만 묵상 속에서
주님의 구원의 사랑을 꽃피워 알게 하여 주소서.
우리가 기도를 통해 주시는 주님의 은혜를
넘치도록 받게 해 주시기를 원합니다.
기도를 통하여 새 힘을 얻게 하시고
우리에게 필요한 것들을 공급받게 해 주시기를 원합니다.
기도를 통해 받는 주님의 은혜로 말미암아
삶 속에서 주님을 증거하며 살아가게 해 주시기를 원합니다.
우리 주 예수 그리스도의 이름으로 기도합니다. 아멘!

**오늘의 묵상** 기도할 때의 소심함은 우리에게 좋을 것이 하나도 없다. 소심함과 공손은 절대로 같은 뜻이 아니다. 우리는 뻔뻔스러울 만큼 대담하게 기도를 드려야 한다. 우리는 한결같이 솔직하고 대담하게 개인적인 곤경에 대한 도움과 간구의 기도를 드려야 한다. 우리의 기도는 이기적인 요청이나 푸념이 아니라 하나님께서 우리와 함께하심을 믿으며 하나님의 자녀답게 아버지께 우리의 마음을 그대로 보여드리는 것이다. 기도 응답을 받으려면 소심함에서 떠나라. 하나님은 우리를 구원하여 주셨고 우리를 인도하여 주시는 목자시다.

## 기도는 두려움으로부터 자유함을 준다

**6 June 6**

자기의 재물을 의지하고 부유함을 자랑하는 자는 아무도 자기의 형제를 구원하지 못하며 그를 위한 속전을 하나님께 바치지도 못할 것은 그들의 생명을 속량하는 값이 너무 엄청나서 영원히 마련하지 못할 것임이니라 그가 영원히 살아서 죽음을 보지 않을 것인가 그러나 그는 지혜 있는 자도 죽고 어리석고 무지한 자도 함께 망하며 그들의 재물은 남에게 남겨 두고 떠나는 것을 보게 되리로다 시편 49:6-10

이 새벽에 묵상하게 하시는 주님!
아직은 세상이 전부 다 잠에서 깨어나지 않았습니다.
모든 것들이 아직 졸린 눈을 제대로 뜨지 않았습니다.
이 시간 묵상을 통해 마음의 길을 따라 주님께 나아가기를 원합니다.
주님의 말씀이 우리의 삶을 변화시켜 주시기를 원합니다.
우리의 노력만으로는 우리의 내면이 변화될 수 없으니
성령의 은혜로 우리를 새롭게 해 주시기를 원합니다.
우리로 하여금 예수 그리스도의 생명 안에 살게 하심은
크나큰 축복이요, 은혜이오니 주님 안에 살게 해 주시고
우리의 생각을 내려놓고 주님의 음성을 듣게 하소서.
주님 보시기에 더러운 모든 마음을 깨끗이 씻어 주소서.
우리 주 예수 그리스도의 이름으로 기도합니다. 아멘!

**오늘의 묵상** 우리는 기도를 통하여 두려움에서 벗어나 자유함을 누릴 수 있다. "하나님이 우리에게 주신 것은 두려워하는 마음이 아니요 오직 능력과 사랑과 절제하는 마음이니(디모데후서 1:7)" 위의 말씀처럼 두려워하는 마음이나 소심한 마음을 받아들이지 마라. 그것은 하나님으로부터 온 것이 아니다. 우리는 하나님으로부터 오는 긍정적인 선물을 믿음으로 감사해야 한다. 성경에 나오는 모든 하나님의 사람들을 살펴보라. 그들은 기도를 통하여 두려움을 벗어 버렸고, 하나님의 응답을 통하여 자유함을 얻었다.

# 6 June 7 기도 제목을 분명히 하라

사람은 존귀하나 장구하지 못함이여 멸망하는 짐승 같도다 이것이 바로 어리석은 자들의 길이며 그들의 말을 기뻐하는 자들의 종말이로다 (셀라) 그들은 양같이 스올에 두기로 작정되었으니 사망이 그들의 목자일 것이라 정직한 자들이 아침에 그들을 다스리니 그들의 아름다움은 소멸하고 스올이 그들의 거처가 되리라 그러나 하나님은 나를 영접하시리니 이러므로 내 영혼을 스올의 권세에서 건져내시리로다 (셀라) 시편 49:12-15

우리의 삶을 인도하시는 주님!
이 새벽기도 시간만큼은 우리의 모든 것을 다 벗어버리고
순수하고 진실한 마음으로 주님을 만나게 해 주시기를 원합니다.
말씀과 기도를 통해 주님을 찾게 하시고 믿음이 성숙하게 하소서.
우리는 죄 속에서 살았으나 주님의 피로 거룩하게 되었으니
거룩하고 경건한 성도의 삶을 살게 하여 주소서.
우리에게 항상 다가오는 주님의 손길을
거부하거나 뿌리치지 않게 하시고
구원의 사랑을 온전히 받아들이게 하소서.
기도를 통해 우리의 요구만 전하지 않게 하시고
주님을 찬양하며 영광을 돌리게 하여 주소서.
우리 주 예수 그리스도의 이름으로 기도합니다. 아멘!

---

**오늘의 묵상**  우리는 기도할 때 분명한 목적을 가져야 한다. 한꺼번에 여러 다양한 제목을 가지고는 효과적인 기도를 할 수 없다. 사람의 마음은 체질상 동시에 여러 가지를 강도 높게 소원할 수 없게끔 되어 있다. 성경에 기록된 효과적인 기도들은 다 그렇다. 기도를 통해 복을 구하고 그 복을 얻게 된 것을 살펴보면 그 기도들은 한결같이 분명한 목적을 가지고 드린 기도였다.

## 믿음의 기도는 응답받는다

**June 6/8**

사람이 치부하여 그의 집의 영광이 더할 때에 너는 두려워하지 말지어다 그가 죽으매 가져가는 것이 없고 그의 영광이 그를 따라 내려가지 못함이로다 그가 비록 생시에 자기를 축하하며 스스로 좋게 함으로 사람들에게 칭찬을 받을지라도 그들은 그들의 역대 조상들에게로 돌아가리니 영원히 빛을 보지 못하리로다 존귀하나 깨닫지 못하는 사람은 멸망하는 짐승 같도다 시편 49:16-20

믿음의 반석이 되시는 주님!
기도를 통하여 믿음이 강건해지고
모든 생활을 지혜롭게 이루어 가게 해 주시기를 원합니다.
우리 신앙의 기초와 모든 것이 주님이듯이
우리 삶의 기초도 주님이 되어 주시기를 원합니다.
주님께서 우리의 구주가 되어 주셔서
우리의 삶이 흔들림 없이 주님의 은혜를 받게 하소서.
우리의 믿음이 바로 서게 해 주시고
날로 변질되어 가는 세상 속에서도
언제나 온전한 믿음으로 주님 안에서 살게 하여 주소서.
우리가 세속을 좇지 않게 해 주시고
주님의 유업을 온전히 받게 해 주시기를 원합니다.
우리의 삶에 주님의 은혜가 가득하게 하소서.
우리 주 예수 그리스도의 이름으로 기도합니다. 아멘!

**오늘의 묵상** 우리는 우리가 기도를 드린 것보다 더한 응답을 받는다. 솔로몬이 지혜를 구했을 때 하나님께서는 부와 명예까지 덤으로 주셨다. 마찬가지로 한 아내가 남편의 회심을 위하여 기도할 때 믿음으로 기도를 드린다면 하나님께서는 그녀가 구한 그 은혜를 주실 뿐만 아니라 그녀의 자녀와 온 가족까지 다 회심시킨다. 때로 기도는 한 넝쿨에 달려 있어서 한 가지 복을 받게 되면 같은 넝쿨에 있는 다른 복까지 받게 되는 것과 같다.

## 우리가 기도하려면 성령이 함께해야 한다

전능하신 이 여호와 하나님께서 말씀하사 해 돋는 데서부터 지는 데까지 세상을 부르셨도다 온전히 아름다운 시온에서 하나님이 빛을 비추셨도다 우리 하나님이 오사 잠잠하지 아니하시니 그 앞에는 삼키는 불이 있고 그 사방에는 광풍이 불리로다 하나님이 자기의 백성을 판결하시려고 위 하늘과 아래 땅에 선포하여 이르시되 나의 성도들을 내 앞에 모으라 그들은 제사로 나와 언약한 이들이니라 하시도다 하늘이 그의 공의를 선포하리니 하나님 그는 심판장이심이로다 (셀라) 시편 50:1-6

우리의 갈 길을 인도하여 주시는 주님!
우리 주님 앞에 온전히 기도하게 해 주시고
생활 속에서 기도한 것들을 실천하게 하소서.
기도를 통하여 우리의 생각과 생활 습관과 모든 것이
주님께서 원하시는 방향으로 바뀌게 하여 주소서.
기도하는 사람답게 진실과 사랑으로 살게 하시고
생활 속에서도 예수 그리스도가 드러나게 하여 주소서.
우리가 주님을 온전히 신뢰함으로써
믿음 속에서 끊임없이 호흡처럼 기도하게 하여 주소서.
주님의 약속은 언제나 신실하시니 믿고 따르게 하여 주소서.
욕심으로 원하는 것들을 포기하고 주님 안에 살게 하소서.
우리 주 예수 그리스도의 이름으로 기도합니다. 아멘!

### 오늘의 묵상

성령 충만은 우리의 의무다. 성령 충만이 우리의 의무인 까닭은 우리에게 성령의 약속이 주어졌기 때문이다. 하나님께서는 우리에게 성령 충만을 받으라고 명령하셨다. 우리가 은혜 가운데 성장하기 위해서는 성령 충만이 반드시 필요하다. 세상에 유익을 끼치고 선을 행하기 위해서는 성령 충만이 필수적이다. 성령이 없다면 하나님의 영광을 가릴 것이고, 교회에 불명예를 끼칠 것이며, 잃어버린 자가 될 것이다.

## 함께 기도할 때 목적이 있어야 한다

**6 June 10**

내 백성아 들을지어다 내가 말하리라 이스라엘아 내가 네게 증언하리라 나는 하나님 곧 네 하나님이로다 나는 네 제물 때문에 너를 책망하지는 아니하리니 네 번제가 항상 내 앞에 있음이로다 내가 네 집에서 수소나 네 우리에서 숫염소를 가져가지 아니하리니 이는 삼림의 짐승들과 뭇 산의 가축이 다 내 것이며 산의 모든 새들도 내가 아는 것이며 들의 짐승도 내 것임이로다 시편 50:7-11

우리가 가야 할 길을 열어 주시는 주님!
이 새벽에 주님께 기도하오니 우리의 마음이 열리게 하소서.
우리의 마음이 열려야 주님께 온 마음을 드릴 수 있고
우리의 상한 심령을 치유받을 수 있습니다.
우리의 생각을 꿰뚫어 보시는 주님께서
우리의 모든 감정 속에 함께하여 주시기를 원합니다.
이 새벽기도 시간에 깊은 평안을 맛보게 하시고
구원의 기쁨을 가득하게 채워 주시기를 원합니다.
우리의 마음대로 살아간다면 아무런 소득이 없어 초라하오니
주님께 순종함으로 놀라운 은총의 역사를 이루게 하소서.
오늘도 주님께서 우리를 얼마나 사랑하는지
얼마나 세밀하게 사랑하시는지 체험하게 하여 주소서.
우리 주 예수 그리스도의 이름으로 기도합니다. 아멘!

### 오늘의 묵상

연합 기도를 위해 몇몇 사람들이 함께 모이는 것은 그리스도인들 간에 연합을 촉진하기 위해서다. 기도 모임은 신자들로 하여금 기도의 영을 펴뜨릴 수 있게 해 준다. 함께하는 기도의 또 한 가지 커다란 의도는 바로 하나님을 감동시키기 위해서다. 함께 기도하는 것이 중요한 것은 죄인들이 죄를 깨우치고 회개하게 하기 위해서다. 그리스도인들이 믿음으로 기도를 드리면 성령이 부어지고 사람들의 심령이 변화된다.

# 6 June 11

## 우리가 기도하지 않으면 어떻게 될까

악인에게는 하나님이 이르시되 네가 어찌하여 내 율례를 전하며 내 언약을 네 입에 두느냐 네가 교훈을 미워하고 내 말을 네 뒤로 던지며 도둑을 본즉 그와 연합하고 간음하는 자들과 동료가 되며 네 입을 악에게 내어 주고 네 혀로 거짓을 꾸미며 앉아서 네 형제를 공박하며 네 어머니의 아들을 비방하는도다 시편 50:16-20

주님의 이름으로 기도하기를 원하시는 주님!
우리가 주님을 알지 못하였다면
우리는 가야 할 곳도, 가야 할 길도 모른 채
길을 떠나는 불행한 여행자일 뿐입니다.
길과 진리와 생명이 되시는 주님께서
우리를 구원하시어 생명의 길로 인도하심을 감사드립니다.
우리가 믿는 자의 도리를 잘 지켜 행하게 하시고
우리가 받은 구원의 복음을 담대히 전하게 하여 주소서.
철저한 소명 의식을 갖고 주님의 일에 충성하게 하시고
감당할 힘을 주시는 주님을 온전히 신뢰하게 하여 주소서.
우리가 오직 주님의 선한 일에 충성하게 하여 주소서.
우리 주 예수 그리스도의 이름으로 기도합니다. 아멘!

### 오늘의 묵상

우리가 기도하지 않으면 여러 가지 일들이 일어난다.
1. 우리가 죄를 짓는다
2. 우리가 필요한 것을 얻지 못한다
3. 우리가 지혜 없이 살아가게 된다
4. 우리가 자주 병에 들게 된다
5. 우리가 기도하지 않으면 많은 사람들이 죄악에 빠지게 된다
6. 우리가 중보의 기도를 드리지 않으면 많은 사람들이 죽음에 이른다

## 6 June 12 걱정하지 말고 기도하라

> 네가 이 일을 행하여도 내가 잠잠하였더니 네가 나를 너와 같은 줄로 생각하였도다 그러나 내가 너를 책망하여 네 죄를 네 눈앞에 낱낱이 드러내리라 하시는도다 하나님을 잊어버린 너희여 이제 이를 생각하라 그렇지 아니하면 내가 너희를 찢으리니 건질 자 없으리라 감사로 제사를 드리는 자가 나를 영화롭게 하나니 그의 행위를 옳게 하는 자에게 내가 하나님의 구원을 보이리라 시편 50:21-23

우리의 믿음의 본이 되시는 주님!
주님의 모든 삶이 신앙의 모범이 되시니
우리의 삶도 주님의 삶을 본받게 해 주시기를 원합니다.
해야 할 일을 하게 하시고 본이 되는 삶을 살게 하소서.
우리가 그리스도인의 바른 삶을 살게 해 주시고
불의한 일들 속에서 떠나게 해 주시기를 원합니다.
주님께서 내게 배우고 받고 듣고 본 바를 행하라고 하셨으니
근면하고 성실하게 살아가게 해 주시기를 원합니다.
주님께서 우리의 갈 길을 인도하시고 가르쳐 주소서.
우리가 주님의 이름에 합당한 영광을 돌리는 삶을 살게 하소서.
주님을 따르는 길이 아무리 어렵고 고단한 길이라 하여도
포기하지 않는 용기와 믿음을 주시기를 원합니다.
우리 주 예수 그리스도의 이름으로 기도합니다. 아멘!

### 오늘의 묵상

걱정이라는 말은 '비틀다', '목을 졸라 죽이다'라는 뜻이 있다. 걱정은 힘을 허약하게 하는 불안으로 몰아넣을 뿐만 아니라 능력 곧 도와야 할 것을 발견하고 고통받는 사람들을 도와 주어야 하는 힘을 없애버린다. 걱정은 우리가 마땅히 그래야 한다고 생각하는 상태와 현실 사이의 중간 영역을 채우는 불안이다. 그것은 인간적인 기대에 의해 굴착된 동굴에 우리가 채워 넣은 불안정하고 위태로운 것이다. 기도는 걱정에 대한 해독제다. 모든 걱정을 떨쳐 버리고 기도하라. 걱정은 아무 일도 못하게 한다.

## 주님은 지금도 기도하고 계신다

**6 June 13**

하나님이여 주의 인자를 따라 내게 은혜를 베푸시며 주의 많은 긍휼을 따라 내 죄악을 지워 주소서 나의 죄악을 말갛게 씻으시며 나의 죄를 깨끗이 제하소서 무릇 나는 내 죄과를 아오니 내 죄가 항상 내 앞에 있나이다 내가 주께만 범죄하여 주의 목전에 악을 행하였사오니 주께서 말씀하실 때에 의로우시다 하고 주께서 심판하실 때에 순전하시다 하리이다 시편 51:1-4

낮은 자리에 오셔서 섬김을 가르치시는 주님!
기도하는 이 시간, 즐거운 마음으로 드리게 하소서.
우리의 마음을 아낌없이 드리게 하시고
믿음으로 드리게 해 주시기를 원합니다.
우리의 기도가 거래가 되지 않게 해 주시고
주님의 인도하심을 받게 해 주시기를 원합니다.
믿음이 없이는 하나님을 기쁘시게 못하신다 하셨으니
온전히 기쁜 마음으로 주님의 인도하심을 받게 하소서.
오늘까지도 주님의 은혜로 살아 왔으니
앞으로의 삶도 주님께서 우리를 인도하여 주소서.
하나님께서 우리에게 풍성한 은혜를 베풀어 주시니
온전히 주님께 헌신하며 살게 해 주시기를 원합니다.
우리 주 예수 그리스도의 이름으로 기도합니다. 아멘!

### 오늘의 묵상

우리 주님은 지금도 하나님의 보좌 우편에 계시면서 우리를 위하여 기도하기를 원하신다. 세상에서 우리가 하나님의 보호하심 안에 있기를 원하시며, 세상에 살면서 우리가 악에 빠지지 않기를 원하시며, 우리가 주 안에서 하나가 되기를 원하시며 기도하여 주신다. 우리는 주님께서 우리를 위하여 기도하여 주심을 믿고 기도하는 삶을 계속해야 한다.

# 6 June 14

## 우리 영혼이 살기 위하여 기도하자

내게 즐겁고 기쁜 소리를 들려주시사 주께서 꺾으신 뼈들도 즐거워하게 하소서 주의 얼굴을 내 죄에서 돌이키시고 내 모든 죄악을 지워 주소서 하나님이여 내 속에 정한 마음을 창조하시고 내 안에 정직한 영을 새롭게 하소서 나를 주 앞에서 쫓아내지 마시며 주의 성령을 내게서 거두지 마소서 주의 구원의 즐거움을 내게 회복시켜 주시고 자원하는 심령을 주사 나를 붙드소서 시편 51:8-12

우리를 위하여 십자가에서 고난당하신 주님!
죄 없으신 주님께서 우리 때문에 고난당하신 그 큰 사랑에
감사와 찬양을 돌리는 삶을 살게 하여 주소서.
우리로서는 감당할 수 없는 큰 사랑을 받았으니
오늘날 이 시대에 우리가 짊어져야 할 십자가가 무엇인지
우리가 걸어야 할 길이 무엇인지 가르쳐 주시기를 원합니다.
우리로 하여금 주님을 닮아가게 해 주시고
주님의 뜻을 이루고 그 섭리 안에 살게 하여 주소서.
우리를 바르게 인도하시는 주님 안에 살게 하여 주소서.
우리가 주님의 십자가의 복음을 전함으로
주님께 기쁨을 드리는 삶을 살게 해 주시기를 원합니다.
우리 주 예수 그리스도의 이름으로 기도합니다. 아멘!

### 오늘의 묵상

기도는 영혼의 호흡이다. 우리의 영혼도 기도라는 호흡을 해야 살아갈 수 있다. 기도를 쉬는 것은 죄악이다. 우리는 규칙적으로 시간을 정해 놓고 기도를 드려야 한다. 우리는 영혼이 살기 위하여 기도로 깨어 있어야 한다. 시간을 정해 놓고 우리 자신과 가족과 이웃을 위하여 기도해야 한다. 하나님께서 우리에게 선하신 뜻을 보여 주실 것이다. 우리의 삶에 새로운 변화를 보여 주실 것이다.

## 6 June 15 — 기도를 가르치시는 주님

주여 내 입술을 열어 주소서 내 입이 주를 찬송하여 전파하리이다 주께서는 제사를 기뻐하지 아니하시나니 그렇지 아니하면 내가 드렸을 것이라 주는 번제를 기뻐하지 아니하시나이다 하나님께서 구하시는 제사는 상한 심령이라 하나님이여 상하고 통회하는 마음을 주께서 멸시하지 아니하시리이다 주의 은택으로 시온에 선을 행하시고 예루살렘 성을 쌓으소서 그때에 주께서 의로운 제사와 번제와 온전한 번제를 기뻐하시리니 그때에 그들이 수소를 주의 제단에 드리리이다 시편 51:15-19

천하 만물을 인도하시는 주님!
우리가 주님을 믿기 전에는 멋모르고 날뛰던 날들도 많았습니다.
남을 헐뜯고 싸우는 일에도 동참하였고
욕심과 욕망에 이끌려 죄악에 물든 생활을 하였습니다.
세속적인 죄악의 삶은 달콤한 듯하여도
결국 고통과 절망과 늪에 빠져드는 것 외에는 아무것도 없습니다.
주님께서 우리를 선택하여 주사 구원하여 주심을 감사드립니다.
우리가 주님의 은혜와 평안을 맛보았으니
다시는 세상의 길로 나아가지 않게 하여 주소서.
오직 주님만을 사모하며 주 안에서 살게 하여 주소서.
우리 주 예수 그리스도의 이름으로 기도합니다. 아멘!

### 오늘의 묵상

주님은 기도의 습관이 몸에 배어 있는 분이시다. 주님의 삶과 사역에 있어서 기도가 차지했던 위치를 배우는 사이 우리는 기도라는 것을 배우게 될 것이고, 언제 어디서나 기도하는 태도를 지녀야 할 필요성을 더 깊이 깨닫게 될 것이다. 그리스도인들 가운데 주님의 일을 하는 데에는 아주 분주하게 왔다 갔다 하면서도 고요히 주님을 바라보며 기도하는 데에는 거의 시간을 사용하지 않는 사람들이 있다. 기도 그리고 이른바 사역이라는 것, 이 둘 중 어떤 것이 더 중요하겠는가? 주님의 삶을 살펴본다면 이 질문에는 오직 한 가지 대답밖에 있을 수 없다. 그 대답은 기도다.

## 6 June 16 세상 지도자들을 위한 기도

> 포악한 자여 네가 어찌하여 악한 계획을 스스로 자랑하는가 하나님의 인자하심은 항상 있도다 네 혀가 심한 악을 꾀하여 날카로운 삭도같이 간사를 행하는도다 네가 선보다 악을 사랑하며 의를 말함보다 거짓을 사랑하는도다 (셀라) 간사한 혀여 너는 남을 해치는 모든 말을 좋아하는도다 그런즉 하나님이 영원히 너를 멸하심이여 너를 붙잡아 네 장막에서 뽑아 내며 살아 있는 땅에서 네 뿌리를 빼시리로다 (셀라)
>
> 시편 52:1-5

우리의 삶을 변화시켜 주시는 주님!
기도가 우리의 삶을 변화시켜 주심을 믿고
이 새벽에 주님께 기도를 드립니다.
우리의 죄를 모두 다 용서하여 주시기를 원합니다.
우리의 기도에 응답하여 주시기를 원합니다.
기도는 우리의 삶을 변화시켜 주는 근원입니다.
우리의 모든 걱정과 근심을 기도를 통하여
모두 다 주님께 드리게 해 주시기를 원합니다.
우리의 삶 속에서 기쁨과 즐거움을 얻게 해 주시기를 원합니다.
기도를 통하여 불만과 긴장을 완전히 해소하게 해 주시고
마음에 참평안을 얻게 해 주시기를 원합니다.
우리가 쉬지 않고 기도함으로 많은 응답을 얻게 하소서.
우리 주 예수 그리스도의 이름으로 기도합니다. 아멘!

### 오늘의 묵상

세상 지도자들을 위해 기도하라는 바울의 권고는 이 세상의 국가가 인간의 행복을 위해 하나님에 의해 세워졌다는 그의 확신에 근거한 것이다. '권세 있는 자'란 높은 지위에 있는 사람들을 지칭한다. 통치자들이 나라를 바르게 다스릴 때 그들의 다스림을 받는 자들은 안심하고 평화롭게 살 수 있다. 훌륭한 통치자는 훌륭한 정부를 만들며, 훌륭한 정부는 국민의 삶을 평안하게 만들어 준다. 그리고 이런 평안한 삶은 결과적으로 복음을 전하기에 적합한 여건이 된다. 하나님은 우리에게 나라를 위하여 기도하기를 원하신다.

## 6 June 17 기도의 충동을 일으키는 방법

의인이 보고 두려워하며 또 그를 비웃어 말하기를 이 사람은 하나님을 자기 힘으로 삼지 아니하고 오직 자기 재물의 풍부함을 의지하며 자기의 악으로 스스로 든든하게 하던 자라 하리로다 그러나 나는 하나님의 집에 있는 푸른 감람나무 같음이여 하나님의 인자하심을 영원히 의지하리로다 주께서 이를 행하셨으므로 내가 영원히 주께 감사하고 주의 이름이 선하시므로 주의 성도 앞에서 내가 주의 이름을 사모하리이다 시편 52:6-9

우리에게 필요한 믿음을 주시는 주님!
주님, 우리에게 가장 필요한 것은 믿음입니다.
믿음 없이는 아무것도 할 수 없습니다.
우리의 기도도, 예배도, 찬송도 진실이 없는 허울뿐입니다.
믿음을 주셔서 선진들이 걸어간 길을 걸어가게 하소서.
우리의 잘못된 감정은 증오와 공포와 열등감과 죄책감으로
우리가 행하는 모든 것에 실패하게 만듭니다.
오직 강하고 담대한 믿음을 통해 우리의 삶 속에서
날마다 주님의 인도하심을 체험하게 해 주시기를 원합니다.
우리의 마음이 흐리고 혼탁하지 않게 하여 주셔서
청결한 마음으로 주님을 바라보게 하여 주소서.
우리 주 예수 그리스도의 이름으로 기도합니다. 아멘!

### 오늘의 묵상

참된 기도의 충동은 하나님께로부터 온다. 하나님께서는 그 같은 기도의 충동이 우리 심령 가운데서 일어나게 해 준다. 때때로 하나님께서는 다른 사람들이 하는 말을 듣고서 충동을 받게 하시거나, 기록된 성경 말씀을 통해 우리가 기도할 때 직접적으로 우리의 마음을 움직이기도 한다. 기도의 충동은 하나님이 우리를 사랑하셔서 주시는 마음이다. 우리에게 기도의 충동이 올 때 우리는 하나님 앞에 엎드려 기도해야 한다.

## 6 June 18 | 불굴의 기도 능력

어리석은 자는 그의 마음에 이르기를 하나님이 없다 하도다 그들은 부패하며 가증한 악을 행함이여 선을 행하는 자가 없도다 하나님이 하늘에서 인생을 굽어살피사 지각이 있는 자와 하나님을 찾는 자가 있는가 보려 하신즉 각기 물러가 함께 더러운 자가 되고 선을 행하는 자 없으니 한 사람도 없도다 시편 53:1-3

모든 힘의 근원이 되시는 주님!
우리에게 필요한 힘을 주시기를 원합니다.
우리에게 믿음과 소망과 사랑의 힘을 주사
활기찬 삶을 살게 해 주시기를 원합니다.
희망을 가질 수 있고 희망을 이룰 수 있는 힘을 주소서.
우리의 삶의 열정이 식지 않게 해 주시고
쓸모없거나 낡아빠진 사고에 젖어 있지 않게 하소서.
우리를 새롭게 해 주셔서 불평 속에 힘을 낭비하지 않게 하시고
모든 힘을 주님의 일에 투자하여 많은 열매를 맺게 하소서.
주님의 은혜 속에 우리의 삶의 방향이
예수 그리스도가 되게 해 주시기를 원합니다.
우리에게 오늘도 삶에 힘과 능력을 주소서.
우리 주 예수 그리스도의 이름으로 기도합니다. 아멘!

### 오늘의 묵상

기도 세계의 모든 신비 중에서도 불굴의 기도가 필요한 것이 가장 큰 신비 중의 하나다. 하나님은 축복하시기를 바라신다. 불굴의 기도를 해도 응답이 없을 때에도 우리는 실망하지 말고 계속하여 기도를 해야 한다. 기도로만이 그 어떤 어려움도 극복될 수 있다. 믿음은 하나님의 말씀과 예수의 이름에 근거한다. 하나님의 뜻을 추구하기 위해서는 기도를 통해 성령의 인도함을 받아야 한다. 믿음은 성경으로부터 나오고, 그 믿음으로 하는 기도의 능력이란 불가능이 없다는 것을 알게 된다. 진정한 믿음은 결코 실망을 안겨다 주지 않는다.

## 6 June 19 | 기도를 드리는 자세

그들이 두려움이 없는 곳에서 크게 두려워하였으니 너를 대항하여 진 친 그들의 뼈를 하나님이 흩으심이라 하나님이 그들을 버리셨으므로 네가 그들에게 수치를 당하게 하였도다 시온에서 이스라엘을 구원하여 줄 자 누구인가 하나님이 자기 백성의 포로된 것을 돌이키실 때에 야곱이 즐거워하며 이스라엘이 기뻐하리로다
시편 53:5-6

오묘하고 신비한 창조 섭리를 행하시는 주님!
주님께서 우리에게 지혜를 주시고 지식을 주시고 양심을 주사
주님을 알게 하시고 우리 자신을 올바로 알게 하심을 감사드립니다.
우리의 모든 것을 꿰뚫어 보시고 중심까지 다 아시는 주님,
우리의 삶을 성령의 은혜로 인도하여 주소서.
우리가 자만하거나 교만함으로 인해
주님을 온전히 알지 못하는 범죄를 행하지 않게 하소서.
우리의 약함과 부족함을 주 앞에 내려놓고
우리의 죄를 자복하는 기도를 드리게 하소서.
우리의 기도를 통하여 주님께 나아가게 하심을 믿습니다.
이 새벽에도 기도를 통하여 주님을 만나게 하여 주소서.
우리 주 예수 그리스도의 이름으로 기도합니다. 아멘!

### 오늘의 묵상

우리가 기도할 때 어떤 자세를 취해야 하는가? 기도하는 동안 우리가 취하는 자세는 그 자체로 하나님에게 무엇인가를 말하고 있는 것일 뿐만 아니라 우리 잠재의식 속에 담겨져 있어 기도할 때 우리를 돕거나 방해하는 비밀스러운 메시지를 전해 주기도 한다. 물론 기도가 우리의 몸가짐에 전적으로 의존하고 있는 것은 아니다. 길을 걸어가면서, 엘리베이터를 타고서, 계산대 앞에서, 또는 마루에 누워서도 효과적인 기도를 할 수 있다. 그러나 일반적으로 겸손하고 경건한 자세가 깊은 신앙심을 일깨우는데, 가장 중요한 점은 영혼의 요청으로 취해진 자세와 더불어 마음에서 우러나오는 내적 헌신이 있어야 한다.

## 6 June 20 기도는 얼마나 자주 해야 하는가

하나님이여 주의 이름으로 나를 구원하시고 주의 힘으로 나를 변호하소서 하나님이여 내 기도를 들으시며 내 입의 말에 귀를 기울이소서 낯선 자들이 일어나 나를 치고 포악한 자들이 나의 생명을 수색하며 하나님을 자기 앞에 두지 아니하였음이니이다 (셀라) 하나님은 나를 돕는 이시며 주께서는 내 생명을 붙들어 주시는 이시니이다 시편 54:1-4

어제나 오늘이나 내일도 동일하신 주님!
이 새벽에 기도를 통하여 우리가 변화되게 하소서.
우리가 먼저 변화되지 않고 주님을 먼저 변화시키려는
엉뚱한 태도와 행동부터 새롭게 변화를 받게 되기를 원합니다.
우리 자신의 문제를 주님께 맡기게 하여 주소서.
우리의 삶에 믿음 없음을 알고 있으니 믿음을 채워 주소서.
믿음의 용기를 주셔서 믿음 안에 살게 하소서.
부정적인 모든 생각이나 시각을 버리게 하시고
할 수 있다는 믿음을 갖게 해 주시기를 원합니다.
우리의 생각과 느낌도 보는 것도 행하는 것도
믿음 안에서 할 수 있다고 믿고 행하게 하여 주소서.
우리 주 예수 그리스도의 이름으로 기도합니다. 아멘!

### 오늘의 묵상

주님의 지상 사역은 너무나도 짧은 3년에 불과했다. 이 3년 동안 주님은 아주 많은 시간을 기도로 보내셨다. 복음서들은 주님께서 성부 하나님과 교제하기 위하여 습관적으로 새벽 미명에 기도하심을 알려 준다. 저녁에는 보통 혼자서 기도하기 위하여 감람산이나 다른 곳을 택하셨다. 기도는 주님의 삶에서 매일 호흡하는 영적인 호흡이었다. 주님은 기도를 통하여 성부 하나님과 끊임없는 교제를 하셨다. 주님은 제자들에게도 기도하라고 하셨다. 주님은 우리에게도 쉬지 말고 기도하라고 말씀하신다.

## 6 June 21 겸손한 마음으로 드리는 기도

내가 낙헌제로 주께 제사하리이다 여호와여 주의 이름에 감사하오리니 주의 이름이 선하심이니이다 참으로 주께서는 모든 환난에서 나를 건지시고 내 원수가 보응 받는 것을 내 눈이 똑똑히 보게 하셨나이다 시편 54:6-7

크고 위대하신 주님!
우리가 간절히 주님을 찾을 때 주님을 만날 수 있음을 믿습니다.
우리의 삶을 쓸모없고 가치 없는 삶에서
쓸모 있고 가치 있는 삶으로 변화시켜 주시기를 원합니다.
주님을 사랑함으로 우리의 삶에 사랑이 가득하게 해 주시기를 원합니다.
자신감이 넘치게 하시고 감사가 넘치게 하소서.
주님께서 넓은 품으로 우리를 안아 주셔서
주님의 품 안에 안기게 해 주시기를 원합니다.
우리의 삶을 의미 있고 보람 있게 살아갈 수 있도록
주님께서 오늘도 성령 충만으로 함께해 주시기를 원합니다.
우리 주 예수 그리스도의 이름으로 기도합니다. 아멘!

### 오늘의 묵상

우리는 오직 하나님의 영광만을 구하는 순수한 동기와 열정적인 마음으로 기도할 필요가 있다. 우리는 하나님의 관심을 구하기 위하여 겸손한 마음을 가지고 기도할 필요가 있다. 우리는 하나님께서 우리의 필요를 이미 아신다고 하는 것을 충분히 알고 확신 있는 마음으로 기도할 필요가 있다. 우리가 이러한 자세로 하나님께 나아간다면 주님께서는 우리가 결코 상상할 수 없었던 방법으로 우리에게 응답해 주실 것이고, 우리는 하나님을 통해서만 함께하는 것의 가치를 배우게 될 것이다.

## 6 June 22 | 우리의 필요를 위한 기도

하나님이여 내 기도에 귀를 기울이시고 내가 간구할 때에 숨지 마소서 내게 굽히사 응답하소서 내가 근심으로 편하지 못하여 탄식하오니 이는 원수의 소리와 악인의 압제 때문이라 그들이 죄악을 내게 더하며 노하여 나를 핍박하나이다 내 마음이 내 속에서 심히 아파하며 사망의 위험이 내게 이르렀도다 시편 55:1-4

우리를 항상 도와 주시는 주님!
우리는 우리 스스로 모든 죄악의 올무에서 벗어날 수 없음을 아오니,
주여, 이 불쌍한 영혼, 길 잃은 영혼을 인도하소서.
우리가 아무리 애써도 얽매인 것들에게서 떠날 수 없고
벗어날 수 없으며 더 복잡하여질 뿐입니다.
몸부림을 치고 노력을 하여도 주님이 아니시면
모든 것은 제대로 위치를 찾지 못합니다.
우리를 도와주시고 인도하여 주사 믿음으로 살게 하소서.
우리의 자신을 포기하게 해 주시기를 원합니다.
고집과 아집을 포기하게 해 주시기를 원합니다.
우리의 삶을 주님께서 인도하여 주시기를 원합니다.
우리 주 예수 그리스도의 이름으로 기도합니다. 아멘!

### 오늘의 묵상

우리의 관심을 하늘에 계신 아버지께 둔 다음 주님께서는 이제 어떻게 이 세상에서 우리 자신의 특별한 필요를 위하여 기도할 것인지 보여 주신다. "오늘 우리에게 일용할 양식을 주시옵고 우리가 우리에게 죄 지은 자를 사하여 준 것 같이 우리 죄를 사하여 주시옵고 우리를 시험에 들게 하지 마시옵고 다만 악에서 구하시옵소서(마태복음 6:11-13)" 하나님께서 우리에게 일용할 양식을 주시고, 죄를 용서하시고, 시험에서 지키시는 분이라고 하는 사실은 그분의 능력과 은혜를 표현한 것이다. 이처럼 주님께서는 삶에서 우리의 필요들을 채우심으로 스스로 영광을 받으신다.

## 6 June 23 | 우리는 무엇을 위해 기도하는가

그들이 주야로 성벽 위에 두루 다니니 성 중에는 죄악과 재난이 있으며 악독이 그 중에 있고 압박과 속임수가 그 거리를 떠나지 아니하도다 나를 책망하는 자는 원수가 아니라 원수일진대 내가 참았으리라 나를 대하여 자기를 높이는 자는 나를 미워하는 자가 아니라 미워하는 자일진대 내가 그를 피하여 숨었으리라 시편 55:10-12

날마다의 삶을 인도하여 주시는 주님!
우리의 생각과 행할 일을 인도하여 주시기를 원합니다.
우리가 연민이나 이기심이나 욕망에 사로잡히거나
이러한 감정에 이끌려 가지 않게 해 주시기를 원합니다.
어떤 고통이나 역경 속에서도 우리를 인도하여 주소서.
우리의 뜻에서 벗어나 주님의 뜻을 따르게 하여 주소서.
우리가 불안감에서 벗어나고 망설임에서 벗어나
온전히 모든 것을 주님께 맡기게 해 주시기를 원합니다.
주님께서 우리에게 지혜를 주시고 사랑으로 인도하여 주심을 믿습니다.
우리가 환경을 탓하거나 사람을 미워하지 않게 하시고
주님을 온전하게 신뢰하며 전진하는 믿음을 갖게 하여 주소서.
우리 주 예수 그리스도의 이름으로 기도합니다. 아멘!

### 오늘의 묵상

우리는 기도할 때 무엇을 위해 기도하는가? 우리는 주로 건강, 행복, 성공을 위해 기도한다. 우리는 치료, 주거지, 직업, 차, 남편, 아내, 자녀, 승진, 더 많은 돈 등 모두 물질적인 문제를 개선할 해결책을 위해 기도한다. 이러한 것들은 중요한 것이긴 하지만, 하나님 나라의 우선순위에서는 낮은 것이다. 주님께서는 우리의 먹고 마시고 입는 모든 것을 하나님이 공급하시니 염려하지 말라고 하셨다. 우리 기도의 우선순위는 하나님의 나라가 확장되는 것이 되어야 한다.

# 6 June 24

## 기도는 일체감을 느끼는 것이다

그는 곧 너로다 나의 동료, 나의 친구요 나의 가까운 친우로다 우리가 같이 재미있게 의논하며 무리와 함께 하여 하나님의 집 안에서 다녔도다 사망이 갑자기 그들에게 임하여 산 채로 스올에 내려갈지어다 이는 악독이 그들의 거처에 있고 그들 가운데에 있음이로다 나는 하나님께 부르짖으리니 여호와께서 나를 구원하시리로다

시편 55:13-16

생명의 근원이 되시는 주님!
오늘 하루도 주님 안에서 좋은 하루가 되게 하여 주소서.
작은 꽃잎 같은, 작은 이슬방울 같은
우리의 희망일지라도 주님께서 이루어 주소서.
세상의 벼랑 끝에서 흔들릴 때에도
주님의 능한 손길로 우리를 붙잡아 주시기를 원합니다.
이 새벽에 기도함으로 우리의 마음이
주님의 은혜로 충만함을 깨닫게 하여 주소서.
주님의 사랑으로 우리의 생명과 우리의 삶을 지켜 주시기를 원합니다.
주님이 우리와 함께하심으로 이 지상에서
하늘의 축복과 행복을 누리게 하여 주소서.
우리 주 예수 그리스도의 이름으로 기도합니다. 아멘!

### 오늘의 묵상

기도는 하나님과의 일체감을 깨닫는 것이다. 기도는 사람에게 무한한 힘을 준다. '이 세상에 우리가 가지지 못할 것은 없다.' 한 번쯤 마음속으로 이렇게 생각했을 것이다. 마찬가지로 이 세상에서 우리가 하지 못할 일은 없다. 한 번쯤 우리는 '나는 할 수 있다'고 생각했을 것이다. 전심전력으로 온전히 하나님께 의지하는 것이 믿음의 기도다. 기도 안에 믿음을 심는다면 우리는 원하는 것을 얻게 될 것이다. 하나님은 기도에 항상 응답하신다.

# 6 June 25 | 열망을 이루는 기도

네 짐을 여호와께 맡기라 그가 너를 붙드시고 의인의 요동함을 영원히 허락하지 아니하시리로다 하나님이여 주께서 그들로 파멸의 웅덩이에 빠지게 하시리이다 피를 흘리게 하며 속이는 자들은 그들의 날의 반도 살지 못할 것이나 나는 주를 의지하리이다 시편 55:22-23

고난을 이겨 낼 수 있는 믿음을 주시는 주님!
우리의 고통이 아름다운 고통이 되게 하소서.
주님과 주의 복음을 위하여 당하는
고통과 아픔이 되게 해 주시기를 원합니다.
우리의 주관에 따라 움직이지 않게 해 주시고
주님의 말씀을 따라 순복하며 살게 하여 주소서.
영혼의 기쁨을 위하여 기도하게 하시니
온 마음을 쏟아 기도하게 해 주시기를 원합니다.
이 새벽 우리 영혼에 스며드는 주님의 사랑으로
우리의 가난한 영혼이 충만해집니다.
우리에게 내려 주시는 주님의 사랑이
얼마나 새롭고 신기한가를 다시 깨닫습니다.
오, 주님을 언제나 사랑하며 살게 해 주시기를 원합니다.
우리 주 예수 그리스도의 이름으로 기도합니다. 아멘!

### 오늘의 묵상

우리 주위를 에워싸고 있는 어떤 조건이나 환경에도 우리를 방해하지 못한다고 생각하라. 목표를 설정하라. 스스로 어떻게 행동하기를 바라는지 결정하라. 할 수 있는 모든 수단을 동원해 자신의 열망과 성취에 필요한 명령을 수행하는 데 사용하라. 기도하라! 위대한 하나님은 우리의 열망을 이루는 데 필요한 모든 것을 다 가지고 계신다. 하나님께서 우리의 기도에 응답하심을 믿고 기도하라.

## 성 프란시스의 기도

**6 June 26**

내가 하나님을 의지하고 그 말씀을 찬송하올지라 내가 하나님을 의지하였은즉 두려워하지 아니하리니 혈육을 가진 사람이 내게 어찌하리이까 그들이 종일 내 말을 곡해하며 나를 치는 그들의 모든 생각은 사악이라 그들이 내 생명을 엿보았던 것과 같이 또 모여 숨어 내 발자취를 지켜보나이다 그들이 악을 행하고야 안전하오리이까 하나님이여 분노하사 뭇 백성을 낮추소서 시편 56:4-7

말씀 속에서 주님을 따르라 하시는 주님!
어둠 속에 거하면 우리 영혼이 무너져 내리고
빛 가운데 거하면 우리의 영혼이 새로워집니다.
우리에게 다가오는 슬픔과 아픔의 고개를 넘게 하사
주님의 사랑 안에 머물게 해 주시기를 원합니다.
죄 속에서 죄인인 줄 모르고 살았던 나의 삶이
주님의 섭리를 따름으로써 새롭게 변화되게 하여 주소서.
믿음과 기도로 주님의 길을 걷게 하시고
어떤 어려움 속에서도 늘 이김으로써 진리의 자유함을 얻게 하소서.
주님의 십자가의 사랑으로 우리 삶의 모습이 달라졌습니다.
이 새벽에도 주님의 사랑이 쏟아져 내립니다.
우리 주 예수 그리스도의 이름으로 기도합니다. 아멘!

### 오늘의 묵상

주여, 나를 평화의 도구로 써 주소서. 미움이 있는 곳에 용서를, 의혹이 있는 곳에 신앙을, 절망이 있는 곳에 희망을, 어두움에 빛을, 슬픔이 있는 곳에 기쁨을 가져오는 자가 되게 하소서. 위로받기보다는 위로하고, 이해받기보다는 이해하며, 사랑받기보다는 사랑하게 하소서. 우리는 줌으로써 받고, 용서함으로써 용서받으며, 자기를 버리고 죽음으로써 영생을 얻기 때문입니다. 성 프란시스

## 6 June 27 | 기도는 신앙의 체험이다

> 나의 유리함을 주께서 계수하셨사오니 나의 눈물을 주의 병에 담으소서 이것이 주의 책에 기록되지 아니하였나이까 내가 아뢰는 날에 내 원수들이 물러가리니 이것으로 하나님이 내 편이심을 내가 아나이다 내가 하나님을 의지하여 그의 말씀을 찬송하며 여호와를 의지하여 그의 말씀을 찬송하리이다 시편 56:8-10

우리의 영성이 성장하기를 원하시는 주님!
우리가 주님의 사랑을 받았으니 주님을 사랑하게 하소서.
오늘의 절망을 내일의 희망으로 바꾸게 하여 주소서.
우울함과 고독과 절망을 이겨 내게 해 주시고
우리의 영혼이 주님의 보혈로 씻겨져
깨끗하고 새로운 영혼이 되게 해 주시기를 원합니다.
날마다 희망과 환희로 살게 해 주시기를 원합니다.
주님께서 우리에게 이루어 주실 일들을 기대하며
소망 중에 즐거워하며 살게 해 주시기를 원합니다.
우리의 영성이 회복되게 하여 주소서.
우리의 영성이 날마다 성장하게 해 주시기를 원합니다.
우리 주 예수 그리스도의 이름으로 기도합니다. 아멘!

### 오늘의 묵상

기도는 신앙의 체험이며, 살아 계신 하나님과의 만남이요, 관계다. 물론 우리는 왜 기도하는지, 기도를 드리면 어떤 일이 일어나는지, 그리고 실제로 어떤 분을 만나는지 아니면 우리 자신을 기만하는 것인지 물어볼 필요가 있다. 이런 질문에 대답하기 위해서 기도와 우리의 생활, 우리의 활동, 우리의 고통과 사랑 사이의 상호관계를 연구해야 한다. 기도는 주님을 만나는 가장 좋은 장소다. 기도를 드리지 않으면 주님이 어떤 분인 줄을 모르며, 우리가 거듭날 수가 없다.

# 6 June 28

## 기도를 요청하라

하나님이여 내게 은혜를 베푸소서 내게 은혜를 베푸소서 내 영혼이 주께로 피하되 주의 날개 그늘 아래에서 이 재앙들이 지나기까지 피하리이다 내가 지존하신 하나님께 부르짖음이여 곧 나를 위하여 모든 것을 이루시는 하나님께로다 그가 하늘에서 보내사 나를 삼키려는 자의 비방에서 나를 구원하실지라 (셀라) 하나님이 그의 인자와 진리를 보내시리로다 내 영혼이 사자들 가운데에서 살며 내가 불사르는 자들 중에 누웠으니 곧 사람의 아들들 중에라 그들의 이는 창과 화살이요 그들의 혀는 날카로운 칼 같도다 하나님이여 주는 하늘 위에 높이 들리시며 주의 영광이 온 세계 위에 높아지기를 원하나이다 시편 57:1-5

성령의 충만함을 우리에게 주시는 주님!
우리의 삶을 주님의 사랑의 불길로 타오르게 해 주소서.
빈 공간과 같은 우리의 마음을 은혜와 사랑으로
가득 채워 주시기를 원합니다.
우리의 마음에 항상 주님에 대한 그리움이 가득하오니
날마다의 삶 속에 주님의 은혜로 채워 주소서.
이 새벽에도 주님의 은혜로 심령이 뜨겁게 하여 주소서.
다시 오실 주님을 기다리며 날마다 소망 가운데서 살게 하소서.
우리에게 이른 비와 늦은 비 같은 성령으로
촉촉하게 젖어들게 해 주시기를 원합니다.
우리 주 예수 그리스도의 이름으로 기도합니다. 아멘!

### 오늘의 묵상

잘못을 고백하고 용서를 구하는 사람을 위해 기도하는 것은 좋은 일이다. 아직 아무런 죄책감을 느끼지 못하는 사람들을 위해 기도하는 것은 더 좋은 일이다. 그들이 자신의 죄를 깨달을 수 있도록 하나님께 기도하라. 그리고 죄책감을 가지고 있지만 죄를 인정하지 않는 사람을 위해서도 기도하라. 혹시 그들이 스스로 부끄러워하게 될지도 모른다. 어쩌면 그들은 죄책감 자체를 즐기고 있는지도 모른다. 그들을 도와달라고 하나님께 기도하라.

## 6 June 29

### 어리석은 기도를 하지 말라

하나님이여 내 마음이 확정되었고 내 마음이 확정되었사오니 내가 노래하고 내가 찬송하리이다 내 영광아 깰지어다 비파야, 수금아, 깰지어다 내가 새벽을 깨우리로다 주여 내가 만민 중에서 주께 감사하오며 뭇 나라 중에서 주를 찬송하리이다 무릇 주의 인자는 커서 하늘에 미치고 주의 진리는 궁창에 이르나이다 하나님이여 주는 하늘 위에 높이 들리시며 주의 영광이 온 세계 위에 높아지기를 원하나이다
시편 57:7-11

우리에게 진정한 평안을 주시는 주님!
이 새벽에 주님이 주시는 평안이 마음을 따뜻하게 합니다.
차갑고 낯선 세상에서 주님을 만남이 행복이요, 축복이오니
우리가 주님 안에서 날마다 기뻐하며
사랑하는 즐거움 속에 살아가게 해 주시기를 원합니다.
살아가면서 느끼는 수많은 그리움 중에
주님을 그리워함이 가장 큰 그리움이 되게 해 주시기를 원합니다.
이 새벽에 주님께로 가까이 나아갑니다.
우리의 마음을 살펴 주사 함께하여 주시기를 원합니다.
우리는 늘 부족함을 느끼나 자족하는 믿음을 갖게 하소서.
우리 주 예수 그리스도의 이름으로 기도합니다. 아멘!

**오늘의 묵상** 우리의 기도는 하나님이 허용하시는 범위 내로 한정되어야 한다. 하나님은 우리를 초청하셨지만 백지 위임장처럼 한정 없이 확장하시지는 않았다. 바보 같고 저속한 생각을 한정 없이 하도록 우리를 방치하시지 않는다. 우리가 원하는 것을 우리에게 약속하실 때 황당하거나 터무니없는 것까지 포함하신 것은 아니다. 우리는 조심성 없이 기도하면서 성령께서 우리의 기도를 대신 해 주시도록 하자는 의미가 아니다. 우리가 피곤하여 무심하고 게을러졌을 때 성령의 도우심을 구할 수 있다. 성령은 우리가 해야 할 일을 대신하지는 않는다.

## 6 June 30

### 기도할 때 하나님이 필요하다

통치자들아 너희가 정의를 말해야 하거늘 어찌 잠잠하냐 인자들아 너희가 올바르게 판결해야 하거늘 어찌 잠잠하냐 아직도 너희가 중심에 악을 행하며 땅에서 너희 손으로 폭력을 달아 주는도다 악인은 모태에서부터 멀어졌음이여 나면서부터 곁길로 나아가 거짓을 말하는도다 그들의 독은 뱀의 독 같으며 그들은 귀를 막은 귀머거리 독사 같으니 술사의 홀리는 소리도 듣지 않고 능숙한 술객의 요술도 따르지 아니하는 독사로다 시편 58:1-5

우리의 믿음의 길이 되시는 주님!
우리가 살아가노라면 막막해지고 불투명하고
길이 막혀 버릴 듯 절망할 때가 있습니다.
고통 가운데 주님께 기도함으로써 믿음을 갖게 하시고
우리의 믿음의 길 되시는 주님의 길로 들어서게 하여 주소서.
주님 안에 머물러 있으면 영혼 가득히 스며드는 기쁨이 있습니다.
우리의 마음이 때로는 어긋나고 흔들려도
주님께서 붙잡아 주시고 견고하게 해 주시기를 원합니다.
우리의 마음에 항상 주님의 사랑이 가득하게 하여 주소서.
태양이 떠오르면 온 세상이 눈부신 것처럼
우리 마음에 태양 되신 주님이 떠오르게 하사
사랑으로 가득하게 해 주시기를 원합니다.
우리 주 예수 그리스도의 이름으로 기도합니다. 아멘!

#### 오늘의 묵상

기도할 때 우리를 방해하는 어떤 감정도 없다고 생각해 보라. 그래도 여전히 참으로 기도에 집중할 수가 없을 것이다. 가장 순수한 생각을 가지고 있으면서도 하나님에게서 멀리 떨어져 있을 것이다. 기도하고 싶다면 우리에게는 하나님이 필요하다. 하나님은 모든 평범한 기도를 특별한 기도로 바꾸신다. 하나님의 일을 찬양하는 것을 넘어 하나님 자신을 찬양하게 하신다.

# 7

July

## 성령 충만한 삶을 살게 하소서

우리의 삶은 만남으로 이루어지오니
만남 속에 이루어 가는 꿈과
우정을 소중하게 여기며
모든 만남을 통하여 이루어 주시는
하나님의 세밀하신 섭리를
새롭게 발견하게 하소서

## 모든 만남을 소중하게 하소서

만날 수 있는 사람이 없다면
삶은 외로울 수밖에 없습니다
살아가며 만나는 사람들
그들과의 모든 만남을 소중하게 하소서

오가며 우연히 스쳐 간 사람들까지도
아름다운 만남이 되게 하소서
매일매일 만나는 사람들 그들이 없다면
우리들의 삶은 얼마나 삭막해지겠습니까

우연한 만남도, 필연으로 만난 사람도
사랑하는 사람도, 미워하는 사람도
마음으로 감싸 주며
늘 기억하며 살게 하소서

우리의 삶은 만남으로 이루어지오니
만남 속에 이루어 가는 꿈과
우정을 소중하게 여기며
모든 만남을 통하여 이루어 주시는
하나님의 세밀하신 섭리를
새롭게 발견하게 하소서

# 7 July 1

## 우리의 마음을 활짝 열자

의인이 악인의 보복당함을 보고 기뻐함이여 그의 발을 악인의 피에 씻으리로다 그 때에 사람의 말이 진실로 의인에게 갚음이 있고 진실로 땅에서 심판하시는 하나님이 계시다 하리로다 시편 58:10-11

우리의 구주가 되시는 주님!
이 새벽에도 주님의 손길이 함께하여 주사
주님의 사랑을 체험하게 해 주시기를 원합니다.
주님이 우리를 구원하셨으니
우리의 모든 것을 다 드릴 수 있는
믿음과 확신을 주시기를 원합니다.
우리의 마음 가장 깊은 곳에서
항상 주님을 향한 사랑이 자라게 해 주시기를 원합니다.
이 새벽에 우리가 기도함으로써
사랑하는 사람들을 위해 기도하는 삶을 살게 하소서.
우리의 마음에서 미움이 사라지게 해 주시고
예수 그리스도의 사랑으로 가득하게 하여 주소서.
우리 주 예수 그리스도의 이름으로 기도합니다. 아멘!

### 오늘의 묵상

"하나님이 계신 곳으로 우리의 마음을 가져가는 것은 너무 개인적이다"라는 말은 있을 수가 없다. 사람에게는 가져가지 못할 문제라도 하나님에게는 가져갈 수가 있다. 사람은 우리의 꿈을 비웃고, 실패를 조롱하며, 은밀한 생각을 오해할 수 있다. 그러나 하나님은 인간의 어떠한 비밀도 꿰뚫어 보고 계신다. 하나님은 우리의 모든 것을 알고 계신다. 그러기에 사람에게는 말할 수 없는 것도 하나님께는 기도할 수 있다. 자신의 마음을 활짝 열 수 있는 것이다. 이렇게 마음을 열고 기도할 수 있다면 그것이 가장 훌륭한 일이다.

## 7 July 2 — 나를 자유롭게 하는 기도 방법 6가지

> 나의 하나님이여 나의 원수에게서 나를 건지시고 일어나 치려는 자에게서 나를 높이 드소서 악을 행하는 자에게서 나를 건지시고 피 흘리기를 즐기는 자에게서 나를 구원하소서 그들이 나의 생명을 해하려고 엎드려 기다리고 강한 자들이 모여 나를 치려 하오니 여호와여 이는 나의 잘못으로 말미암음이 아니요 나의 죄로 말미암음도 아니로소이다 내가 허물이 없으나 그들이 달려와서 스스로 준비하오니 주여 나를 도우시기 위하여 깨어 살펴 주소서 시편 59:1-4

우리와 항상 함께하여 주시는 주님!
주님이 그리워지고 더 그리워지는 날에는
기도함으로 주님께로 나아가게 해 주시기를 원합니다.
고통 속에 죽어 가는 영혼도 살려 주시는 능력을 믿습니다.
이 새벽에 기도함으로써 주님을 만나는 것이
아름다운 첫 만남이 되게 해 주시기를 원합니다.
우리의 가슴에 매여 있던 고통들도
주님의 사랑으로 아름다운 사랑으로 변화되게 하여 주소서.
믿음으로 고통을 이겨 내는 순간들이
믿음으로 절망을 이겨 내는 순간들이
믿음으로 아픔을 이겨 내는 순간들이 아름답게 하여 주소서.
우리 주 예수 그리스도의 이름으로 기도합니다. 아멘!

### 오늘의 묵상

1. 마음을 정리하고 기도에 집중하라
2. 하나님의 사랑과 하나님과 우리의 관계를 묵상하라
3. 하나님의 계획에 대해서 더 쓸모 있는 사람이 되게 해 달라고 기도하라
4. 우리 자신을 불안하게 만드는 모든 것을 하나님께 맡겨라
5. 나는 이제 하나님이 원하시는 대로 자유인이라는 것을 믿어라
6. 하나님께 기도한 것을 받을 줄 믿고 기대하라

# 7 July 3

## 새벽에 기도하라

하나님은 나의 요새이시니 그의 힘으로 말미암아 내가 주를 바라리이다 나의 하나님이 그의 인자하심으로 나를 영접하시며 하나님이 나의 원수가 보응받는 것을 내가 보게 하시리이다 그들을 죽이지 마옵소서 나의 백성이 잊을까 하나이다 우리 방패 되신 주여 주의 능력으로 그들을 흩으시고 낮추소서 그들의 입술의 말 곧 그들의 입의 죄와 그들이 말하는 저주와 거짓말로 말미암아 그들이 그 교만한 중에서 사로잡히게 하소서 시편 59:9-12

새벽을 깨워 주시는 주님!
이 새벽에 영혼의 맑음을 위하여
이 새벽에 영혼의 기쁨을 위하여
이 새벽에 영혼의 새로움을 위하여
주님께 기도드리게 하여 주심을 감사드립니다.
우리의 마음의 문을 열어 주님께로 한 걸음씩 나아가게 하소서.
우리에게 모순과 시련이 다가와도 이겨 내어 영혼을 새롭게 하소서.
주님께로 나아가는 길이 좁고 험한 길이라 해도
우리를 그 길로 인도해 주시기를 원합니다.
이 새벽에 주님의 사랑과 희망을 담게 하소서.
우리의 영혼을 뜨겁게 해 주시기를 원합니다.
우리 주 예수 그리스도의 이름으로 기도합니다. 아멘!

### 오늘의 묵상

우리는 새벽에 잠에서 깨어나면 눈을 뜨기도 전에 하나님 생각부터 먼저 해야 한다. 그리고 우리는 그렇게 되도록 우리 자신을 훈련시켜야 한다. 만일 우리가 잠에서 깨어나 다음과 같이 말하고 그것을 실제로 느낀다면 아침에 커피를 마시면서 원망하거나 하루 동안에 아무것도 두려워하지 않을 것이다. "이날은 여호와께서 정하신 것이라 이날에 우리가 즐거워하고 기뻐하리로다(시편 118:24)" 이것이 우리가 의식적으로 전지전능하신 하나님에 대한 우리의 관계를 바르게 하는 것이다. 우리는 오늘 하루를 기대하면서 일어날 수 있다.

# 7 July 4 | 세계를 위하여 기도하라

> 그들에게 저물어 돌아와서 개처럼 울며 성으로 두루 다니게 하소서 그들은 먹을 것을 찾아 유리하다가 배부름을 얻지 못하면 밤을 새우려니와 나는 주의 힘을 노래하며 아침에 주의 인자하심을 높이 부르오리니 주는 나의 요새이시며 나의 환난 날에 피난처심이니이다 나의 힘이시여 내가 주께 찬송하오리니 하나님은 나의 요새이시며 나를 긍휼히 여기시는 하나님이심이니이다 시편 59:14-17

우리의 죄를 고백하면 용서하여 주시는 주님!
이 새벽 주님께 우리의 죄를 고백하게 하소서.
감추어져 있던 것들을 낱낱이 끄집어내어
주님께 다 보여드리고 용서를 구하게 하여 주소서.
우리가 죄악을 담고 있으면 더 고통스러울 뿐이오니
모든 죄를 다 고백하고 주님의 보혈로 깨끗이 씻음받게 하여 주소서.
우리를 얽어매고 있던 죄에서 벗어나게 하여 주소서.
우리의 몸과 영혼이 죄의 오염으로 더럽혀져 있으나
주님의 은혜로 깨끗이 씻음을 받아 새롭게 하여 주소서.
독수리가 날개 치며 하늘에 날아오름과 같이
우리의 믿음이 온전히 주님을 향하게 하여 주소서.
우리 주 예수 그리스도의 이름으로 기도합니다. 아멘!

### 오늘의 묵상

우리는 세계를 위하여 기도할 영적인 책임이 있다는 것을 잊지 말아야 한다. 우리는 기도할 수 있다. 기도의 힘은 막강한 것이다. 우리는 영원한 존재라는 사실도 잊지 말아야 한다. 우리는 우리의 기도로 우리의 지도자를 지원할 수 있고, 또 지원해야 한다. 우리는 하나님께서 모든 것을 통치하신다는 사실을 알아야 한다. 의인 열 사람이 한 도시를 구할 수 있다. 만일 우리 각자가 세계에 대해서 올바른 기도를 드린다면 우리는 참으로 많은 것을 달성하게 될 것이다.

# 7월 5일 타인을 위하여 기도하라

> 주께서 주의 백성에게 어려움을 보이시고 비틀거리게 하는 포도주를 우리에게 마시게 하셨나이다 주를 경외하는 자에게 깃발을 주시고 진리를 위하여 달게 하셨나이다 (셀라) 주께서 사랑하시는 자를 건지시기 위하여 주의 오른손으로 구원하시고 응답하소서 시편 60:3-5

우리를 자녀로 삼아 주시는 주님!
우리가 죄악 속에 살면 두려움에 떨 수밖에 없으니
주님 앞에 강하고 담대한 믿음으로 살게 하소서.
우리가 주님을 두려워함은 죄악 때문이고
세상을 두려워함은 자신감이 없어서입니다.
우리가 믿음으로 두려움을 물리치게 하시고
두려움의 원인을 제거하게 해 주시기를 원합니다.
두려워하면 두려움이 증폭되오니
믿음으로 믿음을 증폭시켜 이겨 내게 해 주시기를 원합니다.
우리가 두 마음을 품지 않고 오직 한 마음으로
주님을 섬기며 따르게 해 주시기를 원합니다.
우리 마음을 성결하게 하시어 믿음 위에 굳건히 서게 하소서.
우리 주 예수 그리스도의 이름으로 기도합니다. 아멘!

### 오늘의 묵상

우리의 매일매일의 생활 중 가장 중요한 부분은 다른 사람들을 위하여 기도하는 것이다. 우리는 남을 변화시킬 수 없다. 그리고 우리는 남들을 변화시키려고 시도하지 말아야 한다. 우리는 남들을 우리 뜻대로 개조할 수 없다. 그러나 우리는 우리 자신을 개조할 수 있다. 우리 각자에게는 자유의지가 있기 때문이다. 우리가 남을 위해 기도하면 남을 위한 사랑의 치유력이 있게 된다. 주님께서는 바로 사랑으로 귀신들을 쫓아내셨고, 병자들을 고치셨고, 죄들을 제거하셨다. 우리가 다른 사람을 위하여 기도할 때 우리도 행복할 수 있다.

## 트렌치의 기도

**7 July 6**

누가 나를 이끌어 견고한 성에 들이며 누가 나를 에돔에 인도할까 하나님이여 주께서 우리를 버리지 아니하셨나이까 하나님이여 주께서 우리 군대와 함께 나아가지 아니하시나이다 우리를 도와 대적을 치게 하소서 사람의 구원은 헛됨이니이다 우리가 하나님을 의지하고 용감하게 행하리니 그는 우리의 대적을 밟으실 이심이로다
시편 60:9-12

우리의 모든 것을 다 아시는 주님!
우리에게 말씀을 주시고 은혜를 주심을 감사드립니다.
우리가 기도함으로 체험 있는 그리스도인이 되게 하소서.
우리를 도우시고 갈 길을 인도하여 주시는
주님의 이름을 부르며 기도하고 찬양하는 삶을 살게 하소서.
주님의 말씀을 머릿속으로만 생각하지 말고
선한 행동으로 옮기게 해 주시기를 원합니다.
아직도 우리가 얽매여 있다면 믿음으로 풀게 해 주시고
진리의 자유함을 누리며 살게 해 주시기를 원합니다.
우리를 아시는 주님께서 우리를 보살펴 주시기를 원합니다.
우리를 아시는 주님께서 우리와 동행하여 주시기를 원합니다.
우리 주 예수 그리스도의 이름으로 기도합니다. 아멘!

### 오늘의 묵상

주님 앞에서 보낸 이 짧은 시간에 우리의 마음이 이렇게 잘 변화되었다. 그렇게도 무거웠던 짐을 가슴에서 털어 버리고 메마른 땅이 단비로 상쾌하게 되었다. 무릎을 꿇고 엎드리면 주위의 모든 것은 낮아지고 일어나면 먼 것, 가까운 것 모두 우뚝 서 있다. 엎드리면 약하지만 일어나면 힘차다. 어찌 우리가 죄를 지을까? 부정한 짓, 그릇된 죄, 그것은 항상 우리를 힘차게 하지 못하는 것, 그것은 근심으로 우리를 짓누르는 것, 그것은 우리를 약하고 냉혹하게 만드는 것이다. 그리고 갈망과 고통에 빠뜨리는 것이다. 그런데 기도는 우리에게 기쁨과 힘과 용기를 듬뿍 안겨다 준다. 트렌치

# 7 July 7

## 믿음의 간구

하나님이여 나의 부르짖음을 들으시며 내 기도에 유의하소서 내 마음이 약해질 때에 땅끝에서부터 주께 부르짖으오리니 나보다 높은 바위에 나를 인도하소서 주는 나의 피난처시요 원수를 피하는 견고한 망대이심이니이다 내가 영원히 주의 장막에 머물며 내가 주의 날개 아래로 피하리이다 (셀라) 주 하나님이여 주께서 나의 서원을 들으시고 주의 이름을 경외하는 자가 얻을 기업을 내게 주셨나이다 시편 61:1-5

우리의 믿음이 날마다 자라게 하시는 주님!
우리의 믿음과 신앙이 날마다 성숙하게 해 주시기를 원합니다.
어린아이 같은 말과 행동을 벗어 버리고
우리의 믿음이 반석 위에 굳건히 서게 하소서.
모든 일을 믿음을 갖고 헤쳐 나가게 하시고
우리를 비난하고 헐뜯고 허물어뜨리려는 자들을
예수 그리스도의 이름으로 용서하는 넓은 마음을 갖게 하소서.
주님의 축복을 함께 나누며 살게 해 주시기를 원합니다.
믿음으로 보이지 않는 것들을 보게 하시고 희망 속에 살게 하소서.
기다릴 줄 아는 믿음 속에 이루어지는 놀라운 결과를 보게 하소서.
우리 자신을 믿음 안에서 아름답게 살게 하여 주소서.
우리 주 예수 그리스도의 이름으로 기도합니다. 아멘!

### 오늘의 묵상

우리가 드리는 믿음의 간구란 무엇인가? 믿음의 간구란 우리의 믿음에서 올바른 믿음의 분량에 따른 간구를 말한다. 그것은 간구가 너무 커서 하나님이 응답해 주실지 의문스러워지는 그러한 간구가 아니다. 그것은 우리가 특별한 사람이나 문제를 위하여 기도하고, 오직 하나님께서 이루어 주실 것이라고 참으로 믿을 수 있는 것을 위해 구하는 그러한 특별한 상황의 간구를 말한다. 이 말은 하나님의 능력이 제한되어 있다는 것을 뜻하지 않으며, 다만 그것은 우리의 믿음의 분량을 정직하게 말해 줄 뿐이다. 그것은 당신의 더 큰 것을 구하게 된다.

## 대화체 기도란 무엇인가

**7 July 8**

나의 영혼이 잠잠히 하나님만 바람이여 나의 구원이 그에게서 나오는도다 오직 그만이 나의 반석이시요 나의 구원이시요 나의 요새이시니 내가 크게 흔들리지 아니하리로다 넘어지는 담과 흔들리는 울타리같이 사람을 죽이려고 너희가 일제히 공격하기를 언제까지 하려느냐 그들이 그를 그의 높은 자리에서 떨어뜨리기만 꾀하고 거짓을 즐겨 하니 입으로는 축복이요 속으로는 저주로다 (셀라) 시편 62:1-4

새벽에 기도하게 하시는 주님!
이 시간 복잡한 것들에서 떠나
홀로 기도하오니 받아 주시고 응답하여 주소서.
우리의 주의가 산만하지 않게 해 주시고
마음을 모아 주님께 드리게 해 주시기를 원합니다.
이 시간 고요히 주님을 생각하며 묵상하게 하소서.
주위가 소란해지기 전에, 우리의 마음이 분주해지기 전에
가장 먼저 주님께 기도를 드리게 해 주시기를 원합니다.
우리가 피곤할 때 많은 말을 하지 않아도, 오래 기도하지 않아도
주님께서 아시고 함께하심을 믿습니다.
우리의 기도가 끝나면 고요히 묵상함으로써
우리에게 들려주시는 주님의 음성을 듣게 하소서.
우리 주 예수 그리스도의 이름으로 기도합니다. 아멘!

### 오늘의 묵상

대화란 무엇인가? 그것은 두 사람 혹은 그 이상의 사람들 사이에 의사 전달을 하는 수단이다. 우리는 대화를 통해서 인격과 권리, 명예와 감정 그리고 인간성을 알 수 있다. 좋은 대화는 쌍방이 서로 주고받는 대화다. 좋은 대화는 주제를 같이하며 대화를 나눈다. 우리가 기도를 드릴 때 마치 친구와 대화를 하듯이 기도를 해도 좋은 것이다. 우리의 기도를 들어주시는 주님은 우리의 친구가 되신다고 말씀하셨다.

# 은밀한 기도의 실천 방법

**7 July 9**

나의 구원과 영광이 하나님께 있음이여 내 힘의 반석과 피난처도 하나님께 있도다 백성들아 시시로 그를 의지하고 그의 앞에 마음을 토하라 하나님은 우리의 피난처시로다 (셀라) 아, 슬프도다 사람은 입김이며 인생도 속임수이니 저울에 달면 그들은 입김보다 가벼우리로다 포악을 의지하지 말며 탈취한 것으로 허망하여지지 말며 재물이 늘어도 거기에 마음을 두지 말지어다 하나님이 한두 번 하신 말씀을 내가 들었나니 권능은 하나님께 속하였다 하셨도다 주여 인자함은 주께 속하오니 주께서 각 사람이 행한 대로 갚으심이니이다 시편 62:7-12

주님의 뜻을 따라 기도하기를 원하시는 주님!
기도할 때 우리의 삶이 변화될 줄 믿는 마음으로
이 새벽에 주님께 기도를 드립니다.
우리가 주님의 마음 가까이 다가갈 수 있도록
주님께서 인도하여 주시기를 원합니다.
삶 속에서 세월의 흐름을 빠르게 느낄 때가 많습니다.
무엇 하나 제대로 한 것 없이 시간만 흘러가면 허무하오니
주님의 뜻대로 알차고 복된 성도의 삶을 살게 해 주시기를 원합니다.
우리의 믿음이 성장하게 해 주시고
우리의 영성이 성장하게 해 주시기를 원합니다.
우리 주 예수 그리스도의 이름으로 기도합니다. 아멘!

### 오늘의 묵상
우리가 은밀한 기도를 하기 원한다면 몇 가지 실천 사항이 있다.
1. 홀로 기도할 수 있는 일정한 장소를 정하라
2. 아주 개인적으로 친근하게 우리를 사랑하시는 주님을 만날 수 있다는 기대를 가져라
3. 우리의 기도가 들릴 듯 말 듯 하라
4. 매일 경건한 책을 읽고 또한 우리가 매일 성경을 읽는 데 도움을 주는 책을 읽어라

## 7 July 10 — 마음을 같이하여 기도하는 방법

> 하나님이여 주는 나의 하나님이시라 내가 간절히 주를 찾되 물이 없어 마르고 황폐한 땅에서 내 영혼이 주를 갈망하며 내 육체가 주를 앙모하나이다 내가 주의 권능과 영광을 보기 위하여 이와 같이 성소에서 주를 바라보았나이다 주의 인자하심이 생명보다 나으므로 내 입술이 주를 찬양할 것이라 이러므로 나의 평생에 주를 송축하며 주의 이름으로 말미암아 나의 손을 들리이다 시편 63:1-4

우리의 삶을 인도하여 주시는 주님!
우리에게 긍정적이고 적극적인 사고방식을 갖게 해 주셔서
언제나 도전할 수 있는 믿음을 주시기를 원합니다.
어떤 어려움이 있더라도 쉽게 포기부터 하지 않게 하소서.
모든 일을 할 때 우유부단하지 않고 결단력이 있게 해 주소서
실패의 원인이 있다면 찾아서 고쳐 가게 하여 주소서.
쓸데없는 걱정부터 하지 않게 하시고 행동으로 옮기도록 하소서.
우리의 삶을 축복하시며 넘치도록 주시는
주님을 신뢰하며 날마다 열정을 쏟게 해 주시기를 원합니다.
미래에 대한 확신을 갖고 오늘의 삶에 충실하여
성공적인 삶을 살게 해 주시기를 원합니다.
우리 주 예수 그리스도의 이름으로 기도합니다. 아멘!

### 오늘의 묵상

우리가 무엇에 대해서 합심하여 기도해야 할지 모를 때 바로 그때가 성령으로 충만한 참된 사랑의 본을 보여 줄 때다. 우리는 약속의 주님을 생각하고, 우리 형제의 어려운 처지를 기도 제목으로 삼고 그의 이름을 부르며 함께 기도해야 한다. 우리의 마음을 모아서 우리 앞에 있는 어두움을 뚫고 나가거나 우리 앞에 가로놓인 산을 제거해야 한다. 우리는 기도로 대화하고 제시하며 기다리고 난관을 뚫고 나가며 깨닫게 되고 서로 조화를 이룬다.

# 7 July 11

## 나를 써 주소서

나의 영혼이 주를 가까이 따르니 주의 오른손이 나를 붙드시거니와 나의 영혼을 찾아 멸하려 하는 그들은 땅 깊은 곳에 들어가며 칼의 세력에 넘겨져 승냥이의 먹이가 되리이다 왕은 하나님을 즐거워하리니 주께 맹세한 자마다 자랑할 것이나 거짓말 하는 자의 입은 막히리로다 시편 63:8-11

우리에게 무한한 가능성을 주시는 주님!
우리의 꿈과 비전을 이루어 갈 때
작은 것이라도 할 수 있는 것부터 시작하게 해 주소서.
헛되고 부질없는 것에 관심을 두지 말고
중요한 것에 모든 열정을 다 쏟아 내게 해 주시기를 원합니다.
우리가 하고 있는 일에 믿음을 갖고 전념하게 하소서
언제나 포기하지 않고 모든 어려움을 헤쳐 나가게 해 주소서.
언제나 새롭게 해 주시고 노력하게 해 주시기를 원합니다.
우리가 정리정돈을 잘하게 해 주시고
어려울 때일수록 주님을 의지하며 신뢰하게 해 주시기를 원합니다.
우리 주 예수 그리스도의 이름으로 기도합니다. 아멘!

### 오늘의 묵상

나의 구주여! 무슨 목적으로든지, 무슨 방법으로든지 당신이 나를 필요로 하실 그때 나를 사용하소서. 빈 그릇과 같은 가난한 내 마음이 여기 있사오니 당신의 은혜로 채우소서. 죄 많고 상처 많은 나의 영혼이 여기 있사오니 당신의 사랑으로 소생시키고 새롭게 하소서. 나의 마음을 당신이 계신 곳으로 이끄시고 나의 입으로 당신 이름의 영광을 널리 전파하게 하소서. 나의 사랑, 나의 모든 힘은 당신을 믿는 사람들의 진보를 위하여 있나이다. 그러나 내 믿음의 견실함과 확신을 저버리게 하는 고통은 결코 받지 않을 것입니다. 그러므로 내 마음이 "예수께서 나를 필요로 하시네 나는 그의 것이네"라고 말할 때에만 그 일이 가능할 것입니다. 무디

# 7 July 12

## 두 종류의 기도

하나님이여 내가 근심하는 소리를 들으시고 원수의 두려움에서 나의 생명을 보존하소서 주는 악을 꾀하는 자들의 음모에서 나를 숨겨 주시고 악을 행하는 자들의 소동에서 나를 감추어 주소서 그들이 칼같이 자기 혀를 연마하며 화살같이 독한 말로 겨누고 숨은 곳에서 온전한 자를 쏘며 갑자기 쏘고 두려워하지 아니하는도다

시편 64:1-4

우리의 삶의 목표를 주시는 주님!
우리에게 분명한 삶의 목표를 주사 실현해 나가게 하심을
아직 어둠이 가시지 않은 새벽에 기도로써 감사드립니다.
우리에게 주신 소망을 실현해 나가게 해 주시고
날마다 새롭게 변화하게 해 주시기를 원합니다.
우리의 목표가 이루어져 감에 따라 확신을 갖게 해 주시고
기뻐하며 주님께 큰 영광을 돌리게 해 주시기를 원합니다.
잠재의식 속에서도 우리의 목표를 확인하게 해 주시고
중단하거나 머뭇거림 없이 나아가게 하여 주소서.
우리에게 강하고 담대한 믿음을 주셔서
목표를 이루어 가는 감동과 감격을 주시기를 원합니다.
주님께서 주시는 힘과 능력으로 이루어 나가게 하여 주소서.
우리 주 예수 그리스도의 이름으로 기도합니다. 아멘!

### 오늘의 묵상

기도에는 두 가지 종류가 있다. 하나는 말로 하는 기도요, 또 하나는 묵상으로 하는 말없는 기도다. 말의 기도는 본질이 아니고 의복일 뿐이다. 말없는 기도 속에서 열렬한 중보기도가 드려질 수 있다. 많은 말을 하면서도 진실한 간청이 되지 못하는 기도도 있다. 우리의 기도 습관보다 더 중요한 기도의 마음을 계발해야 한다. 헌신 없이 외식으로 드려지는 기도가 있다. 우리는 무릎을 꿇기 전에 기도를 시작해야 하고, 기도의 자리에서 일어났다고 해서 기도를 그쳐서는 안 된다.

# 7 July 13 기도의 사람들

그러나 하나님이 그들을 쏘시리니 그들이 갑자기 화살에 상하리로다 이러므로 그들이 엎드러지리니 그들의 혀가 그들을 해함이라 그들을 보는 자가 다 머리를 흔들리로다 모든 사람이 두려워하여 하나님의 일을 선포하며 그의 행하심을 깊이 생각하리로다 의인은 여호와로 말미암아 즐거워하며 그에게 피하리니 마음이 정직한 자는 다 자랑하리로다 시편 64:7-10

우리의 마음에 평안과 여유를 주시는 주님!
우리의 삶이 복잡하고 분주해질수록
유머를 통하여 날마다 웃을 수 있는 여유를 갖게 하여 주소서.
사방이 막혀 있다고 하여도 하늘은 열려 있으니
우리에게 온갖 어려움이 닥쳐 온다고 하여도
주님께서 우리의 길을 열어 주심을 확신하게 하소서.
밝은 마음, 기쁜 마음을 갖게 해 주시고
영육 간에 강건하게 해 주시기를 원합니다.
우리에게 다가오는 갖가지 위기를
우리에게 주어진 기회로 바꾸어 가는 지혜를 주시기를 원합니다.
우리가 믿음 속에서 날마다 주님을 소망하며 살게 하소서.
우리 주 예수 그리스도의 이름으로 기도합니다. 아멘!

### 오늘의 묵상

데이비드 브레이너드는 눈 날리는 숲에서도 얼굴에 땀방울이 맺힐 정도로 기도했다. 찰스 피니는 하나님과 여러 시간, 여러 날을 함께 보내는 사람이었다. 존 녹스는 한밤중에 이렇게 부르짖었다. "오, 하나님! 내게 스코틀랜드를 주십시오. 그렇지 않으면 죽음을 주십시오!"

## 7 July 14

### 주님께 기도를 배운 조지 뮐러

하나님이여 찬송이 시온에서 주를 기다리오며 사람이 서원을 주께 이행하리이다 기도를 들으시는 주여 모든 육체가 주께 나아오리이다 죄악이 나를 이겼사오니 우리의 허물을 주께서 사하시리이다 주께서 택하시고 가까이 오게 하사 주의 뜰에 살게 하신 사람은 복이 있나이다 우리가 주의 집 곧 주의 성전의 아름다움으로 만족하리이다 시편 65:1-4

우리의 삶을 주관하시는 주님!
우리가 이 새벽 시간에 기도하오니
우리 자신에게도 분명하고 엄격한 삶을 살게 하여 주소서.
늘 예수를 깊이 생각하며 살게 해 주시고
가족과 남에게 친절한 삶을 살게 해 주시기를 원합니다.
주님의 섭리를 따르는 삶을 살게 해 주시고
우리의 삶을 주님의 은혜로 이루셨으니
아름다운 믿음으로 그려 나가게 해 주시기를 원합니다.
우리가 쉽게 화부터 내지 말게 해 주시고
남을 먼저 이해하고 용서하고 감싸 주게 하여 주소서.
내일을 기대하며 소망하며 살게 해 주시기를 원합니다.
주님께서 우리의 삶을 지켜 주심을 믿게 하여 주소서.
우리 주 예수 그리스도의 이름으로 기도합니다. 아멘!

**오늘의 묵상** 조지 뮐러는 주님의 기도를 철저하게 배웠다. 조지 뮐러가 기도를 잘 터득하게 되는 비결 중 하나가 주님의 기도 생애를 많이 연구하여 자신의 삶에 잘 적용했기 때문이다. 조지 뮐러가 성경을 얼마나 많이 읽었겠는가. 그가 사역 말기에 무릎 꿇고 읽은 말씀만도 무려 백 편 정도나 된다고 하니 과연 성경을 사랑한 사람이다. 성경을 통해서 조지 뮐러는 주님이 기도하시는 모습을 배웠으며, 그 기도는 자신 스스로 닮아 간 것이다. 조지 뮐러는 성경을 통해 주님께 기도를 배웠다.

# 7 July 15 기도하는 교회의 능력

주께서 밭고랑에 물을 넉넉히 대사 그 이랑을 평평하게 하시며 또 단비로 부드럽게 하시고 그 싹에 복을 주시나이다 주의 은택으로 한 해를 관 씌우시니 주의 길에는 기름 방울이 떨어지며 들의 초장에도 떨어지니 작은 산들이 기쁨으로 띠를 띠었나이다 초장은 양 떼로 옷 입었고 골짜기는 곡식으로 덮였으매 그들이 다 즐거이 외치고 또 노래하나이다 시편 65:10-13

우리의 믿음을 소중하게 여기시는 주님!
우리에게 믿음을 주사 믿음으로 기도하게 하시고
믿음으로 응답받으며 살아가게 해 주시기를 원합니다.
우리가 사람들에게 따뜻하게 인사를 나누게 하시고
약속을 잘 지켜 나가 신뢰받는 삶을 살게 하여 주소서.
예의 바른 삶을 살아 남들에게 경솔하지 않게 해 주시고
우리의 삶이 죄악으로 인하여 흐트러지지 않게 하소서.
우리가 주님을 항상 닮아 가게 해 주시고
날마다 주님께로 나아가기를 원하게 해 주시기를 원합니다.
모든 것을 믿음 속에 행하게 하여 주시기를 원합니다.
언제 어디서나 그리스도인다운 삶을 살게 하여 주소서.
우리 주 예수 그리스도의 이름으로 기도합니다. 아멘!

### 오늘의 묵상

우리는 하나님이 그분의 손을 펴사 놀라운 일들을 교회에 행하시는 것을 본다. 하나님의 손은 언제 역사하시는가? 하나님의 교회가 기도할 때다. 하나님의 손을 움직이게 하는 기도다. 우리의 불신앙은 하나님의 손을 묶어 놓는다. 하나님의 손과 우리의 기도는 서로 떨어질 수 없다. 하나님의 자녀들이 기도할 때 하나님의 손은 역사하신다.

# 7 July 16

## 기도는 하나님을 바라고 기다리는 것이다

온 땅이여 하나님께 즐거운 소리를 낼지어다 그의 이름의 영광을 찬양하고 영화롭게 찬송할지어다 하나님께 아뢰기를 주의 일이 어찌 그리 엄위하신지요 주의 큰 권능으로 말미암아 주의 원수가 주께 복종할 것이며 온 땅이 주께 경배하고 주를 노래하며 주의 이름을 노래하리이다 할지어다 (셀라) 와서 하나님께서 행하신 것을 보라 사람의 아들들에게 행하심이 엄위하시도다 하나님이 바다를 변하여 육지가 되게 하셨으므로 무리가 걸어서 강을 건너고 우리가 거기서 주로 말미암아 기뻐하였도다 그가 그의 능력으로 영원히 다스리시며 그의 눈으로 나라들을 살피시나니 거역하는 자들은 교만하지 말지어다 (셀라) 시편 66:1-7

우리의 마음을 넓고 풍요롭게 하시는 주님!
우리의 삶에는 갖가지 문제가 일어나오니
문제를 신속하게 해결할 수 있는 지혜와 믿음을 주소서.
우리가 자기 욕심껏 살아가는 것이 아니라
나눔과 사랑이 있는 삶을 살게 하여 주시기를 원합니다.
주님께서 우리에게 큰 사랑을 베풀어 주사
우리로 하여금 죄악에서 구원하여 주셨으니
우리도 주님께 받은 사랑을 나누며 살게 하여 주소서.
주님께서 항상 친절하게 전하게 하여 주시기를 원합니다.
우리의 성격이 급하지 않고 너그럽게 하여 주소서.
우리 주 예수 그리스도의 이름으로 기도합니다. 아멘!

### 오늘의 묵상

기도란 응답을 받기까지 하나님을 기다리는 것을 암시한다. 위로부터의 인도, 건강, 힘, 그 어떤 것이든지 간에 자신이 찾는 모든 것을 다 찾을 때까지 하나님께서 제시한 방향에 순종하며 그 응답에 따르는 것이다. 그것은 주님의 말씀을 경청하고 그분의 문을 매일같이 주시하며 그 문전에서 응답을 기다리는 기도를 말하는 것이다. 기도는 구하는 것 이상의 것이다. 그것은 받는 것, 기다리는 것, 하나님을 알아 가는 것을 포함하는 개념이다. 그것은 그분께서 하실 말씀이 많이 있고 우리는 배울 것이 많이 있는 대화요, 교제다.

# 7 July 17 | 기도는 하나님께 간청하는 것이다

> 만민들아 우리 하나님을 송축하며 그의 찬양 소리를 들리게 할지어다 그는 우리 영혼을 살려 두시고 우리의 실족함을 허락하지 아니하시는 주시로다 하나님이여 주께서 우리를 시험하시되 우리를 단련하시기를 은을 단련함같이 하셨으며 우리를 끌어 그물에 걸리게 하시며 어려운 짐을 우리 허리에 매어 두셨으며 사람들이 우리 머리를 타고 가게 하셨나이다 우리가 불과 물을 통과하였더니 주께서 우리를 끌어내사 풍부한 곳에 들이셨나이다 시편 66:8-12

우리에게 필요한 능력을 주시는 주님!
우리가 날마다 배우며 노력하는 마음을 갖게 하여 주소서.
게으르거나 소홀히 행함으로
타인에게나 자신의 삶에 해를 입히지 않게 하여 주소서.
잘못하여 쓸데없는 변명을 늘어놓기보다는
그러한 일이 일어나지 않도록 최선을 다하게 하여 주사
우물쭈물하다가 기회를 놓치지 않게 하여 주시고
모든 일에 집중하고 모든 힘과 지혜를 다하게 하여 주소서.
하고자 하는 일에 흥미와 재미를 느끼게 하여 주시고
우리에게 있는 모든 장점을 살려 나가게 하여 주소서.
시대의 변화에 잘 적응하게 하여 주시고 즐겁게 살게 하소서.
우리 주 예수 그리스도의 이름으로 기도합니다. 아멘!

### 오늘의 묵상

기도의 가장 단순한 형태는 간구다. "구하라 그러면 주실 것이요" 이것은 기도의 가장 기본적인 형태(우리의 간구하는 바를 가장 간단한 언어와 태도로 하나님께 아뢰는 것)를 나타내고 있다. 우리는 매우 평범하고 불완전한 기도일지라도 은혜의 보좌 앞에 진지하게 드려진 것은 하나님 아버지의 주목을 끌고 응답받게 되는 것임을 알 수 있다. 어린아이의 그칠 줄 모르는 울음소리가 엄마의 마음속 깊이 도달하듯이 어린 성도의 연약한 목소리도 하나님의 마음 중심에 도달하게 된다.

## 7 July 18 | 우리의 기도를 방해하는 것

하나님을 두려워하는 너희들아 다 와서 들으라 하나님이 나의 영혼을 위하여 행하신 일을 내가 선포하리로다 내가 나의 입으로 그에게 부르짖으며 나의 혀로 높이 찬송하였도다 내가 나의 마음에 죄악을 품었더라면 주께서 듣지 아니하시리라 그러나 하나님이 실로 들으셨음이여 내 기도 소리에 귀를 기울이셨도다 하나님을 찬송하리로다 그가 내 기도를 물리치지 아니하시고 그의 인자하심을 내게서 거두지도 아니하셨도다 시편 66:16-20

우리가 좋은 습관을 갖기를 원하시는 주님!
우리가 사람들을 칭찬하며 살게 하여 주소서.
우리가 항상 웃을 수 있는 마음의 여유를 주시기를 원합니다.
욕심보다는 소망이 가득 찬 마음으로 살게 하시고
불행보다는 항상 행복을 생각하며 살아가게 하여 주소서.
주님께서 우리의 마음에 참평안을 주심을 믿으며
언제나 주님을 우리의 구주로 시인하게 하여 주소서.
우리의 잘못이 있다면 시인하고 고치게 하여 주시기를 원합니다.
남의 어려움을 모른 척하지 않고 도와주게 하여 주소서.
우리가 그리스도인답게 살아가도록 해 주시고
신앙적인 매력을 가진 주의 자녀답게
믿음으로 살아가게 해 주시기를 원합니다.
우리 주 예수 그리스도의 이름으로 기도합니다. 아멘!

### 오늘의 묵상

기도생활을 방해하는 가장 큰 요소는 죄이다. 이기심과 땅의 소유욕은 기도를 방해한다. 분쟁과 쓴 뿌리는 기도를 방해한다. 의심은 기도의 장애물이다. 하나님의 뜻을 무시하는 것은 기도를 방해한다. 하나님이 금지하신 방법으로 일을 성사시키려고 노력하는 것은 기도를 방해한다. 성령을 무시하는 것도 기도에 큰 방해가 된다.

# 7 July 19 | 기도는 그리스도인의 삶의 큰 목적

하나님은 우리에게 은혜를 베푸사 복을 주시고 그의 얼굴빛을 우리에게 비추사 (셀라) 주의 도를 땅 위에, 주의 구원을 모든 나라에게 알리소서 하나님이여 민족들이 주를 찬송하게 하시며 모든 민족들이 주를 찬송하게 하소서 온 백성은 기쁘고 즐겁게 노래할지니 주는 민족들을 공평히 심판하시며 땅 위의 나라들을 다스리실 것임이니이다 (셀라) 시편 67:1-4

우리에게 충만한 기쁨을 주시는 주님!
우리를 구원하여 주사 천국을 소망하며 살아가는
그리스도인이 되게 해 주심을 감사드립니다.
우리 삶의 모든 것이 주님의 인도하심과
주님의 사랑 속에 이루어졌음을 고백합니다.
우리 삶을 믿음으로 살아가게 하시고
구원의 확신과 미래에 대한 확신을 갖고 살아가게 하소서.
예수 그리스도 안에서 기뻐하는 삶을 살게 하여 주소서.
고통이 우리에게 있음은 우리가 살아 있음이니
잘 이겨 내며 감수해 나가는 삶을 살게 하여 주소서.
주님께서 고통 중에서도 우리를 새롭게 하여 주소서.
우리 주 예수 그리스도의 이름으로 기도합니다. 아멘!

### 오늘의 묵상

흔히 기도는 그리스도인의 삶의 중요한 수단이라고 말한다. 그러나 기도는 단지 수단이 아니라 그리스도인의 삶의 큰 목적이다. 물론 기도를 수단으로 부르는 것이 틀린 것은 아니다. 특히 시작 단계에서는 그렇겠지만 마지막 단계에서는 그리스도인의 삶을 살기 위해 기도한다기보다는 기도하기 위해 그리스도인의 삶을 산다고 이야기하는 편이 옳은 이야기일 것이다. 이것이 진실이다. 기도는 선행을 준비한다. 그러나 선행과 희생은 더 많은 기도를 낳는다.

# 7 July 20

## 로렌스 수도사의 묵상에 대한 권고

하나님이여 민족들이 주를 찬송하게 하시며 모든 민족으로 주를 찬송하게 하소서 땅이 그의 소산을 내어 주었으니 하나님 곧 우리 하나님이 우리에게 복을 주시리로다 하나님이 우리에게 복을 주시리니 땅의 모든 끝이 하나님을 경외하리로다
시편 67:5-7

우리를 인도하여 주시는 주님!
이 새벽 주님 앞에 나왔습니다.
주님께서 우리를 받아 주시고 인도하여 주시기를 원합니다.
우리가 주님을 사랑하기에 우리의 모든 삶을
소망 속에 이루어 갈 수 있게 하심을 감사드립니다.
우리가 이 땅에서 힘차게 살아갈 수 있도록
주님께서 능력과 권세를 주시기를 원합니다.
우리가 기도할 때 가능성을 보이게 하시고
결과를 이루어 놓게 하심을 감사드립니다.
우리의 삶이 풍성한 열매를 맺어 주님의 영광을 나타내게 하소서.
우리가 믿음으로 더욱 뜨겁게 기도함으로써 응답받게 하여 주소서.
우리 주 예수 그리스도의 이름으로 기도합니다. 아멘!

### 오늘의 묵상

기도하는 동안에 마음을 가장 쉽게 집중할 수 있는 방법은 평소에 그 마음이 산란하게 있지 않도록 힘쓰는 것이다. 당신이 평소에 하나님 앞에서 바르게 살고, 하나님을 때때로 생각하는 삶에 익숙해 있다면 기도하는 시간에 당신의 마음을 쉽게 집중할 수 있다는 것을 발견할 것이다. 로렌스 수도사

# 7 July 21 | 찬양과 기도의 동일한 점

하나님께 노래하며 그의 이름을 찬양하라 하늘을 타고 광야에 행하시던 이를 위하여 대로를 수축하라 그의 이름은 여호와이시니 그의 앞에서 뛰놀지어다 그의 거룩한 처소에 계신 하나님은 고아의 아버지시며 과부의 재판장이시라 하나님이 고독한 자들은 가족과 함께 살게 하시며 갇힌 자들은 이끌어 내사 형통하게 하시느니라 오직 거역하는 자들의 거처는 메마른 땅이로다 시편 68:4-6

우리의 마음을 주관하시는 주님!
우리의 삶에서 불평과 불만과 짜증이 사라지게 하시고
기쁨과 감사가 날마다 넘치게 하여 주시기를 원합니다.
우리가 기도할 때마다 주님의 은혜를 사모하게 하여 주시고
우리가 항상 깨어 있어 굳건한 믿음을 갖게 하여 주소서.
주님이 주시는 구원의 기쁨을 누리며 살아가는
멋진 성도의 삶을 살아가게 하여 주시기를 원합니다.
우리가 세속적인 행복을 원하기보다는
생명의 복음 안에서 거룩한 삶을 살게 하여 주소서.
날마다 자기 자신을 부인하게 하여 주시고
자기의 십자가를 지고 주님을 따르게 하여 주소서.
우리 주 예수 그리스도의 이름으로 기도합니다. 아멘!

### 오늘의 묵상
1. 찬양은 우리의 마음을 하나님께 향하도록 한다
2. 찬양은 우리의 걱정, 공포, 그리고 땅에 속한 생각들을 정결케 하도록 한다
3. 찬양은 믿음이 생기게 하고 증진시킨다
4. 찬양은 하나님의 임재, 하나님의 권능, 그리고 능력을 불러일으킨다
5. 찬양은 사탄의 음모를 혼돈케 하고 위협하며, 억제하고 좌절하게 한다

# 7 July 22

## 우리가 기도할 때 지켜야 할 규칙

하나님이여 주의 백성 앞에서 앞서 나가사 광야에서 행진하셨을 때에 (셀라) 땅이 진동하며 하늘이 하나님 앞에서 떨어지며 저 시내 산도 하나님 곧 이스라엘의 하나님 앞에서 진동하였나이다 하나님이여 주께서 흡족한 비를 보내사 주의 기업이 곤핍할 때에 주께서 그것을 견고하게 하셨고 주의 회중을 그 가운데에 살게 하셨나이다 하나님이여 주께서 가난한 자를 위하여 주의 은택을 준비하셨나이다 시편 68:7-10

우리에게 주님의 마음을 닮으라 하시는 주님!
주님의 마음은 온유하고 겸손하시니
우리의 마음이 주님을 닮아 가게 하여 주시기를 원합니다.
겸손하여 남을 사랑하며 살게 하여 주시고
죄악 속에 살아가기보다는 믿음 안에서 절제된 삶을 살게 하소서.
우리가 주님이 주시는 은혜와 평강을 누리게 하여 주소서.
죄는 우리를 절망하게 만들고 실패하게 하오니
모든 죄악에서 떠나게 하여 주시기를 원합니다.
죄악은 우리의 심성을 파괴하고 기쁨을 빼앗고
우리의 모든 것을 파괴하오니 주여, 우리의 죄악을 용서하소서.
이 시간 우리의 모든 죄악을 깨끗이 씻어 주소서.
우리 주 예수 그리스도의 이름으로 기도합니다. 아멘!

### 오늘의 묵상
1. 겸손하게 기도해야 한다
2. 특정한 문제를 가지고 기도를 드려야 한다
3. 응답을 확신하며 기도를 드려야 한다
4. 온 마음과 온 정성을 다하여 기도해야 한다
5. 우리는 순종하는 마음으로 기도를 해야 한다

# 7 July 23

## 메히틸트의 영성기도

전능하신 이가 왕들을 그중에서 흩으실 때에는 살몬에 눈이 날림 같도다 바산의 산은 하나님의 산임이여 바산의 산은 높은 산이로다 너희 높은 산들아 어찌하여 하나님이 계시려 하는 산을 시기하여 보느냐 진실로 여호와께서 이 산에 영원히 계시리로다 하나님의 병거는 천천이요 만만이라 주께서 그중에 계심이 시내 산 성소에 계심 같도다 주께서 높은 곳으로 오르시며 사로잡은 자들을 취하시고 선물들을 사람들에게서 받으시며 반역자들로부터도 받으시니 여호와 하나님이 그들과 함께 계시기 때문이로다 시편 68:14-18

우리를 구원하여 주시는 주님!
우리의 모든 것을 아시고 우리를 사랑하여 주시고
새 생명을 주사 구원받게 하심을 감사드립니다.
이 새벽에도 주님께서 우리의 구주가 되심을 고백합니다.
우리가 주님의 말씀을 믿고 순종하며 살게 하여 주시고
날로 성장하는 믿음 속에 주님의 구원하심을 확신하게 하소서.
주님만이 유일하게 우리의 죄를 담당하여 주시고
우리의 죄를 사하여 주실 수 있으니 온전히 신뢰합니다.
우리가 기도 속에서 주님을 만나는 놀라운 체험을 하게 하소서.
우리 안에 주님의 마음을 품게 하여 주시고
주님께서 우리 삶의 주인이심을 믿고 따르게 하여 주소서.
우리 주 예수 그리스도의 이름으로 기도합니다. 아멘!

### 오늘의 묵상

오, 주님! 맹렬히 나를 사랑하여 주옵소서. 자주 또 오랫동안 나를 사랑하여 주옵소서! 주님이 나를 더욱 사랑하시면 나는 더욱 순결해질 것입니다. 주님이 나를 더욱더 맹렬히 사랑하시면 나는 더욱더 아름다워질 것입니다. 주님이 오래토록 나를 사랑하시면 나는 더욱더 거룩하게 될 것입니다. 메히틸트

## 7 July 24 침묵기도

> 주께서 말씀하시기를 내가 그들을 바산에서 돌아오게 하며 바다 깊은 곳에서 도로 나오게 하고 네가 그들을 심히 치고 그들의 피에 네 발을 잠그게 하며 네 집의 개의 혀로 네 원수들에게서 제 분깃을 얻게 하리라 하시도다 하나님이여 그들이 주께서 행차하심을 보았으니 곧 나의 하나님, 나의 왕이 성소로 행차하시는 것이라
> 시편 68:22-24

우리와 언제나 함께하여 주시는 주님!
이 세상의 모든 것을 주님의 손길로 만드시고
주님께서 보살펴 주심을 감사드립니다.
세상이 아무리 변하여도 영원히 변치 않고 사랑해 주시는
주님임을 믿사오니 우리와 함께하여 주시기를 원합니다.
주님만이 우리를 인도하여 주심을 믿습니다.
주님은 우리의 구원자이시기 때문입니다.
우리의 삶이 구원의 확신 속에 주님의 흔적이 있게 하시고
우리가 항상 주님의 십자가를 자랑하게 하여 주소서.
주님이 함께하시면 우리의 환경이나 조건이나 형편이나
그 어떤 것도 문제가 되지 않사오니
주님께서 우리의 삶을 인도하여 주시기를 원합니다.
우리 주 예수 그리스도의 이름으로 기도합니다. 아멘!

### 오늘의 묵상

침묵의 영적 가치는 마음을 분산시키는 흩어짐에서 벗어나는 것이다. 고요히 하나님 앞에 나아가는 시간을 얻기 위해서는 잠시 바쁜 일과를 중단해야 한다. 모든 일에 하나님께서 우리와 함께하셔야 온전한 삶을 살아갈 수 있다는 것을 나타내는 것이 침묵의 기도다. 우리에게 있어서 이 시간이야말로 무엇엔가 분주히 쫓겨 다니는 사람이 아니라 하나님의 부르심을 받은 사람이라는 것을 확증하는 시간이다.

# 7 July 25

## 헤르만 헤세의 기도

소고 치는 처녀들 중에서 노래 부르는 자들은 앞서고 악기를 연주하는 자들은 뒤따르나이다 이스라엘의 근원에서 나온 너희여 대회 중에 하나님 곧 주를 송축할지어다 거기에는 그들을 주관하는 작은 베냐민과 유다의 고관과 그들의 무리와 스불론의 고관과 납달리의 고관이 있도다 네 하나님이 너의 힘을 명령하셨도다 하나님이여 우리를 위하여 행하신 것을 견고하게 하소서 예루살렘에 있는 주의 전을 위하여 왕들이 주께 예물을 드리리이다 시편 68:25-29

우리의 길과 진리와 생명이 되시는 주님!
복음의 길은 생명의 길이기에 좁은 길임을 압니다.
우리가 날마다 주님께서 가신 길을 따르기를 원합니다.
주님께 온전히 의뢰하여 선을 행하게 하여 주시고
우리의 모든 삶을 주님께 맡기게 하여 주시기를 원합니다.
악은 모양이라도 버리고 선을 행하게 하여 주시기를 원합니다.
우리가 예수 그리스도로 말미암아 변화된 삶을 살게 하셨으니
온전히 주님을 믿고 기도하며 예배하게 하여 주시기를 원합니다.
주님 앞에 바른 성도의 삶을 살게 하여 주시기를 원합니다.
주님께서 우리를 인도하심을 늘 기뻐하며 살게 하소서.
우리의 모든 삶의 길을 주님께서 인도하여 주시기를 원합니다.
우리 주 예수 그리스도의 이름으로 기도합니다. 아멘!

### 오늘의 묵상

주여, 저를 절망시켜 주소서. 당신에게가 아니라 나 자신에게 절망하게 하소서. 나로 하여금 미혹의 모든 슬픔을 맛보게 하소서. 온갖 고뇌의 불꽃을 핥게 하소서. 온갖 치욕을 맛보게 하소서. 내가 자신을 가누는 것을 돕지 마시고 내가 뻗어 가는 것을 돕지 마소서. 그러나 나의 자아가 송두리째 파괴되었을 때 저에게 가르쳐 주소서. 당신이 파괴하셨음을, 불꽃과 고뇌를 당신이 낳으셨음을. 나는 기꺼이 멸망하고 기꺼이 죽어 가오리다만, 오직 당신의 품에서만 죽을 수 있기 때문입니다. 헤르만 헤세의 〈기도〉

# 진실한 기도는 대가를 치러야 한다

**7 July 26**

땅의 왕국들아 하나님께 노래하고 주께 찬송할지어다 (셀라) 옛적 하늘들의 하늘을 타신 자에게 찬송하라 주께서 그 소리를 내시니 웅장한 소리로다 너희는 하나님께 능력을 돌릴지어다 그의 위엄이 이스라엘 위에 있고 그의 능력이 구름 속에 있도다 하나님이여 위엄을 성소에서 나타내시나이다 이스라엘의 하나님은 그의 백성에게 힘과 능력을 주시나니 하나님을 찬송할지어다 시편 68:32-35

우리에게 믿음에 믿음을 주시는 주님!
말은 누구나 할 수 있으나 행동으로 옮기기는 어렵습니다.
우리가 믿음 안에서 믿음으로 행동에 옮기게 하여 주소서.
우리의 믿음이 행동하는 믿음, 행함이 있는 믿음이 되게 하사
주님이 살아 계심을 나타내며 살게 하여 주시기를 원합니다.
행함이 없는 신앙고백은 허상에 불과하오니
진정한 고백 속에 새로운 믿음의 삶을 살게 하여 주소서.
우리가 구원을 받았으니 주님의 사랑을 받은 자녀답게
가치 있고 의미 있는 삶을 살아가게 하여 주시기를 원합니다.
행함이 있는 믿음은 구원의 역사를 이루오니
주여 복음을 전하는 행함이 있는 믿음을 살게 하여 주소서.
우리 주 예수 그리스도의 이름으로 기도합니다. 아멘!

### 오늘의 묵상

진실한 기도는 대가를 치러야 한다. 기도로 매일 기적을 체험한 기도의 사람 존 하이드는 건강을 잃었지만, 다른 사람들이 얻지 못하는 놀라운 결과를 얻었다. 의사의 진찰을 받고 나서도 존 하이드는 그날 밤 다시 엎드려 기도했다. 사회적으로, 정치적으로 혼란한 이 시대에 그와 같은 기도의 능력을 가진 사람이 필요하다. 위대한 기도의 사람 존 하이드와 같이 진실한 기도의 사람이 세상을 변화시킬 수 있다. 우리도 그와 같이 기도할 수 있다.

## 7 July 27 기도는 누구든지 할 수 있다

하나님이여 나를 구원하소서 물들이 내 영혼에까지 흘러 들어왔나이다 나는 설 곳이 없는 깊은 수렁에 빠지며 깊은 물에 들어가니 큰 물이 내게 넘치나이다 내가 부르짖음으로 피곤하여 나의 목이 마르며 나의 하나님을 바라서 나의 눈이 쇠하였나이다 까닭 없이 나를 미워하는 자가 나의 머리털보다 많고 부당하게 나의 원수가 되어 나를 끊으려 하는 자가 강하였으니 내가 빼앗지 아니한 것도 물어 주게 되었나이다 하나님이여 주는 나의 우매함을 아시오니 나의 죄가 주 앞에서 숨김이 없나이다 주 만군의 여호와여 주를 바라는 자들이 나를 인하여 수치를 당하게 하지 마옵소서 이스라엘의 하나님이여 주를 찾는 자가 나로 말미암아 욕을 당하게 하지 마옵소서
시편 69:1-6

우리의 삶이 균형 잡히기를 원하시는 주님!
우리의 삶에 질서가 있게 하여 주시기를 원합니다.
먼저 그의 나라와 그 의를 구하게 하여 주시고
주님을 바라보며 살아가게 하여 주시기를 원합니다.
우리가 누구에게든지 주님의 자녀임을 나타내 보이게 하소서.
이 세상에서 빛의 자녀들처럼 살게 하여 주시기를 원합니다.
우리가 주님께서 받으시는 온전한 기도와 예배를 드리게 하소서.
전도를 통하여 천하보다 귀한 생명들을 한 사람 한 사람
주님 앞에 인도할 수 있는 믿음을 주소서.
우리의 심령 속에 온전한 믿음을 주사 신령과 진정으로
주님께 예배드리며 감사드리는 삶을 살게 하여 주소서.
우리 주 예수 그리스도의 이름으로 기도합니다. 아멘!

### 오늘의 묵상

기도의 행로는 기꺼이 대가를 지불하고자 하는 사람이면 누구나 밟을 수 있다. 기도는 누구나 할 수 있다. 사람들이 위대하게 여기는 일을 할 만한 재능이 부족할 수도 있다. 하지만 하나님의 눈에는 사람의 지위나 신분이 위대성을 결정하지는 않는다. 하나님은 기도의 짐을 지는 헌신된 마음을 찾고 계신다. 하나님은 기도로 일하는 사람을 원하신다. 하나님 앞에 올바른 사람이 기도하면 큰 역사를 보게 될 것이다.

# 7 July 28

## 기도는 지금의 삶을 살아가게 해준다

내가 주를 위하여 비방을 받았사오니 수치가 나의 얼굴에 덮였나이다 내가 나의 형제에게는 객이 되고 나의 어머니의 자녀에게는 낯선 사람이 되었나이다 주의 집을 위하는 열성이 나를 삼키고 주를 비방하는 비방이 내게 미쳤나이다 내가 곡하고 금식하였더니 그것이 도리어 나의 욕이 되었으며 내가 굵은 베로 내 옷을 삼았더니 내가 그들의 말거리가 되었나이다 성문에 앉은 자가 나를 비난하며 독주에 취한 무리가 나를 두고 노래하나이다 시편 69:7-12

우리의 삶을 새롭게 변화시켜 주시는 주님!
우리의 삶이 주님의 복음으로 변화되게 하심을 감사드립니다.
우리가 날마다 주님 안에서 살기로 작정하게 하시고
모든 삶을 통하여 주님께 영광을 돌리게 하여 주소서.
우리에게는 이 세상에서 주님의 은혜로 구원받음보다 더한
놀라운 은혜는 없사오니 주님을 사랑합니다.
우리의 몸과 마음이 건강하게 하여 주시고
우리의 기도가 살아 있는 기도가 되게 하여 주소서.
우리의 인격과 삶을 변화시키는 생명의 말씀이
우리의 영혼과 마음과 삶에 살아 있기를 원합니다.
이 새벽에도 우리의 마음의 창을 열고 은혜를 충만히 받게 하소서.
우리 주 예수 그리스도의 이름으로 기도합니다. 아멘!

### 오늘의 묵상

우리 신앙생활에서 가장 위대한 습관은 그리스도의 임재 안에서 살아가는 것이다. 기도의 습관은 전도의 습관을 만든다. 전도의 습관은 영광스러운 하나님의 나라를 건설한다. 기도의 습관과 전도는 하나님의 계획 안에서 밀접하게 관계되어 있다. 우리는 항상 기도하고 증거해야 한다. 하나님과 효과적으로 의사소통을 하는 사람은 사람들과도 효과적으로 의사소통을 하게 된다. 우리는 기도하는 삶을 살아야 하고 전도하는 삶을 살아야 한다. 하나님과 끊임없이 대화하는 삶보다 더 달콤하고 기쁜 삶은 이 세상에 없다. 기도는 지금의 삶을 사는 것이다.

# 7 July 29

## 기도는 능력을 가져온다

여호와여 나를 반기시는 때에 내가 주께 기도하오니 하나님이여 많은 인자와 구원의 진리로 내게 응답하소서 나를 수렁에서 건지사 빠지지 말게 하시고 나를 미워하는 자에게서와 깊은 물에서 건지소서 큰 물이 나를 휩쓸거나 깊음이 나를 삼키지 못하게 하시며 웅덩이가 내 위에 덮쳐 그것의 입을 닫지 못하게 하소서 여호와여 주의 인자하심이 선하시오니 내게 응답하시며 주의 많은 긍휼에 따라 내게로 돌이키소서 주의 얼굴을 주의 종에게서 숨기지 마소서 내가 환난 중에 있사오니 속히 내게 응답하소서 시편 69:13-17

우리에게 영원한 소망을 주시는 주님!
우리의 삶을 절망에서 소망으로
낙망에서 희망으로 바뀐 삶을 살게 하시기를 원합니다.
우리에게 이 모든 것을 허락하신 분은 주님이시니
이 시간 주님께 기도드리기를 원합니다.
우리의 마음의 문을 열고 주님을 영접하게 하시고
내주하시는 성령께 우리의 모든 삶에 충만한 은혜를 받게 하소서.
주님께서 우리에게 영원한 소망을 주시니
그 소망을 이루는 기쁨 속에 날마다 살게 하소서.
우리의 소망이 명예나 재물이 되지 않게 하시고
그리스도인의 참된 모습으로 주님을 섬기며 살게 하소서.
우리 주 예수 그리스도의 이름으로 기도합니다. 아멘!

### 오늘의 묵상

기도는 능력이며, 기도하는 시간은 능력을 받는 시간이다. 기도하는 장소는 능력을 받는 장소다. 기도는 하나님의 능력과 긴밀히 연결되게 해서 손실이나 방해 없이 그분의 능력이 자유롭게 흘러나오게 한다.

# 7 July 30

## 기도의 잠재력

내 영혼에게 가까이하사 구원하시며 내 원수로 말미암아 나를 속량하소서 주께서 나의 비방과 수치와 능욕을 아시나이다 나의 대적자들이 다 주님 앞에 있나이다 비방이 나의 마음을 상하게 하여 근심이 충만하니 불쌍히 여길 자를 바라나 없고 긍휼히 여길 자를 바라나 찾지 못하였나이다 시편 69:18-20

기도를 통하여 성령 충만함을 주시는 주님!
우리가 기도를 통하여 성령을 충만히 받게 하여 주소서.
주님도 성령 충만함으로 아버지의 일을 하셨고
주님께 쓰임을 받은 모든 믿음의 선민들도 성령 충만했습니다.
우리에게도 이 시간 성령을 충만히 주사
주님의 일에 몸과 마음을 다하여 동참하게 하여 주소서.
우리에게 성령 충만함을 주시길 원하오니
주님께서 은혜와 사랑을 베풀어 주시기를 원합니다.
우리로 하여금 큰 믿음을 가진 성도의 삶을 살게 하여 주소서.
우리가 주님 안에서 새롭게 변화되었으니
변화된 성도답게 모든 삶에 열매를 맺게 하여 주소서.
우리 주 예수 그리스도의 이름으로 기도합니다. 아멘!

### 오늘의 묵상

기도의 잠재력은 불의 힘보다 더 강력하다. 기도는 분노한 사자를 꼼짝 못하게 하고, 혼란을 안정으로 바뀌게 하고, 전쟁을 그치게 하고, 자연을 다스리고, 귀신을 쫓아내고, 죽음의 굴레를 깨뜨리고, 하늘 문을 활짝 열리게 하고, 병을 가라앉히고, 기만을 쫓아내고, 파멸로부터 도시를 구출하고, 태양이 제 길을 가게 하고, 천둥 번개를 멈추게 한다. 기도는 완벽한 갑옷과 투구이고, 낡지 않는 보석이고, 고갈되지 않는 광산이고, 구름이 낀다 해도 흐려지지 않는 하늘이고, 폭풍우가 쳐도 평온한 천국이다. 기도는 한없는 뿌리이며 모체다.

# 7 July 31

## 루트비히 울란트의 기도

주의 분노를 그들의 위에 부으시며 주의 맹렬하신 노가 그들에게 미치게 하소서 그들의 거처가 황폐하게 하시며 그들의 장막에 사는 자가 없게 하소서 무릇 그들이 주께서 치신 자를 핍박하며 주께서 상하게 하신 자의 슬픔을 말하였사오니 그들의 죄악에 죄악을 더하사 주의 공의에 들어오지 못하게 하소서 그들을 생명책에서 지우사 의인들과 함께 기록되지 말게 하소서 오직 나는 가난하고 슬프오니 하나님이여 주의 구원으로 나를 높이소서 시편 69:24-29

사랑하며 살게 하시는 주님!
우리가 물과 성령으로 거듭났으니 주님을 사랑하며
주님이 우리를 지극히 사랑하신 것처럼 가족과 이웃과 성도들을
온 마음과 온 정성을 다해 사랑하며 살게 하소서.
우리에게 사랑이 없으면 아무런 의미가 없사오니
사랑으로 세상을 이기고 고통과 절망을 이겨내며
주님 안에서 날마다 기쁨 속에 살게 하여 주소서.
우리가 주님의 사랑의 통로가 되어 주님의 사랑을 나누며
아낌없이 사랑을 베풀며 살아가게 하여 주소서.
사랑이 아니면 모든 것은 욕심이나 욕망일 뿐이오니
오직 주님의 사랑 안에서 살아가게 하여 주시기를 원합니다.
우리 주 예수 그리스도의 이름으로 기도합니다. 아멘!

### 오늘의 묵상

오늘은 주의 날입니다. 넓은 들에 저 홀로 있습니다. 다시 한 번 아침 종소리가 울리고 나면 멀리서 가까이에 고요만이 차게 됩니다. 엎드려 기도드리면 감사한 마음이 떨립니다. 희미한 소리가 들립니다. 보이진 않으나 많은 사람이 함께 꿇어앉아 기도하는 듯합니다. 가까운 하늘이나 먼 하늘이나 더할 나위 없이 맑고 장엄하여 하늘은 다시 개벽을 맞는 듯합니다. 아! 오늘은 주의 날입니다. 루트비히 울란트의 〈목동의 주일〉

# 8

August

## 믿음의 열정을 갖고 살게 하소서

복음을 전할 때
성령의 인도하심으로
주님을 영접하게 하소서
구원을 얻게 하소서
천국을 소유하게 하소서

## 복음을 전할 때

복음을 전할 때
영혼을 사랑하는 마음을 주소서

복음을 전할 때
사람들이 귀를 기울이게 하시고
마음의 문을 열게 하소서

복음을 전할 때
성령의 인도하심으로
자신의 죄를 깨닫게 하소서

복음을 전할 때
성령의 인도하심으로
주님을 영접하게 하소서
구원을 얻게 하소서
천국을 소유하게 하소서

# 8 August 1

## 신실한 기도는 하나님의 팔을 움직인다

여호와는 궁핍한 자의 소리를 들으시며 자기로 말미암아 갇힌 자를 멸시하지 아니하시나니 천지가 그를 찬송할 것이요 바다와 그중의 모든 생물도 그리할지로다 하나님이 시온을 구원하시고 유다 성읍들을 건설하시리니 무리가 거기에 살며 소유를 삼으리로다 그의 종들의 후손이 또한 이를 상속하고 그의 이름을 사랑하는 자가 그중에 살리로다 시편 69:33-36

우리를 인도하여 주시는 주님!
태양의 열기가 가득한 8월입니다.
우리의 마음에도 주님의 사랑이
태양의 열기보다 더 뜨겁게 가득하기를 원합니다.
이 새벽에 오늘 하루를 준비할 수 있는 믿음을 주시기를 원합니다.
우리의 잘못을 용서하여 주시고 부족함을 채워 주소서.
강하고 담대한 믿음 속에 주님을 바라보며 살게 하소서.
오늘도 기도로 하루를 시작하오니
주님 앞에 바로 서는 하루가 되게 하소서.
주님께 영광과 찬양을 돌리는 삶을 살게 하여 주시고
주님의 뜻을 이루는 하루가 되게 하소서.
우리에게 맡겨진 사명을 감당하게 하여 주소서.
우리 주 예수 그리스도의 이름으로 기도합니다. 아멘!

### 오늘의 묵상

연단을 통해서 하나님은 우리에게 반드시 응답하여 주신다. 우리의 신실한 기도는 하나님의 팔을 움직인다. 하나님은 우리의 믿음이 약속의 성취를 볼 수 있도록 인도하신다. 하나님은 위대하신 분이기 때문에, 그가 자신을 나타낼 때에는 위대하고 준엄한 방법으로 나타내신다. 우리의 마음은 하나님의 위대하심을 알아야 하고, 기도 중에 하나님에게서 오는 위대한 일을 기다려야 한다.

## 8 August 2

### 기도가 갖고 있는 능력

하나님이여 나를 건지소서 여호와여 속히 나를 도우소서 나의 영혼을 찾는 자들이 수치와 무안을 당하게 하시며 나의 상함을 기뻐하는 자들이 뒤로 물러가 수모를 당하게 하소서 아하, 아하 하는 자들이 자기 수치로 말미암아 뒤로 물러가게 하소서 주를 찾는 모든 자들이 주로 말미암아 기뻐하고 즐거워하게 하시며 주의 구원을 사랑하는 자들이 항상 말하기를 하나님은 위대하시다 하게 하소서 시편 70:1-4

능력과 권세의 주님!
우리가 예수 그리스도의 보혈로 구원을 받았으니
주님의 이름을 찬양하게 하여 주시기를 원합니다.
오늘 하루도 주님 안에서 믿음의 선한 싸움에 승리하게 하소서.
날씨가 더워 짜증나고 힘이 들어 어렵더라도
즐거운 마음으로 일할 수 있는 마음의 여유를 주시기를 원합니다.
우리에게 믿음을 주셔서 믿음에 이르게 하여 주시고
주님 안에서 승리하는 삶을 살게 하여 주시기를 원합니다.
이 나라와 이 민족을 인도하여 주시고
우리 가정과 교회를 주님의 충만한 사랑으로 채워 주시기를 원합니다.
우리의 심령이 날마다 새롭게 변화되게 하여 주시기를 원합니다.
우리 주 예수 그리스도의 이름으로 기도합니다. 아멘!

### 오늘의 묵상

기도가 갖고 있는 능력은 대단히 광대하다. 기도는 하나님의 일을 할 때 우리 자신의 힘으로 하는 것과 성령의 능력으로 하는 것의 차이점을 분명히 보여 준다. 기도는 주님을 부인하던 베드로를 큰 능력으로 복음을 선포하고 엄청난 열매를 맺는 사람으로 변화시켰다. 기도는 주님이 잡혀가시자 겁에 질린 채 혼자만 살겠다고 흩어졌던 제자들을 변화시켜 예루살렘에서 담대히 복음을 선포하던 베드로같이 강하고 담대한 용사로 만들었다.

# 8 August 3

## 기도는 위대한 모험의 삶

나의 하나님이여 나를 악인의 손 곧 불의한 자와 흉악한 자의 장중에서 피하게 하소서 주 여호와여 주는 나의 소망이시요 내가 어릴 때부터 신뢰한 이시라 내가 모태에서부터 주를 의지하였으며 나의 어머니의 배에서부터 주께서 나를 택하셨사오니 나는 항상 주를 찬송하리이다 시편 71:4-6

사랑의 손길로 함께하여 주시는 주님!
이 새벽에도 우리에게 주님의 사랑을 느끼게 하심을 감사드립니다.
주님의 보혈로 우리의 죄악을 깨끗하게 씻어 주시고 구원하여 주셔서
천국 백성이 되게 하여 주심을 감사드립니다.
우리가 주님의 은혜로 구원을 받았으니
예배드리는 기쁨과 복음을 전하는 기쁨으로 살게 하여 주소서.
우리 교회와 성도들을 기억하셔서
주님의 은혜와 사랑으로 하나가 되게 하여 주시기를 원합니다.
날마다 주님의 사랑 안에서 소망을 이루며 살게 하소서.
주님의 교회에 맡겨 주신 사명을 잘 감당하게 하여 주셔서
주님 앞에 설 때 잘했다 칭찬받는 교회와 성도가 되게 하소서.
우리 주 예수 그리스도의 이름으로 기도합니다. 아멘!

### 오늘의 묵상

기도는 우리의 삶과 사역 가운데서 우리를 안전하고 편안한 곳에서 불가능하고 때로는 기적과 같은 자리로 인도한다. 기도하는 삶은 위대한 모험의 삶이며, 무한한 능력의 삶이다. 주님을 사랑하고 주님께 복종하기로 헌신한 사람들, 그리고 하나님께 크게 쓰임받기를 소원하는 사람들에게 기도의 삶을 가꾸고 선택하는 것은 문제가 아니다. 우리의 사역이 능력 있게 이루어지기 위해서는 반드시 기도의 사람이 되어야 한다. 주님이 가르쳐 주신 대로 기도하면 능력은 무한하다.

## 8 August 4

### 기도의 고백

나는 무리에게 이상한 징조같이 되었사오나 주는 나의 견고한 피난처시오니 주를 찬송함과 주께 영광 돌림이 종일토록 내 입에 가득하리이다 늙을 때에 나를 버리지 마시며 내 힘이 쇠약할 때에 나를 떠나지 마소서 내 원수들이 내게 대하여 말하며 내 영혼을 엿보는 자들이 서로 꾀하여 이르기를 하나님이 그를 버리셨은즉 따라잡으라 건질 자가 없다 하오니 하나님이여 나를 멀리하지 마소서 나의 하나님이여 속히 나를 도우소서 시편 71:7-12

구원의 문을 열어 주신 주님!
우리로 하여금 주님의 복음으로 굳건히 서게 하여 주시고
주님의 십자가에서 죽으심과 부활과
주님의 재림을 믿게 하여 주심을 감사드립니다.
우리가 날마다 주님을 소망하며 살게 하여 주시기를 원합니다.
사람들 속에 있을 때에도 우리가 주님의 자녀임을
늘 생각하며 성도다운 삶을 살게 하여 주시기를 원합니다.
우리의 행동 하나하나가 주님의 복음을 전할 수 있는
도구가 되게 하여 주시기를 원합니다.
이 새벽에 우리의 마음에 주님이 주시는
행복으로 가득하게 하여 주시기를 원합니다.
우리 주 예수 그리스도의 이름으로 기도합니다. 아멘!

### 오늘의 묵상

기도의 언어는 있었으나 기도의 능력은 없었다. 기도의 소리는 있었으나 기도의 의미는 없었다. 기도의 형식은 있었으나 기도의 내용은 없었다. 기도의 입술은 있었으나 기도의 가슴은 없었다. 기도의 머리는 있었으나 기도의 발길은 없었다. 기도의 생각은 있었으나 기도의 손발은 없었다. 기도의 풀잎은 있었으나 기도의 열매는 없었다. 기도의 하늘은 있었으나 기도의 땅은 없었다.

# 순수한 동기로 기도하라

**8 August 5**

하나님이여 나를 어려서부터 교훈하셨으므로 내가 지금까지 주의 기이한 일들을 전하였나이다 하나님이여 내가 늙어 백발이 될 때에도 나를 버리지 마시며 내가 주의 힘을 후대에 전하고 주의 능력을 장래의 모든 사람에게 전하기까지 나를 버리지 마소서 시편 71:17-18

우리를 사랑하여 주시는 주님!
우리의 죄악을 십자가의 보혈로 씻어 주신
그 놀라우신 사랑을 이 새벽기도 시간에 다시 체험하게 하소서.
우리에게 사랑을 베풀어 주시는 주님께 감사드립니다.
이 시간 주님을 온전히 바라보게 하여 주시고
오늘도 주님의 복음을 전하는 기쁨 속에 살게 하여 주소서.
우리에게 믿음의 열정과 구원의 열정을 부어 주사
한 영혼 한 영혼을 사랑하고 복음을 전하게 하여 주소서.
우리가 항상 주님이 우리 곁에 가까이 계심을 믿고
믿음의 담대함을 갖게 하여 주시기를 원합니다.
뜨거운 태양이 열매를 익어 가게 하듯이 복음의 열매를 맺게 하소서.
우리 주 예수 그리스도의 이름으로 기도합니다. 아멘!

### 오늘의 묵상

우리 주님께서 우리에게 주신 귀중한 말씀에 대해서 우리는 어떻게 반응해야 하는가? 우리가 기도의 삶에서 능력과 열정을 알게 된다면 우리는 오직 하나님의 영광만을 구하는 순수한 동기로 열정적인 마음을 갖고 기도할 필요가 있다. 우리는 또한 사람이 아니라 오직 하나님의 관심을 구하기 위하여 겸손한 마음을 갖고 기도할 필요가 있다. 하나님께서 우리의 필요를 이미 아신다는 것을 충분히 알고 기도할 필요가 있다. 하나님은 우리에게 상상할 수 없는 방법으로 응답해 주실 것이고, 우리는 하나님과 동행하는 가치를 배우게 된다.

## 하나님의 마음과 일치하도록 기도하라

**8 August 6**

하나님이여 주의 의가 또한 지극히 높으시니이다 하나님이여 주께서 큰일을 행하셨사오니 누가 주와 같으리이까 우리에게 여러 가지 심한 고난을 보이신 주께서 우리를 다시 살리시며 땅 깊은 곳에서 다시 이끌어 올리시리이다 나를 더욱 창대하게 하시고 돌이키사 나를 위로하소서 나의 하나님이여 내가 또 비파로 주를 찬양하며 주의 성실을 찬양하리이다 이스라엘의 거룩하신 주여 내가 수금으로 주를 찬양하리이다 시편 71:19-22

우리를 인도하여 주시는 주님!
우리가 주님의 이름으로 구원을 받게 하여 주시고
이 새벽에도 주님께 기도드리게 하여 주심을 감사드립니다.
우리가 날마다 주 안에서 기뻐하며 주님의 인도하심을 따라
넓고 높고 깊은 소망 속에 살게 하여 주시기를 원합니다.
우리의 삶이 주님께 드리는 예배가 되게 하여 주시고
언제 어디서나 주님의 영광을 나타내는 삶을 살게 하여 주소서.
우리가 말씀의 확신 속에 살게 하여 주시고
날마다 기도함으로 응답받게 하여 주시기를 원합니다.
이 나라에 부정과 부패가 사라지게 하여 주시고
정직한 사회가 되게 하여 주시기를 원합니다.
우리 주 예수 그리스도의 이름으로 기도합니다. 아멘!

### 오늘의 묵상

하나님의 뜻이 이루어지도록 기도하는 것은 그분의 기도 형식의 주제다. 주님께서는 우리에게 하나님의 이름이 높아지기를 구한 다음에 뜻이 하늘에서 이룬 것같이 땅에서도 이루어지기를 기도해야 한다고 말씀하신다. 우리가 기도할 때 우리는 하나님의 뜻과 일치하도록 기도해야 한다. 하나님의 뜻이 우리의 뜻이 되어야 한다. 우리는 또한 하나님의 뜻이 하늘에서처럼 온 땅을 압도할 것을 위해서 기도해야 한다.

# 범사에 감사하는 기도

**8 August 7**

하나님이여 주의 판단력을 왕에게 주시고 주의 공의를 왕의 아들에게 주소서 그가 주의 백성을 공의로 재판하며 주의 가난한 자를 정의로 재판하리니 의로 말미암아 산들이 백성에게 평강을 주며 작은 산들도 그리하리로다 그가 가난한 백성의 억울함을 풀어 주며 궁핍한 자의 자손을 구원하며 압박하는 자를 꺾으리로다
시편 72:1-4

우리를 구원하여 주시는 주님!
만물이 왕성하게 자라는 계절입니다.
사람들은 바쁘게 하던 일을 잠시 멈추고
더위를 잊으려고 여행을 떠나는 계절입니다.
이 계절에도 기도하는 삶 속에서 깊은 영성으로
성령의 인도하심을 받게 하여 주시기를 원합니다.
우리의 입술로 주님을 시인하게 하여 주시고
주님께 우리의 신앙을 고백하게 하여 주시기를 원합니다.
우리로 하여금 주님의 이름을 온전히 부르게 하여 주소서.
우리로 하여금 주님의 이름을 온전히 전하게 하여 주소서.
우리로 하여금 주님의 이름을 온전히 찬양하게 하여 주소서.
우리 주 예수 그리스도의 이름으로 기도합니다. 아멘!

### 오늘의 묵상

감사는 하나님을 영광스럽게 한다. 그러므로 우리는 기도를 통해서 하나님께 우리의 감사를 표현해야만 한다. 더 나아가 하나님께서는 그리스도인들에게 모든 환경 가운데서 모든 일로 인하여 항상 감사하라고 명령하셨다. 하나님께서는 자기를 사랑하는 자들에게는 모든 것이 합력하여 선을 이루게 하시기 때문에 우리는 그렇게 할 수 있다. 감사는 영적인 활력의 표시다. 우리에게 감사가 없다는 것은 영적으로 결핍되었다는 것을 뜻한다.

## 회개의 기도

**August 8**

그가 바다에서부터 바다까지와 강에서부터 땅끝까지 다스리리니 광야에 사는 자는 그 앞에 굽히며 그의 원수들은 티끌을 핥을 것이며 다시스와 섬의 왕들이 조공을 바치며 스바와 시바 왕들이 예물을 드리리로다 모든 왕이 그의 앞에 부복하며 모든 민족이 다 그를 섬기리로다 그는 궁핍한 자가 부르짖을 때에 건지며 도움이 없는 가난한 자도 건지며 그는 가난한 자와 궁핍한 자를 불쌍히 여기며 궁핍한 자의 생명을 구원하며 그들의 생명을 압박과 강포에서 구원하리니 그들의 피가 그의 눈 앞에서 존귀히 여김을 받으리로다 시편 72:8-14

십자가의 보혈로 우리의 죄를 씻어 주신 주님!
우리의 모든 허물과 잘못을 용서하여 주시고 구원해 주소서.
이 새벽에 드리는 기도를 받아 주시기를 원합니다.
우리의 삶 속에서 주님의 영광을 드러내게 해 주소서.
우리의 삶 속에서 주님의 뜻을 이루게 해 주시고
주 안에서 믿음으로 살아가게 해 주시기를 원합니다.
우리에게 맡겨 주신 사명을 잘 감당하며
진리와 생명의 복음을 전하며 살게 해 주시기를 원합니다.
강하고 담대한 믿음으로 늘 승리하게 해 주소서.
날마다 주님의 이름을 시인하고 고백하는 삶을 살게 하소서.
주님께서 오늘도 우리와 함께하심을 감사드립니다.
우리 주 예수 그리스도의 이름으로 기도합니다. 아멘!

**오늘의 묵상** 회개는 죄를 고백하고, 용서를 구하고, 하나님의 자비에 자신을 맡기는 것이다. 고백의 기도와 회개를 동일시해서는 안 된다. 고백의 기도는 단지 회개를 말로 표현하는 것이다. 기도가 회개 그 자체를 대신할 수 없다. 먼저 마음의 자세가 이루어져야만 한다. 그렇지 않으면 입술의 말은 공허하고 아무런 의미가 없을 것이다. 마음의 상태가 입에 발린 말보다 더욱 중요하다. 우리는 회개의 합당한 열매를 맺어야 한다.

# 하나님의 뜻대로 하는 기도

**August 8/9**

그들이 생존하여 스바의 금을 그에게 드리며 사람들이 그를 위하여 항상 기도하고 종일 찬송하리로다 산꼭대기의 땅에도 곡식이 풍성하고 그것의 열매가 레바논같이 흔들리며 성에 있는 자가 땅의 풀같이 왕성하리로다 그의 이름이 영구함이여 그의 이름이 해와 같이 장구하리로다 사람들이 그로 말미암아 복을 받으리니 모든 민족이 다 그를 복되다 하리로다 시편 72:15-17

우리를 사랑하시고 인도하여 주시는 주님!
날마다 한 걸음씩 우리의 갈 길을 인도하여 주심을 감사드립니다.
우리의 삶이 주님이 원하시는 삶이 되게 하여 주소서.
주님의 자녀답게 살게 하여 주시기를 원합니다.
우리의 입으로 주님을 시인하게 하시고
주님의 뜻을 이루는 삶을 살게 하여 주시기를 원합니다.
주님의 교회와 성도들을 축복하여 주셔서
주님의 교회가 부흥되게 하여 주시기를 원합니다.
이 세대가 악하여 날로 타락하고 있으나
우리는 말씀 안에서 굳건히 서서 진리를 외치며 살게 하소서.
우리 주 예수 그리스도의 이름으로 기도합니다. 아멘!

### 오늘의 묵상

하나님의 뜻으로 기도하는 것은 하나님께서 하신 약속에 일치되게 기도하는 것을 의미한다. 하나님께서 약속을 이행하시도록 우리가 기도할 때 우리는 하나님의 뜻으로 그리고 예수 그리스도의 이름으로 기도하고 있다고 자신할 수 있다. 하나님의 뜻대로 하는 기도는 하나님과의 약속과 조화를 이루는 기도를 뜻한다. 우리가 하나님께 그의 약속을 이루어달라고 기도할 때 우리는 하나님의 뜻에 따라, 그리고 예수님의 이름으로 기도하고 있다는 사실을 확인할 수 있다.

## 8 August 10

### 나를 기억하소서

그들은 죽을 때에도 고통이 없고 그 힘이 강건하며 사람들이 당하는 고난이 그들에게는 없고 사람들이 당하는 재앙도 그들에게는 없나니 그러므로 교만이 그들의 목걸이요 강포가 그들의 옷이며 살찜으로 그들의 눈이 솟아나며 그들의 소득은 마음의 소원보다 많으며 그들은 능욕하며 악하게 말하며 높은 데서 거만하게 말하며 그들의 입은 하늘에 두고 그들의 혀는 땅에 두루 다니도다 시편 73:4-9

우리를 사랑하여 주시는 주님!
우리가 주님의 보혈로 구원을 받아 믿음 안에서 살게 하소서.
죄악 속에서 캄캄한 삶을 살았던 우리에게 생명의 빛을 주셨으니
빛을 바라며 살게 하여 주시기를 원합니다.
아무리 바쁜 삶일지라도 틈틈이 말씀을 상고하고 기도함으로써
주님과 동행하는 삶을 살게 하여 주소서.
우리에게 참평안과 참기쁨을 주시니
날마다 주님을 닮아 가며 살게 하여 주시기를 원합니다.
주님의 은혜 속에서 풍요롭고 넉넉한 삶을 살게 하소서.
우리가 희망하는 것들을 이루어 가게 하여 주시고
우리의 가정과 교회에 복음이 충만하게 하소서.
우리 주 예수 그리스도의 이름으로 기도합니다. 아멘!

### 오늘의 묵상

선의 근원이신 주여! 내 마음을 주께 드립니다. 슬플 때나 괴로울 때나, 주여, 나를 기억하소서. 내 가난한 마음이 죄로 무거울 때 나를 용서하시고 새로운 평화를 주소서. 주여, 나를 기억하소서. 많은 시험이 내 길을 가로막아 악에서 헤어나지 못할 때 힘을 주소서. 주여, 나를 기억하소서. 주를 위해서라면 내 이름이 수모와 비난을 받아도, 주여, 나를 기억하소서. 고통과 질병과 슬픔에 지쳐 내 영혼이 연약할 때 인내와 휴식을 주시사 나를 구하소서. 주여, 나를 기억하소서. 아, 죽음의 시간에 나는 주의 명령을 기다립니다. 마지막 숨질 때, 주여, 나를 기억하소서. 토마스 호레이스

## 8 August 11 — 지속적인 기도가 왜 필요한가

볼지어다 이들은 악인들이라도 항상 평안하고 재물은 더욱 불어나도다 내가 내 마음을 깨끗하게 하며 내 손을 씻어 무죄하다 한 것이 실로 헛되도다 나는 종일 재난을 당하며 아침마다 징벌을 받았도다 내가 만일 스스로 이르기를 내가 그들처럼 말하리라 하였더라면 나는 주의 아들들의 세대에 대하여 악행을 행하였으리이다
시편 73:12-15

생명의 길이 되시는 주님!
우리에게 보여지는 이 세상의 수많은 길 중에서
주님만이 생명의 길이 되심을 믿습니다.
주님께서 우리를 날마다 생명의 길로 인도하여 주시기를 원합니다.
주님께서 허락하신 구원의 기쁨을 누리며 살게 하여 주소서.
오늘도 아픔과 고통 속에서 살아가는 사람들을 기억하사
그들이 회복되게 하여 주시기를 원합니다.
삶에서 실패하고 넘어진 사람들의 마음을 회복시켜 주시기를 원합니다.
피곤에 젖어 절망하는 사람들을 주님께서 인도하소서.
우리의 희망이신 주님께서 오늘도 함께하여 주시기를 원합니다.
우리 주 예수 그리스도의 이름으로 기도합니다. 아멘!

### 오늘의 묵상

우리에게 왜 지속적인 기도가 필요한가? 마귀가 존재하기 때문이다. 우리의 경험과 사역 속에서 발생하는 모든 결핍의 중요한 원인은 기도의 태만 때문이다. 하나님께서 친히 그리스도인의 모형으로 세우셨던 사람들과 사도들은 기도를 그들의 삶에서 가장 중요한 일로 여겼다. 기도는 우리 주님께서 이 땅에 계실 동안 대단히 중요한 위치를 차지했으며, 매우 두드러진 역할을 했다. 기도는 부활하신 우리 주님의 현재 사역에서 가장 중요한 부분을 차지하고 있다. 기도는 우리가 긍휼하심을 받고 때를 따라 돕는 은혜를 얻을 수 있도록 하나님께서 정해 놓으신 방법이다. 기도는 우리가 성령을 받게 하기 위하여 하나님께서 친히 만드신 방법이다.

# 참된 기도는 참된 성경공부와 함께한다

**8 August 12**

내가 어쩌면 이를 알까 하여 생각한즉 그것이 내게 심한 고통이 되었더니 하나님의 성소에 들어갈 때에야 그들의 종말을 내가 깨달았나이다 주께서 참으로 그들을 미끄러운 곳에 두시며 파멸에 던지시니 그들이 어찌하여 그리 갑자기 황폐되었는가 놀랄 정도로 그들은 전멸하였나이다 시편 73:16-19

우리의 삶을 주관하여 주시는 주님!
우리에게 소중한 생명을 주시고
주님의 보혈로 씻김을 받아 구원받게 하여 주소서.
우리의 삶 동안에 더욱더 주님의 인도를 따라 살게 하여 주시고
주님의 뜻을 이루게 하여 주시기를 원합니다.
주님의 능력과 권세가 충만하여
주님의 복음을 능력 있게 전하게 하여 주시기를 원합니다.
우리의 미성숙하고 무지한 것들을 새롭게 하여 주사
지혜와 믿음으로 성숙한 신앙생활을 하게 하여 주소서.
우리가 넘어질 때마다 주님께서 일으켜 세워 주소서.
우리 주 예수 그리스도의 이름으로 기도합니다. 아멘!

### 오늘의 묵상

존 녹스의 사위 존 웰치는 이 세상에서 가장 충성스러운 기도자 중 한 명이었다. 그는 기도하고 말씀을 공부하면서 하나님과 함께 일고여덟 시간을 보내지 않은 날은 헛되이 낭비한 날로 여겼다. 그가 죽은 후 한 노인이 그에 관하여 이야기하면서 "그는 그리스도의 모형이었다"라고 말했다. 존 웰치가 어떻게 그토록 주님을 닮을 수가 있었던가? 바로 성경공부와 함께한 기도생활이 그 비결이다.

# 기도는 우리의 사역에 능력을 준다

**8 August 13**

주의 교훈으로 나를 인도하시고 후에는 영광으로 나를 영접하시리니 하늘에서는 주 외에 누가 내게 있으리요 땅에서는 주밖에 내가 사모할 이 없나이다 내 육체와 마음은 쇠약하나 하나님은 내 마음의 반석이시요 영원한 분깃이시라 무릇 주를 멀리하는 자는 망하리니 음녀같이 주를 떠난 자를 주께서 다 멸하셨나이다 하나님께 가까이함이 내게 복이라 내가 주 여호와를 나의 피난처로 삼아 주의 모든 행적을 전파하리이다 시편 73:24-28

사랑이 풍성하신 주님!
우리를 창조하여 주시고 우리의 삶을 인도해 주시기를 원합니다.
우리가 주님의 형상을 닮아 가게 하여 주시고
날마다 주님을 따르는 삶을 살게 하여 주시기를 원합니다.
주님으로 인해 기뻐하며 감사하며 살게 하소서.
이 새벽에 주님께 기도할 때마다 우리에게 믿음을 주시고
주님 안에서 승리할 수 있는 능력을 주시기를 원합니다.
선하시고 친절하신 목자 되신 주님을 따르게 하소서.
이 새벽에 기도함으로써 주님의 응답을 기다리게 하소서.
우리에게 쏟아부어 주시는 사랑과 기쁨을 받게 하여 주소서.
우리 주 예수 그리스도의 이름으로 기도합니다. 아멘!

**오늘의 묵상** 하나님께서는 우리에게 명하신 일, 그것이 설교든, 가르치는 일이든, 개인적인 일이든, 자녀를 양육하는 일이든 간에 그러한 일들을 하기 위한 능력을 얻기를 원한다면 진지한 기도를 통해 얻을 수 있다고 하셨다. 존 리빙스턴이 같은 뜻을 지닌 몇몇 사람들과 함께 하나님을 향한 기도와 신앙적인 대화로 밤을 보내고 난 다음 날 한 스코틀랜드 교회에서 설교를 했을 때 5백여 명의 사람들이 회심하거나 이날을 계기로 자신의 생활에서 고쳐야 할 점들을 반드시 개선하기로 약속하였다. 기도의 능력은 참으로 놀라운 것이다.

## 8 August 14

## 기도는 사람을 회심시킨다

하나님이여 주께서 어찌하여 우리를 영원히 버리시나이까 어찌하여 주께서 기르시는 양을 향하여 진노의 연기를 뿜으시나이까 옛적부터 얻으시고 속량하사 주의 기업의 지파로 삼으신 주의 회중을 기억하시며 주께서 계시던 시온 산도 생각하소서 영구히 파멸된 곳을 향하여 주의 발을 옮겨 놓으소서 원수가 성소에서 모든 악을 행하였나이다 주의 대적이 주의 회중 가운데에서 떠들며 자기들의 깃발을 세워 표적으로 삼았으니 그들은 마치 도끼를 들어 삼림을 베는 사람 같으니이다 시편 74:1-5

우리를 인도해 주시는 주님!
우리의 삶을 한결같은 사랑으로 인도해 주심을 감사드립니다.
말씀 속에서 주님께서 우리에게 주시는 은혜를
날마다 체험하며 살게 하여 주시기를 원합니다.
우리의 삶에 주어지는 모든 것이 주님의 사랑과 축복이오니
그것을 온전히 누리며 살게 하여 주시기를 원합니다.
우리에게 죄와 허물이 있으면 다 용서하여 주시고
믿음 속에서 주님의 선하심을 맛보게 해 주시기를 원합니다.
우리에게 능력을 주사 부족함이 없이
주님의 일을 능력 있게 할 수 있도록 인도하여 주소서.
이 새벽에 우리에게 성령 충만을 주시기를 원합니다.
우리 주 예수 그리스도의 이름으로 기도합니다. 아멘!

### 오늘의 묵상

이 세상에서 누군가의 기도와 무관하게 회심한 사람은 거의 없다. 기도는 흔히 다른 모든 것이 실패한 곳에서 위력을 발휘한다. 자기 아들을 향한 모니카의 모든 노력과 애원은 얼마나 철저히 실패했던가! 그러나 그녀의 기도가 하나님께 상달되어 방탕한 젊은이는 능력 있는 하나님의 사람 성 어거스틴이 되었다. 기도에 의해서 가장 냉혹하게 복음을 대적하던 자가 가장 용감한 수호자가 되었으며, 가장 지독한 불량배가 가장 진실한 하나님의 아들이 되었고, 가장 부도덕한 여자가 가장 순결한 성도가 되었다.

# 기도는 모든 것을 꿰뚫는 돌파구다

**8 August 15**

하나님이여 대적이 언제까지 비방하겠으며 원수가 주의 이름을 영원히 능욕하리이까 주께서 어찌하여 주의 손 곧 주의 오른손을 거두시나이까 주의 품에서 손을 빼내시어 그들을 멸하소서 시편 74:10-11

우리의 삶에 사랑을 풍성하게 채워 주시는 주님!
우리를 구속하여 주시고 인도하여 주심에 감사드립니다.
우리의 삶을 정결하게 해 주사 잘못된 습관에 빠지지 않게 하소서.
주님이 주시는 능력으로 우리의 영혼이 새롭게 변화되게 하소서.
우리의 믿음의 삶이 사소한 일에 방해받지 않게 하여 주소서.
이 새벽에 우리의 마음을 모아 기도하게 하소서.
우리가 무릎을 꿇는 시간이 복된 시간임을 알아
주님께로 늘 가까이 나아가게 하여 주시기를 원합니다.
우리의 삶이 기도와 응답으로 이루어지게 하소서.
이 고요한 시간에 주님의 응답을 듣게 하소서.
우리의 삶이 진리의 자유함을 누리며 살게 하소서.
우리 주 예수 그리스도의 이름으로 기도합니다. 아멘!

## 오늘의 묵상

교회의 역사는 언제나 중대한 난관들을 극복해 오는 역사였다. 마귀는 교회를 증오하며 무슨 수를 써서라도 교회의 발전을 방해하려 들고 있다. 잘못된 교리와 분열과 삶의 내적 부패 등을 틈타서 이용하려고 든다. 그러나 기도는 모든 것을 꿰뚫는 분명한 돌파구다. 기도는 이단을 근절시키며 오해를 해소시키고 시기와 증오를 제거하며 부도덕을 도말하고 소생시키시는 하나님의 충만한 은혜 가운데로 인도해 줄 것이다. 역사가 이것을 충분히 입증해 준다. 가장 어두운 시기에 곧 지역 교회나 세계 교회의 상태가 절망적인 것 같아 보였을 때 믿는 사람들이 함께 모여 하나님께 부르짖었으며 응답을 받아 왔다.

# 8 August 16

## 테니슨의 기도

주께서 주의 능력으로 바다를 나누시고 물 가운데 용들의 머리를 깨뜨리셨으며 리워야단의 머리를 부수시고 그것을 사막에 사는 자에게 음식물로 주셨으며 주께서 바위를 쪼개어 큰 물을 내시며 주께서 늘 흐르는 강들을 마르게 하셨나이다 낮도 주의 것이요 밤도 주의 것이라 주께서 빛과 해를 마련하셨으며 주께서 땅의 경계를 정하시며 주께서 여름과 겨울을 만드셨나이다 여호와여 이것을 기억하소서 원수가 주를 비방하며 우매한 백성이 주의 이름을 능욕하였나이다 시편 75:13-18

우리를 구원하여 주시고 축복하여 주시는 주님!
이 새벽기도가 우리의 마음을 주님께서 받아 주시는
믿음의 기도가 되게 하여 주시기를 원합니다.
우리에게 참평안과 기쁨을 주시기를 원합니다.
강하고 담대한 믿음으로 날마다 승리하게 하시고
우리에게 맡겨진 사명을 잘 감당하게 하여 주소서.
우리에게 주님을 향한 신뢰와 확신을 주셔서
주님이 주시는 치유의 능력을 맛보게 하여 주시기를 원합니다.
기도를 통하여 우리가 정직한 삶을 살아가게 하여 주시고
주님의 큰 계획 속에 쓰임받고 있음을 확신하게 하소서.
우리 안에 계시는 주님을 위하여 살게 하소서.
우리 주 예수 그리스도의 이름으로 기도합니다. 아멘!

### 오늘의 묵상

나의 영혼을 위해 기도하라. 생각하는 것보다 이 세상의 많은 것들이 기도에 의해 이루어진다. 그러므로 나를 위하여 그대의 기도 소리를 샘솟듯 하게 하라. 만일 하나님을 알면서도 자기 자신과 친구들을 위해 기도의 손길을 들지 않는다면 머릿속에 맹목적인 삶을 살고 있는 양이나 염소들보다 사람이 무엇이 더 나은가? 둥근 지구는 모든 면에서 황금 사슬에 의해 하나님의 발 둘레에 묶여 있다. 테니슨

## 8 August 17

### 마이코프의 기도

주의 멧비둘기의 생명을 들짐승에게 주지 마시며 주의 가난한 자의 목숨을 영원히 잊지 마소서 그 언약을 눈여겨보소서 무릇 땅의 어두운 곳에 포악한 자의 처소가 가득하나이다 학대받은 자가 부끄러이 돌아가게 하지 마시고 가난한 자와 궁핍한 자가 주의 이름을 찬송하게 하소서 하나님이여 일어나 주의 원통함을 푸시고 우매한 자가 종일 주를 비방하는 것을 기억하소서 주의 대적들의 소리를 잊지 마소서 일어나 주께 항거하는 자의 떠드는 소리가 항상 주께 상달되나이다 시편 74:19-23

십자가에서 피 흘리사 우리를 구속하여 주신 주님!
우리의 모든 죄악을 사하여 주신
주님의 은혜와 사랑에 감사드립니다.
이 새벽에 기도 속에서 우리를 향한
주님의 부름을 온전히 따르게 해 주소서.
우리에게 하나님을 향한 열정이 가득하게 하소서.
주님께서 우리를 구속하여 주신 복음을 전하게 하여 주소서.
언제나 주님의 십자가를 자랑하는 삶을 살게 하소서.
주님의 말씀에 항상 귀 기울이며
주님의 인도하심을 받으며 살게 하여 주시기를 원합니다.
우리의 죄악을 회개하는 마음을 버리지 않게 하여 주소서.
우리 주 예수 그리스도의 이름으로 기도합니다. 아멘!

### 오늘의 묵상

아버지시여, 풀들이 자라듯이 조용히 걸어가는 법을 가르쳐 주시고, 거친 세파가 닥쳐 올 때 내 영혼이 바위처럼 흔들리지 않게 하소서. 그러나 내 정신을 꽃처럼 단순하게 만들어 주소서. 비록 굳센 힘으로 우뚝 서 있다 해도, 아버지시여, 나무처럼 친절하고 끈기 있게 참는 법을 가르쳐 주소서. 귀뚜라미들은 한낮을 그늘진 참나무 아래서 즐겁게 속삭이듯 노래하고 투구풍뎅이는 제 일에 힘을 쏟으며 서늘한 제 집에 머물고 있으니 나 또한 그 어느 한 장소 으슥한 숲이나 뜰을 성원하게 하소서. 지나는 길손들의 제일 좋은 보금자리가 되어 편히 쉴 수 있는 그런 곳이 되게 하소서. 마이코프

# 8 August 18

## 기도의 사람에게 기름을 부어 주신다

하나님이여 우리가 주께 감사하고 감사함은 주의 이름이 가까움이라 사람들이 주의 기이한 일들을 전파하나이다 주의 말씀이 내가 정한 기약이 이르면 내가 바르게 심판하리니 땅의 기둥은 내가 세웠거니와 땅과 그 모든 주민이 소멸되리라 하시도다 (셀라) 내가 오만한 자들에게 오만하게 행하지 말라 하며 악인들에게 뿔을 들지 말라 하였노니 너희 뿔을 높이 들지 말며 교만한 목으로 말하지 말지어다
시편 75:1-5

우리의 죄를 용서하여 주시는 주님!
우리로 하여금 주님을 알게 하시고 주님을 고백하게 하시고
시인하게 하시고 전하게 하시니 그 사랑에 감사드립니다.
우리를 하나님의 자녀로 친 백성을 삼으셨으니
산 소망을 가지고 넘치는 기쁨 속에 살게 하여 주소서.
성령께서 우리의 앞길을 인도하여 주사
언제나 선한 선택으로 주님께서 기뻐하시는 삶을 살게 하소서.
주님의 진리의 말씀을 믿고 순종하며 따르게 하여 주소서.
우리가 기도함으로써 우리의 영혼이 살아 있게 하시고
힘 있고 능력 있는 삶을 살게 하여 주시기를 원합니다.
우리를 정결하게 하여 주시고 다듬어 주시기를 원합니다.
우리 주 예수 그리스도의 이름으로 기도합니다. 아멘!

### 오늘의 묵상

오늘날 교회가 필요로 하는 것은 더 많은 기계나 더 좋은 기계도 아니요, 새로운 조직도 아니요, 기발한 방법도 아니다. 교회가 필요로 하는 것은 성령이 쓰실 수 있는 사람, 기도에 능한 사람이다. 성령은 방법을 통해 흘러나오지 않고 사람을 통해 역사하신다. 성령은 계획에 기름을 붓지 않고 사람에게 그것도 기도의 사람에게 기쁨으로 부으신다.

## 8 August 19

## 참된 설교는 골방에서 만들어진다

무릇 높이는 일이 동쪽에서나 서쪽에서 말미암지 아니하며 남쪽에서도 말미암지 아니하고 오직 재판장이신 하나님이 이를 낮추시고 저를 높이시느니라 여호와의 손에 잔이 있어 술 거품이 일어나는도다 속에 섞은 것이 가득한 그 잔을 하나님이 쏟아내시나니 실로 그 찌꺼기까지도 땅의 모든 악인이 기울여 마시리로다 나는 야곱의 하나님을 영원히 선포하며 찬양하며 또 악인들의 뿔을 다 베고 의인의 뿔은 높이 들리로다 시편 75:6-10

우리를 구속하여 주신 주님!
우리로 하여금 주님의 이름으로 구원을 받게 하여 주시고
주님의 뜻대로 살 수 있는 힘과 용기를 주시니 감사드립니다.
오직 의인은 믿음으로 살리라 하셨사오니
우리가 믿음에 이르게 하여 주시기를 원합니다.
언제나 주님 안에서 승리하는 성도의 삶을 살게 하소서.
주님을 믿는 우리의 믿음이 강하고 담대하게 하여 주시고
주님을 더욱더 소망하며 살게 하여 주시기를 원합니다.
우리의 믿음이 반석 위에 세워져서
오직 주님 안에서만 살게 하여 주시기를 원합니다.
주님께서 우리의 삶에 중심이 되어 주시기를 원합니다.
우리 주 예수 그리스도의 이름으로 기도합니다. 아멘!

### 오늘의 묵상

참된 설교는 골방에서 만들어진다. 사람—하나님의 사람—은 골방에서 만들어진다. 사람의 삶과 가장 깊은 확신들은 하나님과의 은밀한 교제에서 태어난다. 영혼이 눈물을 흘리며 힘겹게 고뇌하는 것을 통해서 생겨난다. 가장 무게 있고 가장 감미로운 설교는 홀로 하나님과 있을 때 얻어진다. 기도는 사람을 만든다. 기도는 설교자를 만든다. 기도는 목사를 만든다.

## 8 August 20 끈질김은 성공적인 기도의 진수다

주는 약탈한 산에서 영화로우시며 존귀하시도다 마음이 강한 자도 가진 것을 빼앗기고 잠에 빠질 것이며 장사들도 모두 그들에게 도움을 줄 손을 만날 수 없도다 야곱의 하나님이여 주께서 꾸짖으시매 병거와 말이 다 깊이 잠들었나이다 시편 76:4-6

우리의 삶을 날마다 새롭게 하시는 주님!
기도와 말씀을 통하여 주님과 교제하는 삶을 살게 하소서.
우리가 주님 안에서 용서받게 하여 주시고
성령 안에서 기쁨과 감동과 감격이 있게 하여 주소서.
우리가 오직 예수 안에서 깊은 사귐으로
날마다 우리를 새롭게 하여 주시기를 원합니다.
세상의 유혹과 옛 성품에서 벗어날 수 있도록
성령의 은혜로 충만하게 하여 주시기를 원합니다.
주님께서 우리와 함께하여 주시고 함께 일하심을
우리의 삶에서 체험하게 하여 주시기를 원합니다.
우리가 새벽기도를 통하여 우리의 마음을 드리게 하소서.
우리 주 예수 그리스도의 이름으로 기도합니다. 아멘!

**오늘의 묵상** 진정으로 기도해 본 경험이 있는 사람들에게 대답을 들어보라. 그들은 기도를 야곱이 그랬던 것처럼 보이지 않는 힘과 씨름하는 것으로 묘사한다. 이 씨름은 때로 밤늦게까지, 혹은 새벽녘까지 계속된다. 때때로 그들은 남을 위한 중보기도를 사도 바울처럼 연합하여 싸우는 싸움이라고 부르기도 한다. 그들은 기도할 때 겟세마네의 중보자에게 눈을 고정시킨다. 그분은 땀방울이 핏방울이 되도록 기도한 분이다. 끈질김은 성공적인 기도의 진수다. 끈질김이란 몽롱한 것이 아니라 지속적인 것을 의미한다. 특히 하늘나라가 침노를 당하고 침노하는 자가 빼앗는 것은 기도를 통해서다. 캐논 리돈

# 참된 생각은 기도에서 비롯된다

**8 August 21**

주께서는 경외받을 이시니 주께서 한 번 노하실 때에 누가 주의 목전에 서리이까 주께서 하늘에서 판결을 선포하시매 땅이 두려워 잠잠하였나니 곧 하나님이 땅의 모든 온유한 자를 구원하시려고 심판하러 일어나신 때에로다 (셀라) 진실로 사람의 노여움은 주를 찬송하게 될 것이요 그 남은 노여움은 주께서 금하시리이다 너희는 여호와 너희 하나님께 서원하고 갚으라 사방에 있는 모든 사람도 마땅히 경외할 이에게 예물을 드릴지로다 그가 고관들의 기를 꺾으시리니 그는 세상의 왕들에게 두려움이시로다 시편 76:7-12

우리의 삶에 참 소망을 주시는 주님!
이 새벽기도를 통하여 우리의 삶의 시간 중에
주님께 드리는 시간이 있게 하심을
온 마음을 다하여 진심으로 감사드립니다.
우리가 주님이 주시는 믿음이 얼마나 큰 축복인지 알게 하시고
날마다 주님 안에서 살게 하여 주시기를 원합니다.
이 시간 주님께 다가오니 몸과 마음에 쉼을 얻게 하여 주소서.
이 시간 주님께 무릎을 꿇고 기도함으로
주님의 사랑을 사모하며 살게 하여 주시기를 원합니다.
우리의 삶이 기도함으로 주님과의 사귐이
쉽고 편하게 느껴지게 하여 주시기를 원합니다.
우리 주 예수 그리스도의 이름으로 기도합니다. 아멘!

### 오늘의 묵상

기도는 분별력을 주며, 지혜를 주며, 지성을 넓혀 주며 강하게 해 준다. 기도는 설교자에게 완벽한 교사요, 교실이다. 참된 생각은 기도를 통해서 밝아지며 명료해질 뿐 아니라 참된 생각은 기도에서 비롯된다. 진실한 한 시간의 기도에서 배울 수 있는 것이 서재에서 몇 시간 배우는 것보다 많다. 다른 어느 곳에서도 찾을 수 없고 읽을 수 없는 책이 기도에 있다. 다른 어느 곳에서도 내리지 않는 계시가 기도를 통해 얻어진다.

# 8 August 22

## 기도생활에 인색하지 마라

내가 내 음성으로 하나님께 부르짖으리니 내 음성으로 하나님께 부르짖으면 내게 귀를 기울이시리로다 나의 환난 날에 내가 주를 찾았으며 밤에는 내 손을 들고 거두지 아니하였나니 내 영혼이 위로받기를 거절하였도다 내가 하나님을 기억하고 불안하여 근심하니 내 심령이 상하도다 (셀라) 주께서 내가 눈을 붙이지 못하게 하시니 내가 괴로워 말할 수 없나이다 시편 77:1-4

우리와 사귐을 갖기를 원하시는 주님!
우리가 날마다 주님과 복스러운 삶을
살아갈 수 있게 하여 주시기를 원합니다.
우리는 주님의 놀라운 구속의 사랑을 받았으나
우리는 주님의 사랑을 갚을 길이 없으니
주여 우리와 함께하시사 인도하여 주소서.
우리도 주님을 사랑하게 하여 주시고
가족과 이웃을 내 몸처럼 사랑하며 살게 하여 주소서.
우리가 하나님의 뜻대로 살게 하시고
삶 속에서 주님의 뜻을 이루게 하여 주시기를 원합니다.
우리 주 예수 그리스도의 이름으로 기도합니다. 아멘!

### 오늘의 묵상

우리가 옹색하게 사는 것은 기도생활에 인색하기 때문이다. 골방에서 잔치를 하는 데 많은 시간을 들일수록 우리의 삶이 기름지고 알차게 될 것이다. 우리가 골방에서 하나님과 함께 머무를 수 있는 능력은 우리가 골방 밖에서 하나님과 함께할 수 있는 능력을 결정한다. 성급한 마음으로 골방을 들락날락하는 것은 자기기만이며, 게으른 처사다. 우리는 그런 것 때문에 스스로 속을뿐더러 여러 면에서 많은 유산을 잃게 된다. 골방에서 오래 머무르는 것은 우리에게 교훈을 주고 승리를 가져다준다. 우리는 거기서 배운다. 위대한 승리는 대부분 위대한 기다림의 결과다.

# 8 August 23

## 어둠 속을 헤맬 때

> 내가 옛날 곧 지나간 세월을 생각하였사오며 밤에 부른 노래를 내가 기억하여 내 심령으로, 내가 내 마음으로 간구하기를 주께서 영원히 버리실까, 다시는 은혜를 베풀지 아니하실까, 그의 인자하심은 영원히 끝났는가, 그의 약속하심도 영구히 폐하였는가, 하나님이 그가 베푸실 은혜를 잊으셨는가, 노하심으로 그가 베푸실 긍휼을 그치셨는가 하였나이다 (셀라) 시편 77:5-9

모든 죄에서 구원하여 주시는 주님!
우리를 주님의 백성이 되게 하여 주시고
모든 죄에서 구원하여 주심을 감사드립니다.
우리가 기도를 통해 주님과 인격적 사귐을 갖게 해 주시고
기도할 때마다 우리의 마음속에 있는 모든 죄를
주님께 가지고 나아가게 하여 주시기를 원합니다.
주님의 사랑이 모든 죄를 정복하여 주시기를 원합니다.
우리가 날마다 주님과의 사귐의 축복을 깨닫게 하시고
주님 안에서 행복과 거룩한 삶을 살게 하여 주시기를 원합니다.
우리의 삶에서 기도 시간이 가장 좋은 시간이 되게 하소서.
우리 주 예수 그리스도의 이름으로 기도합니다. 아멘!

### 오늘의 묵상

어둠 속을 헤맬 때, 주여, 나를 밝은 빛으로 인도하소서. 밤은 어둡고 고향길은 머니, 주여, 나를 인도하소서. 먼 곳 보이지 않으니 한 걸음 한 걸음 지켜 주소서. 내 한때 주께 간구하지 아니하고 하나님을 멀리했나이다. 지난날 죄를 자행했던 이 죄인을, 주여, 이제 인도하소서. 나의 교만했던 지난날을, 주여, 기억하지 마옵소서. 지금껏 주가 주신 은혜 놀라워 장차 나 바른 길 가리니 험한 산 거친 들을 넘어 어둡던 밤이 지나가면 그토록 오래 기다렸던 기쁨의 아침을 맞으리. 뉴먼

# 8 August 24

## 하나님과 단둘이 만나라

하나님이여 물들이 주를 보았나이다 물들이 주를 보고 두려워하며 깊음도 진동하였고 구름이 물을 쏟고 궁창이 소리를 내며 주의 화살도 날아갔나이다 회오리바람 중에 주의 우렛소리가 있으며 번개가 세계를 비추며 땅이 흔들리고 움직였나이다 주의 길이 바다에 있었고 주의 곧은 길이 큰 물에 있었으나 주의 발자취를 알 수 없었나이다 주의 백성을 양 떼 같이 모세와 아론의 손으로 인도하셨나이다

시편 77:16-20

우리에게 기도할 시간을 주시는 주님!
이 새벽 우리가 기도하는 곳이
주님이 원하시는 기도의 골방이 되게 하여 주소서.
우리가 주님에게 은밀한 기도를 드릴 때
주님의 임재를 깨닫게 하여 주시기를 원합니다.
우리가 기도를 통하여 주님과 속삭이게 하소서.
주님의 임재를 깨닫고 은밀한 중에 우리를 보시며
인도하시는 주님을 온전히 신뢰하게 하소서.
은밀한 기도 속에 우리의 마음에 계시는
주님의 은혜를 충만히 받게 하여 주시기를 원합니다.
우리가 어린아이 같은 마음으로 주님을 의뢰하게 하소서.
주님과의 사귐의 기도가 헛되지 않게 하여 주시기를 원합니다.
우리 주 예수 그리스도의 이름으로 기도합니다. 아멘!

### 오늘의 묵상

흔히 기도 장소를 골방이라고 부른다. 실상 무엇이라고 부르든 관계는 없다. 우리에게는 하나님과만 함께 있을 수 있는 장소가 필요하다. 그런 곳은 침실이 될 수도 있고, 서재 혹은 뒤꼍, 베란다 같은 곳도 가능하다. 항상 이곳저곳을 옮겨 다니는 사람에게는 호텔 방이나 사무실, 혹은 자동차 안이 될 수도 있다. 어느 곳이든 중요한 점은 정신없이 분주한 일정에서 벗어나 하나님과 단둘이 만나는 것이다.

## 8 August 25 | 친밀한 기도

내 백성이여, 내 율법을 들으며 내 입의 말에 귀를 기울일지어다 내가 입을 열어 비유로 말하며 예로부터 감추어졌던 것을 드러내려 하니 이는 우리가 들어서 아는 바요 우리의 조상들이 우리에게 전한 바라 우리가 이를 그들의 자손에게 숨기지 아니하고 여호와의 영예와 그의 능력과 그가 행하신 기이한 사적을 후대에 전하리로다
시편 78:1-4

우리에게 믿음을 주시기를 원하시는 주님!
우리가 주님의 능력을 온전히 믿으며
주님께 간절히 기도드리게 하여 주시기를 원합니다.
우리의 마음속에 주님을 온전히 바라는
확고한 믿음과 사랑을 주시기를 원합니다.
주님의 한없는 사랑으로 우리로 하여금
주님의 축복 안에서 살게 하여 주시기를 원합니다.
우리는 하나님께서 우리를 위하여 하고자 하시는
모든 일에 믿음을 갖게 하여 주시기를 원합니다.
우리가 기도함으로 날마다 우리에게 필요한
믿음과 사랑과 소망을 갖게 하여 주시기를 원합니다.
우리 주 예수 그리스도의 이름으로 기도합니다. 아멘!

### 오늘의 묵상

존 게스트는 기도에 대해 다음과 같이 말하고 있다. "기도는 무엇보다 우선적으로 하나님과의 친밀한 관계를 표현한다. 기도에는 훈련이 포함된다. 그러나 기도는 단순한 훈련만이 아니다. 무엇보다도 기도는 관계이다. 기도를 그저 하나의 훈련으로 격하시키면 성경을 통해 하나님을 바로 알게 된 모든 사람들이 기도 가운데 표현한 내용을 앗아가게 된다. 그 내용이 바로 하나님은 살아 계시며, 우리를 알고 계시고 자신을 우리에게 기꺼이 알리셨으며, 우리는 기도 가운데 하나님과 깊고 친밀한 관계를 즐길 수 있다는 것이다."

## 8 August 26

### 기도는 하나님을 찾는 열린 마음이다

여호와께서 증거를 야곱에게 세우시며 법도를 이스라엘에게 정하시고 우리 조상들에게 명령하사 그들의 자손에게 알리라 하셨으니 이는 그들로 후대 곧 태어날 자손에게 이를 알게 하고 그들은 일어나 그들의 자손에게 일러서 그들로 그들의 소망을 하나님께 두며 하나님께서 행하신 일을 잊지 아니하고 오직 그의 계명을 지켜서 그들의 조상들 곧 완고하고 패역하여 그들의 마음이 정직하지 못하며 그 심령이 하나님께 충성하지 아니하는 세대와 같이 되지 아니하게 하려 하심이로다 시편 78:5-8

우리에게 생명의 말씀을 주신 주님!
우리가 날마다 생명의 말씀을
생명의 양식으로 삼게 하여 주시기를 원합니다.
우리에게 일용할 양식이 필요한 것처럼
우리에게 날마다 주님의 말씀을 주시기를 원합니다.
우리의 삶이 오직 하나님의 영광만을 위하여
믿음의 삶을 살게 하여 주시기를 원합니다.
우리가 하나님의 말씀을 먹고 삶에 능력과 권세를 통하여
주님의 뜻을 이루게 하여 주시기를 원합니다.
이 새벽에도 주님의 말씀을 묵상하며 살게 하소서.
우리 주 예수 그리스도의 이름으로 기도합니다. 아멘!

**오늘의 묵상** 로잘린드 링커는 기도에 대하여 다음과 같이 말했다. "무엇보다도 기도는 우리가 사용하는 말 혹은 우리가 그것을 어떻게 부르느냐와 거리가 멀다. 기도는 하나님을 찾는 열린 마음의 태도다. 기도는 하나님과 대화하는 인간의 마음의 표현이다. 기도가 자연스러울수록 하나님은 실제로 다가오신다. 기도는 단순하다. 기도는 서로 사랑하는 두 사람의 대화다."

# 8 August 27 | 기도를 해야 하는 이유

> 옛적에 하나님이 애굽 땅 소안 들에서 기이한 일을 그들의 조상들의 목전에서 행하셨으되 그가 바다를 갈라 물을 무더기같이 서게 하시고 그들을 지나가게 하셨으며 낮에는 구름으로, 밤에는 불빛으로 인도하셨으며 광야에서 반석을 쪼개시고 매우 깊은 곳에서 나오는 물처럼 흡족하게 마시게 하셨으며 또 바위에서 시내를 내사 물이 강같이 흐르게 하셨으나 그들은 계속해서 하나님께 범죄하여 메마른 땅에서 지존자를 배반하였도다 시편 78:12-17

말씀 속에서 우리의 삶을 변화시키는 주님!
이 새벽에 기도하게 하시고 주님을 사모하며
주님의 말씀을 묵상하게 하심을 감사드립니다.
우리가 주님을 사랑하는 마음으로
생명과 구원의 말씀을 새기게 하여 주소서.
이 시간 주님 앞에 잠잠하게 하시고
주님의 인도하심을 받게 하여 주시기를 원합니다.
우리가 복잡다단한 세상을 살아가면서
예수 안에서 단순하게 살게 하여 주시기를 원합니다.
주님께서 성령의 인도하여 주심을 믿고
우리의 삶이 말씀 중심으로 살아가게 하여 주소서.
우리의 마음이 주님의 말씀을 향하게 하여 주소서.
우리 주 예수 그리스도의 이름으로 기도합니다. 아멘!

**오늘의 묵상** 주님께서 쉬지 말고 기도하라고 명령하셨기 때문에 기도해야 한다. 주님께서 주님과 교제하고 주님과 친밀하고 깊은 교통을 누리도록 초대하셨기 때문에 기도해야 한다. 기도를 통해 성장할 수 있기 때문에 기도해야 한다. 기도를 통해서 하나님을 만날 수 있고 응답받을 수 있기 때문에 기도해야 한다. 기도는 우리를 하나님 앞으로 인도한다.

## 8 August 28 | 주님께서 기대하시는 기도

> 그들이 그들의 탐욕대로 음식을 구하여 그들의 심중에 하나님을 시험하였으며 그뿐 아니라 하나님을 대적하여 말하기를 하나님이 광야에서 식탁을 베푸실 수 있으랴 보라 그가 반석을 쳐서 물을 내시니 시내가 넘쳤으나 그가 능히 떡도 주시며 자기 백성을 위하여 고기도 예비하시랴 하였도다 시편 78:18-20

우리를 새롭게 소생시켜 주시는 주님!
우리가 기도를 통하여 주님을 올바르게 알게 하소서.
성령을 통하여 우리에게 올바른 생각을 주시고
우리가 올바른 행동을 하며 살게 하여 주시기를 원합니다.
말씀을 통하여 주님께서 행하신 모든 놀라운 일들을 깨닫게 하시고
우리도 주님의 뜻을 이룰 수 있는 힘과 능력을 주시기를 원합니다.
주님의 말씀으로 우리에게 강한 소원을 주시는 주님을 알게 하시고
고난과 역경을 이길 수 있는 인내심을 배우게 하여 주소서.
주님께서 우리의 중보자이심을 확신하오니 우리를 인도해 주시고
우리가 날마다 하나님의 말씀으로 힘을 새롭게 얻도록 해 주시고
주님의 뜻을 따라 기도하게 이끌어 주시기를 원합니다.
우리 주 예수 그리스도의 이름으로 기도합니다. 아멘!

### 오늘의 묵상

1. 기도할 때 외식하는 자와 같이 되지 말라
2. 기도할 때 골방에 들어가 문을 닫고 기도하라
3. 기도할 때 이방인과 같이 중언부언하지 마라
4. 주기도문처럼 기도하라
5. 구하고 찾고 두드려라
6. 항상 기도하고 낙심하지 마라

# 8 August 29

## 자기중심적인 기도

그러나 그가 위의 궁창을 명령하시며 하늘 문을 여시고 그들에게 만나를 비같이 내려 먹이시며 하늘 양식을 그들에게 주셨나니 사람이 힘센 자의 떡을 먹었으며 그가 음식을 그들에게 충족히 주셨도다 그가 동풍을 하늘에서 일게 하시며 그의 권능으로 남풍을 인도하시고 먼지처럼 많은 고기를 비같이 내리시고 나는 새를 바다의 모래 같이 내리셨도다 그가 그것들을 그들의 진중에 떨어지게 하사 그들의 거처에 두르셨으므로 그들이 먹고 심히 배불렀나니 하나님이 그들의 원대로 그들에게 주셨도다 시편 78:23-29

우리가 순종하기를 원하시는 주님!
우리가 믿음 안에서 순종하는 삶을 살게 하여 주소서.
우리가 주님께 순종하지 않으면 아무것도 이룰 수 없으니
온전히 순종함으로써 주님의 뜻을 이루게 하소서.
주님의 말씀을 우리 마음속에 새기게 하시고
우리가 항상 깨어 기도하기를 원합니다.
주님께서 하나님 아버지께 순종하며 사신 것처럼
우리도 주님께 순종하며 살게 하여 주시기를 원합니다.
이 새벽에도 성령께서 우리를 인도하여 주사
주님의 뜻을 행할 힘과 능력을 주시기를 원합니다.
우리 주 예수 그리스도의 이름으로 기도합니다. 아멘!

### 오늘의 묵상

기도를 너무 경솔하게 하는 가벼운 자세를 피해야 한다. 형식적인 기도, 자기중심적인 기도를 해서는 안 된다. 그러한 기도는 외식과 중언부언 그리고 과장된 형식일 뿐이다. 존엄하신 하나님의 임재하심과 권능 그리고 영광을 잊지 말아야 한다. 우리의 죄를 회개하고 하나님의 뜻에 따라 기도하도록 힘쓰자. 그뿐만 아니라 겸손히 무릎을 꿇고 하나님 앞에서 기도해야 한다는 것을 한순간이라도 잊어서는 안 된다. 이것이 바로 하나님 앞에 상달되는 향내 나는 기도다.

## 8 August 30 | 최후의 기도

> 그러나 그들이 그들의 욕심을 버리지 아니하여 그들의 먹을 것이 아직 그들의 입에 있을 때에 하나님이 그들에게 노염을 나타내사 그들 중 강한 자를 죽이시며 이스라엘의 청년을 쳐 엎드러뜨리셨도다 이러함에도 그들은 여전히 범죄하여 그의 기이한 일들을 믿지 아니하였으므로 하나님이 그들의 날들을 헛되이 보내게 하시며 그들의 햇수를 두려움으로 보내게 하셨도다 하나님이 그들을 죽이실 때에 그들이 그에게 구하며 돌이켜 하나님을 간절히 찾았고 하나님이 그들의 반석이시며 지존하신 하나님이 그들의 구속자이심을 기억하였도다 시편 78:30-35

우리에게 성령 충만함을 주시기를 원하시는 주님!
우리에게 성령 충만함을 주셔서
주님께서 우리 속에 임재하심을 알게 하소서.
성령께서 우리의 속사람을 능력으로 새롭게 하여 주시고
주님과 동행하며 주님의 뜻을 이루게 하여 주시기를 원합니다.
성령께서 우리로 하여금 주님을 사랑하며
주님의 말씀으로 행하며 주님의 명령을 지키며 살게 하소서.
우리가 기도함으로써 성령의 은혜를 충만히 받게 하소서.
우리가 순수한 마음으로 주님을 살아가게 하여 주소서.
성령의 인도하심으로 모든 것을 이루어 가게 하여 주소서.
우리 주 예수 그리스도의 이름으로 기도합니다. 아멘!

**오늘의 묵상** 오, 하나님, 이른 아침 내가 당신께 부르짖나이다. 기도하는 나를 도우시옵소서. 그리고 당신에게 나의 생각을 집중하도록 도우시옵소서. 이것을 나 혼자는 알 수 없나이다. 내 속에 어둠이 있나이다. 그러나 당신과 함께 빛이 있나이다. 나는 외로우나 당신은 나를 떠나지 않으시며, 나는 마음이 약하나 당신과 함께 도움이 있나이다. 나는 불안하나 당신과 함께 인내가 있나이다. 나는 당신의 의지를 이해하지 못하나 당신은 나의 의지를 아시나이다. 주님이여, 오늘 무슨 일이 일어나든지 당신의 이름이 찬양받게 하옵소서. 본회퍼가 나치 감옥에서 처형을 기다리며 지은 시

# 8 August 31

## 영혼의 집

그러나 그들이 입으로 그에게 아첨하며 자기 혀로 그에게 거짓을 말하였으니 이는 하나님께 향하는 그들의 마음이 정함이 없으며 그의 언약에 성실하지 아니하였음이로다 오직 하나님은 긍휼하시므로 죄악을 덮어 주시어 멸망시키지 아니하시고 그의 진노를 여러 번 돌이키시며 그의 모든 분을 다 쏟아 내지 아니하셨으니 그들은 육체이며 가고 다시 돌아오지 못하는 바람임을 기억하셨음이라 그들이 광야에서 그에게 반항하며 사막에서 그를 슬프시게 함이 몇 번인가 그들이 돌이켜 하나님을 거듭거듭 시험하며 이스라엘의 거룩하신 이를 노엽게 하였도다 그들이 그의 권능의 손을 기억하지 아니하며 대적에게서 그들을 구원하신 날도 기억하지 아니하였도다 시편 78:36-42

처음 사랑을 다시 회복하기를 원하시는 주님!
우리가 주님을 처음 시인하고 우리의 죄를 용서함을 받았을 때
우리의 마음에 밀려오는 주님의 은혜에 감격했습니다.
우리가 그때의 사랑을 잊지 않고 있으니
다시 회복하게 하여 주시기를 원합니다.
우리에게 믿음의 열심이 있게 하여 주시고
말씀대로 살아가기를 꾸준히 인내하며 노력하게 하시고.
주님을 향한 뜨거운 사랑이 날마다 지속되게 하여 주소서.
우리가 이 새벽에 기도할 때마다
주님의 사랑에 감사하게 하여 주시기를 원합니다.
우리 주 예수 그리스도의 이름으로 기도합니다. 아멘!

### 오늘의 묵상

오, 주여, 내 영혼의 안식처는 협소하나이다. 당신을 볼 수 있을 만큼 넓혀 주시고 너무 낡았사오니 고쳐 주시옵소서. 이곳이 당신이 보시기에 불쾌하게 하였음을 고백하나이다. 하지만 그것을 누가 깨끗하게 해 주며 내가 누구에게 애걸하겠나이까? 오, 주여, 숨겨진 결점으로부터 나를 깨끗하게 하시며, 내가 알지 못하는 죄악으로부터 당신의 종을 용서하소서. 성 어거스틴

# 9

S e p t e m b e r

## 신앙의 열매를 맺게 하소서

삶의 한 부분만 보고 실망하지 않게 하시고
나의 삶 전부를 인도하시는
주님의 손길을 따르게 하소서

때때로 분주한 삶의 발걸음을 멈추고
주님을 향하여 기도하게 하소서
나의 눈동자로 주님을 온전히 바라보게 하소서

## 나의 눈동자로 주님을
## 온전히 바라보게 하소서

나의 눈동자가 죄악을 흘어내지 말게 하시고
하늘에 눈길을 돌려
주님을 바라보게 하소서

이 각박한 세상의 고통에서 벗어나게 하는
주 안의 평안과 쉼을 알게 하사
주님의 사랑이 얼마나 소중한지 알게 하소서

세상이 아무리 매혹적이라 하여도
삶을 마비시키려는 죄악이라면 돌아서서
주님을 향한 발길이 되게 하소서

내 안에 주님의 사랑이 흐르게 하시고
나의 눈동자로 주님을 온전히 바라보게 하사
보배로운 눈이 되게 하소서

삶의 한 부분만 보고 실망하지 않게 하시고
나의 삶 전부를 인도하시는
주님의 손길을 따르게 하소서

때때로 분주한 삶의 발걸음을 멈추고
주님을 향하여 기도하게 하소서
나의 눈동자로 주님을 온전히 바라보게 하소서

# 9 September 1

## 무분별하게 기도하는 습관

그때에 하나님이 애굽에서 그의 표적들을, 소안 들에서 그의 징조들을 나타내사 그들의 강과 시내를 피로 변하여 그들로 마실 수 없게 하시며 쇠파리 떼를 그들에게 보내어 그들을 물게 하시고 개구리를 보내어 해하게 하셨으며 그들의 토산물을 황충에게 주셨고 그들이 수고한 것을 메뚜기에게 주셨으며 그들의 포도나무를 우박으로, 그들의 뽕나무를 서리로 죽이셨으며 그들의 가축을 우박에, 그들의 양 떼를 번갯불에 넘기셨으며 시편 78:43-48

모든 불의에서 우리를 깨끗하게 하시는 주님!
주님께 기도드릴 때 우리의 고백이 형식이 아니라
진실한 고백이 되게 하여 주시기를 원합니다.
신중하고 진솔한 마음으로 드리는 고백이 되게 하소서.
우리가 믿음으로 살아가는 것을 방해하는
모든 죄악을 주님께 고백함으로 깨끗이 용서받게 해 주소서.
우리의 부끄러운 죄악을 숨기지 않게 하여 주시고
주님께 낱낱이 고백하게 하여 주시기를 원합니다.
우리가 죄의 올무에서 벗어나 진리의 자유함을 누리게 하소서.
주님께서 우리를 죄의 웅덩이에서 구출하여 주셨으니
그 은혜와 사랑을 늘 감사하며 살게 하여 주시기를 원합니다.
우리 주 예수 그리스도의 이름으로 기도합니다. 아멘!

### 오늘의 묵상

무분별하게 기도하는 습관은 믿음의 능력을 희석시킨다. 실상 우리에게 필요하지도, 전혀 중요하지 않다고 고백할 수밖에 없는 것을 달라고 하나님께 간구하는 것은 한심한 일이다. 우리가 하나님의 이름을 헛되이 부르는 것은 예삿일이 아니며, 아무런 의미나 효과 없이 하나님의 이름을 구하는 것도 마찬가지로 심각한 일이다. 우리의 기도가 비효과적이라고 생각되면 우리는 그러한 기도를 드리려는 시도를 다시는 하지 않게 된다. 우리는 기도하고 나서 믿는 습관을 키워 나가도록 해야 한다.

## 금식기도

**September 9 / 2**

> 그의 맹렬한 노여움과 진노와 분노와 고난 곧 재앙의 천사들을 그들에게 내려보내셨으며 그는 진노로 길을 닦으사 그들의 목숨이 죽음을 면하지 못하게 하시고 그들의 생명을 전염병에 붙이셨으며 애굽에서 모든 장자 곧 함의 장막에 있는 그들의 기력의 처음 것을 치셨으나 그가 자기 백성은 양같이 인도하여 내시고 광야에서 양 떼 같이 지도하셨도다 그들을 안전히 인도하시니 그들은 두려움이 없었으나 그들의 원수는 바다에 빠졌도다 시편 78:49-53

우리의 삶의 목표를 분명하게 하시는 주님!
우리가 믿음의 경주에서 늘 이기게 하여 주시고
삶의 목표가 주님이 되게 하여 주시기를 원합니다.
운동선수가 우승을 위하여 최선을 다하는 것처럼
우리도 온 마음과 온 열정과 온 열심을 다해
주님을 섬기며 살게 하여 주시기를 원합니다.
우리가 이 세상에서 열심히 살다가 주님 앞에 서는 날까지
맡겨 주신 달란트에 남김이 있게 하여 주시고
우리에게 주신 사명을 잘 감당하게 하여 주시기를 원합니다.
우리의 삶의 방향이 흔들리지 않게 하여 주시고
오직 주님만이 우리의 구주가 되게 하여 주시기를 원합니다.
우리 주 예수 그리스도의 이름으로 기도합니다. 아멘!

### 오늘의 묵상

신학자 슈트라우스는 금식기도에 대하여 이렇게 말한다. "금식은 그리스도의 가르침과 일치할 때에만 영적인 가치를 갖게 된다. 우리에게 감당할 수 없는 문제나 일이 생겼을 때 기도하는 일에 전념하도록 하라. 우리가 음식이나 음료 같은 지극히 자연적이고 합법적인 것까지 미루어 둔 채 기도에 전념한다면 하나님께서는 기록해 놓으실 것이고 때가 되면 우리에게 갚아 주실 것이다."

# 9 September 3

## 우리의 능력이 약해질 때 하는 기도

그들을 그의 성소의 영역 곧 그의 오른손으로 만드신 산으로 인도하시고 또 나라를 그들의 앞에서 쫓아내시며 줄을 쳐서 그들의 소유를 분배하시고 이스라엘의 지파들이 그들의 장막에 살게 하셨도다 그러나 그들은 지존하신 하나님을 시험하고 반항하여 그의 명령을 지키지 아니하며 그들의 조상들같이 배반하고 거짓을 행하여 속이는 활같이 빗나가서 자기 산당들로 그의 노여움을 일으키며 그들의 조각한 우상들로 그를 진노하게 하였으매 하나님이 들으시고 분내어 이스라엘을 크게 미워하사 시편 78:54-59

우리에게 믿음을 주시는 주님!
우리가 주님을 전적으로 신뢰하며 살게 하시고
주님의 영광을 위하여 살게 하여 주시기를 원합니다.
우리의 삶이 자기 자신만을 위한 삶이 되지 않게 하시고
주님께서 주신 소명을 깨달아 주님께 헌신하게 하소서.
불신앙은 우리의 삶에 큰 장애물이오니
믿음으로 물리치게 하여 주시기를 원합니다.
주님께서 우리를 위해 사시고 주님의 생명을 나누어 주시므로
전적으로 주님만을 위하여 살 수 있게 하여 주시기를 원합니다.
우리의 삶에 주님의 뜻을 이루게 하여 주소서.
우리 주 예수 그리스도의 이름으로 기도합니다. 아멘!

### 오늘의 묵상

우리는 그리스도를 통하지 않고는 하나님의 통치와 연결되지 못한다. 가장 큰 변화는 우리의 능력과 가능이 약해질 때 하나님께 간구할 수 있도록 한 것이다. 우리는 포도나무이신 그리스도를 떠나서는 아무것도 할 수가 없다. 그렇지만 우리가 그리스도와 연결되어 있다면 모든 것을 할 수 있는 확신과 능력을 가지게 된다. 그러한 능력은 스스로 자신의 무능을 인식하는 기도에 무한한 능력이 주어지는 것이다.

# September 9/4

## 영광스러운 생명의 주님

사람 가운데 세우신 장막 곧 실로의 성막을 떠나시고 그가 그의 능력을 포로에게 넘겨주시며 그의 영광을 대적의 손에 붙이시고 그가 그의 소유 때문에 분내사 그의 백성을 칼에 넘기셨으니 그들의 청년은 불에 살라지고 그들의 처녀들은 혼인 노래를 들을 수 없었으며 그들의 제사장들은 칼에 엎드러지고 그들의 과부들은 애곡도 하지 못하였도다 그때에 주께서 잠에서 깨어난 것처럼, 포도주를 마시고 고함치는 용사처럼 일어나사 시편 78:60-65

주님의 십자가를 자랑하는 삶을 살게 하시는 주님!
주님의 십자가는 사탄의 죄를 정복하고
우리의 죄악을 용서하여 주시는 능력임을 믿습니다.
주님께서 성령을 통하여 우리 안에 사시고
우리를 늘 새롭게 하여 주시기를 원합니다.
우리의 옛 사람을 십자가에 못 박게 하여 주시고
우리의 모든 정욕을 십자가에 못 박게 해 주시기를 원합니다.
우리가 오직 주님의 십자가만 자랑하게 하시고
말씀의 깊은 진리를 깨닫는 기도생활을 하게 하소서.
주님의 십자가의 권능이 우리와 함께하여 주소서.
우리가 주님의 십자가의 은혜 속에 살게 해 주시기를 원합니다.
우리 주 예수 그리스도의 이름으로 기도합니다. 아멘!

### 오늘의 묵상

영광스런 생명의 주님! 사망과 죄를 이기심이여! 지옥의 고통에 잡힌 우리를 구하사 승리케 하심이여! 기쁨이 가득한 날이옵니다. 당신의 죽으심으로 우리가 용서받고 사랑의 피로 죄 씻으셨으니 영원히 찬양하리로다. 주의 사랑 생각하면 너무 고마워 날마다 주를 사랑하리. 피로써 산 고귀한 사랑. 주를 위해 우리 서로 나누리. 우리 사랑하세. 그 사랑 주께서 가르쳐 주셨으니. 에드먼드 스펜서

## 9 September 5

## 날마다 기도하라

그의 대적들을 쳐 물리쳐서 영원히 그들에게 욕되게 하셨도다 또 요셉의 장막을 버리시며 에브라임 지파를 택하지 아니하시고 오직 유다 지파와 그가 사랑하시는 시온 산을 택하시며 그의 성소를 산의 높음같이, 영원히 두신 땅같이 지으셨도다 또 그의 종 다윗을 택하시되 양의 우리에서 취하시며 젖 양을 지키는 중에서 그들을 이끌어 내사 그의 백성인 야곱, 그의 소유인 이스라엘을 기르게 하셨더니 이에 그가 그들을 자기 마음의 완전함으로 기르고 그의 손의 능숙함으로 그들을 지도하였도다 시편 78:66-72

세상에서 구별된 삶을 살기를 원하시는 주님!
우리가 이 세상으로부터 쫓아온
육신의 정욕과 안목의 정욕과 이 세상의 자랑에서 벗어나
성도의 삶을 살게 하여 주시기를 원합니다.
세상은 날로 타락하여 범죄가 번성하고 우리를 유혹하고 시험하오니
말씀과 기도와 믿음으로 이겨 내게 하여 주시기를 원합니다.
오늘의 삶은 위험투성이오니 우리가 주님의 인도를 받아
우리의 눈과 귀와 입과 마음과 향하는 걸음걸음이
모든 죄악에서 벗어나게 하여 주시기를 원합니다.
우리가 세상의 유혹에서 벗어나고 떠나게 하여 주소서.
주님과 날마다 동행함으로 믿음이 성장하게 하여 주소서.
우리 주 예수 그리스도의 이름으로 기도합니다. 아멘!

### 오늘의 묵상

아침 일찍 드리는 기도는 우리의 하루를 하나님과 동행하는 날로 인도할 것이다. 그 기도는 우리가 온종일 기도의 영 가운데서 살도록 해 준다. 아침에도, 오후에도 그리고 저녁에도 주님과 교통하며 지내도록 해 준다. 우리가 아무런 방해를 받지 않고 온종일 기도할 수 있게 동굴에 들어가서 살라는 말도 아니고, 하루 내내 자기 방에 들어가 기도해야 한다는 말도 아니다. 다만 하루 종일 기도의 영 가운데 살라는 말이다. 날마다 경건의 시간을 가져 보자. 결코 후회하지 않을 것이며, 주님과의 교통 속에 기쁨을 맛볼 것이다.

## 기도는 하나님의 초대에 응하는 것이다

**September 9/6**

하나님이여 이방 나라들이 주의 기업의 땅에 들어와서 주의 성전을 더럽히고 예루살렘이 돌무더기가 되게 하였나이다 그들이 주의 종들의 시체를 공중의 새에게 밥으로, 주의 성도들의 육체를 땅의 짐승에게 주며 그들의 피를 예루살렘 사방에 물 같이 흘렸으나 그들을 매장하는 자가 없었나이다 우리는 우리 이웃에게 비방거리가 되며 우리를 에워싼 자에게 조소와 조롱거리가 되었나이다 시편 79:1-4

만유의 주이신 주님!
우리에게 위로와 힘을 주시는 주님의 능력을 믿습니다.
우리가 어린아이 같은 마음으로 주님을 영접하게 하여 주소서.
주님께서 우리를 인도하여 주심을 믿게 하여 주시기를 원합니다.
우리가 부족하고 연약하더라도, 부족하고 나약할지라도
주님을 따르고 신뢰하게 하여 주시기를 원합니다.
주님께서 우리를 도와 주시고 지켜 주시도록 의지하게 해 주소서.
믿음으로 주님 안에서 기뻐할 수 있는 믿음을 주시기를 원합니다.
우리가 기도함으로써 믿음이 강하여지게 하시고
말씀 안에서 주님의 사랑에 확신을 갖게 하여 주소서.
주님께서 오늘도 우리에게 필요한 모든 것을 채워 주소서.
우리 주 예수 그리스도의 이름으로 기도합니다. 아멘!

**오늘의 묵상** 기도하는 것은 하나님의 초대에 응하는 것이다. 기도하는 것은 모든 만물을 창조하신 하나님과 교통하는 것이다. 기도하는 것은 하나님의 뜻에 굴복하고 하나님의 인도하심과 보호하심을 받는 것이다. 기도하는 것은 모든 것을 아버지께 의탁하고 전적으로 그분만을 의지하는 것이다. 기도하는 것은 하나님의 나라가 임하기를 구하고 하나님의 뜻이 하늘에서처럼 땅에서도 이루어지기를 기도하는 것이다.

# 기도는 잠재적인 것이다

**9 September 7**

여호와여 어느 때까지니이까 영원히 노하시리이까 주의 질투가 불붙듯 하시리이까 주를 알지 아니하는 민족들과 주의 이름을 부르지 아니하는 나라들에게 주의 노를 쏟으소서 그들이 야곱을 삼키고 그의 거처를 황폐하게 함이니이다 우리 조상들의 죄악을 기억하지 마시고 주의 긍휼로 우리를 속히 영접하소서 우리가 매우 가련하게 되었나이다 시편 79:5-8

우리 안에 계시는 주님!
이 새벽 주님께 기도하오니
우리가 주님 안에 있음을 확신하게 하여 주시기를 원합니다.
주 안에서 소망을 갖고 살도록 인도하여 주시고
주님께서 우리 안에 계심을 믿게 하여 주시기를 원합니다.
우리가 하나님의 말씀을 믿는 믿음을 통하여
주님을 온전히 받아들이게 하여 주시기를 원합니다.
성령께서 우리를 진리 가운데로 인도하여 주시도록
우리가 기도함으로써 믿게 하여 주시기를 원합니다.
우리의 속사람이 하나님의 성령에 의하여
강건하게 성장하도록 해 주시기를 원합니다.
주님께서 우리 안에 거하게 하여 주시기를 원합니다.
우리 주 예수 그리스도의 이름으로 기도합니다. 아멘!

### 오늘의 묵상

기도는 잠재적인 것이다. 하나님은 우리의 기도를 환영하신다. 주저할 이유가 아무것도 없다. 그리스도의 약속을 신뢰하면서 우리는 하나님께서 우리의 기도를 들으시고 응답하신다는 확신을 가지고 기도할 수 있는 것이다. 하나님은 우리가 환난을 당할 때 기도하기를 원하신다. 하나님은 잠시 동안 숨어 계실지도 모른다. 그러면 하나님을 찾아 나서야 한다. 우리가 하나님께 가고자 한다면 문을 두드리고 또 두드려야 한다. 하나님의 문 앞에서 계속 두드려야 한다.

## 9 September 8 | 열정을 가지고 기도하라

이방 나라들이 어찌하여 그들의 하나님이 어디 있느냐 말하나이까 주의 종들이 피 흘림에 대한 복수를 우리의 목전에서 이방 나라에게 보여 주소서 갇힌 자의 탄식을 주의 앞에 이르게 하시며 죽이기로 정해진 자도 주의 크신 능력을 따라 보존하소서 주여 우리 이웃이 주를 비방한 그 비방을 그들의 품에 칠 배나 갚으소서 우리는 주의 백성이요 주의 목장의 양이니 우리는 영원히 주께 감사하며 주의 영예를 대대에 전하리이다 시편 79:10-13

지고한 구원의 사랑을 베푸시는 주님!
우리 삶의 행복과 불행은 주님의 사랑에 의해 이루어집니다.
우리가 사랑에 결핍됨 없이 언제나 충만하게 하여 주소서.
우리의 신앙 속에서 주님의 사랑을 체험하게 하소서.
이 새벽에도 주님께서 우리를 얼마나 놀랍게 사랑하시며
우리를 얼마나 놀랍게 축복하시는지 깨닫게 하소서.
주님의 영원하신 사랑이 우리 속에 임하게 하시고
우리도 날마다 주님의 사랑 안에 거하게 하소서.
우리가 날마다 주님의 은혜 안에 살기를 원합니다.
오늘도 온종일 주님과 동행하기를 원합니다.
우리 주 예수 그리스도의 이름으로 기도합니다. 아멘!

### 오늘의 묵상

체험을 통해서 배운 사람만이 기도의 능력을 이해한다. 극심한 필요의 때에 기도하는 것은 무엇보다 중요하다. 우리는 열정을 가지고 기도할 때마다 주님의 음성을 듣는다. 우리는 우리가 기도한 것보다 더 많은 것을 받았다. 때로는 지체되기도 하였지만, 기도는 언제나 응답되었다. 우리는 기도할 필요가 있을 때 기도를 배운다.

## September 9

### 아멘 또 아멘

요셉을 양 떼같이 인도하시는 이스라엘의 목자여 귀를 기울이소서 그룹 사이에 좌정하신 이여 빛을 비추소서 에브라임과 베냐민과 므낫세 앞에서 주의 능력을 나타내사 우리를 구원하러 오소서 하나님이여 우리를 돌이키시고 주의 얼굴빛을 비추사 우리가 구원을 얻게 하소서 만군의 하나님 여호와여 주의 백성의 기도에 대하여 어느 때까지 노하시리이까 주께서 그들에게 눈물의 양식을 먹이시며 많은 눈물을 마시게 하셨나이다 우리를 우리 이웃에게 다툼거리가 되게 하시니 우리 원수들이 서로 비웃나이다 만군의 하나님이여 우리를 회복하여 주시고 주의 얼굴의 광채를 비추사 우리가 구원을 얻게 하소서 시편 80:1-7

약속대로 성령을 보내 주시는 주님!
보혜사 성령을 약속대로 보내 주신 주님께 감사와 찬양을 드립니다.
이 새벽에 기도하오니 성령을 충만히 주옵소서.
성령께서 예수 그리스도를 영화롭게 하시고
주님의 구원하심을 우리에게 거룩한 사랑과 능력으로 나타내셨습니다.
우리의 삶이 성령의 인도하심을 받아 선한 일에 동참하게 하여 주시고
주님의 거룩한 삶을 닮아 가게 하여 주시기를 원합니다.
성령께서 우리 안에 은혜를 주사 믿음으로 살게 하소서.
우리 주 예수 그리스도의 이름으로 기도합니다. 아멘!

**오늘의 묵상** 주 예수 태양도 쉬지 않게 하시고 바닷가 구석까지 주의 나라 임하니 달이 차고 기움도 주관하시도다. 모든 백성 모든 나라, 아름다운 노래로 주의 사랑에 거하니 일찍이 이름 위에 축복받은 어린아이들도 주 찬양, 주가 다스리는 곳, 축복이 넘쳐 잡힌 자 그의 사슬에서 헤어나며 거친 자 영원한 안식 얻으며, 궁핍한 자 풍성한 축복을 받으리니 지음받은 자들아, 모두 일어나 우리 왕께 영광을 돌리세. 천사들도 노래하며 내려와 이 땅 위에 아멘 또 아멘! 아이작 와츠

## 당신의 도구로 사용하옵소서

**9 September 10**

주께서 한 포도나무를 애굽에서 가져다가 민족들을 쫓아내시고 그것을 심으셨나이다 주께서 그 앞서 가꾸셨으므로 그 뿌리가 깊이 박혀서 땅에 가득하며 그 그늘이 산들을 가리고 그 가지는 하나님의 백향목 같으며 그 가지가 바다까지 뻗고 넝쿨이 강까지 미쳤거늘 주께서 어찌하여 그 담을 허시사 길을 지나가는 모든 이들이 그것을 따게 하셨나이까 숲 속의 멧돼지들이 상해하며 들짐승들이 먹나이다 만군의 하나님이여 구하옵나니 돌아오소서 하늘에서 굽어보시고 이 포도나무를 돌보소서
시편 80:8-14

우리에게 사랑의 마음을 부어 주시는 주님!
우리가 주님의 크신 사랑 안에서
모든 구속의 은혜를 충만히 체험하게 하심을 감사드립니다.
우리가 사랑함으로써 그리스도인답게 살게 하여 주소서.
주님의 사랑이 우리에게 부은바 되게 하사
생수의 샘이 되게 하여 주시기를 원합니다.
주님의 사랑이 우리의 삶 속에 흘러넘치기를 원합니다.
주님의 사랑이 감정이 아니라 우리의 삶 전체를 변화시키는
큰 능력임을 체험하게 하여 주시기를 원합니다.
주님의 위대한 사랑이 우리에게는 큰 믿음이 되게 하소서.
주님의 사랑으로 주님의 뜻을 이루게 하여 주시기를 원합니다.
우리 주 예수 그리스도의 이름으로 기도합니다. 아멘!

### 오늘의 묵상

주 하나님! 당신은 나를 당신의 교회의 목사로 삼으셨습니다. 당신은 내가 이 위대하고도 힘든 직분을 맡기에 얼마나 부적합한 사람인지 알고 계십니다. 당신의 도우심이 없다면 나는 오래전에 실패하고 말았을 것입니다. 그러므로 나는 당신의 도우심이 필요합니다. 당신을 섬기는 데에 나의 입술과 마음을 드립니다. 사람들을 가르치기를 원합니다. 그리고 나 스스로는 당신의 말씀을 더 배우고 근면하게 묵상하고자 합니다. 나를 당신의 도구로 사용해 주시되 결코 버리지 마옵소서. 나 혼자 내버려질 경우에 나는 모든 것을 망쳐 놓기 십상일 것입니다. 아멘! 마르틴 루터

# 9 September 11

## 믿음은 항상 기도한다

주의 오른손으로 심으신 줄기요 주를 위하여 힘있게 하신 가지니이다 그것이 불타고 베임을 당하며 주의 면책으로 말미암아 멸망하오니 주의 오른쪽에 있는 자 곧 주를 위하여 힘있게 하신 인자에게 주의 손을 얹으소서 그리하시면 우리가 주에게서 물러가지 아니하오리니 우리를 소생하게 하소서 우리가 주의 이름을 부르리이다 만군의 하나님 여호와여 우리를 돌이켜 주시고 주의 얼굴의 광채를 우리에게 비추소서 우리가 구원을 얻으리이다 시편 80:15-19

서로 사랑하라고 하신 주님!
이 새벽에 우리의 몸과 마음에 주님의 구원의 사랑이
단비같이 내리게 하여 주시기를 원합니다.
우리가 주님의 사랑으로 서로 사랑하게 하여 주소서.
우리가 주님의 사랑을 마음껏 표현함으로써
우리를 통하여 사람들이 주님을 알게 하여 주시기를 원합니다.
우리의 신앙고백이 주님의 구원의 사랑으로 이루어졌음을 아오니
믿음으로 하나가 되게 하여 주시기를 원합니다.
우리가 서로 사랑하기를 기도하게 하여 주시고
삶 속에서 사랑을 나타내며 살게 하여 주시기를 원합니다.
주님과 우리와 주 안의 지체들이 사랑으로 하나 되기를 원합니다.
우리 주 예수 그리스도의 이름으로 기도합니다. 아멘!

### 오늘의 묵상

기도는 하나님을 향한 영혼의 갈망이다. 마치 병든 사람이 건강을 갈망하는 것과 같다. 믿음은 항상 기도한다. 영혼은 언제나 하나님의 뜻을 깊게 생각하며 동시에 자신의 연약함을 알고 있다. 다른 사람도 연약하다는 것과 그렇기 때문에 하나님 외에는 어떤 도움도 찾을 수 없다는 사실을 기억한다. 이웃의 슬픔은 다름 아닌 우리의 슬픔이다. 우리는 이웃을 위해 기도해야 한다.

## 9 September 12

### 하나님께 도움을 구하라

우리의 능력이 되시는 하나님을 향하여 기쁘게 노래하며 야곱의 하나님을 향하여 즐거이 소리칠지어다 시를 읊으며 소고를 치고 아름다운 수금에 비파를 아우를지어다 초하루와 보름과 우리의 명절에 나팔을 불지어다 이는 이스라엘의 율례요 야곱의 하나님의 규례로다 하나님이 애굽 땅을 치러 나아가시던 때에 요셉의 족속 중에 이를 증거로 세우셨도다 거기서 내가 알지 못하던 말씀을 들었나니 이르시되 내가 그의 어깨에서 짐을 벗기고 그의 손에서 광주리를 놓게 하였도다 시편 81:1-6

우리의 영혼을 귀하게 사랑하시는 주님!
우리의 영혼을 영원한 사랑에서 구원하신
우리 주 예수 그리스도의 사랑에 감사드립니다.
이 새벽에 주님의 사랑이 우리의 마음을 점령하기를 원합니다.
우리가 기도 속에서 그리고 말씀 속에서 체험한
주님의 사랑을 전하며 살게 하여 주시기를 원합니다.
우리의 마음이 주님의 사랑으로 불타게 하사
주님의 생명의 복음을 전하지 않고서는 못 견디게 하여 주소서.
우리가 주님의 사랑을 충만히 받아
이 구원의 놀라운 소식을 온 땅에 온 삶 동안에 전하게 하소서.
우리 주 예수 그리스도의 이름으로 기도합니다. 아멘!

**오늘의 묵상** 우리는 입버릇처럼 바쁘다고 하지만, 일상에서 잠시 동안 하나님에게서 떠나야 할 만큼 바쁘지는 않다. 사실 하루에 수천 번 우리의 영혼을 하나님께 올려드릴 수 있다. 일상 속에 양념과 같은 짧은 기도를 드려라. 아름다운 것을 보았으면 그것으로 하나님께 감사하라. 어떤 사람의 필요를 알게 되었으면 하나님께 도움을 구하라. 묵상 중이거나 세상일을 할 때 당신에게 힘을 준다. 습관처럼 기도하라.

## September 9 / 13 — 에라스무스의 기도

> 네가 고난 중에 부르짖으매 내가 너를 건졌고 우렛소리의 은밀한 곳에서 네게 응답하며 므리바 물가에서 너를 시험하였도다 (셀라) 내 백성이여 들으라 내가 네게 증언하리라 이스라엘이여 내게 듣기를 원하노라 너희 중에 다른 신을 두지 말며 이방 신에게 절하지 말지어다 나는 너를 애굽 땅에서 인도하여 낸 여호와 네 하나님이니 네 입을 크게 열라 내가 채우리라 하였으나 내 백성이 내 소리를 듣지 아니하며 이스라엘이 나를 원하지 아니하였도다 시편 81:7-11

사랑으로 모든 것을 새롭게 하시는 주님!
이 새벽에 우리가 주님의 사랑을 충만히 받게 하사
우리의 모든 것을 주님께 맡기게 하여 주소서.
주님의 복음으로 많은 사람들을 인도하게 하여 주소서.
우리의 삶이 우리의 능력으로 이루어질 수 없으니
주님의 능력으로 새롭게 변화되게 하여 주소서.
우리가 성령의 인도하심에 전적으로 순종하며
전심으로 따르게 하여 주시기를 원합니다.
주님의 사랑 속에 체험 있는 신앙이 되게 하소서.
이 새벽에 믿음으로 주께 간구하오니
주님의 사랑으로 은혜가 오늘도 충만하게 하소서.
우리 주 예수 그리스도의 이름으로 기도합니다. 아멘!

### 오늘의 묵상

오, 주 예수 그리스도여, 인류의 창조주이자 구속자라 말씀하신 당신은 길이요, 진리요, 생명이시오니 교리와 교훈 그리고 본으로 길이시고 언약하신 것에 진리이시고 보상으로 생명이 되시옵니다. 당신은 우리에게 무엇을 믿으며, 무엇을 해야 하며, 무엇을 소망해야 하며, 어디에 안식할 것인가를 온전히 가르쳐 주셨나이다.

에라스무스

## 9 September 14

### 마르틴 루터의 기도

그러므로 내가 그의 마음을 완악한 대로 버려 두어 그의 임의대로 행하게 하였도다 내 백성아 내 말을 들으라 이스라엘아 내 도를 따르라 그리하면 내가 속히 그들의 원수를 누르고 내 손을 돌려 그들의 대적들을 치리니 여호와를 미워하는 자는 그에게 복종하는 체할지라도 그들의 시대는 영원히 계속되리라 또 내가 기름진 밀을 그들에게 먹이며 반석에서 나오는 꿀로 너를 만족하게 하리라 하셨도다 시편 81:12-16

쉬지 말고 기도하라고 말씀하시는 주님!
이 새벽에도 주님께 기도하게 하심을 감사드립니다.
우리의 바람보다 기도 응답이 더디다 할지라도
우리가 낙망하지 않고 계속하여 기도하게 하여 주시기를 원합니다.
기다림을 통하여 더 크신 능력을 체험하게 하시고
더딘 응답이 도리어 우리에게 깨달음을 주고
더 큰 은혜가 됨을 체험하게 하여 주시기를 원합니다.
우리가 주님과 더욱 친밀하게 교제함으로
주님의 마음을 알게 하여 주시기를 원합니다.
우리의 기도가 빨리 응답되지 않는다고 안달하거나
조바심을 내거나 실망하지 않게 하시고
주님께서 응답하심을 믿고 기도하게 하여 주시기를 원합니다.
우리 주 예수 그리스도의 이름으로 기도합니다. 아멘!

### 오늘의 묵상

주님이여, 이 빈 그릇을 채워야 하나이다. 나의 주님이여, 채워 주시옵소서. 나의 믿음이 약하오니 나를 강하게 하옵소서. 나는 사랑에 냉랭하오니 인정 있고 뜨거워져서 나의 사랑이 나의 이웃에게 미치게 하소서. 마르틴 루터

# 그리스도를 얻기 위한 기도

**9 September 15**

하나님은 신들의 모임 가운데에 서시며 하나님은 그들 가운데에서 재판하시느니라 너희가 불공평한 판단을 하며 악인의 낯 보기를 언제까지 하려느냐 (셀라) 가난한 자와 고아를 위하여 판단하며 곤란한 자와 빈궁한 자에게 공의를 베풀지며 가난한 자와 궁핍한 자를 구원하여 악인들의 손에서 건질지니라 하시는도다 시편 82:1-4

우리의 중보기도를 들어주시는 주님!
우리로 하여금 다른 사람들을 위해 기도할 수 있도록
마음을 활짝 열게 하여 주시기를 원합니다.
우리가 기도함으로써 단 한 명의 영혼이라도
주님께서 새롭게 하심을 체험할 수 있다면
이는 놀라운 은혜이며 축복이오니
주여, 인도하여 주시기를 원합니다.
우리가 기도함으로써 주님의 일에 동참하게 하여 주소서.
우리가 기도함으로써 온 나라 땅끝까지
생명의 복음과 주님의 축복이 퍼져 나가게 해 주시기를 원합니다.
항상 즐거운 마음으로 중보기도를 드리게 하소서.
우리가 기도함으로 능력을 받게 하여 주소서.
우리 주 예수 그리스도의 이름으로 기도합니다. 아멘!

### 오늘의 묵상

오! 세상의 영화는 그 얼마나 빨리 지나갑니까? 세상에는 얼마나 많은 사람들이 헛된 학문에 망합니까? 하나님 섬김을 별로 상관치 않고 저들은 겸손하게 지내려고 하지 않으며 훌륭한 사람으로 보이려 하므로 그들의 생각이 헛되고 맙니다. 참으로 위대한 자는 사랑을 많이 가진 자입니다. 참으로 높은 자는 자기 스스로 작게 보고 모든 존귀와 영예를 허무한 것과 같이 보는 자입니다. 참으로 슬기로운 자는 그리스도를 얻기 위하여 세상의 모든 것을 분토와 같이 보는 자입니다. 참으로 유식한 자는 하나님의 성의를 따르고 자기의 뜻을 버리는 자입니다. 토마스 아 켐피스

# 키르케고르의 기도

**9 September 16**

그들은 알지도 못하고 깨닫지도 못하여 흑암 중에 왕래하니 땅의 모든 터가 흔들리도다 내가 말하기를 너희는 신들이며 다 지존자의 아들들이라 하였으나 그러나 너희는 사람처럼 죽으며 고관의 하나같이 넘어지리로다 하나님이여 일어나사 세상을 심판하소서 모든 나라가 주의 소유이기 때문이니이다 시편 82:5-8

기도를 통하여 능력을 주시는 주님!
우리의 믿음생활은 기도에서 비롯되오니
항상 깨어 기도하는 그리스도인이 되게 하여 주소서.
이 새벽에도 잠에서 깨어나게 하사
주님께 기도드릴 수 있는 믿음을 주심을 감사드립니다.
기도로 하늘의 능력을 붙잡게 하여 주시고
세상적인 욕망에서 떠나게 하여 주시기를 원합니다.
기도함으로 우리를 강건하게 하여 주시고
주님과 날마다 교제할 수 있는 믿음을 주시기를 원합니다.
기도를 통하여 주님의 손을 붙잡게 하여 주시고
주님의 인도하심을 받게 하여 주시기를 원합니다.
우리 주 예수 그리스도의 이름으로 기도합니다. 아멘!

### 오늘의 묵상

하늘에 계신 하나님, 나의 쓸모없음을 실감하게 하옵소서. 그것은 절망하게 함이 아니요, 하나님의 크신 인자함을 더욱더 능력 있게 절감하기 위함이나이다. 우리의 기도가 오늘과 내일 아궁에 던져질 꽃이나 솔로몬의 겉모양 같은 꽃이 되지 않도록 하옵소서. 키르케고르

## September 17

### 마더 테레사의 기도

> 하나님이여 침묵하지 마소서 하나님이여 잠잠하지 마시고 조용하지 마소서 무릇 주의 원수들이 떠들며 주를 미워하는 자들이 머리를 들었나이다 그들이 주의 백성을 치려 하여 간계를 꾀하며 주께서 숨기신 자를 치려고 서로 의논하여 말하기를 가서 그들을 멸하여 다시 나라가 되지 못하게 하여 이스라엘의 이름으로 다시는 기억되지 못하게 하자 하나이다 그들이 한마음으로 의논하고 주를 대적하여 서로 동맹하니 곧 에돔의 장막과 이스마엘인과 모압과 하갈인이며 그발과 암몬과 아말렉이며 블레셋과 두로 사람이요 앗수르도 그들과 연합하여 롯 자손의 도움이 되었나이다 (셀라) 시편 83:1-8

우리에게 기도를 가르쳐 주시는 주님!
기도는 우리가 스스로 할 수 있는 것이 아니라
주님께서 가르쳐 주시고 성령께서 인도하여 주심을 믿습니다.
우리가 기도할 때마다 성령께서도 우리와 함께하여 주시고
주님께서도 하나님 우편에서 우리를 위하여 기도하심을 믿습니다.
이 새벽 우리가 주님께 기도할 수 있는 것이
얼마나 행복하고 기쁜 일인지 알게 하심을 감사드립니다.
우리 마음에 주님을 향한 소원을 일으키시고
기도를 통하여 주님께 우리의 온몸과 온 마음을
온전히 드리게 하여 주시기를 원합니다.
성령께서 우리 안에 거하시고 기도할 수 있게 하심을 감사드립니다.
우리 주 예수 그리스도의 이름으로 기도합니다. 아멘!

**오늘의 묵상** 주님, 빈곤과 굶주림 가운데 살며 죽는 이 세상의 모든 이웃을 섬길 수 있도록 우리를 값지게 쓰시옵소서. 이날, 우리의 손을 통하여 그들에게 그들의 양식을 주고 우리의 이해 깊은 사랑에 의해 기쁨과 평화를 줄 수 있게 하옵소서. 마더 테레사

## 9 September 18 | 성 클레멘트의 기도

주는 미디안인에게 행하신 것같이, 기손 시내에서 시스라와 야빈에게 행하신 것같이 그들에게도 행하소서 그들은 엔돌에서 패망하여 땅에 거름이 되었나이다 그들의 귀인들이 오렙과 스엡 같게 하시며 그들의 모든 고관들은 세바와 살문나와 같게 하소서 그들이 말하기를 우리가 하나님의 목장을 우리의 소유로 취하자 하였나이다 나의 하나님이여 그들이 굴러가는 검불 같게 하시며 바람에 날리는 지푸라기 같게 하소서 시편 83:9-13

모든 역경을 이겨 내게 하여 주시는 주님!
밤이 깊으면 별들이 더 밝게 빛을 발하듯이
고통과 역경 속에서도 믿음의 힘을
더욱더 발휘하게 하여 주시기를 원합니다.
우리 속에 잠자고 있는 능력을 계발하게 하여 주시고
주님의 능력 속에 기적을 맛보게 하여 주시기를 원합니다.
우리의 마음에 주님의 마음을 품게 하여 주시고
우리가 성령의 은혜로 큰 권능을 받아
우리에게 다가오는 모든 어려움을 이겨 내게 하여 주소서.
우리의 상한 감정을 치료하여 주시고
주님이 주시는 평안 속에 참 기쁨을 누리게 하여 주소서.
우리 주 예수 그리스도의 이름으로 기도합니다. 아멘!

**오늘의 묵상** 주님이여, 우리를 지키시고 도와 주시옵소서. 압제자에게서 구출을, 보잘것없는 자에게 불쌍히 여김을, 타락자를 건지시며, 필요한 자에게 당신 자신을 보여 주시며, 병든 자를 고쳐 주시며, 방황하는 당신 백성들을 돌려보내 주시며, 굶주린 자를 먹이시며, 약한 자들을 일으켜 주시고 투옥자들의 쇠사슬을 끊어 주시옵소서. 우리가 하나님의 백성이요, 먹이시는 양떼인 것처럼 모든 나라가 당신의 유일한 하나님이심과 예수 그리스도가 당신의 아들이신 것을 알게 하옵소서. 성 클레멘트

## 9 September 19

### 안셀름의 기도

> 삼림을 사르는 불과 산에 붙는 불길같이 주의 광풍으로 그들을 쫓으시며 주의 폭풍으로 그들을 두렵게 하소서 여호와여 그들의 얼굴에 수치가 가득하게 하사 그들이 주의 이름을 찾게 하소서 그들로 수치를 당하여 영원히 놀라게 하시며 낭패와 멸망을 당하게 하사 여호와라 이름하신 주만 온 세계의 지존자로 알게 하소서
> 시편 83:14-18

우리의 나아갈 길을 인도하시는 주님!
우리의 마음이 힘들고 지쳐 헤맬 때
삶의 방향을 제대로 잡지 못하고 서성거릴 때
우리의 나아갈 길을 인도하여 주시기를 원합니다.
주님께서 우리가 무엇을 해야 하는지 지혜를 주사
모든 일들을 순차적으로 이루어 가게 해 주시기를 원합니다.
주님의 말씀을 우리의 삶에 온전히 적용하게 하여 주셔서
모든 갈등을 이겨 내고 기쁨으로 주님의 일을 하게 하소서.
우리의 믿음이 날마다 성장하게 하시고
우리가 믿음 안에서 바로 살아가게 하시며
주님의 능력을 체험하며 살게 하여 주시기를 원합니다.
우리에게 영혼 구원의 열정을 주시기를 원합니다.
우리 주 예수 그리스도의 이름으로 기도합니다. 아멘!

**오늘의 묵상** 나의 하나님, 내가 당신을 알고 사랑함으로 당신 안에서 기뻐하기를 간구합니다. 만약 이 생애에서 온전히 이룰 수 없으면 온전함에 이르기까지 꾸준히 가게 하시고 모든 소원을 가지게 하옵소서. 그것은 당신의 진리를 통하여 될 것이라 언약하셨으니 나의 기쁨이 넘치게 하옵소서. 안셀름

## 9 September 20

### 우리의 죄 지음을 내려놓기 위한 기도

만군의 여호와여 주의 장막이 어찌 그리 사랑스러운지요 내 영혼이 여호와의 궁정을 사모하여 쇠약함이여 내 마음과 육체가 살아 계시는 하나님께 부르짖나이다 나의 왕, 나의 하나님, 만군의 여호와여 주의 제단에서 참새도 제 집을 얻고 제비도 새끼 둘 보금자리를 얻었나이다 주의 집에 사는 자들은 복이 있나니 그들이 항상 주를 찬송하리이다 (셀라) 주께 힘을 얻고 그 마음에 시온의 대로가 있는 자는 복이 있나이다 그들이 눈물 골짜기로 지나갈 때에 그곳에 많은 샘이 있을 것이며 이른 비가 복을 채워 주나이다 시편 84:1-6

모든 문제를 해결하여 주시는 주님!
우리가 보기에는 어렵고 풀 수 없고 복잡한 일도
주님께서는 쉽게 해결하여 주심을 믿습니다.
사람들은 누구나 문제 속에 살아가고 있으나
주님께서는 언제나 해답이 되어 주심을 믿습니다.
우리에게 다가오는 모든 어려움을 우리가 바꾸기에는
고통일 뿐이오니 주님께서 인도하여 주시기를 원합니다.
성령의 은혜로 세상을 보는 눈이 달라지게 하여 주시고
고통이 다가올 때 피하지 않게 하여 주시고
우리의 삶에 고난과 역경이 있을수록
주님을 믿고 따르게 하셔서 변화를 이루게 하소서.
우리 주 예수 그리스도의 이름으로 기도합니다. 아멘!

**오늘의 묵상** 우리는 누구나 자신의 힘으로 해결할 수 없는 무거운 죄 지음이 있다. 우리는 조용히 주님께 간구하며, 때로는 울부짖으며, 우리의 모든 죄의 짐을 내려놓아야 한다. 우리에게 필요한 것과 부족한 것을 아시는 주님께서 우리에게 꼭 필요한 것과 협력자를 허락하실 것이다. 우리가 스스로 무언가를 하려고 할 때는 실패와 좌절과 절망에 사로잡히기 일쑤지만, 우리의 가장 신실하신 협력자이신 주님을 모시면 모든 것이 쉽게 해결된다. 주님께서는 우리의 모든 삶을 책임져 주신다.

# 9 September 21

## 기도는 어떤 장벽도 무너뜨릴 수 있다

그들은 힘을 얻고 더 얻어 나아가 시온에서 하나님 앞에 각기 나타나리이다 만군의 하나님 여호와여 내 기도를 들으소서 야곱의 하나님이여 귀를 기울이소서 (셀라) 우리 방패이신 하나님이여 주께서 기름 부으신 자의 얼굴을 살펴보옵소서 주의 궁정에서의 한 날이 다른 곳에서의 천 날보다 나은즉 악인의 장막에 사는 것보다 내 하나님의 성전 문지기로 있는 것이 좋사오니 여호와 하나님은 해요 방패이시라 여호와께서 은혜와 영화를 주시며 정직하게 행하는 자에게 좋은 것을 아끼지 아니하실 것임이니이다 만군의 여호와여 주께 의지하는 자는 복이 있나이다 시편 84:7-12

풀과 같은 삶에서도 열매 맺게 하여 주시는 주님!
보잘것없고 초라하기만 한 우리를
주님께서 불러 주시고 은혜를 주심을 감사드립니다.
주님의 보혈로 우리의 모든 죄악을 씻어 주시사
천하보다 귀한 영혼이 되게 하여 주시기를 원합니다.
우리에게 소망을 주셔서 주님을 바라보게 하여 주시고
우리에게 다가오는 모든 시련과 고통을
오직 예수 그리스도 안에서 믿음으로 이겨 내게 하소서.
우리가 성령 충만하게 하여 주셔서
우리의 삶이 새롭게 변화되게 하여 주시기를 원합니다.
우리 주 예수 그리스도의 이름으로 기도합니다. 아멘!

### 오늘의 묵상

기도는 어떤 장벽도 무너뜨릴 수 있을 뿐만 아니라 그곳이 접근 불가능한 영역일지라도 그리로 나아가는 통로를 열어 줄 수 있다. 기도로써 능히 못할 일이 없다. 우리가 기도로 해결하지 못할 문제는 결단코 없다. 인간의 관심거리는 곧 하나님의 관심거리기도 하다. 조금이라도 걱정할 일이 생긴다면 곧 기도하라. 사도 바울도 "아무 것도 염려하지 말고 다만 모든 일에 기도와 간구로, 너희 구할 것을 감사함으로 하나님께 아뢰라(빌립보서 4:6)"고 했다. 그러므로 무슨 일이든지, 무슨 염려든지 기도하라.

## 9 September 22

## 기도 응답을 받을 수 있는 자격

여호와여 주께서 주의 땅에 은혜를 베푸사 야곱의 포로 된 자들이 돌아오게 하셨으며 주의 백성의 죄악을 사하시고 그들의 모든 죄를 덮으셨나이다 (셀라) 주의 모든 분노를 거두시며 주의 진노를 돌이키셨나이다 우리 구원의 하나님이여 우리를 돌이키시고 우리에게 향하신 주의 분노를 거두소서 주께서 우리에게 영원히 노하시며 대대에 진노하시겠나이까 주께서 우리를 다시 살리사 주의 백성이 주를 기뻐하도록 하지 아니하시겠나이까 시편 85:1-6

우리를 축복하여 주시는 주님!
주님의 은혜 속에 날마다 살아가게 하심을 감사드립니다.
우리가 주님을 경외함으로써 강건하게 하여 주시고
때에 따라 주시는 축복 속에 늘 감사하며 살게 하소서.
주님께서 우리의 모든 쓸 것을 채워 주심을 믿사오니
늘 믿음으로 기도하게 하여 주시기를 원합니다.
우리가 오늘까지 살아옴도 주님의 은혜요, 축복이오니
언제나 주님의 뜻대로 살게 하여 주시기를 원합니다.
우리가 언제나 정직하고 성실하게 살게 해 주시기를 원합니다.
우리가 항상 성령의 인도하심을 따라 살기를 원합니다.
우리 주 예수 그리스도의 이름으로 기도합니다. 아멘!

### 오늘의 묵상

어떤 사람들은 자신이 기도의 응답을 받을 만한 자격이 없다는 생각에 괴로워한다. 그러나 하나님께서 우리의 기도에 응답하시는 것은 우리의 공로나 자격 때문이 아니라 하나님의 무한한 사랑 때문이다. 우리가 하나님께 기도의 응답을 받을 수 있는가 없는가 하는 자격 문제는 이미 갈보리 십자가에서 결말이 난 문제다. 우리를 구원하시기 위해 독생자를 아끼지 않으신 하나님이 우리 기도에 왜 응답해 주시지 않겠는가? 우리는 크고 힘찬 목소리로 이렇게 대답해야 한다. "나는 하나님의 자녀다! 나는 하나님이 보시기에 매우 귀중한 존재다."

# 9 September 23

## 하나님의 뜻에 부합되는 기도

여호와여 주의 인자하심을 우리에게 보이시며 주의 구원을 우리에게 주소서 내가 하나님 여호와께서 하실 말씀을 들으리니 무릇 그의 백성, 그의 성도들에게 화평을 말씀하실 것이라 그들은 다시 어리석은 데로 돌아가지 말지로다 진실로 그의 구원이 그를 경외하는 자에게 가까우니 영광이 우리 땅에 머무르리이다 인애와 진리가 같이 만나고 의와 화평이 서로 입맞추었으며 진리는 땅에서 솟아나고 의는 하늘에서 굽어보도다 여호와께서 좋은 것을 주시리니 우리 땅이 그 산물을 내리로다 의가 주의 앞에 앞서 가며 주의 길을 닦으리로다 시편 85:7-13

항상 진실하기를 원하시는 주님!
우리가 믿음으로 신앙을 굳건히 지켜 나가게 하소서.
남을 속이거나 배반치 않게 하여 주시고
바른 믿음의 길로 나아가게 하여 주시기를 원합니다.
항상 주님의 말씀으로 무장하게 하여 주시고
이 새벽에 늘 깨어 기도함으로써
영적인 무장을 바로하게 하여 주시기를 원합니다.
우리가 죄와 불의를 가까이하지 않도록 하시고
겸손으로 허리를 동이며 봉사하고 섬기는 삶을 살게 하여 주소서.
우리의 마음이 선한 마음이 되게 하여 주소서.
우리 주 예수 그리스도의 이름으로 기도합니다. 아멘!

### 오늘의 묵상

우리가 기도드릴 때 예수님의 이름으로 기도드린다는 것은 주님의 뜻에 부합되는 기도를 드리는 것을 의미한다. 때로는 우리 자신이 세속적인 것을 하나님께 구한다고 느끼기도 한다. 그러나 만일 그것들이 진정 우리에게 필요한 것들이라면 하나님께서는 기꺼이 들어주실 것이다. 그것들이 영적인 필요를 위한 것이냐, 아니면 육신적인 필요를 위한 것이냐 하는 문제는 하나님께 별로 중요하지 않다. 하나님은 우리에게 필요한 것이라면 무엇이든 주시는 분이다.

## 9 September 24

### 예배드린다는 것은

여호와여 나는 가난하고 궁핍하오니 주의 귀를 기울여 내게 응답하소서 나는 경건하오니 내 영혼을 보존하소서 내 주 하나님이여 주를 의지하는 종을 구원하소서 주여 내게 은혜를 베푸소서 내가 종일 주께 부르짖나이다 주여 내 영혼이 주를 우러러 보오니 주여 내 영혼을 기쁘게 하소서 주는 선하사 사죄하기를 즐거워하시며 주께 부르짖는 자에게 인자함이 후하심이니이다 여호와여 나의 기도에 귀를 기울이시고 내가 간구하는 소리를 들으소서 나의 환난 날에 내가 주께 부르짖으리니 주께서 내게 응답하시리이다 시편 86:1-7

언제나 일하시는 주님!
우리도 선한 일에 열심을 내는 성도의 삶을 살게 하소서.
우리가 악을 멀리하게 하고 선행에 힘쓰게 하여 주시고
주님을 위한 고난을 인내하며 책임을 다하게 하여 주소서.
주님의 자녀답게 살아가게 하여 주시기를 원합니다.
우리가 하는 모든 일들이 연합하여 선을 이루게 하여 주소서.
주님의 뜻에 항상 순종하며 살게 하여 주시기를 원합니다.
예수 그리스도의 좋은 군사로 영적 능력을 소유하게 하시고
주님의 고난에 동참하는 자가 되게 하여 주시기를 원합니다.
모든 탐욕과 탐심을 버리고 주님의 뜻을 행하게 하소서.
우리 주 예수 그리스도의 이름으로 기도합니다. 아멘!

**오늘의 묵상** 예배를 드린다는 것은 무슨 의미입니까? 그것은 측량할 수 없는 것 안에서 우리 자신을 잃는 것, 무진장의 것 속에 과감히 뛰어드는 것, 썩지 않을 불멸의 것 안에서 평화를 발견하는 것, 분명히 정의된 광대무변에 흡수되는 것, 불과 투명성에 우리 자신을 바치는 것, 우리가 우리 자신을 더욱 신중하게 인식하는 데 비례하여 우리 자신을 철저하게 죽이는 것, 끝이 없는 깊이를 가진 분께 우리의 마음 가장 깊은 곳에서 우리 자신을 아낌없이 드리는 것입니다. 조지 애플린

# 9 September 25

## 나의 안에 거하소서

주여 신들 중에 주와 같은 자 없사오며 주의 행하심과 같은 일도 없나이다 주여 주께서 지으신 모든 민족이 와서 주의 앞에 경배하며 주의 이름에 영광을 돌리리이다 무릇 주는 위대하사 기이한 일들을 행하시오니 주만이 하나님이시니이다 여호와여 주의 도를 내게 가르치소서 내가 주의 진리에 행하오리니 일심으로 주의 이름을 경외하게 하소서 시편 86:8-11

우리의 마음을 아시는 주님!
우리가 기도할 시간이 없다고 변명하지 않게 하소서.
시시때때로 주님 앞에 겸손히 엎드려 기도하게 하소서.
기도 시간을 위하여 그 어떤 것도 포기할 수 있는
믿음과 용기를 주시기를 원합니다.
매일매일 주님께 기도드림을 기뻐하며 살게 하여 주소서.
우리가 홀로 기도하지 않게 하여 주시고
성령의 인도하심 따라 기도함으로써
주님께 드려지고 응답받는 기도가 되게 하소서.
우리를 항상 사랑하시는 주님께 감사드립니다.
우리 주 예수 그리스도의 이름으로 기도합니다. 아멘!

**오늘의 묵상** 하나님, 나의 머리 안에, 내가 이해하는 곳에 살아 주십시오. 하나님, 나의 눈 안에, 내 얼굴 가운데 살아 주십시오. 하나님, 나의 입 안에, 내 말 가운데 살아 주십시오. 하나님, 나의 마음 안에, 내 생각 가운데 살아 주십시오. 하나님, 마지막 날에, 내가 세상과 헤어지는 그날에 내 속에 살아 주십시오.

## 9 September 26

### 암모나스 수도사가 말하는 명상기도

주 나의 하나님이여 내가 전심으로 주를 찬송하고 영원토록 주의 이름에 영광을 돌리오리니 이는 내게 향하신 주의 인자하심이 크사 내 영혼을 깊은 스올에서 건지셨음이니이다 하나님이여 교만한 자들이 일어나 나를 치고 포악한 자의 무리가 내 영혼을 찾았사오며 자기 앞에 주를 두지 아니하였나이다 그러나 주여 주는 긍휼히 여기시며 은혜를 베푸시며 노하기를 더디하시며 인자와 진실이 풍성하신 하나님이시오니 내게로 돌이키사 내게 은혜를 베푸소서 주의 종에게 힘을 주시고 주의 여종의 아들을 구원하소서 은총의 표적을 내게 보이소서 그러면 나를 미워하는 그들이 보고 부끄러워하오리니 여호와여 주는 나를 돕고 위로하시는 이시니이다 시편 86:12-17

우리의 간구를 들으시는 주님!
이 새벽에 주님께 기도하오니
우리의 마음에 찾아오셔서 함께하여 주시기를 원합니다.
우리가 소망 속에 주님을 바라보며 살게 하여 주시고
주님이 허락하신 삶을 살아가는 동안에
날마다 기뻐하며 환한 얼굴로 웃으며 살게 하소서.
짜증을 낸다고 우리의 삶이 달라지지 않습니다.
항상 모든 것을 기도로 시작함으로써 주님을 의지하게 하소서.
주님께 기도함으로써 주님의 인도하심을 기대하며 살게 하소서.
우리가 항상 주님을 온전히 경외할 수 있는 믿음을 주소서.
우리 주 예수 그리스도의 이름으로 기도합니다. 아멘!

**오늘의 묵상** 보라, 나의 형제들아, 침묵의 힘이 어떻게 온전히 치유하게 하며, 어떻게 하나님을 온 마음을 다해 찬양하게 하는지 보여 줄 것이다. 그래서 나는 당신의 침묵의 사역에 손대어지기를 바라며, 그렇게 함으로써 침묵에 의해 거룩함이 자라나고, 그 안에 하나님의 능력이 머물게 되고, 하나님의 신비함을 인식하게 되기를 바란다.
암모나스 수도사

# 헨리 나우웬이 말하는 침묵기도

**9 September 27**

그의 터전이 성산에 있음이여 여호와께서 야곱의 모든 거처보다 시온의 문들을 사랑하시는도다 하나님의 성이여 너를 가리켜 영광스럽다 말하는도다 (셀라) 나는 라합과 바벨론이 나를 아는 자 중에 있다 말하리라 보라 블레셋과 두로와 구스여 이것들도 거기서 났다 하리로다 시온에 대하여 말하기를 이 사람, 저 사람이 거기서 났다고 말하리니 지존자가 친히 시온을 세우리라 하는도다 여호와께서 민족들을 등록하실 때에는 그 수를 세시며 이 사람이 거기서 났다 하시리로다 (셀라) 노래하는 자와 뛰어 노는 자들이 말하기를 나의 모든 근원이 네게 있다 하리로다 시편 87:1-7

사랑이 풍성하신 주님!
우리를 구속하시고 사랑하여 주심을 감사드립니다.
날마다 주님의 은총 가운데 살게 하시고
주님의 영광을 나타내게 하여 주시기를 원합니다.
우리의 삶 속에서 경건의 연습을 하게 하여 주시고
주님의 뜻을 이루는 삶을 살게 하여 주시기를 원합니다.
우리의 믿음에 열정을 주사 열매 맺게 하여 주시고
강하고 담대한 믿음으로 살아가게 하여 주시기를 원합니다.
이 새벽에 우리가 간구하는 기도를 들으시고
우리의 믿음을 인도하여 주시기를 원합니다.
우리의 삶 속에서 주님의 뜻을 이루게 하여 주소서.
우리 주 예수 그리스도의 이름으로 기도합니다. 아멘!

### 오늘의 묵상

침묵기도를 통해 당신은 손으로 하나님과 당신의 동료 이웃을 붙잡게 될 것이다. 이 수용 자세는 당신 자신의 한계성을 쳐다보는 계기가 될 뿐만 아니라 무엇인가 새것이 오고 있다는 것을 당신이 기대하게 되는 순간이기도 하다. 헨리 나우웬

## 9 September 28 | 묵상의 방법

여호와 내 구원의 하나님이여 내가 주야로 주 앞에서 부르짖었사오니 나의 기도가 주 앞에 이르게 하시며 나의 부르짖음에 주의 귀를 기울여 주소서 무릇 나의 영혼에는 재난이 가득하며 나의 생명은 스올에 가까웠사오니 나는 무덤에 내려가는 자 같이 인정되고 힘없는 용사와 같으며 죽은 자 중에 던져진 바 되었으며 죽임을 당하여 무덤에 누운 자 같으니이다 주께서 그들을 다시 기억하지 아니하시니 그들은 주의 손에서 끊어진 자니이다 시편 88:1-5

열매를 맺게 하여 주시는 주님!
이 새벽에 주님께 드리는 기도가 진실하게 하여 주소서.
우리의 영혼에 눈과 같은 정결함을 주시고
우리의 삶이 예배가 되게 하여 주시기를 원합니다.
우리가 기도할 때마다 모든 영광을 주님께 드리게 하시고
주님이 주시는 기쁨을 누리게 하여 주시기를 원합니다.
날마다 우리의 삶을 새롭게 하여 주시고
주님의 능력으로 풍성한 열매를 맺게 하여 주소서.
우리에게 사랑과 평화의 마음을 주시기를 원합니다.
어려울 때일수록 기도하게 하여 주시고
늘 사랑을 나누며 즐거운 마음으로 살아가게 하여 주소서.
우리 주 예수 그리스도의 이름으로 기도합니다. 아멘!

### 오늘의 묵상

윌리엄 존스톤은 묵상기도에 대해 다음과 같이 말한다.
1. 마음을 늦춤 : 앉아서 마음을 늦추고, 천천히 고요히 동작함
2. 하나님의 임재를 알아차림 : 하나님이 여기에 계심을 실감함
3. 하나님께 항복하고 하나님의 뜻을 수용함
4. 회개와 용서 : 죄를 고백함
5. 응시와 받음 : 하나님을 우러러보고 성령을 받음
6. 중보 : 타인을 위해 간구함
7. 찬양 : 하나님을 찬양함

## 9 September 29 · 라이트가 말하는 도고의 기도

주께서 내가 아는 자를 내게서 멀리 떠나게 하시고 나를 그들에게 가증한 것이 되게 하셨사오니 나는 갇혀서 나갈 수 없게 되었나이다 곤란으로 말미암아 내 눈이 쇠하였나이다 여호와여 내가 매일 주를 부르며 주를 향하여 나의 두 손을 들었나이다 주께서 죽은 자에게 기이한 일을 보이시겠나이까 유령들이 일어나 주를 찬송하리이까 (셀라) 주의 인자하심을 무덤에서, 주의 성실하심을 멸망 중에서 선포할 수 있으리이까 시편 88:8-11

자비로우신 주님!
주님께서 날마다 우리를 보호하여 주심을 감사드립니다.
알곡이 무르익어 가는 계절에
우리의 삶도 알찬 결실을 맺어 가게 하여 주시기를 원합니다.
복음을 권능과 능력 안에 살게 하여 주시고
성령 충만함을 입어 복음을 증거하는 삶을 살게 하여 주소서.
복음을 우리의 입술로 우리의 행동으로
우리의 삶으로 전하게 하여 주시기를 원합니다.
우리가 기도와 말씀 속에 살아감을 행복으로 여기게 해 주시고
늘 기도함으로써 믿음이 강하고 담대해지게 하여 주소서.
우리에게 오늘도 주님의 은혜와 평강이 가득하기를 원합니다.
우리 주 예수 그리스도의 이름으로 기도합니다. 아멘!

### 오늘의 묵상

신학자 라이트는 도고의 기도에 대해 이렇게 이야기한다.
1. 이 기도는 하나님께서 모든 일의 내면에 임재하시어 화동하시는 것을 뜻한다
2. 이 기도는 상징적 표현으로, 우리 자신과 하나님이 서로 관계된 것을 의미한다
3. 이 기도는 믿음과 신뢰의 표현이다
4. 이 기도는 거룩한 섭리의 대화적 본성이다

하나님은 우리 응답에 민첩하게 반응하신다. 하나님은 우리 자신이 받을 수 있도록 마음을 열고 있는 곳에 주신다.

# 9 September 30

## 영적 교제의 기쁨

흑암 중에서 주의 기적과 잊음의 땅에서 주의 공의를 알 수 있으리이까 여호와여 오직 내가 주께 부르짖었사오니 아침에 나의 기도가 주의 앞에 이르리이다 여호와여 어찌하여 나의 영혼을 버리시며 어찌하여 주의 얼굴을 내게서 숨기시나이까 내가 어릴 적부터 고난을 당하여 죽게 되었사오며 주께서 두렵게 하실 때에 당황하였나이다 시편 88:12-15

사랑의 긍휼이 많으신 주님!
이 새벽에도 주님을 바라보게 해 주심을 감사드립니다.
우리의 믿음이 연약함을 아시는 주님께서
성령의 은혜를 물 붓듯 부어 주시기를 원합니다.
이 나라와 이 민족이 주님의 영광을 나타내게 하여 주시고
세계 곳곳에서 복음을 증거하는 모든 이들에게
주님의 권능으로 함께하사 주님의 능력이 나타나게 하소서.
오늘도 곳곳에서 구원받는 무리들이 늘어나게 하여 주시고
예수 그리스도의 구원의 복음이 온 땅에 충만하게 하여 주소서.
주의 교회와 성도들이 은혜 속에서 살아 움직이게 하여 주시고
이 시대 속에서 빛과 소금의 직분을 감당하게 하소서.
우리 주 예수 그리스도의 이름으로 기도합니다. 아멘!

**오늘의 묵상** 당신은 생명으로 나를 가득 채우소서. 그리하여 내가 당신의 미세한 접촉을 느끼고, 당신의 가장 나지막한 속삭임을 듣고, 당신의 가장 희미한 발자국을 볼 수 있게 하소서. 당신에 대한 나의 기쁜 반응 가운데서 당신과 나누는 영적 교제의 은총과 아름다움을 다른 사람들이 볼 수 있게 하소서. 밥 벤슨

# 10

October

## 주님의 은혜가
## 늘 풍성하게 하소서

주님께 기쁨을 드릴 수 있는
삶을 살게 하소서
주님의 말씀 따라
강하고 담대한 믿음으로 살게 하소서

## 주여,
## 순종하는 삶을 살게 하소서

주님 앞에 무릎을 꿇고
두 손을 모았습니다
주님 앞에 엎드려
마음을 모았습니다

주님의 말씀에
항상 순종하는
삶을 살게 하소서

주님께 기쁨을 드릴 수 있는
삶을 살게 하소서
주님의 말씀 따라
강하고 담대한 믿음으로 살게 하소서

주여, 주님의 뜻에 따라
순종하는 삶을 살게 하소서

# 10 October 1

## 이기게 하는 기도

내가 여호와의 인자하심을 영원히 노래하며 주의 성실하심을 내 입으로 대대에 알게 하리이다 내가 말하기를 인자하심을 영원히 세우시며 주의 성실하심을 하늘에서 견고히 하시리라 하였나이다 주께서 이르시되 나는 내가 택한 자와 언약을 맺으며 내 종 다윗에게 맹세하기를 내가 네 자손을 영원히 견고히 하며 네 왕위를 대대에 세우리라 하셨나이다 (셀라) 시편 89:1-4

우리의 삶을 인도하여 주시는 주님!
태양이 뜨겁게 열기를 발하던 여름도 가고
오곡백과가 익어 가는 가을이 왔습니다.
자연도 때가 되면 열매를 맺어 하나님을 찬양합니다.
우리의 삶도 시절을 좇아 열매를 맺어
하나님의 영광을 나타내게 하소서.
열매가 익어 가기까지 갖가지 어려움을 이겨 내듯이
우리도 우리에게 다가오는 갖가지 시험과 고통과
절망을 이겨 내어 값진 결실을 만들어 가게 하여 주시기를 원합니다.
한순간도 헛되지 않게 하시고 언제나 하나님의 뜻을 이루게 하소서.
언제나 주님이 함께하심을 믿고 살아가게 하소서.
우리 주 예수 그리스도의 이름으로 기도합니다. 아멘!

### 오늘의 묵상

웨슬리 듀웰이 말한 이기는 삶을 살아가기 위한 방법들이다.
1. 단련된 기도생활을 유지하라
2. 성령 안에서 살아라
3. 경청의 귀를 유지하라
4. 끊임없이 순종을 실천하라
5. 자신의 비전과 필요를 드러내라
6. 기도 목록을 사용하라

## 10 October 2 긴 기도

> 여호와여 주의 기이한 일을 하늘이 찬양할 것이요 주의 성실도 거룩한 자들의 모임 가운데에서 찬양하리이다 무릇 구름 위에서 능히 여호와와 비교할 자 누구며 신들 중에서 여호와와 같은 자 누구리이까 하나님은 거룩한 자의 모임 가운데에서 매우 무서워할 이시오며 둘러 있는 모든 자 위에 더욱 두려워할 이시니이다 여호와 만군의 하나님이여 주와 같이 능력 있는 이가 누구리이까 여호와여 주의 성실하심이 주를 둘렀나이다 시편 89:5-8

생명의 근원이 되시는 주님!
이 새벽에 우리를 창조하시고 구원하여 주신 주님께
기도드리게 하여 주심을 감사드립니다.
우리에게 지혜를 주셔서
우리의 삶이 풍성하게 하여 주시고 생명력이 넘치게 하소서.
어리석음을 깨닫게 하여 주시고 주님 앞에 겸손하여서
주님의 인도하심을 따라 순복하며 살게 하소서.
우리의 못된 습성을 버리게 하시고
새롭게 변화된 삶으로 주님께 영광을 돌리게 하소서.
주님의 말씀에 순종함으로 기쁨을 얻게 하소서.
주님의 섭리에 순종함으로 평안을 얻게 하소서.
우리 주 예수 그리스도의 이름으로 기도합니다. 아멘!

### 오늘의 묵상

긴 기도가 필연적으로 불성실한 것이 되는 것은 아니지만, 그것은 가장, 위선, 반복 그리고 판에 박힌 상식과 같은 것이 되어 버릴 수 있는 위험한 경향이 있다. 우리는 오늘날 그 같은 유혹에 직면해 있는데, 우리는 너무 자주 수다와 의미 그리고 길이와 신실함을 혼동한다.

# 10 October 3

## 진실한 기도

하늘이 주의 것이요 땅도 주의 것이라 세계와 그중에 충만한 것을 주께서 건설하셨나이다 남북을 주께서 창조하셨으니 다볼과 헤르몬이 주의 이름으로 말미암아 즐거워하나이다 주의 팔에 능력이 있사오며 주의 손은 강하고 주의 오른손은 높이 들리우셨나이다 의와 공의가 주의 보좌의 기초라 인자함과 진실함이 주 앞에 있나이다 즐겁게 소리칠 줄 아는 백성은 복이 있나니 여호와 그들이 주의 얼굴빛 안에서 다니리로다 그들은 종일 주의 이름 때문에 기뻐하며 주의 공의로 말미암아 높아지오니 주는 그들의 힘의 영광이심이라 우리의 뿔이 주의 은총으로 높아지오리니 우리의 방패는 여호와께 속하였고 우리의 왕은 이스라엘의 거룩한 이에게 속하였기 때문이니이다 시편 89:11-18

우리에게 생명의 말씀을 주신 주님!
우리의 삶이 믿음의 반석 위에 세워지게 하여 주소서.
주님의 말씀이 우리와 함께하시므로
우리가 사탄의 유혹에 빠지지 않게 하여 주시고
믿음이 강하고 담대하여 주님의 영광을 나타내게 하소서.
주님의 말씀으로 지혜로운 삶을 살게 하여 주소서.
예수 그리스도께서 우리의 삶을 인도하여 주시므로
기쁨과 평강 그리고 위로와 용기가 늘 충만하게 하여 주소서.
오늘 하루도 이 새벽부터 하루 종일 주님을 경외하게 하소서.
욕심을 떠나 주님의 평안을 만인에게 전하게 하소서.
순결한 믿음으로 날마다 기뻐하며 살게 하여 주소서.
우리 주 예수 그리스도의 이름으로 기도합니다. 아멘!

### 오늘의 묵상

교만이 그 뿌리에 있었기 때문에 우리 주님께서는 우선적으로 사람 앞에서 그들의 거짓된 영성을 드러내 보이기 위해서 기도하는 사람들을 다루셨다. 모든 진실한 기도는 하나님께 초점을 맞추어야 하기 때문에 자기 자신에게 초점을 맞춘 기도는 항상 위선일 뿐이다.

## 10 October 4 | 우리는 기도로 죄를 용서받아야 한다

그때에 주께서 환상 중에 주의 성도들에게 말씀하여 이르시기를 내가 능력 있는 용사에게는 돕는 힘을 더하며 백성 중에서 택함 받은 자를 높였으되 내가 내 종 다윗을 찾아내어 나의 거룩한 기름을 그에게 부었도다 내 손이 그와 함께 하여 견고하게 하고 내 팔이 그를 힘이 있게 하리로다 원수가 그에게서 강탈하지 못하며 악한 자가 그를 곤고하게 못하리로다 내가 그의 앞에서 그 대적들을 박멸하며 그를 미워하는 자들을 치려니와 나의 성실함과 인자함이 그와 함께하리니 내 이름으로 말미암아 그의 뿔이 높아지리로다 시편 89:19-24

보혈의 피로 우리를 구속하여 주신 주님!
우리가 주님의 십자가의 사랑을 바로 알게 하여 주소서.
우리의 십자가를 지고 온전한 믿음으로 주님을 따르게 하소서.
주님께서 우리에게 다양한 은사와 축복을 주심을 믿습니다.
그 은혜와 그 사랑에 늘 감사하며 살게 하여 주소서.
우리가 받은 은사를 주님의 교회를 위하여 헌신하며
주님의 뜻에 따라 잘 활용하게 하여 주시기를 원합니다.
주님의 십자가가 죽음에서 끝나는 것이 아니라
새로운 생명의 부활이요, 시작임을 믿게 하여 주소서.
우리가 굳건한 믿음과 용기로 절망과 고통을 이겨 내게 하시고
우리의 영혼을 새롭게 하여 주시기를 원합니다.
우리 주 예수 그리스도의 이름으로 기도합니다. 아멘!

### 오늘의 묵상

죄는 모든 사람의 마음의 지배자다. 죄는 마음을 지배한다. 죄는 의지를 지배한다. 죄는 감정과 정서를 지배한다. 죄는 사탄의 지배 아래 놓인다. 죄는 하나님의 진노 아래 놓인다. 죄는 비참함의 지배를 받게 한다. 우리는 오로지 기도로써만 죄 사함을 받을 수 있다.

# 10 October 5

## 주여, 우리는

내가 또 그를 장자로 삼고 세상 왕들에게 지존자가 되게 하며 그를 위하여 나의 인자함을 영원히 지키고 그와 맺은 나의 언약을 굳게 세우며 또 그의 후손을 영구하게 하여 그의 왕위를 하늘의 날과 같게 하리로다 만일 그의 자손이 내 법을 버리며 내 규례대로 행하지 아니하며 내 율례를 깨뜨리며 내 계명을 지키지 아니하면 내가 회초리로 그들의 죄를 다스리며 채찍으로 그들의 죄악을 벌하리로다 시편 89:27-32

우리의 영원한 생명의 주인이신 주님!
주님께서 우리에게 새 생명을 주신 것을 감사드립니다.
우리가 주님의 사랑을 확신하며
삶에 소망을 갖게 하여 주시기를 원합니다.
우리의 믿음을 굳건히 지키게 하여 주시고
주님을 통하여 주님께로 나아갈 길을 가게 하여 주소서.
우리의 믿음이 좌로나 우로나 치우치지 아니하고
주님이 가르쳐 주신 주님의 길을 걷게 하여 주시기를 원합니다.
주님의 이름을 부르며 주님을 온전히 찬양하며
주님을 경배하는 삶을 살게 하여 주시기를 원합니다.
우리가 항상 주님을 믿고 의지하며 기도하게 하여 주소서.
우리 주 예수 그리스도의 이름으로 기도합니다. 아멘!

### 오늘의 묵상

주여, 우리는 당신의 손 안에 쥐여져 있는 화살입니다. 당신의 손으로 당겨짐을 우리는 기쁨으로 여깁니다. 주여, 그러나 우리를 살며시 당기시옵소서. 우리는 연약하여 부러지고 말 것입니다. 주여, 그러나 우리를 힘껏 당기시옵소서. 그리고 우리가 부러졌을 때 우리를 돌보아 주옵소서. 작자 미상

## 10 October 6 | 감각을 위한 축복기도

> 그러나 나의 인자함을 그에게서 다 거두지는 아니하며 나의 성실함도 폐하지 아니하며 내 언약을 깨뜨리지 아니하고 내 입술에서 낸 것은 변하지 아니하리로다 내가 나의 거룩함으로 한 번 맹세하였은즉 다윗에게 거짓말을 하지 아니할 것이라 그의 후손이 장구하고 그의 왕위는 해같이 내 앞에 항상 있으며 또 궁창의 확실한 증인인 달같이 영원히 견고하게 되리라 하셨도다 (셀라) 시편 89:33-37

새벽 미명에 기도하신 주님!
이 새벽에 고요히 묵상기도를 통하여
주님을 만나게 하시고 주님의 음성을 듣게 하소서.
물질 만능시대에 무감각하고 무감동하고 무관심한 시대에
말씀과 기도로 더욱더 영혼에 깊은 관심을 갖게 하소서.
묵상을 통하여 맑고 깊은 영성을 소유하게 하시고
묵상을 통하여 진정한 삶의 여유와 쉼을 얻게 하소서.
묵상을 통하여 주님의 모습을 새롭게 바라보게 하시고
묵상을 통하여 우리의 모습을 제대로 알아
모든 것을 주님께 의탁하며 살아가게 하소서.
주님의 말씀 안에서 이 시간도 깊은 묵상을 하게 하소서.
우리 주 예수 그리스도의 이름으로 기도합니다. 아멘!

### 오늘의 묵상

그대의 몸에 충실 있으라. 그대의 몸이 그대의 영혼의 충실하고도 아름다운 친구임을 깨달으라. 그대에게 평화와 기쁨 있으라. 그대의 감각들이 신성한 문임을 인식하라. 보고 듣고 느끼고 만지고 생각하는 것이 거룩한 것임을 깨달으라. 그대의 감각들이 그대를 온전케 하여 그대를 본향으로 데려가기를 바라노라. 그대의 감각들이 늘 그대로 하여금 지금 그대가 있는 곳에 펼쳐진 우주와 신비와 가능성들을 경축하게 하기를 바라노라. 지상의 사랑이 그대를 축복하기를 바라노라. 존 오도너휴

# 10 October 7

## 기도의 감동은 무한하다

주께서 그의 대적들의 오른손을 높이시고 그들의 모든 원수들은 기쁘게 하셨으나 그의 칼날은 둔하게 하사 그가 전장에서 더 이상 버티지 못하게 하셨으며 그의 영광을 그치게 하시고 그의 왕위를 땅에 엎으셨으며 그의 젊은 날들을 짧게 하시고 그를 수치로 덮으셨나이다 (셀라) 시편 89:42-45

우리를 사랑하여 주시는 주님!
우리가 삶 속에서 십자가의 사랑을 배우게 하소서.
우리의 영혼이 새롭게 변화되게 하사
날마다 소망 속에 살아가게 하여 주시기를 원합니다.
겸손과 감사를 드리며 주님의 길로 가게 해 주시기를 원합니다.
모든 일을 주님의 마음으로 대할 수 있게 하사
넓고 깊은 마음으로 사랑하며 살게 해 주시기를 원합니다.
걱정도 불평도 믿음과 인내로 이겨 내게 하여 주시며
늘 겸손과 감사 속에 주님과 동행하며 살게 하소서.
주님의 은혜와 사랑 속에 우리에게 주어진 삶의 목표를
분명하고 확실하게 이루어 가게 해 주시기를 원합니다.
우리 주 예수 그리스도의 이름으로 기도합니다. 아멘!

### 오늘의 묵상

기도의 감동은 무한하다. 기도는 너무나 간단해서 어린아이도 기도할 수 있으며, 너무나 심오해서 어린아이의 마음을 가진 자만이 기도할 수 있다. 우리가 힘써야 하는 것은 영혼의 비상구가 아니라 기도하는 사람의 지속적인 습관과 경험이다. 기도는 인간이 생각할 수 있는 최고의 에너지와 모든 기능을 집중해야 하는 것이다.

# 10 October 8

## 기도의 삶은 희생을 요구한다

주여 주의 성실하심으로 다윗에게 맹세하신 그전의 인자하심이 어디 있나이까 주는 주의 종들이 받은 비방을 기억하소서 많은 민족의 비방이 내 품에 있사오니 여호와여 이 비방은 주의 원수들이 주의 기름 부음 받은 자의 행동을 비방한 것이로소이다 여호와를 영원히 찬송할지어다 아멘 아멘 시편 89:49-52

우리에게 평안을 주시는 주님!
이 새벽에 무릎 꿇고 주님께 기도하오니
오늘도 주님과 동행하는 삶을 살게 하여 주시기를 원합니다.
시시때때로 우리를 유혹하고 넘어뜨리려 하는
욕심과 욕망으로부터 떠나 진실한 믿음으로 주님을 만나게 하소서.
주님의 가르치심을 받아 순결한 삶을 살게 하여 주소서.
주님께서 우리가 의에 주리고 목마름을 아시오니
주님께 감사하며 주님의 뜻을 따르게 하여 주소서.
오늘도 주님께서 우리를 인도하여 주소서.
어떤 어려움과 고통이 다가와도 쓰러지거나 낙망치 않고
주님만을 의지하며 따르게 하여 주시기를 원합니다.
우리 주 예수 그리스도의 이름으로 기도합니다. 아멘!

### 오늘의 묵상

기도의 삶은 희생을 요구한다. 성급한 기도와 중언부언하는 기도는 결코 기도의 능력자를 만들어 낼 수 없다. 주님께서는 날이 밝기 전에 일어나 기도하셨으며, 밤새도록 기도하신 적도 많았다. 기도의 성인들은 매일 몇 시간씩 기도 시간을 가졌다. 요즘에는 이런 사람을 찾아보기가 어렵다. 우리는 기도할 시간을 제대로 갖지 못한다. 그러나 시간을, 그것도 많이 투자하지 않고는 결코 기도하는 법을 배울 수 없다.

## 10 October 9 — 성령으로 기도하는 사람

주여 주는 대대에 우리의 거처가 되셨나이다 산이 생기기 전, 땅과 세계도 주께서 조성하시기 전 곧 영원부터 영원까지 주는 하나님이시니이다 주께서 사람을 티끌로 돌아가게 하시고 말씀하시기를 너희 인생들은 돌아가라 하셨사오니 주의 목전에는 천 년이 지나간 어제 같으며 밤의 한순간 같을 뿐임이니이다 주께서 그들을 홍수처럼 쓸어가시나이다 그들은 잠깐 자는 것 같으며 아침에 돋는 풀 같으니이다
시편 90:1-5

우리에게 믿음의 열정을 주시는 주님!
이 새벽에도 주님께 기도드림으로써
삶을 살아갈 용기와 능력을 충만히 주심을 감사드립니다.
날로 치열해지는 생존경쟁 사회에서 우리는 너무도 부족하고
연약하오니 주님께서 우리에게 힘을 주시기를 원합니다.
우리는 언제나 주님께서 함께하심을 믿게 하여 주시고
성령의 인도하심 따라 우리에게 주어진 일들을
최선을 다하여 아름답게 만들어 가게 하여 주시기를 원합니다.
항상 기도함으로 깨닫게 하여 주시고
항상 기도함으로 부족한 지혜를 채워 주시기를 원합니다.
우리의 삶이 주님의 은혜로 부요하게 하심을 감사드립니다.
우리 주 예수 그리스도의 이름으로 기도합니다. 아멘!

### 오늘의 묵상

성령으로 기도하는 사람들은 반드시 성령 안에 거해야 하며, 하나님의 성령이 우리의 중보자가 되시려면 반드시 우리 안에 거하셔야 한다. 우리가 육을 따라 살면 죽지만, 성령의 인도를 받아 육에 따라 살지 않고 성령을 따라 살면 성령께서 우리 안에 거하시고, 우리를 통해 사시며, 우리를 통해 일하신다. 성령께서는 하나님의 깊은 것들을 찾으시며, 그리스도의 것들을 취하여 우리에게 나타내신다. 하나님께서는 성령의 마음을 아신다. 우리는 성령으로 기도하며, 성령의 가르침과 영감을 받는다. 그리고 말할 수 없는 간구로 우리를 위해 중보하신다.

## 10 October 10 주님께서 십자가를 지셨습니다

주께서 우리의 죄악을 주의 앞에 놓으시며 우리의 은밀한 죄를 주의 얼굴빛 가운데에 두셨사오니 우리의 모든 날이 주의 분노 중에 지나가며 우리의 평생이 순식간에 다하였나이다 우리의 연수가 칠십이요 강건하면 팔십이라도 그 연수의 자랑은 수고와 슬픔뿐이요 신속히 가니 우리가 날아가나이다 누가 주의 노여움의 능력을 알며 누가 주의 진노의 두려움을 알리이까 우리에게 우리 날 계수함을 가르치사 지혜로운 마음을 얻게 하소서 시편 90:8-12

우리를 사랑하여 주시고 인도하여 주시는 주님!
이 새벽에도 주님의 이름으로 기도하오니
우리의 기도를 받아주시기를 원합니다.
우리의 삶이 언제나 주님의 말씀을 따라
길이요, 진리요, 생명이신 주님의 인도하심을 따르게 하소서.
항상 주님만을 소망하며 살게 하여 주시고
주님의 뜻을 이루게 하여 주시기를 원합니다.
오늘도 우리 가족과 교회와 성도들을 보호하여 주시고
사랑하여 주시며 인도하여 주시기를 원합니다.
주님의 은혜와 평강으로 인도하여 주시기를 원합니다.
우리의 믿음이 열심 있는 믿음이 되게 하여 주시기를 원합니다.
우리 주 예수 그리스도의 이름으로 기도합니다. 아멘!

### 오늘의 묵상
주님께서 십자가를 지셨습니다. 나는 무엇을 져야 하겠습니까?
주님께서 가시 면류관을 쓰셨습니다. 나는 무엇을 써야 하겠습니까?
주님께서 나를 돌보셨습니다. 나는 누구를 돌봐야 하겠습니까?
주님께서 죽음을 당하셨습니다. 내가 감히 무엇을 더 할 수 있겠습니까?

## 죄를 모두 자백해야 한다

**10 October 11**

여호와여 돌아오소서 언제까지니이까 주의 종들을 불쌍히 여기소서 아침에 주의 인자하심이 우리를 만족하게 하사 우리를 일생 동안 즐겁고 기쁘게 하소서 우리를 괴롭게 하신 날수대로와 우리가 화를 당한 연수대로 우리를 기쁘게 하소서 주께서 행하신 일을 주의 종들에게 나타내시며 주의 영광을 그들의 자손에게 나타내소서
시편 90:13-16

우리를 항상 보살펴 주시는 주님!
우리는 언제나 부족함뿐이오니
주님의 은혜로 채워 주사 날마다 능력 있는
성도의 삶을 살게 하여 주시기를 원합니다.
우리의 삶 속에서 주님의 영광을 나타내게 하시고
맡겨진 사명을 감당하게 하여 주시기를 원합니다.
오늘도 기도함으로 더욱 강한 믿음을 갖게 하여 주소서.
우리의 삶의 모든 것이 주님께 있사오니
주님께서 우리의 삶을 인도하여 주시기를 원합니다.
우리의 삶 속에서 나타내시는 주님의 사랑으로
주님께 영광을 돌리는 삶을 살게 하여 주시기를 원합니다.
주님의 사랑이 우리의 삶 속에 날마다 가득하게 하소서.
우리 주 예수 그리스도의 이름으로 기도합니다. 아멘!

### 오늘의 묵상

자신의 죄를 자백할 때 우리는 하나님의 은혜와 거룩하심을 인정하게 되며, 우리 죄를 위해 자기 몸을 버리신 주님을 찬양하지 않을 수 없다. 자백을 해야 아버지 하나님과 친교를 나눌 수 있으며, 우리의 삶은 살아 있는 기도가 될 수 있다. 우리의 죄를 깨닫고 모든 죄를 하나님께 자백하는 삶을 살 때에 진정한 감사를 드릴 수 있다. 우리는 하지 말아야 할 행동을 하기도 하고, 해야 할 말이나 행동을 하지 않기도 한다. 이 모든 것이 죄이면 다 죄이며, 모두 자백해야 한다.

## 10 October 12

### 기도는 우리가 행하는 것

지존자의 은밀한 곳에 거주하며 전능자의 그늘 아래에 사는 자여, 나는 여호와를 향하여 말하기를 그는 나의 피난처요 나의 요새요 내가 의뢰하는 하나님이라 하리니 이는 그가 너를 새 사냥꾼의 올무에서와 심한 전염병에서 건지실 것임이로다 그가 너를 그의 깃으로 덮으시리니 네가 그의 날개 아래에 피하리로다 그의 진실함은 방패와 손 방패가 되시나니 너는 밤에 찾아오는 공포와 낮에 날아드는 화살과 어두울 때 퍼지는 전염병과 밝을 때 닥쳐오는 재앙을 두려워하지 아니하리로다 시편 91:1-6

보배로우신 구원의 주님!
우리를 항상 축복하여 주심을 감사드립니다.
우리에게 주신 축복을 누리며 살게 하여 주시기를 원합니다.
우리 안에 주님의 형상을 새롭게 지어 주시기를 원합니다.
주님을 온전히 바라보며 소망 속에 살게 하여 주시고
늘 깨어 기도하는 삶을 살게 하여 주시기를 원합니다.
우리에게 천하 만물을 허락하여 주심을 감사드립니다.
주님께서 우리에게 허락하신 자연을 잘 가꾸고 보존하며
더불어 아름답게 살아가게 하여 주시기를 원합니다.
오늘 하루도 주님의 진리의 말씀으로 새롭게 지음 받은
새 사람의 삶을 살아가게 하여 주시기를 원합니다.
우리 주 예수 그리스도의 이름으로 기도합니다. 아멘!

### 오늘의 묵상

기도를 우리가 행하는 어떤 것으로 보는 견해와 유사하게 기도를 우리가 하나님을 위해 하는 것으로 보는 견해도 있다. 군인이 상관에게 경례하듯 이 기도가 전능하신 분께 갖다 바치는 한 방편이 될 수 있다. 기도가 일종의 직통 전화가 될 수도 있다. 다른 모든 것이 수포로 돌아갔을 때 돌려야 하는 비상 번호처럼 기도를 생각하는 것이 아마도 기도에 대한 가장 일반적인 견해일 것이다. 인간이 할 수 있는 모든 일을 다 해 본 후에야 우리는 기도를 한다.

## 기도를 통하여 유순해진다

**10 October 13**

천 명이 네 왼쪽에서, 만 명이 네 오른쪽에서 엎드러지나 이 재앙이 네게 가까이하지 못하리로다 오직 너는 똑똑히 보리니 악인들의 보응을 네가 보리로다 네가 말하기를 여호와는 나의 피난처시라 하고 지존자를 너의 거처로 삼았으므로 화가 네게 미치지 못하며 재앙이 네 장막에 가까이 오지 못하리니 그가 너를 위하여 그의 천사들을 명령하사 네 모든 길에서 너를 지키게 하심이라 그들이 그들의 손으로 너를 붙들어 발이 돌에 부딪히지 아니하게 하리로다 시편 91:7-12

우리를 새롭게 일깨워 주시는 주님!
우리의 어리석음과 부족함 때문에 질서가 파괴되고
범죄가 늘어 가고 있사오니 늘 깨어 기도하게 하소서.
항상 겸손하고 소박한 마음으로 주 안에서 살게 하여 주소서.
세상의 물질만 의지하며 살지 않게 하여 주시고
오직 주님만을 신뢰하며 믿고 따르게 하여 주시기를 원합니다.
잘못된 지식과 헛된 욕심에서 벗어나 선한 양심으로
주님을 닮아 가는 삶을 살게 하여 주시기를 원합니다.
우리가 하나님이 지으신 창조의 질서를 따라 살게 하소서.
지나친 탐욕을 버리고 주님을 닮아 가게 하여 주소서.
주님께서 맡겨 주신 것을 사랑하며 아끼며 살게 하여 주소서.
우리 주 예수 그리스도의 이름으로 기도합니다. 아멘!

### 오늘의 묵상

기도를 통하여 우리는 하나님 앞에서 더 유순해진다. 우리는 하나님의 영에 마음을 열고 성경에서 읽은 것에 반응하며 삶에 대한 하나님의 뜻에 흥미를 갖기 시작한다. 기도는 말하는 것이라기보다는 듣는 것이다. 어느 때에라도 우리가 마음속으로 감당할 수 있는 것보다 그분이 우리에게 하실 말씀이 더 많다는 것은 명백하다.

## 성 이그나티우스의 기도

**10 October 14**

네가 사자와 독사를 밟으며 젊은 사자와 뱀을 발로 누르리로다 하나님이 이르시되 그가 나를 사랑한즉 내가 그를 건지리라 그가 내 이름을 안즉 내가 그를 높이리라 그가 내게 간구하리니 내가 그에게 응답하리라 그들이 환난 당할 때에 내가 그와 함께하여 그를 건지고 영화롭게 하리라 내가 그를 장수하게 함으로 그를 만족하게 하며 나의 구원을 그에게 보이리라 하시도다 시편 91:13-16

우리에게 사명을 주시는 주님!
주님께서 주시는 지혜와 영적인 건강과 새로운 힘으로
우리가 강하고 담대한 믿음을 갖게 하여 주소서.
우리에게 주신 사명을 잘 감당하게 하여 주시기를 원합니다.
슬기롭고 지혜로워 날마다 승리하는 삶을 살게 하소서.
우리는 불완전합니다.
늘 어려움 속에 빠져 있습니다.
주님이 주시는 은혜 속에 위로를 받으며
천국의 소망을 갖고 살아가게 하여 주시기를 원합니다.
작은 것에서부터 소망을 갖게 하여 주시기를 원합니다.
작은 것에서부터 기쁨을 갖게 하여 주시기를 원합니다.
주님이 우리를 부르셨으니 부르심에 합당하게 살게 하소서.
우리 주 예수 그리스도의 이름으로 기도합니다. 아멘!

**오늘의 묵상** 주님, 나의 모든 자유와 기억과 이해력을, 나의 모든 의지를 취하시고 받으소서. 내가 가진 모든 것과 내가 나의 것이라 주장하는 모든 것은 당신이 내게 주신 것들입니다. 주님, 당신께 돌려드립니다. 그것들을 당신의 뜻대로 하소서. 오직 당신의 사랑과 은혜를 내게 주소서. 그것으로 나는 족합니다. 성 이그나티우스

## 성경을 읽기 전의 기도

**10 October 15**

여호와여 주께서 행하신 일이 어찌 그리 크신지요 주의 생각이 매우 깊으시니이다 어리석은 자도 알지 못하며 무지한 자도 이를 깨닫지 못하나이다 악인들은 풀같이 자라고 악을 행하는 자들은 다 흥왕할지라도 영원히 멸망하리이다 여호와여 주는 영원토록 지존하시니이다 시편 92:5-8

우리의 믿음이 성장하기를 원하시는 주님!
우리의 믿음이 날마다 자라나게 하여 주시기를 원합니다.
우리의 믿음이 겨자씨와 같다면 씨앗을 키우게 하소서.
우리가 기도하게 하시고 말씀을 묵상하게 하시고
성령께서 주님의 약속을 우리 안에서 성장하고 번성하게 하소서.
우리의 믿음이 성장해야 주님의 일을 할 수 있고
주님의 자녀답게 살 수 있사오니 응답하여 주소서.
우리의 믿음이 성장하기 위하여
주님의 성품을 닮아 가게 하여 주시기를 원합니다.
주님의 사랑하심과 전능하심과 자비로우심과
지혜로우심과 신실하심을 더욱더 신뢰하게 하소서.
우리 주 예수 그리스도의 이름으로 기도합니다. 아멘!

### 오늘의 묵상

오, 하나님, 성경에 기록된 모든 말씀을 보배로 여길 수 있도록 우리를 도와 주소서. 그러나 우리를 당신께로 이끌어 주시는 것으로만 그 말씀을 보배로 여기게 하소서. 그 말씀이 당신을 발견하는 데 디딤돌이 되게 하소서. 설령 내가 당신을 찾다가 길을 잃고 헤매더라도 설령 내가 어떤 종교적 논쟁의 가시에 찔리더라도 그 말씀에 대한 신뢰만큼은 저버리지 않게 하소서. 설령 내가 길을 잃더라도 당신의 두 팔에 안겨서만 그리 되게 하소서. 켄 가이어

## 10 October 16 기도에는 도움이 필요하다

여호와여 주의 원수들은 패망하리이다 정녕 주의 원수들은 패망하리니 죄악을 행하는 자들은 다 흩어지리이다 그러나 주께서 내 뿔을 들소의 뿔같이 높이셨으며 내게 신선한 기름을 부으셨나이다 내 원수들이 보응받는 것을 내 눈으로 보며 일어나 나를 치는 행악자들이 보응받는 것을 내 귀로 들었도다 의인은 종려나무같이 번성하며 레바논의 백향목같이 성장하리로다 이는 여호와의 집에 심겼음이여 우리 하나님의 뜰 안에서 번성하리로다 그는 늙어도 여전히 결실하며 진액이 풍족하고 빛이 청청하니 여호와의 정직하심과 나의 바위 되심과 그에게는 불의가 없음이 선포되리로다 시편 92:9-15

사랑이 충만하신 주님!
나무들이 가을을 벗고 있습니다.
오색 단풍으로 채색되는 가을이 아름답습니다.
우리의 마음도 주님의 사랑에 물들게 하여 주시기를 원합니다.
이제 날씨가 점점 더 추워집니다.
가난한 사람들이 살기에 어려운 계절입니다.
이 땅에는 항상 빈부의 차이가 있고
갖가지 어려움과 고통이 일어납니다.
우리의 최대의 고통인 모든 죄악을 용서하여 주시고
우리를 구원하여 주심에 감사드립니다.
오늘도 우리 자신의 삶과 이웃을 위하여 기도하게 하여 주소서.
우리 주 예수 그리스도의 이름으로 기도합니다. 아멘!

### 오늘의 묵상

기도는 삶에서 고립된 일부분이 아니다. 기도에 가장 큰 도움이 되는 방법은 성경 안에서 스스로 탐구를 시작하는 것이다. 예수님은 "사람이 떡으로만 살 것이 아니요 하나님의 입으로부터 나오는 모든 말씀으로 살 것이라(마태복음 4:4)"라고 말씀하셨다.

## 10 October 17 엘리드의 기도

여호와께서 다스리시니 스스로 권위를 입으셨도다 여호와께서 능력의 옷을 입으시며 띠를 띠셨으므로 세계도 견고히 서서 흔들리지 아니하는도다 주의 보좌는 예로부터 견고히 섰으며 주는 영원부터 계셨나이다 여호와여 큰 물이 소리를 높였고 큰 물이 그 소리를 높였으니 큰 물이 그 물결을 높이나이다 시편 93:1-3

우리의 마음을 다스려 주시는 주님!
사람들의 마음이 날로 차가워지고 냉정해지고
쌀쌀해지고 몰인정해져만 갑니다.
오늘 이 시대는 따스한 정이 그립고 필요한 시대입니다.
주님께서 우리를 사랑으로 충만하게 하여 주심은
은총이요, 축복임을 믿고 감사드립니다.
우리가 받은 사랑을 삶 속에서 나타내게 하소서.
따뜻한 말 한마디가 삶을 바꾸고
다정한 손길 하나가 삶을 바꾸어 놓습니다.
우리 모두에게 사랑이 필요합니다.
우리부터 삶 속에서 주님의 사랑을 나누며 살게 하여 주소서.
우리 주 예수 그리스도의 이름으로 기도합니다. 아멘!

### 오늘의 묵상
주님, 내 영혼의 상처를 보소서. 당신의 살아 있는 밝은 눈은 모든 것을 봅니다. 그것은 검처럼 찔러 혼과 영혼을 가르기조차 합니다. 당신은 내 영혼 속에서 죄의 자취들을 봅니다. 또한 나의 현재의 위험과 다른 사람들을 향한 동기와 이유를 봅니다. 주님은 이런 것들을 보시고, 나는 그러한 당신을 봅니다. 내 마음의 탐색자시여, 당신은 잘 아십니다. 내 영혼 속에 당신께 숨길 수 있는 것이 아무것도 없다는 것을, 내가 당신의 눈을 피할 힘조차도 없다는 것을. 주님의 선하고 신선한 영을 내 마음에 내려 주소서. 그곳에 당신의 거처를 꾸미소서. 영육의 모든 더러움으로부터 내 마음을 깨끗케 하시고, 믿음, 소망, 사랑을 부어 주시고, 내 맘에 참회와 사랑과 온유를 심어 주소서. 엘리드

## 기도는 하나님의 요구를 표현한다

여호와여 복수하시는 하나님이여 복수하시는 하나님이여 빛을 비추어 주소서 세계를 심판하시는 주여 일어나사 교만한 자들에게 마땅한 벌을 주소서 여호와여 악인이 언제까지, 악인이 언제까지 개가를 부르리이까 그들이 마구 지껄이며 오만하게 떠들며 죄악을 행하는 자들이 다 자만하나이다 여호와여 그들이 주의 백성을 짓밟으며 주의 소유를 곤고하게 하며 과부와 나그네를 죽이며 고아들을 살해하며 말하기를 여호와가 보지 못하며 야곱의 하나님이 알아차리지 못하리라 하나이다

시편 94:1-7

우리의 삶의 여정을 인도하여 주시는 주님!
여행하기에 참으로 좋은 계절입니다.
잠시 하던 일을 멈추고 복잡한 일상을 떠나
휴식을 갖게 하여 주시기를 원합니다.
자연스럽게 펼쳐진 산과 들을 바라보며
하나님의 창조 섭리의 신비함을 깨닫게 해 주시기를 원합니다.
휴식을 통하여 마음에 평안을 얻게 하시고
짓눌렸던 것들에서 벗어나 홀가분한 마음속에
삶의 여유를 갖게 하여 주시기를 원합니다.
이 새벽 묵상을 통하여 우리를 사랑하여 주시는
주님의 깊고 놀라운 구원의 사랑을 깨닫게 하여 주소서.
우리를 영원한 안식으로 초대하여 주심을 감사드립니다.
우리 주 예수 그리스도의 이름으로 기도합니다. 아멘!

### 오늘의 묵상

기도 중에 하나님을 만나는 것이 항상 편안한 것만은 아니다. 기도는 우리에게 죄성을 거스르며 다가오는 하나님의 성품을 접하게 해 준다. 우리는 기도의 도움으로 우리에게 하나님의 형상과 모양이 새겨져 있다는 것을 깨닫는다. 또한 기도는 하나님이 우리에게 원하시는 요구를 표현한다. 우리는 기도를 통하여 다른 사람들 그리고 하나님과 관계를 맺고 의사소통할 수 있는 하나님이 부여하신 능력을 갖게 된다.

## 지혜를 구하는 기도

**10 October 19**

백성 중의 어리석은 자들아 너희는 생각하라 무지한 자들아 너희가 언제나 지혜로 울까 귀를 지으신 이가 듣지 아니하시랴 눈을 만드신 이가 보지 아니하시랴 뭇 백성을 징벌하시는 이 곧 지식으로 사람을 교훈하시는 이가 징벌하지 아니하시랴 여호와께서는 사람의 생각이 허무함을 아시느니라 여호와여 주로부터 징벌을 받으며 주의 법으로 교훈하심을 받는 자가 복이 있나니 시편 94:8-12

모든 계절을 허락하여 주신 주님!
가을이 떠나가려 낙엽이 떨어지기 시작합니다.
여름날 찬란하게 초록 잎새가 뻗어나며
자신의 임무를 잘 감당하던 잎새들이
떠나갈 채비를 하고 있습니다.
우리의 삶도 왔으면 떠나갈 날이 있으니
언제나 맡은 일에 온 마음과 온 열정을 다 쏟게 하여 주소서.
가을이면 오곡백과가 풍성한 결실을 맺는 것처럼
우리의 삶도 풍성한 열매로 주님께 영광을 돌리게 하여 주소서.
오늘도 예수 그리스도의 보혈로 물들게 하여 주소서.
우리 주 예수 그리스도의 이름으로 기도합니다. 아멘!

### 오늘의 묵상

하나님, 제가 변경할 수 없는 일들을 받아들일 수 있는 마음의 평온함을, 제가 변경할 수 있는 일들을 변경하는 용기를, 그리고 그 둘의 차이점을 아는 지혜를 제게 허락하소서. 한 번에 하루만 살게 하소서. 한 번에 한 순간만을 즐기게 하소서. 역경을 평화의 통로로 받아들이게 하소서. 당신께서 그러하셨듯이 이 죄 많은 세상을 제가 원하는 식으로가 아니라 그 모습 그대로 받아들이게 하소서. 당신께서 만사를 바르게 하실 것임을 신뢰하게 하소서. 제가 당신의 뜻에 굴복한다면 저는 이 땅의 삶에서 꽤나 행복할 것입니다. 그리고 내세에서는 당신과 영원히 함께 있으면서 말할 수 없이 행복할 것입니다. 라인홀트 니부어

## 10 October 20

### 기도는 악을 파괴하는 작용을 한다

누가 나를 위하여 일어나서 행악자들을 치며 누가 나를 위하여 일어나서 악행하는 자들을 칠까 여호와께서 내게 도움이 되지 아니하셨더면 내 영혼이 벌써 침묵 속에 잠겼으리로다 여호와여 나의 발이 미끄러진다고 말할 때에 주의 인자하심이 나를 붙드셨사오며 내 속에 근심이 많을 때에 주의 위안이 내 영혼을 즐겁게 하시나이다 율례를 빙자하고 재난을 꾸미는 악한 재판장이 어찌 주와 어울리리이까 그들이 모여 의인의 영혼을 치려 하며 무죄한 자를 정죄하여 피를 흘리려 하나 여호와는 나의 요새이시요 나의 하나님은 내가 피할 반석이시라 그들의 죄악을 그들에게로 되돌리시며 그들의 악으로 말미암아 그들을 끊으시리니 여호와 우리 하나님이 그들을 끊으시리로다 시편 94:16-23

천하 만물을 운행하시는 주님!
삶을 살아가다 보면 마치 버려진 듯 외로울 때가 있습니다.
매일매일 되풀이되는 생활에서 벗어나고만 싶고
삶이 아무 가치가 없을 것 같은 자괴감이 찾아들 때가 있습니다.
우리의 삶과 목적이 분명하게 하여 주시기를 원합니다.
주님께서 우리의 마음을 다스려 주시고
날마다 새롭게 보살펴 주시기를 원합니다.
생명의 말씀은 우리의 삶을 풍성하게 하오니
이 새벽에도 주님의 말씀으로 우리의 심령을
가득 채워 주시기를 원합니다.
삶 속에 날마다 보람과 기쁨이 가득하기를 원합니다.
우리 주 예수 그리스도의 이름으로 기도합니다. 아멘!

### 오늘의 묵상

기도는 인간의 영혼을 하나님의 생명 및 생명력과 연관시키기 때문에 악을 파괴하는 작용을 한다. 기도를 통해 우리는 우리의 마음을 침해하고 잠식하는 악에서 벗어나 우리를 구원하시는 하나님과 직접적인 관계를 가질 수 있다. 그러므로 우리는 매일매일 기도할 수 있다.

## 10 October 21

### 기도의 다양한 분위기

오라 우리가 여호와께 노래하며 우리의 구원의 반석을 향하여 즐거이 외치자 우리가 감사함으로 그 앞에 나아가며 시를 지어 즐거이 그를 노래하자 여호와는 크신 하나님이시요 모든 신들보다 크신 왕이시기 때문이로다 땅의 깊은 곳이 그의 손 안에 있으며 산들의 높은 곳도 그의 것이로다 바다도 그의 것이라 그가 만드셨고 육지도 그의 손이 지으셨도다 오라 우리가 굽혀 경배하며 우리를 지으신 여호와 앞에 무릎을 꿇자 시편 95:1-6

우리를 항상 보호하여 주시는 주님!
이 새벽에 우리가 주님께 기도하오니
우리의 마음이 정한 마음이 되게 하여 주시기를 원합니다.
우리의 마음이 잘 정돈되게 하여 주소서.
우리의 삶에 질서와 순서가 있게 하여 주시고
주님의 섭리하심과 인도하심에 따라 살게 하여 주소서.
주님께서 허락하신 삶의 길을 가게 하여 주소서.
우리가 기도함으로 온전히 인도하심을 받게 하여 주시고
성령의 인도하심 속에 소망을 갖고 살게 하여 주소서.
우리에게 말씀의 능력과 권세를 주시고
우리의 마음에 평안과 기쁨을 주시기를 원합니다.
우리 주 예수 그리스도의 이름으로 기도합니다. 아멘!

### 오늘의 묵상

표현되었든 표현되지 않았든 기도는 영혼의 정직한 갈망, 가슴속에서 진동하는 숨겨진 불의 움직임, 기도는 한숨의 짐, 떨어지는 눈물, 오직 하나님만 가까이 계시는 천상을 바라보는 눈길, 기도는 아기의 입술로 할 수 있는 가장 단순한 말, 기도는 높은 위엄에 이르는 가장 고결한 선율, 기도는 자기의 길을 버리고 돌아오는 회개하는 죄인의 음성, 천사들이 노래하고 부르짖기를 "보라, 그가 기도한다!" 기도는 그리스도인의 생명의 호흡, 그리스도인의 고향의 공기, 사망의 문을 여는 암호, 그는 기도로써 천국에 들어가네. 제임스 몽고메리 보이스

## 10 October 22

### 기도는 여정의 모든 단계

그는 우리의 하나님이시요 우리는 그가 기르시는 백성이며 그의 손이 돌보시는 양이기 때문이라 너희가 오늘 그의 음성을 듣거든 너희는 므리바에서와 같이 또 광야의 맛사에서 지냈던 날과 같이 너희 마음을 완악하게 하지 말지어다 그때에 너희 조상들이 내가 행한 일을 보고서도 나를 시험하고 조사하였도다 내가 사십 년 동안 그 세대로 말미암아 근심하여 이르기를 그들은 마음이 미혹된 백성이라 내 길을 알지 못한다 하였도다 그러므로 내가 노하여 맹세하기를 그들은 내 안식에 들어오지 못하리라 하였도다 시편 95:7-11

우리에게 말씀을 주신 주님!
주님의 말씀이 우리를 죄로부터 보호해 주심을 믿습니다.
우리가 말씀 속에 살아감으로써 정결한 삶을 살게 하소서.
우리가 죄악 속에 빠져들어
세상의 틀에 짜맞추어 살아가지 않게 하여 주소서.
주님의 말씀을 묵상하고 깊은 가르침을 받게 하여 주소서.
주님의 말씀이 우리의 삶에 실제적인 도움이 되지 않는다는
어리석은 생각에 빠지지 않게 하여 주소서.
하나님이 말씀으로 천지 만물을 창조하시고
모든 것을 이루어 가신다는 것을 날마다 믿게 하여 주소서.
이 시간에도 말씀이 믿어지는 기도를 드리게 하여 주소서.
우리 주 예수 그리스도의 이름으로 기도합니다. 아멘!

**오늘의 묵상** 기도는 그리스도인이 인생을 통과하면서 겪는 여정의 모든 단계다. 우리는 살아가는 순간순간, 고난과 절망의 때에 기도로 다음 단계로 나아간다. 특히 시편은 우리의 기도를 인도해 주는 기도의 교과서와도 같다. 그러므로 시편을 상고해 보는 것은 올바른 기도생활을 위한 가치 있는 일이다.

## 10 October 23 | 기도는 믿음의 길이다

새 노래로 여호와께 노래하라 온 땅이여 여호와께 노래할지어다 여호와께 노래하여 그의 이름을 송축하며 그의 구원을 날마다 전파할지어다 그의 영광을 백성들 가운데에, 그의 기이한 행적을 만민 가운데에 선포할지어다 여호와는 위대하시니 지극히 찬양할 것이요 모든 신들보다 경외할 것임이여 만국의 모든 신들은 우상들이지만 여호와께서는 하늘을 지으셨음이로다 존귀와 위엄이 그의 앞에 있으며 능력과 아름다움이 그의 성소에 있도다 만국의 족속들아 영광과 권능을 여호와께 돌릴지어다 여호와께 돌릴지어다 시편 96:1-7

생명의 말씀으로 우리를 새롭게 하시는 주님!
우리가 분주하다는 핑계로 주님의 말씀을 묵상하고 공부하는 데
게으름을 부리지 않게 하여 주시기를 원합니다.
말씀에 관한 쓸데없는 의문으로 마음이 상하지 않게 하시고
확신되는 말씀부터 배워 가게 하여 주시기를 원합니다.
주님의 말씀에 마음을 모으고 귀를 기울이게 하여 주소서.
우리가 주님의 말씀을 배우면 배울수록
일관성 있고 합리적인 생명의 말씀임을 깨닫게 하여 주시고
주님의 말씀에 담긴 영적인 진리를 알게 하여 주소서.
주님의 말씀에서 새 생명의 기쁨을 얻게 하시고
진리의 자유함 속에 기쁨을 누리며 살게 하여 주소서.
우리 주 예수 그리스도의 이름으로 기도합니다. 아멘!

**오늘의 묵상** 기도는 믿음의 길이다. 기도를 통해서 우리 자신의 힘을 보거나 체험할 수 없는 실제들을 파악하게 되기 때문이다. 주님은 우리의 어린 시절의 두려움, 죄책감을 불러일으키는 은밀한 일들, 잊고 억누르려고 애쓴 여러 가지 것을 통과하는 어두운 터널을 통하여 인도하신다. 우리는 믿음으로 기도하여 응답을 받아야 한다.

## 10 October 24 축복기도

여호와의 이름에 합당한 영광을 그에게 돌릴지어다 예물을 들고 그의 궁정에 들어 갈지어다 아름답고 거룩한 것으로 여호와께 예배할지어다 온 땅이여 그 앞에서 떨지어다 모든 나라 가운데서 이르기를 여호와께서 다스리시니 세계가 굳게 서고 흔들리지 않으리라 그가 만민을 공평하게 심판하시리라 할지로다 하늘은 기뻐하고 땅은 즐거워하며 바다와 거기에 충만한 것이 외치고 밭과 그 가운데에 있는 모든 것은 즐거워할지로다 그때 숲의 모든 나무들이 여호와 앞에서 즐거이 노래하리니 그가 임하시되 땅을 심판하러 임하실 것임이라 그가 의로 세계를 심판하시며 그의 진실하심으로 백성을 심판하시리로다 시편 96:8-13

말씀으로 우리의 죄악을 깨닫게 하시는 주님!
우리에게 생명의 말씀을 허락하시고
진리의 말씀으로 구원을 확신하게 하심을 감사드립니다.
주님의 말씀으로 우리의 영적인 생활이 성숙하게 하소서.
우리가 말씀 속에서 우리의 구세주이신
주님의 삶을 닮아 가게 하여 주시기를 원합니다.
우리가 주님의 말씀을 받아들임으로써
믿음 속에서 효과적인 영적인 생활을 하게 하여 주시고
주님의 말씀 속에서 감동하고 감격하게 하여 주소서.
우리의 죄를 깨닫게 하사 회개하게 하여 주소서.
오늘도 주님의 말씀으로 인도하여 주시기를 원합니다.
우리 주 예수 그리스도의 이름으로 기도합니다. 아멘!

### 오늘의 묵상

당신의 두 손에 할 일이 있기를 기도합니다. 당신의 지갑에 동전 한 푼이나 두 푼이 있기를 기도합니다. 당신의 창문에 태양이 늘 비치기를 기도합니다. 매번 비가 내린 후에 무지개가 따라오기를 기도합니다. 한 친구의 손이 늘 당신 가까이 있기를 기도합니다. 하나님의 기쁨으로 당신의 마음을 충만하게 채워 주시기를 기도합니다.
고대 켈트인

# 10 October 25

## 우리의 죄를 용서하시는 하나님

여호와께서 다스리시나니 땅은 즐거워하며 허다한 섬은 기뻐할지어다 구름과 흑암이 그를 둘렀고 의와 공평이 그의 보좌의 기초로다 불이 그의 앞에서 나와 사방의 대적들을 불사르시는도다 그의 번개가 세계를 비추니 땅이 보고 떨었도다 산들이 여호와의 앞 곧 온 땅의 주 앞에서 밀랍같이 녹았도다 하늘이 그의 의를 선포하니 모든 백성이 그의 영광을 보았도다 조각한 신상을 섬기며 허무한 것으로 자랑하는 자는 다 수치를 당할 것이라 너희 신들아 여호와께 경배할지어다 시편 97:1-7

생명의 근원이 되시는 주님!
우리가 주님의 말씀을 묵상하며 읽게 하소서.
우리가 주님의 말씀의 목적을 이해하며 읽게 하소서.
주님의 말씀을 통하여 오늘을 살아가는 우리에게 주시는
은혜와 축복을 받게 하여 주시기를 원합니다.
주님 안에서 생명의 빛된 삶을 살게 하여 주소서.
주님의 뜻대로 살아감으로 믿음이 성숙하게 하시고
우리의 모든 삶이 합력하여 선을 이루게 하소서.
우리의 마음속에 주님이 주시는 기쁨이
날마다 샘솟게 하여 주시기를 원합니다.
주님께서 말씀을 우리에게 주심을
날마다 감사하며 살게 하여 주시기를 원합니다.
우리 주 예수 그리스도의 이름으로 기도합니다. 아멘!

### 오늘의 묵상

하나님께서는 죄에 대해서 누군가에게 벌을 주지 않고서는 우리의 죄를 그냥 넘어갈 수 없으셨다. 그것이 바로 그리스도께서 돌아가신 이유다. 하나님께서는 십자가에 달리신 그리스도의 단 한 번의 희생으로 우리의 죄를 용서해 주셨다. 우리의 형벌을 참으시고 우리의 죄책을 지시고 우리의 죄의 대가를 지불하신 곳이 바로 십자가다. 당신의 믿음을 그리스도 안에 두는 순간 당신의 죄는 그분이 입게 되고, 그분의 의는 당신이 입게 된다.

## 10 October 26 주님 앞에서 침묵을 지켜라

> 여호와여 시온이 주의 심판을 듣고 기뻐하며 유다의 딸들이 즐거워하였나이다 여호와여 주는 온 땅 위에 지존하시고 모든 신들보다 위에 계시니이다 여호와를 사랑하는 너희여 악을 미워하라 그가 그의 성도의 영혼을 보전하사 악인의 손에서 건지시느니라 의인을 위하여 빛을 뿌리고 마음이 정직한 자를 위하여 기쁨을 뿌리시는도다 의인이여 너희는 여호와로 말미암아 기뻐하며 그의 거룩한 이름에 감사할지어다 시편 97:8-12

사랑으로 우리를 품어 주시는 주님!
오직 사랑으로만 우리를 찾아오심을 감사드립니다.
이 새벽에 우리가 조용히 주님께로 나아가오니
우리를 받아 주시고 우리의 모든 죄와 허물을
눈과 같이 깨끗하게 씻어 주시기를 원합니다.
우리가 구원을 받을 길은 주님의 길밖에 없으니
주님의 인도하심 속에 살아가게 해 주시기를 원합니다.
우리가 도덕적인 삶을 살아가는 것이 아니라
생명의 말씀 속에서 오직 믿음으로 살아가게 하여 주소서.
예수 그리스도를 떠나 절망으로 살지 않게 해 주시고
예수 안에서 소망과 희망의 삶을 살게 하여 주소서.
우리 주 예수 그리스도의 이름으로 기도합니다. 아멘!

### 오늘의 묵상

기도할 때 조심성 없이 하나님 앞에 달려 나가 우선 마음속에 떠오르는 대로 아뢴다거나 어떤 생각 없는 친구가 우리에게 기도를 부탁한 것을 아뢰는 것보다 더 어리석은 것은 없다. 하나님 앞으로 나아갈 때 우선은 그분 앞에서 침묵을 지켜야 한다. 성령을 보내 주셔서 우리에게 기도하는 방법을 가르쳐 주시는 그분을 바라보아야 한다. 우리는 성령을 기다려야 하며, 성령께 우리 자신을 맡겨야 한다. 그렇게 할 때 비로소 올바른 기도를 할 수 있다.

## 10 October 27

### 기도할 때 믿음을 가져라

새 노래로 여호와께 찬송하라 그는 기이한 일을 행하사 그의 오른손과 거룩한 팔로 자기를 위하여 구원을 베푸셨음이로다 여호와께서 그의 구원을 알게 하시며 그의 공의를 뭇 나라의 목전에서 명백히 나타내셨도다 그가 이스라엘의 집에 베푸신 인자와 성실을 기억하셨으므로 땅 끝까지 이르는 모든 것이 우리 하나님의 구원을 보았도다 온 땅이여 여호와께 즐거이 소리칠지어다 소리 내어 즐겁게 노래하며 찬송할지어다 시편 98:1-4

우리의 영혼에 사랑을 쏟아 주시는 주님!
우리의 삶에 십자가의 사랑을 쏟아 주시고
보혈의 피로 구속하여 주신 은혜에 감사드립니다.
우리의 삶이 주님으로 인해 생기가 넘치게 하여 주소서.
우리의 삶이 주님으로 인해 활력이 넘치게 하여 주소서.
날마다 예수 그리스도의 십자가의 사랑으로
믿음의 삶을 살아가게 하여 주시기를 원합니다.
우리가 주님에 사랑에 빠져들어 살아가게 하여 주소서.
이 새벽기도 시간에 믿음을 주시기를 원합니다.
우리의 심령을 새롭게 하여 주시고 변화시켜 주소서.
날마다 깊은 영적인 은혜를 체험하며 살게 하소서.
우리 주 예수 그리스도의 이름으로 기도합니다. 아멘!

### 오늘의 묵상

기도할 때 믿음을 갖고자 한다면 하나님의 말씀 속에서 나의 믿음을 의탁할 만한 약속을 반드시 찾아야 한다. 믿음은 무엇보다도 성령을 통하여 온다. 성령은 하나님의 뜻을 알고 성령 안에서 기도하고 성령이 내게 가르쳐 주시는 하나님의 뜻을 바라볼 때, 기도 속에서 그 뜻을 따라 나를 인도해 주시며, 그 기도가 반드시 응답되리라는 믿음을 내게 주신다.

## 10 October 28 | 기도를 멈출 때 믿음의 생명도 끝난다

수금으로 여호와를 노래하라 수금과 음성으로 노래할지어다 나팔과 호각 소리로 왕이신 여호와 앞에 즐겁게 소리칠지어다 바다와 거기 충만한 것과 세계와 그 중에 거주하는 자는 다 외칠지어다 여호와 앞에서 큰 물이 박수할지어다 산악이 함께 즐겁게 노래할지어다 그가 땅을 심판하러 임하실 것임이로다 그가 의로 세계를 판단하시며 공평으로 그의 백성을 심판하시리로다 시편 98:5-9

만복의 근원이 되시는 주님!
이 새벽기도 시간에 주님의 신령한 은혜를 사모하며
주 앞에 엎드려 기도하게 하여 주시기를 원합니다.
우리의 신앙이 체험 있는 신앙이 되게 하여 주소서.
우리에게는 오직 한 길 주님 외에는 다른 길이 없으니
주님께서 인도하시는 생명의 길을 따르게 하소서.
마음은 우리와 다른 이에게 상처만 입히오니
오직 사랑으로 하나가 되어 살게 하여 주소서.
사랑을 줄수록 나눌수록 사랑이 더 커짐을
날마다 체험하며 살게 하여 주시기를 원합니다.
주님은 진리이시며 빛이심을 오늘도 깨닫게 하여 주소서.
우리 주 예수 그리스도의 이름으로 기도합니다. 아멘!

### 오늘의 묵상

기도는 믿음이며, 믿음으로 말미암아 누리는 당연하면서도 놀라운 특권이다. 믿음은 무한한 기업을 소유하고 있다. 진정한 경건은 기도의 영역에서와 마찬가지로 믿음의 영역에서도 진실하고 지속적이며 인내하는 것이다. 기도하기를 멈출 때 그 믿음의 생명도 끝나게 된다.

# 10 October 29

## 이웃에게 감사하는 기도

여호와께서 다스리시니 만민이 떨 것이요 여호와께서 그룹 사이에 좌정하시니 땅이 흔들릴 것이로다 시온에 계시는 여호와는 위대하시고 모든 민족보다 높으시도다 주의 크고 두려운 이름을 찬송할지니 그는 거룩하심이로다 능력 있는 왕은 정의를 사랑하느니라 주께서 공의를 견고하게 세우시고 주께서 야곱에게 정의와 공의를 행하시나이다 너희는 여호와 우리 하나님을 높여 그의 발등상 앞에서 경배할지어다 그는 거룩하시도다 시편 99:1-5

우리에게 믿음을 주시는 주님!
우리가 강하고 담대한 믿음으로 주님께서 주신
사명을 잘 감당하며 살게 하여 주시기를 원합니다.
우리가 삶 속에서 적극적이고 생산적인 사고방식으로
날마다 활기차게 살아가게 하여 주시기를 원합니다.
우리의 능력이 한계가 있음을 깨닫게 하사
성령의 인도하심을 받게 하여 주시기를 원합니다.
주님의 구원의 사랑은 절대적이오니
흔들리지 않고 굳건히 믿게 하여 주시기를 원합니다.
주님과 함께함으로 날마다 새롭게 하여 주시기를 원합니다.
이 새벽에도 기도할 수 있음을 감사드립니다.
우리 주 예수 그리스도의 이름으로 기도합니다. 아멘!

### 오늘의 묵상

한 다발의 생명 속에 우리를 묶어 두신 주님, 우리에게 은총을 베푸사 우리 각자의 삶이 동료들의 용기와 근면, 정직과 순전한 마음에 얼마나 깊이 관계되어 있는지 깨닫게 하소서. 또한 우리로 하여금 그들의 필요를 생각하게 하옵시고, 그들의 신실성에 감사하게 하옵시며, 그들에 대한 우리의 책임을 성실히 다하게 하옵소서.

## 10 October 30

### 기도는 홀로 지속되지 않는다

그의 제사장들 중에는 모세와 아론이 있고 그의 이름을 부르는 자들 중에는 사무엘이 있도다 그들이 여호와께 간구하매 응답하셨도다 여호와께서 구름 기둥 가운데서 그들에게 말씀하시니 그들은 그가 그들에게 주신 증거와 율례를 지켰도다 여호와 우리 하나님이여 주께서는 그들에게 응답하셨고 그들의 행한 대로 갚기는 하셨으나 그들을 용서하신 하나님이시니이다 너희는 여호와 우리 하나님을 높이고 그 성산에서 예배할지어다 여호와 우리 하나님은 거룩하심이로다 시편 99:6-9

우리에게 감사할 수 있는 마음을 주시는 주님!
우리에게 베풀어 주신 구원의 사랑에 감사드립니다.
우리가 주님의 은혜와 사랑과 보호하심 속에
많은 것을 이루고 많은 것을 누리며 살고 있사오니
날마다 주님께 진실로 감사하며 살게 하소서.
범사에 주님을 인정하며 살게 하여 주시고
우리의 모든 쓸 것을 채우시는 주님을 신뢰하며 살게 하소서.
주님께서 날마다 우리에게 넘치는 은혜와 사랑을
충만하게 베풀어 주심에 감사드립니다.
우리만의 삶을 살아가기 위한 계획을 포기하게 하시고
주님의 인도하심 따라 살게 하여 주시기를 원합니다.
이 새벽기도 시간에 주님의 뜻대로 구하여 응답을 받게 하소서.
우리 주 예수 그리스도의 이름으로 기도합니다. 아멘!

### 오늘의 묵상

기도는 홀로 지속되지 않는다. 기도는 고립된 의무도 아니고, 독립적인 원리도 아니다. 기도는 그리스도인들의 다른 의무들과 관계되어 있으며, 다른 원리들과 조화되어 있고 다른 은혜들의 동반자다. 그러나 무엇보다도 기도는 믿음에 확고하게 연합되어 있다. 믿음은 기도에 색채와 명암을 주며, 기도의 특성을 형성하고, 기도의 결과를 보증한다.

# 10 October 31 기도의 열망은 필수적이다

온 땅이여 여호와께 즐거운 찬송을 부를지어다 기쁨으로 여호와를 섬기며 노래하면서 그의 앞에 나아갈지어다 여호와가 우리 하나님이신 줄 너희는 알지어다 그는 우리를 지으신 이요 우리는 그의 것이니 그의 백성이요 그의 기르시는 양이로다 감사함으로 그의 문에 들어가며 찬송함으로 그의 궁정에 들어가서 그에게 감사하며 그의 이름을 송축할지어다 여호와는 선하시니 그의 인자하심이 영원하고 그의 성실하심이 대대에 이르리로다 시편 100:1-5

믿음으로 우리를 온전케 하시는 주님!
잎새들이 저마다의 색깔로 물들어 가는 계절입니다.
우리 마음도 주님의 사랑에 물들게 하여 주시기를 원합니다.
이 고독한 계절 새벽에도 우리가 기도하게 인도해 주시고
주님의 사랑을 충만하게 체험하게 하여 주시기를 원합니다.
가을 하늘 아래 탐스럽게 익어 가는 감들처럼
우리의 신앙도 풍성한 열매를 맺게 하여 주시기를 원합니다.
우리에게 맡겨진 사명을 잘 감당하게 하여 주시고
주님의 자녀로서 세상에서 빛된 삶을 살게 해 주시기를 원합니다.
우리에게 믿음에 믿음을 더하여 주사 우리에게 다가오는
어떤 고통과 아픔도 능히 이겨 내게 하여 주시기를 원합니다.
오늘도 우리의 삶을 인도하여 주시기를 원합니다.
우리 주 예수 그리스도의 이름으로 기도합니다. 아멘!

**오늘의 묵상** 우리가 기도함에 있어 열망은 단순한 소망이 아니다. 열망은 기도의 중요한 보조자다. 열망을 말로 표현한 것이 기도다. 만일 무언가를 두고 하나님께 기도를 드린다면 그때 열망이 표현되는 것이다. 기도는 털어놓는 것이다. 열망은 잠잠한 것이다. 기도는 들리지만 열망은 들리지 않는다. 열망이 깊을수록 기도는 열정적이 된다.

# 11

November

## 우리의 삶이 예수로 물들게 하소서

우리의 삶에서 주님이 함께하심을
잊어버리려고 할 때
속 깊고 따뜻한 주님의 마음을
새롭게 알 수 있도록
주님을 만나게 하소서

## 영적인 삶에서
## 주님을 만나게 하소서

평행선을 그어놓은 듯
별다른 변화가 없어 보이는
일상의 삶에서 주님을 만나게 하소서

실타래에서 실이 풀어져 있듯이
한가롭게 보이는 시간 속에서
주님을 만나게 하소서

잠을 불러내어 눕고만 싶어지고
무료함과 나른함에 빠져들어
한 잔의 커피를 마시며 책을 보거나
한가롭게 이야기를 나누고 싶을 때
주님을 만나게 하소서

특별히 긴장할 필요가 없고
무언가 요구할 필요를 느끼지 못하고
별 탈 없이 잘 돌아가는 것처럼 느껴질 때
주님을 만나게 하소서

우리의 삶에서 주님이 함께하심을
잊어버리려고 할 때
속 깊고 따뜻한 주님의 마음을
새롭게 알 수 있도록
주님을 만나게 하소서

## 기도하는 사람은 뜨거워야 한다

**November 11 / 1**

내가 인자와 정의를 노래하겠나이다 여호와여 내가 주께 찬양하리이다 내가 완전한 길을 주목하오리니 주께서 어느 때나 내게 임하시겠나이까 내가 완전한 마음으로 내 집 안에서 행하리이다 나는 비천한 것을 내 눈 앞에 두지 아니할 것이요 배교자들의 행위를 내가 미워하오리니 나는 그 어느 것도 붙들지 아니하리이다 사악한 마음이 내게서 떠날 것이니 악한 일을 내가 알지 아니하리로다 시편 101:1-4

---

우리에게 참된 소망을 주시는 주님!
만일 우리의 삶이 이 땅의 삶뿐이라면
참으로 부질없고 허망한 일입니다.
주님께서 우리의 영혼을 구원하여 주시고
천국의 삶을 허락하여 주심을 감사드립니다.
잠시 왔다가 가는 이 세상의 나그네와 같은 삶에서
마치 영원히 정착하며 살 것처럼 욕심 부리지 않게 하시고
날마다 주님의 인도하심을 받으며 살게 하여 주소서.
우리의 삶 속에서 성령의 열매를 맺게 하여 주시고
사랑과 나눔의 삶을 살게 하여 주시기를 원합니다.
들풀도 세밀하게 사랑하시는 주님을 따르며 살게 하소서.
우리 주 예수 그리스도의 이름으로 기도합니다. 아멘!

---

**오늘의 묵상** 기도하는 사람은 뜨거워야 한다. 능력이 있고 응답받는 기도는 바로 열심 있는 기도. 영혼의 냉담함은 기도를 방해한다. 차가운 대기 속에서는 기도가 살 수 없다. 기도하는 사람이 나아가도록 하는 데는 열정이 필요하다. 영혼의 따스함이 기도하기에 좋은 대기를 만드는데, 그것은 기도가 열심과 잘 어울리기 때문이다. 열렬함을 통해 기도는 하늘에 상달된다.

## 11 November 2 끈기 있는 기도

자기의 이웃을 은근히 헐뜯는 자를 내가 멸할 것이요 눈이 높고 마음이 교만한 자를 내가 용납하지 아니하리로다 내 눈이 이 땅의 충성된 자를 살펴 나와 함께 살게 하리니 완전한 길에 행하는 자가 나를 따르리로다 거짓을 행하는 자는 내 집 안에 거주하지 못하며 거짓말하는 자는 내 목전에 서지 못하리로다 아침마다 내가 이 땅의 모든 악인을 멸하리니 악을 행하는 자는 여호와의 성에서 다 끊어지리로다
시편 101:5-8

우리를 구원하여 주시는 주님!
이 새벽에 눈물이 납니다.
주님은 날마다 우리를 사랑하여 주시는데
우리는 늘 주님을 떠나려 하고 망설이고 주저합니다.
우리의 어리석음을 용서하여 주시기를 원합니다.
주님께서 우리를 도와주시기를 원합니다.
오늘도 우리의 삶에 용기와 힘을 주시기를 원합니다.
성령의 도우심으로 소망 있는 삶을 살게 하시고
우리가 외로울 때나 고독할 때 늘 함께하시는
주님의 사랑 안에 살게 하여 주시기를 원합니다.
주님께서 우리의 구주가 되심을 믿고 감사드립니다.
오늘도 주님과 동행하는 삶을 살게 하여 주시기를 원합니다.
우리 주 예수 그리스도의 이름으로 기도합니다. 아멘!

### 오늘의 묵상

끈기 있는 기도에서 전력을 다하는 것은 몸의 격렬함이나 육체적인 힘에서 나오는 것은 아니다. 그것은 충동적인 힘이 아니며, 단순히 영혼의 진지함도 아니다. 성령으로 심어지고 양육된 힘이다. 우리 안의 모든 부분에 성령께서 자신의 분투하는 힘을 불어 넣으심이 바로 끈기의 정수다. 그 끈기가 우리로 하여금 불이 임하고 축복이 내리기까지 은혜의 보좌에 나아가 계속 기도하게 하는 것이다.

## 11 November 3 · 기도는 우리의 성품을 만든다

여호와여 내 기도를 들으시고 나의 부르짖음을 주께 상달하게 하소서 나의 괴로운 날에 주의 얼굴을 내게서 숨기지 마소서 주의 귀를 내게 기울이사 내가 부르짖는 날에 속히 내게 응답하소서 내 날이 연기같이 소멸하며 내 뼈가 숯같이 탔음이니이다 내가 음식 먹기도 잊었으므로 내 마음이 풀같이 시들고 말라 버렸사오며 나의 탄식 소리로 말미암아 나의 살이 뼈에 붙었나이다 시편 102:1-5

우리의 기도에 응답해 주시는 주님!
우리가 믿음으로 살아가는 삶은
성령의 인도하심을 받는 초자연적인 삶입니다.
우리의 기도가 홀로 드리는 기도가 아니라
성령의 도우심으로 진실하게 드리는 기도가 되게 해 주소서.
기도와 믿음을 통하여 항상 주님이 인도하심을 받으며
능력 있는 성도의 삶을 살게 하여 주시기를 원합니다.
우리가 용서를 받았으니 용서하며 살게 하여 주시고
주님의 품은 항상 우리에게 열려 있으니
주님의 품 안에 거하게 하여 주시기를 원합니다.
오늘도 주님의 말씀이 가난한 자와 병든 자
힘들고 지친 외로운 사람들에게 전파되게 하여 주소서.
우리 주 예수 그리스도의 이름으로 기도합니다. 아멘!

### 오늘의 묵상

기도는 행위를 지배하고 행위는 성품을 지배한다. 행위는 우리가 하는 것이며, 성품은 우리 자신이다. 행위는 밖으로 나타나는 삶이다. 성품은 보이지 않으며 감추어져 있으나 보이는 것으로 인해 분명해진다. 행위는 외부적이고 밖에서 보이며, 성품은 내적인 것으로 안에서 작용한다. 은혜의 섭리에서 행위는 성품을 표출하는 것이 된다. 성품은 마음의 상태이며, 그것이 밖으로 표현되는 것이 행위다. 성품은 나무 뿌리고, 행위는 그 열매다.

## November 11 4

### 구원을 감사하는 신앙고백

> 내 원수들이 종일 나를 비방하며 내게 대항하여 미칠 듯이 날뛰는 자들이 나를 가리켜 맹세하나이다 나는 재를 양식같이 먹으며 나는 눈물 섞인 물을 마셨나이다 주의 분노와 진노로 말미암음이라 주께서 나를 들어서 던지셨나이다 내 날이 기울어지는 그림자 같고 내가 풀의 시들어짐 같으니이다 여호와여 주는 영원히 계시고 주에 대한 기억은 대대에 이르리이다 시편 102:8-12

사랑을 나누며 살게 하여 주시는 주님!
우리의 삶이 편견을 갖지 않게 하여 주시고
타인의 허물을 주님의 사랑으로 덮어 주며 살게 하여 주소서.
우리의 삶에서 사랑과 인정이 메마르면 살 수 없사오니
서로 도우며 사랑을 나누며 살게 하여 주시기를 원합니다.
이 세상에서 사랑이 필요하지 않을 만큼
모든 것을 갖춘 사람은 아무도 없습니다.
우리가 아무리 부족하고 초라하다 하여도
주님께 받은 사랑을 나누며 살게 하여 주시기를 원합니다.
우리 모두가 주님의 크신 사랑을 받았으니
사랑 안에서 사랑의 열매를 맺으며 살게 하여 주시기를 원합니다.
우리 주 예수 그리스도의 이름으로 기도합니다. 아멘!

### 오늘의 묵상

빈 항아리와 같던 우리가 충만히 채워졌습니다. 장식용 촛불처럼 우리는 붉게 불타오르게 되었습니다. 술통의 묵은 포도주처럼 우리는 아낌없이 쏟아부어졌습니다. 지친 여행자들 같던 우리가 휴식을 발견하였습니다. 헤어진 연인 같던 우리가 회해하게 되었습니다. 우리는 어린 아이들처럼 깜짝 놀랐습니다. "오, 나의 백성들아, 와서 함께 이야기하자"라고 하나님이 말씀하시는 소리가 들리지 않습니까? 그 말씀에 응답하십시오. 하나님, 제가 당신께로 나갑니다. 카린 와이즈먼

## 기도는 순종을 원한다

**November 11 / 5**

이에 뭇 나라가 여호와의 이름을 경외하며 이 땅의 모든 왕들이 주의 영광을 경외하리니 여호와께서 시온을 건설하시고 그의 영광 중에 나타나셨음이라 여호와께서 빈궁한 자의 기도를 돌아보시며 그들의 기도를 멸시하지 아니하셨도다 이 일이 장래 세대를 위하여 기록되리니 창조함을 받을 백성이 여호와를 찬양하리로다 여호와께서 그의 높은 성소에서 굽어보시며 하늘에서 땅을 살펴 보셨으니 이는 갇힌 자의 탄식을 들으시며 죽이기로 정한 자를 해방하사 여호와의 이름을 시온에서, 그 영예를 예루살렘에서 선포하게 하심이라 그 때에 민족들과 나라들이 함께 모여 여호와를 섬기리로다 시편 102:15-22

우리를 하나님의 자녀 삼아 주신 주님!
우리가 하나님의 자녀가 되게 하시니 감사드립니다.
하나님을 모르는 사람은 짐승만도 못한 줄 아오니
우리의 목자이신 하나님을 사랑하며
주님의 뜻을 따르는 삶을 살아가게 하여 주시기를 원합니다.
우리의 부패와 타락은 모든 것이 죄에서 시작되오니
죄를 떠나서 주님의 안에 거하게 하여 주시기를 원합니다.
우리의 삶이 허무하지 않게 하여 주시고
늘 소망이 가득하여 기쁨이 넘치게 하여 주시기를 원합니다.
우리가 항상 하나님을 경외하며 살게 하소서.
우리가 주 안에서 살게 하심을 기뻐하며 살게 하소서.
우리 주 예수 그리스도의 이름으로 기도합니다. 아멘!

**오늘의 묵상** 우리는 하나님께서 명령하시는 것을 모두 지킬 수 있는가? 사람은 개개의 명령에 순종할 수 있게 하는 도덕적 능력을 받을 수 있는가? 분명히 그럴 수 있다. 모든 증거를 볼 때 사람은 기도를 통해 바로 이런 능력을 얻을 수 있다. 기도는 순종을 원하기 때문이다.

## 11 November 6

### 기도는 영적 전투다

그가 내 힘을 중도에 쇠약하게 하시며 내 날을 짧게 하셨도다 나의 말이 나의 하나님이여 나의 중년에 나를 데려가지 마옵소서 주의 연대는 대대에 무궁하니이다 주께서 옛적에 땅의 기초를 놓으셨사오며 하늘도 주의 손으로 지으신 바니이다 천지는 없어지려니와 주는 영존하시겠고 그것들은 다 옷같이 낡으리니 의복같이 바꾸시면 바뀌려니와 주는 한결같으시고 주의 연대는 무궁하리이다 주의 종들의 자손은 항상 안전히 거주하고 그의 후손은 주 앞에 굳게 서리이다 하였도다

시편 102:23-28

우리의 마음을 새롭게 하시는 주님!
우리의 마음이 욕심으로 인하여
부패하지 않게 하여 주시기를 원합니다.
우리가 거짓에서 떠나 성령 안에서 살아가는
사람이 되게 하여 주시기를 원합니다.
우리가 이 세상에 복음을 전하게 하시길 원하며
깨끗한 삶, 정결한 삶을 살게 해 주시기를 원합니다.
우리가 미워하던 사람도 사랑하며 이해하고
용납해 주며 살아가게 하여 주시기를 원합니다.
우리 안에 주님의 생명과 사랑이 충만하기를 원합니다.
주님의 사랑이 가득하게 하여 주시기를 원합니다.
우리 주 예수 그리스도의 이름으로 기도합니다. 아멘!

### 오늘의 묵상

그리스도인으로서 우리는 영적인 전투를 수행하고 있다. 사탄이 가장 두려워하는 것은 우리가 기도라는 영적인 전투를 수행하는 것이다. 사탄에게 기도만큼 위협적인 것은 없다. 진정한 영적 전투는 우리가 무릎을 꿇을 때 시작된다는 것을 사탄은 잘 알고 있다. 기도는 사탄이 가장 두려워하는 무기이기 때문에 사탄은 우리의 기도생활을 방해한다. 우리가 가장 크게 사탄의 공격에 직면하는 것도 무릎을 꿇을 때며, 가장 선한 결과를 얻을 때도 역시 우리가 무릎을 꿇을 때다.

## 11 November 7 | 기도할 때 하나님을 신뢰하라

내 영혼아 여호와를 송축하라 내 속에 있는 것들아 다 그의 거룩한 이름을 송축하라 내 영혼아 여호와를 송축하며 그의 모든 은택을 잊지 말지어다 그가 네 모든 죄악을 사하시며 네 모든 병을 고치시며 네 생명을 파멸에서 속량하시고 인자와 긍휼로 관을 씌우시며 좋은 것으로 네 소원을 만족하게 하사 네 청춘을 독수리같이 새롭게 하시는도다 여호와께서 공의로운 일을 행하시며 억압당하는 모든 자를 위하여 심판하시는도다 그의 행위를 모세에게, 그의 행사를 이스라엘 자손에게 알리셨도다
시편 103:1-7

우리를 사랑하여 주시는 주님!
주님께서 우리를 찾아오실 때
사랑으로 찾아오심을 감사드립니다.
오늘도 한 사람, 한 사람, 한 영혼, 한 영혼을
구원의 사랑으로 초대하여 주심을 감사드립니다.
이 새벽 우리가 기도해야 할 사람들을 위하여
진실한 마음으로 그들의 영혼을 사랑하며 기도하게 하소서.
우리와 주님과의 만남이 사랑의 만남이 되게 하여 주소서.
우리가 주님을 철저하게 믿게 하여 주소서.
심장과 몸과 마음으로 주님을 믿게 하여 주소서.
우리 주 예수 그리스도의 이름으로 기도합니다. 아멘!

### 오늘의 묵상

하나님은 비록 눈에 보이는 증거가 없을 때에라도 자신의 약속을 지킬 것이라고 믿는 믿음이 우리에게 있는지 없는지 알고 싶어 하신다. 우리는 종종 하나님의 말씀과 우리가 보고 듣는 것 사이에서 우왕좌왕한다. 그러나 하나님께서는 이러한 상황을 통해 우리의 믿음을 키워 준다. 하나님께 기도하지도 않고 그분의 약속을 믿지도 않는 것은 하나님의 전능하신 지혜보다도 우리의 지혜를 더 믿는 것이다. 우리는 기도할 때 하나님을 온전히 신뢰해야 한다.

# 11 November 8

## 죄는 기도를 방해한다

여호와는 긍휼이 많으시고 은혜로우시며 노하기를 더디 하시고 인자하심이 풍부하시도다 자주 경책하지 아니하시며 노를 영원히 품지 아니하시리로다 우리의 죄를 따라 우리를 처벌하지는 아니하시며 우리의 죄악을 따라 우리에게 그대로 갚지는 아니하셨으니 이는 하늘이 땅에서 높음같이 그를 경외하는 자에게 그의 인자하심이 크심이로다 동이 서에서 먼 것같이 우리의 죄과를 우리에게서 멀리 옮기셨으며 아버지가 자식을 긍휼히 여김같이 여호와께서는 자기를 경외하는 자를 긍휼히 여기시나니 이는 그가 우리의 체질을 아시며 우리가 단지 먼지뿐임을 기억하심이로다 시편 103:8-14

만복의 근원이 되시는 주님!
우리가 주님을 믿음으로 약한 우리가 강해지게 해 주시고
우리가 주님을 믿음으로 악한 우리가 선해지게 해 주소서.
우리가 주님을 믿음으로 슬픔과 괴로움과 고통이 사라지게 해 주소서.
우리가 주님을 믿음으로 미움이 사랑으로 바뀌게 해 주시고
우리가 주님을 믿음으로 어둠에서 빛으로 바뀌게 해 주소서
우리가 주님을 믿음으로 죽음에서 떠나 생명의 길로 인도받게 해 주소서.
우리 주 예수 그리스도의 이름으로 기도합니다. 아멘!

**오늘의 묵상** 우리가 고백하지 않은 죄는 우리의 기도를 방해한다. 하나님께서 우리의 기도에 응답하지 않는 마지막 이유는 우리가 죄를 고백하지 않기 때문이다. 고백하지 않은 죄 때문에 기도의 응답을 받지 못한다는 것은 분명한 사실이다. 우리가 죄를 낱낱이 고백하고 기도를 드린다면 하나님께서는 우리의 기도를 분명히 들어주실 것이다.

## 11 November 9 — 주님의 뜻에 합당한 삶을 위한 기도

> 인생은 그 날이 풀과 같으며 그 영화가 들의 꽃과 같도다 그것은 바람이 지나가면 없어지나니 그 있던 자리도 다시 알지 못하거니와 여호와의 인자하심은 자기를 경외하는 자에게 영원부터 영원까지 이르며 그의 의는 자손의 자손에게 이르리니 곧 그의 언약을 지키고 그의 법도를 기억하여 행하는 자에게로다 여호와께서 그의 보좌를 하늘에 세우시고 그의 왕권으로 만유를 다스리시도다  시편 103:15-19

우리를 사랑하시는 주님!
오늘도 이 새벽에 우리를 깨워 주사
주님께 기도드리게 하여 주심을 감사드립니다.
날마다 주님과 동행하는 삶을 살게 하여 주시고
삶 속에서 주님의 뜻을 이루게 하여 주시기를 원합니다.
오직 성령 충만하게 하여 주시기를 원합니다.
항상 주님의 나라와 그의 의를 구하는 성도의 삶을 살게 하소서.
우리의 삶이 날마다 주님의 성품을 닮아 가게 하여 주시고
우리의 삶이 성결된 삶이 되게 하여 주시기를 원합니다.
우리가 주님의 자녀답게 모든 삶에 모범을 보이게 하여 주소서.
주님을 향한 소망을 오늘도 주시기를 원합니다.
우리 주 예수 그리스도의 이름으로 기도합니다. 아멘!

### 오늘의 묵상

주님, 저에게 허락하소서. 마땅히 알아야 할 것을 알게 하소서. 마땅히 사랑해야 할 것을 사랑하게 하소서. 주님이 가장 즐거워하시는 것을 찬양하게 하소서. 주님 보시기에 값진 것을 귀히 여기게 하소서. 주님이 역겨워하시는 것을 증오하게 하소서. 내 눈에 의지하여 사물을 판단치 않게 하소서. 눈에 보이는 것들과 영적인 것들을 분별하게 하시며, 무엇보다도 당신의 뜻에 합당한 것을 탐구하게 하소서.  토마스 아 켐피스

## 우리의 영적 무기는 기도와 말씀이다

**November 11 10**

내 영혼아 여호와를 송축하라 여호와 나의 하나님이여 주는 심히 위대하시며 존귀와 권위로 옷 입으셨나이다 주께서 옷을 입음같이 빛을 입으시며 하늘을 휘장같이 치시며 물에 자기 누각의 들보를 얹으시며 구름으로 자기 수레를 삼으시고 바람 날개로 다니시며 바람을 자기 사신으로 삼으시고 불꽃으로 자기 사역자를 삼으시며 땅에 기초를 놓으사 영원히 흔들리지 아니하게 하셨나이다 옷으로 덮음같이 주께서 땅을 깊은 바다로 덮으시매 물이 산들 위로 솟아올랐으나 주께서 꾸짖으시니 물은 도망하며 주의 우렛소리로 말미암아 빨리 가며 주께서 그들을 위하여 정하여 주신 곳으로 흘러갔고 산은 오르고 골짜기는 내려갔나이다 시편 104:1-8

사랑과 긍휼이 많으신 주님!
우리의 삶 속에서 찬송하는 축복을 주시기를 원합니다.
우리가 찬송을 통해 기쁨과 평안과 사랑의 삶을 살게 하소서.
우리에게 주님께 평생 드리는 기도와 찬송이 있게 하소서.
병들었을 때, 낙망했을 때, 실패했을 때, 좌절했을 때, 외로울 때
우리가 더욱더 기도하며 찬송하게 하소서.
우리가 이 땅에 사는 날 동안 찬송하며
주님께 기도드리며 살게 하여 주시기를 원합니다.
우리가 항상 주님의 섭리와 손길을 느끼며 살게 하소서.
우리가 기도함으로 응답받는 기쁨이 넘치게 하소서.
이 새벽에도 기도할 수 있음으로 행복합니다.
우리 주 예수 그리스도의 이름으로 기도합니다. 아멘!

**오늘의 묵상** 우리는 영적 무기를 갖고 있다. 그것은 바로 기도와 하나님의 말씀이다. 기도와 말씀은 우리가 사탄에 대적할 수 있는 가장 강력한 무기이자 유일한 무기이다. 우리는 그것을 사탄의 거짓을 향하여 겨누어야 한다. 우리의 기도는 하나님의 나라를 세우며 사탄의 나라를 파괴하는 무기이자 도구다.

## 11 November 11 금식은 최상의 수단이다

> 주께서 물의 경계를 정하여 넘치지 못하게 하시며 다시 돌아와 땅을 덮지 못하게 하셨나이다 여호와께서 샘을 골짜기에서 솟아나게 하시고 산 사이에 흐르게 하사 각종 들짐승에게 마시게 하시니 들나귀들도 해갈하며 공중의 새들도 그 가에서 깃들이며 나뭇가지 사이에서 지저귀는도다 그가 그의 누각에서부터 산에 물을 부어 주시니 주께서 하시는 일의 결실이 땅을 만족시켜 주는도다 시편 104:9-13

주님의 남은 고난에 참여하게 하신 주님!
우리의 삶에 있는 고난과 역경으로
우리의 믿음이 더욱더 성숙하게 해 주시기를 원합니다.
주님께서 우리를 필요한 곳에 쓰시려고
고난을 통하여 연단하심을 믿사오니
주님께서 우리의 삶을 인도하여 주시기를 원합니다.
우리의 마음에서 음란과 게으름과 허무가 사라지게 하소서.
우리의 생활에서 도박성과 한탕주의와
속임과 거짓이 사라지게 하여 주시기를 원합니다.
오직 진실함 속에 오직 예수 그리스도의 이름으로
성실과 근면함으로 땀 흘린 소득으로 살게 하여 주소서.
우리 주 예수 그리스도의 이름으로 기도합니다. 아멘!

### 오늘의 묵상

금식은 기도하면서 주님께 부르짖을 수 있는 최상의 수단이다. 금식은 우리를 세상과 분리시키며, 하늘의 일에 더 밀착되게 하고, 주님께 자신을 더욱더 내맡길 수 있게 해 준다. 성령의 인도에 따른 금식은 우리로 하여금 주변에서 일어나는 영적인 일들에 관한 이해를 드넓히고 하늘의 일들에 대해 더욱 민감하게끔 한다.

## 태만하지 않은 기도

**November 11 / 12**

그들이 하늘로 솟구쳤다가 깊은 곳으로 내려가나니 그 위험 때문에 그들의 영혼이 녹는도다 그들이 이리저리 구르며 취한 자같이 비틀거리니 그들의 모든 지각이 혼돈 속에 빠지는도다 이에 그들이 그들의 고통 때문에 여호와께 부르짖으매 그가 그들의 고통에서 그들을 인도하여 내시고 광풍을 고요하게 하사 물결도 잔잔하게 하시는도다 그들이 평온함으로 말미암아 기뻐하는 중에 여호와께서 그들이 바라는 항구로 인도하시는도다 여호와의 인자하심과 인생에게 행하신 기적으로 말미암아 그를 찬송할지로다 백성의 모임에서 그를 높이며 장로들의 자리에서 그를 찬송할지로다 시편 107:26-32

우리의 마음의 문을 열어 주시는 주님!
우리의 마음을 활짝 열어 주님을 온전히 영접하게 하소서.
우리를 가로막고 있는 문을 기도로 열게 하여 주소서.
주님의 복음을 전하는 전도의 문을 열게 하여 주시고
사랑의 문을 활짝 열게 하여 주시기를 원합니다.
믿음의 기도는 불가능을 가능케 하오니
오직 믿음으로 기도하여 응답을 받게 하여 주시기를 원합니다.
우리의 헌신과 믿음대로 하나님이 주시는 능력을 받게 하사
주님의 일을 온전히 할 수 있도록 인도하여 주소서.
성실과 순수한 믿음으로 살아가게 하여 주시기를 원합니다.
우리 주 예수 그리스도의 이름으로 기도합니다. 아멘!

### 오늘의 묵상

쉬지 않는 기도의 의미는 문자 그대로 휴식이 없는 것이라기보다는 태만하지 않은 기도를 뜻한다. 이것은 때때로 단순한 기도가 아니라 우리의 온 영혼을 하나님께 향하게 하는 행위다. 쉬지 않는 기도를 불합리하다든지 무모한 것이라고 말한다면 믿음과 삶을 연결하는 신앙생활을 한다고 할 수가 없다. 우리가 하나님을 향하여 기도하는 삶이 없다고 하면 다른 것을 향해 있다고 할 것이다. 말씀 속에서 승리하는 그리스도인의 비결이 여기에 있다.

# 11 November 13

## 성령은 어떤 사역을 하는가

여호와께서는 강이 변하여 광야가 되게 하시며 샘이 변하여 마른 땅이 되게 하시며 그 주민의 악으로 말미암아 옥토가 변하여 염전이 되게 하시며 또 광야가 변하여 못이 되게 하시며 마른 땅이 변하여 샘물이 되게 하시고 주린 자들로 말미암아 거기에 살게 하사 그들이 거주할 성읍을 준비하게 하시고 밭에 파종하며 포도원을 재배하여 풍성한 소출을 거두게 하시며 또 복을 주사 그들이 크게 번성하게 하시고 그의 가축이 감소하지 아니하게 하실지라도 다시 압박과 재난과 우환을 통하여 그들의 수를 줄이시며 낮추시는도다 시편 107:33-39

우리가 심은 대로 거두게 하시는 주님!
우리가 믿음 안에서 믿음대로 심게 하여 주시고
주님의 은혜 속에 거두는 삶을 살게 하여 주시기를 원합니다.
악으로 믿고 거두려 하는 악한 마음이 사라지게 하여 주시고
주님이 주시는 믿음 안에서 선한 마음으로 알곡을 심게 하소서.
우리가 항상 사랑으로 심고 사랑으로 거두게 하여 주소서.
우리가 하나님을 사랑하고 또 이웃을 사랑하며
늘 성실하게 늘 진실하게 살게 하여 주시기를 원합니다.
우리의 삶이 밀알이 되어 옥토에 심겨지게 하여 주소서.
이 새벽 시간이 주님과 나만의 시간이 되어
깊은 영적인 교제를 통해 말씀대로 살아가게 하여 주소서.
우리 주 예수 그리스도의 이름으로 기도합니다. 아멘!

### 오늘의 묵상

1. 예수 그리스도를 구세주로 고백하게 한다
2. 성령으로 거듭나게 한다
3. 영원토록 성령과 함께한다
4. 성령으로 말미암아 한 몸이 되게 한다
5. 구원의 복음을 듣고 믿어 약속의 성령으로 인치심을 받는다
6. 계속적으로 성령의 채움과 통제를 받는다

## 11 November 14 — 순례자의 기도

하나님이여 내 마음을 정하였사오니 내가 노래하며 나의 마음을 다하여 찬양하리로다 비파야, 수금아, 깰지어다 내가 새벽을 깨우리로다 여호와여 내가 만민 중에서 주께 감사하고 뭇 나라 중에서 주를 찬양하오리니 주의 인자하심이 하늘보다 높으시며 주의 진실은 궁창에까지 이르나이다 하나님이여 주는 하늘 위에 높이 들리시며 주의 영광이 온 땅에서 높임 받으시기를 원하나이다 주께서 사랑하시는 자들을 건지시기 위하여 우리에게 응답하사 오른손으로 구원하소서 하나님이 그의 성소에서 말씀하시되 내가 기뻐하리라 내가 세겜을 나누며 숙곳 골짜기를 측량하리라

시편 108:1-7

우리에게 참평안을 주시는 주님!
이 세상에서 원하는 것들을 다 얻는다 하여도
우리의 영혼을 잃으면 아무 소용이 없습니다.
우리가 주님의 은혜로 죄 사함을 받고
영혼이 구원받음을 감사하며 살게 하여 주시기를 원합니다.
이 헛된 세상에 소망을 두지 말게 하시고
우리 주님 예수 그리스도 안에서 소망을 두며 살게 하소서.
우리 삶의 목적과 의미가 예수 안에 있게 하시고
주님만으로 만족하며 살게 하여 주시기를 원합니다.
우리의 삶이 주님의 복음과 사랑을 전하는 일에 힘쓰게 하시고
모든 염려를 주님께 맡기게 하여 주소서.
우리 주 예수 그리스도의 이름으로 기도합니다. 아멘!

**오늘의 묵상** 오, 주님, 당신께로 향한 우리의 전진이 그 무엇에 의해서도 중단되지 않게 하소서. 이 세상의 위험한 미로에서, 이 땅에서의 우리 순례의 모든 과정에서 당신의 거룩하신 명령이 우리의 지도가 되게 하시고, 당신의 거룩한 생명이 우리의 안내자가 되게 하소서. 존 웨슬리

## 11 November 15 — 상처 입힌 사람을 용서하라

> 길르앗이 내 것이요 므낫세도 내 것이며 에브라임은 내 머리의 투구요 유다는 나의 규이며 모압은 내 목욕통이라 에돔에는 내 신발을 벗어던질지며 블레셋 위에서 내가 외치라 하셨도다 누가 나를 이끌어 견고한 성읍으로 인도해 들이며 누가 나를 에돔으로 인도할고 하나님이여 주께서 우리를 버리지 아니하셨나이까 하나님이여 주께서 우리의 군대들과 함께 나아가지 아니하시나이다 우리를 도와 대적을 치게 하소서 사람의 구원은 헛됨이니이다 우리가 하나님을 의지하고 용감히 행하리니 그는 우리의 대적들을 밟으실 자이심이로다 시편 108:8-13

약속을 지키시는 주님!
우리의 삶이 영적으로 건강함을 갖게 하여 주시기를 원합니다.
주님의 약속의 말씀 안에서 적극적이며 긍정적으로 살게 하소서.
우리가 기도로 호흡함으로써 영적인 힘이 강해지게 하시고
우리의 믿음이 날로 성장해 나가게 하여 주시기를 원합니다.
우리가 주님을 사랑하므로 전도하게 하여 주시고
주님의 일에 우리의 온 마음을 다 쏟게 하여 주소서.
우리를 구원하여 주시고 인도하여 주시고 보호하여 주심이
우리를 향한 주님의 언약의 말씀이오니
주님의 약속하심을 믿고 따르게 하여 주시기를 원합니다.
우리가 항상 주님 안에서 꿈을 키우며 살게 하여 주소서.
우리 주 예수 그리스도의 이름으로 기도합니다. 아멘!

### 오늘의 묵상

나에게 상처를 입힌 사람은 나의 용서가 필요하다. 그와 같이 나도 하나님의 용서가 필요한 것이다. 우리는 이 기도를 통하여 나에게 잘못한 사람을 만나게 될 기회를 아울러 간구해야 한다. 그 후에 그를 만났을 때 하나님의 은혜가 모두에게 임하도록 성령의 인도하심을 받아야 한다. 성령의 인도하심이 온종일 우리의 삶에 함께하도록 간구해야 한다.

## 11 November 16 | 기도는 법칙을 따라야 한다

내가 찬양하는 하나님이여 잠잠하지 마옵소서 그들이 악한 입과 거짓된 입을 열어 나를 치며 속이는 혀로 내게 말하며 또 미워하는 말로 나를 두르고 까닭 없이 나를 공격하였음이니이다 나는 사랑하나 그들은 도리어 나를 대적하니 나는 기도할 뿐이라 그들이 악으로 나의 선을 갚으며 미워함으로 나의 사랑을 갚았사오니 악인이 그를 다스리게 하시며 사탄이 그의 오른쪽에 서게 하소서 그가 심판을 받을 때에 죄인이 되어 나오게 하시며 그의 기도가 죄로 변하게 하시며 그의 연수를 짧게 하시며 그의 직분을 타인이 빼앗게 하시며 그의 자녀는 고아가 되고 그의 아내는 과부가 되며 그의 자녀들은 유리하며 구걸하고 그들의 황폐한 집을 떠나 빌어먹게 하소서
시편 109:1-10

우리가 주님을 앙망하며 살기를 원하시는 주님!
우리가 주님을 사랑함으로 더욱더 주님을 신뢰하며
주님을 따르는 믿음을 갖게 하여 주시기를 원합니다.
주님을 앙망하며 새 힘을 얻게 하여 주시기를 원합니다.
우리가 믿음으로 새 사람을 입게 하여 주셔서
영적으로 힘 있게 하여 주사 주님의 뜻을 이루게 하소서.
우리가 말씀 속에서 영적으로 더 소생하게 하여 주소서.
우리가 성령의 능력을 체험함으로써
곤비하지 않는 삶을 살게 하여 주시기를 원합니다.
주님의 은혜를 날마다 체험하며 성결하게 살게 하소서.
오늘도 기도함으로써 새 힘을 얻게 하여 주소서.
우리 주 예수 그리스도의 이름으로 기도합니다. 아멘!

### 오늘의 묵상

기도의 법칙에서 가장 중요한 4가지는 다음과 같다.
1. 믿음으로 기도하라
2. 순수한 마음으로 기도하라
3. 능력으로 기도하라
4. 끊임없이 기도하라

## 11 November 17 교회 기도 인도자의 자격

여호와는 그의 조상들의 죄악을 기억하시며 그의 어머니의 죄를 지워 버리지 마시고 그 죄악을 항상 여호와 앞에 있게 하사 그들의 기억을 땅에서 끊으소서 그가 인자를 베풀 일을 생각하지 아니하고 가난하고 궁핍한 자와 마음이 상한 자를 핍박하여 죽이려 하였기 때문이니이다 시편 109:14-16

우리를 부르시는 주님!

우리를 부르시는 주님께 순종하며 살게 하여 주소서.

날마다 주님의 음성을 듣게 하여 주시고

온전히 주님의 뜻을 깨닫게 하여 주시고

주님께 순종하는 삶을 살게 하여 주시기를 원합니다.

주님이 원하는 곳에서 주님의 일을 하게 하소서.

우리가 주님의 인도하심을 받게 하시고

우리가 주님의 뜻대로 행하게 하시고

우리가 주님의 축복을 받게 하여 주시기를 원합니다.

우리가 연단 속에서 더욱 강한 믿음을 소유하게 하시고

역경을 도리어 축복의 기도로 만들게 하여 주소서.

우리 주 예수 그리스도의 이름으로 기도합니다. 아멘!

### 오늘의 묵상
알빈 반더 그린드는 기도 인도자의 자격을 다음과 같이 말했다.
1. 강력한 개인적 기도생활을 영위하는 사람
2. 영적인 성숙을 갖추고 있는 사람
3. 기도회를 조직하고 격려하고 인도할 수 있는 재능을 가지고 있는 사람
4. 교인들로부터 좋은 평판을 받고 또 교회지도자로서 신뢰성을 가지고 있는 사람
5. 교회와 지역사회 내에서 중요한 기도회에 참석할 수 있을 만큼 시간이 충분한 사람

## 11 November 18 불신자들을 위한 기도

그가 저주하기를 좋아하더니 그것이 자기에게 임하고 축복하기를 기뻐하지 아니하더니 복이 그를 멀리 떠났으며 또 저주하기를 옷 입듯 하더니 저주가 물같이 그의 몸 속으로 들어가며 기름같이 그의 뼈 속으로 들어갔나이다 저주가 그에게는 입는 옷 같고 항상 띠는 띠와 같게 하소서 이는 나의 대적들이 곧 내 영혼을 대적하여 악담하는 자들이 여호와께 받는 보응이니이다 그러나 주 여호와여 주의 이름으로 말미암아 나를 선대하소서 주의 인자하심이 선하시오니 나를 건지소서 나는 가난하고 궁핍하여 나의 중심이 상함이니이다 나는 석양 그림자같이 지나가고 또 메뚜기 같이 불려 가오며 시편 109:17-23

오늘의 삶을 인도하시는 주님!
이 새벽에 기도함으로 성령의 인도하심을 받게 하여 주소서.
우리의 발걸음이 죄짓는 곳에서 벗어나게 하여 주시고
주님의 인도하심을 따라 복된 성도의 삶을 살게 하여 주소서.
우리의 몸과 마음을 함부로 사용하여
주님의 진노를 부르지 않게 하여 주시고
믿음으로 순결하게 살아 주님께 영광을 돌리게 하여 주소서.
우리가 주님의 자녀로서 겉만 번지르르한 삶이 아니라
내면에 깊은 믿음으로 열매를 풍성하게 맺는 삶을 살게 하소서.
우리가 주님의 부르심에 합당한 삶을 살게 하여 주시고
주님의 복음을 전하는 삶을 살게 하여 주시기를 원합니다.
우리 주 예수 그리스도의 이름으로 기도합니다. 아멘!

### 오늘의 묵상

우리는 자기 자신만을 위해서 기도해서는 안 된다. 교회와 성도들을 위해 기도하는 데 그쳐서도 안 된다. 주를 믿지 않는 자들, 구원을 받지 못한 불신자들을 위해서 기도해야 한다. 불신자들을 어둠에서 빛으로, 사탄의 권세에서 하나님께로 인도하는 복음 전파에 적합한 기도 형태는 전투적인 기도다.

## 주여, 저희는 주를 기다립니다

**11 November 19**

그들은 내게 저주하여도 주는 내게 복을 주소서 그들은 일어날 때에 수치를 당할지라도 주의 종은 즐거워하리이다 나의 대적들이 욕을 옷 입듯 하시며 자기 수치를 겉옷같이 입게 하소서 내가 입으로 여호와께 크게 감사하며 많은 사람 중에서 찬송하리니 그가 궁핍한 자의 오른쪽에 서서 그의 영혼을 심판하려 하는 자들에게서 구원하실 것임이로다 시편 109:28-31

마음이 온유하신 주님!
우리의 삶이 주님의 삶을 닮아 가게 하여 주소서.
우리의 삶 속에 주님의 보혈이 흐르게 하여 주소서.
우리의 생각과 무의식 속에서도 주님의 뜻을 따르게 하소서.
우리가 주님 안에서 사랑하며 용서하며
희생하며 섬기며 살아가는 성도의 삶을 살게 하여 주소서.
우리가 깨끗한 마음으로 살게 하여 주시고
우리의 정욕이 아닌 주님의 뜻대로 살게 하사
우리가 기도드린 것을 응답받으며 살게 하여 주소서.
우리의 유일한 생명의 길은 주님이시니
주님이 주시는 은혜 속에 변화된 삶을 살게 하여 주소서.
우리 주 예수 그리스도의 이름으로 기도합니다. 아멘!

### 오늘의 묵상

주여, 오소서. 그리고 밤으로 저희를 덮어 주소서. 말씀하신 대로 주님의 자비로 저희를 가려 주소서. 주님의 약속은 저 하늘의 별들보다도 많습니다. 주님의 자비는 밤보다도 깊습니다. 주님, 추워질 것입니다. 죽음의 숨결 속에 밤이 다가옵니다. 밤이 옵니다. 끝이 옵니다. 그러나 예수 그리스도께서 오십니다. 주여, 저희는 주를 기다립니다. 밤이나 낮이나 다만 주를 기다립니다. 서아프리카 기도문

## 11 November 20

### 기도에 필요한 요소

여호와께서 내 주에게 말씀하시기를 내가 네 원수들로 네 발판이 되게 하기까지 너는 내 오른쪽에 앉아 있으라 하셨도다 여호와께서 시온에서부터 주의 권능의 규를 내보내시리니 주는 원수들 중에서 다스리소서 주의 권능의 날에 주의 백성이 거룩한 옷을 입고 즐거이 헌신하니 새벽 이슬 같은 주의 청년들이 주께 나오는도다

시편 110:1-3

우리를 항상 새롭게 하여 주시는 주님!
우리의 죄악을 용서하여 주시고 새롭게 하심을 감사드립니다.
오늘도 이 새벽을 깨워 주사 인도하여 주심을 감사드립니다.
우리의 삶이 언제나 예배하는 삶이 되기를 원합니다.
우리가 주님께서 맡겨 주신 사명을 잘 감당하며 살게 하소서.
기도를 통하여 우리의 삶을 다시 돌아보게 하시고
우리의 삶이 주님이 절실하게 필요함을 깨닫게 하여 주소서.
오늘 하루 되는 대로 흘러가는 시간들이 아니라
의미 있고 보람된 일들이 많은 하루 되게 하소서.
우리가 만나는 사람들 한 사람 한 사람이 소중하오니
그들을 주님께서 사랑으로 인도하여 주소서.
우리 주 예수 그리스도의 이름으로 기도합니다. 아멘!

### 오늘의 묵상

완벽한 기도란 항상 다음과 같은 요소를 포함해야 한다.
1. 경배 : 하나님께 대한 경배
2. 고백 : 죄에 대한 인정
3. 간구 : 믿음으로 개인적인 필요를 구함
4. 중보 : 은혜의 보좌에서 다른 사람의 영혼을 위해 하는 사역
5. 감사 : 하나님을 기뻐한다는 마음의 표현

## 11 November 21

### 기도는 하나님의 약속과 조화를 이루어야 한다

여호와는 맹세하고 변하지 아니하시리라 이르시기를 너는 멜기세덱의 서열을 따라 영원한 제사장이라 하셨도다 주의 오른쪽에 계신 주께서 그의 노하시는 날에 왕들을 쳐서 깨뜨리실 것이라 뭇 나라를 심판하여 시체로 가득하게 하시고 여러 나라의 머리를 쳐서 깨뜨리시며 길 가의 시냇물을 마시므로 그의 머리를 드시리로다

시편 110:4-7

우리의 기도를 들어 주시는 주님!
이 새벽에 드리는 기도를 받아 주시고
가장 적절할 때 최상의 것으로 응답하심을 믿고 감사드립니다.
우리의 기도가 죄악과 허물을 깨닫는
회개의 기도가 되게 하여 주시기를 원합니다.
우리의 기도가 주님을 온전히 믿고 따르는
기도가 되게 하여 주시기를 원합니다.
우리의 기도가 사랑을 베푸는 기도가 되게 하시고
주님의 십자가의 사랑을 통한 응답이 되기를 원합니다.
우리의 기도가 믿음의 고백 속에서
주님을 향하여 열정적으로 드리는 기도가 되게 하소서.
우리 주 예수 그리스도의 이름으로 기도합니다. 아멘!

### 오늘의 묵상

하나님의 가르침과 약속이 조화를 이룬다는 것은 아무리 강조해도 지나치지 않다. 우리가 하나님의 가르침대로 하면 하나님은 약속을 이루어 주실 것이다. 우리가 조건을 만족시키면 나머지는 하나님께서 책임져 주신다. 그러나 우리의 몫을 게을리하면서 우리의 기도가 천장을 넘어가기를 기대해서는 안 된다.

## 11 November 22 기도하는 법을 배우려면 기도하라

할렐루야, 내가 정직한 자들의 모임과 회중 가운데에서 전심으로 여호와께 감사하리로다 여호와께서 행하시는 일들이 크시오니 이를 즐거워하는 자들이 다 기리는도다 그의 행하시는 일이 존귀하고 엄위하며 그의 의가 영원히 서 있도다 그의 기적을 사람이 기억하게 하셨으니 여호와는 은혜로우시고 자비로우시도다 여호와께서 자기를 경외하는 자들에게 양식을 주시며 그의 언약을 영원히 기억하시리로다 그가 그들에게 뭇 나라의 기업을 주사 그가 행하시는 일의 능력을 그들에게 알리셨도다
시편 111:1-6

믿음의 주요, 온전하게 하시는 주님!
우리의 삶 속에 주님이 함께하여 주시기를 원합니다.
우리가 인간의 어리석은 생각으로
이 세상의 삶이 전부인 양 집착하여 살지 않게 하소서.
이 세상은 한정적이고 주님만이 영원하시니
주님을 온전히 섬기며 경배하는 삶을 살게 하소서.
주님께서 우리를 항상 기억하여 주심을 믿고
주 안에서 기뻐하고 만족하며 살게 하여 주소서.
주님께서 우리의 마음을 새롭게 하여 주셔서
강하고 담대한 믿음으로 활력이 넘치는 삶을 살게 하소서.
주님께서 오늘도 우리를 사랑하여 주심을 믿습니다.
우리 주 예수 그리스도의 이름으로 기도합니다. 아멘!

### 오늘의 묵상

기도하는 법을 배우려면 기도해야 한다. 우리는 기도할 때 깊은 기도의 경지를 배운다. 기도할 때 기도의 가장 높은 정상에 도달하게 된다. 기도를 배울 수 있는 유일한 시간은 무릎 꿇고 기도하는 때다. 기도는 경험을 통해 개발되고 숙련된다.

## 11 November 23 | 기도의 행로에서 넘어야 할 것들

할렐루야, 여호와를 경외하며 그의 계명을 크게 즐거워하는 자는 복이 있도다 그의 후손이 땅에서 강성함이여 정직한 자들의 후손에게 복이 있으리로다 부와 재물이 그의 집에 있음이여 그의 공의가 영구히 서 있으리로다 정직한 자들에게는 흑암 중에 빛이 일어나나니 그는 자비롭고 긍휼이 많으며 의로운 이로다 은혜를 베풀며 꾸어 주는 자는 잘 되나니 그 일을 정의로 행하리로다 그는 영원히 흔들리지 아니함이여 의인은 영원히 기억되리로다 시편 112:1-6

우리의 갈 길을 인도하여 주시는 주님!
우리가 지금까지 삶의 여정을 무사히 살아올 수 있었음은
오로지 주님께서 구원하여 주시고 사랑하여 주셨기 때문입니다.
우리가 주님을 위하여 살아갈 수 있는 믿음을 주소서.
한순간뿐인 이 세상에서의 삶을 영원히 살 것처럼
욕심을 내며 악하게 살아가지 않게 하여 주시기를 원합니다.
언제나 부족하고 채울 수 없는 쾌락을 좇지 않게 하여 주시고
욕망의 노예된 삶을 살지 않게 하여 주소서.
우리의 삶을 주관하시는 주님 안에서 만족하며 살게 하소서.
우리가 고쳐야 할 것이 있다면 고쳐 나가게 하사
새롭게 변화되어 주님 안에서 살게 하여 주소서.
우리 주 예수 그리스도의 이름으로 기도합니다. 아멘!

### 오늘의 묵상

우리가 불신앙의 봉우리를 지나면 기도를 방해하는 죄악의 산이 나타난다. 우리는 변명의 산사태를 뚫고 나아가며, 그 변명들을 제거한 후 습관의 봉우리에 도달하게 된다. 중보의 고원은 천천히 걸어야 한다. 거룩한 계곡에서 잠시 멈춰서 높이 치솟은 자기 의지의 산에 오르는 길은 특히 걸음이 느려진다. 균형의 다리가 나타난다. 불굴의 산은 도전이 되는 것이다. 기도의 종착지는 하나님의 권능의 산이다.

## 11 November 24

### 그리스도께서 그대를 통하여

할렐루야, 여호와의 종들아 찬양하라 여호와의 이름을 찬양하라 이제부터 영원까지 여호와의 이름을 찬송할지로다 해 돋는 데에서부터 해 지는 데에까지 여호와의 이름이 찬양을 받으시리로다 여호와는 모든 나라보다 높으시며 그의 영광은 하늘보다 높으시도다 시편 113:1-4

이 새벽에 기도하게 하여 주시는 주님!
우리가 새벽에 주님께 기도할 수 있도록
잠에서 깨우사 인도하여 주심을 감사드립니다.
우리의 기도가 과거의 죄로 인한 두려움에서
온전히 벗어나는 기도가 되게 하여 주시기를 원합니다.
우리가 기도함으로 우리의 죄를 고백하면
주님께서 모두 용서하여 주심을 믿습니다.
이 새벽에 드리는 우리의 기도가 자신과 가족과 민족과
세계 선교를 위한 기도가 되게 하여 주시기를 원합니다.
이 새벽기도가 주님께 간청하는 기도가 되게 하소서.
이 새벽기도가 우리의 삶을 새롭게 하는 기도가 되게 하소서.
우리 주 예수 그리스도의 이름으로 기도합니다. 아멘!

### 오늘의 묵상

그리스도께서 그대의 마음속에서 그분의 생각들을 펼치실 수 있도록, 그대의 두 손을 통하여 그분의 일을 행하실 수 있도록, 그대의 행동들을 통하여 그분의 사역을 계속하실 수 있도록, 그대 가슴을 통해 치유와 해방을 가져오실 수 있도록, 그대를 돌봄이 그분의 온유한 사랑의 통로가 될 수 있도록, 그대 자신을 온전히 그분의 인도하심과 인격 아래 가져다 놓으십시오. 웨스 테일러

**November 11 25**

## 고든이 말하는 기도

이스라엘이 애굽에서 나오며 야곱의 집안이 언어가 다른 민족에게서 나올 때에 유다는 여호와의 성소가 되고 이스라엘은 그의 영토가 되었도다 바다가 보고 도망하며 요단은 물러갔으니 산들은 숫양들같이 뛰놀며 작은 산들은 어린 양들같이 뛰었도다 바다야 네가 도망함은 어찌함이며 요단아 네가 물러감은 어찌함인가 너희 산들아 숫양들같이 뛰놀며 작은 산들아 어린 양들같이 뛰놂은 어찌함인가 땅이여 너는 주 앞 곧 야곱의 하나님 앞에서 떨지어다 그가 반석을 쳐서 못물이 되게 하시며 차돌로 샘물이 되게 하셨도다 시편 114:1-8

우리에게 기쁨을 주시는 주님!
주님께서 우리에게 소망을 주시고 구원의 기쁨을 주사
크신 은혜에 감사하며 살게 하여 주시기를 원합니다.
우리의 수고만으로 인생을 살아간다면 헛된 것뿐이니
주님께서 주신 사명을 잘 감당하며 살게 하여 주소서.
우리의 참 행복은 주님만이 주실 수 있으니
주님이 주시는 참 행복과 기쁨을 누리며 살게 하여 주소서.
우리의 삶이 예수 그리스도를 중심으로 하여
올바른 믿음으로 날마다 감사하며 살게 하여 주소서.
우리에게 다가오는 고통과 역경 속에
하나님의 뜻을 깨닫고 더욱더 믿음으로 나아가게 하소서.
우리 주 예수 그리스도의 이름으로 기도합니다. 아멘!

### 오늘의 묵상

하나님과 인간을 위해 우리가 할 수 있는 가장 위대한 일은 기도다. 그것은 유일한 일은 아닐지라도 가장 중대한 일이다. 오늘날 지구상에서 가장 위대한 사람들은 기도하는 사람들이다. 기도에 대해서 이야기하는 사람이나, 기도의 능력을 믿는다는 사람이나, 기도가 무엇인지 설명할 수 있다는 사람을 말하는 것이 아니라 시간을 들여 기도하는 사람을 말하는 것이다. 고든

## 기도에 최선을 다해야 한다

**11 November 26**

여호와여 영광을 우리에게 돌리지 마옵소서 우리에게 돌리지 마옵소서 오직 주는 인자하시고 진실하시므로 주의 이름에만 영광을 돌리소서 어찌하여 뭇 나라가 그들의 하나님이 이제 어디 있느냐 말하게 하리이까 오직 우리 하나님은 하늘에 계셔서 원하시는 모든 것을 행하셨나이다 그들의 우상들은 은과 금이요 사람이 손으로 만든 것이라 입이 있어도 말하지 못하며 눈이 있어도 보지 못하며 귀가 있어도 듣지 못하며 코가 있어도 냄새 맡지 못하며 손이 있어도 만지지 못하며 발이 있어도 걷지 못하며 목구멍이 있어도 작은 소리조차 내지 못하느니라 우상들을 만드는 자들과 그것을 의지하는 자들이 다 그와 같으리로다 시편 115:1-8

우리를 구원하여 주시는 주님!
주님의 섭리 속에서 우리를 구원하여 주심을 감사드립니다.
주님께서 우리를 죄와 사망에서 구원하여 주시고
우리의 삶을 새롭게 변화시켜 주심을 감사드립니다.
삶 속에서 게으르지 않고 부지런하게 해 주시기를 원합니다.
다가올 시절을 그리워하는 삶을 살아가게 해 주시기를 원합니다.
이 세상에서 만나게 되는 수많은 모순 속에서도
주님께서 사랑으로 보살펴 주시는 은혜를 기뻐하게 해 주소서.
주님을 우리의 삶의 주인으로 모시게 하여
주님을 전적으로 의지하며 살게 해 주시기를 원합니다.
우리 주 예수 그리스도의 이름으로 기도합니다. 아멘!

### 오늘의 묵상

우리는 기도할 때 최선을 다해야 한다. 하나님은 우리가 기운이 다 떨어질 대로 떨어져서 하루를 마감하는 순간 잠깐 기도하는 것을 기뻐하지 않는다. 하나님은 우리가 최선을 다하여 기도의 행로를 밟기를 원하신다.

## 11 November 27 | 기도를 하지 않는 변명

> 여호와께서 내 음성과 내 간구를 들으시므로 내가 그를 사랑하는도다 그의 귀를 내게 기울이셨으므로 내가 평생에 기도하리로다 사망의 줄이 나를 두르고 스올의 고통이 내게 이르므로 내가 환난과 슬픔을 만났을 때에 내가 여호와의 이름으로 기도하기를 여호와여 주께 구하오니 내 영혼을 건지소서 하였도다 여호와는 은혜로우시며 의로우시며 우리 하나님은 긍휼이 많으시도다 시편 116:1-5

우리를 사랑하여 주시는 주님!
우리의 필요에 따라 좋은 것을 주시는
주님의 은혜와 사랑에 감사드립니다.
우리를 구원하여 주시고 날마다 인도하여 주시는 주님!
우리가 행할 일 속에서 주님의 뜻을 발견하게 하소서.
우리가 주님의 놀라운 사랑을 받았으니
이 세상의 그 어떤 것도 부럽지 않은
영적인 기쁨과 만족을 누리게 하여 주시기를 원합니다.
하나님께서 우리의 수고를 아시고 보살펴 주시기를 원합니다.
우리의 삶 속에서 항상 감사가 넘치는 삶을 살게 하여 주소서.
우리가 믿음의 기초 위에서 바르게 살게 하여 주소서.
우리 주 예수 그리스도의 이름으로 기도합니다. 아멘!

### 오늘의 묵상

기도를 하지 않는 변명은 긴장감, 피로와 고통.
기도를 하지 않는 변명은 복잡한 인생과 깨어진 가정.
기도를 하지 않는 변명은 여러 가지 근심에 찬 두려움.
기도를 하지 않는 변명은 지루함, 시간의 부족과 자만심.
기도를 하지 않는 변명은 교묘하다.
기도를 하지 않는 것에 대한 모든 변명은 무익할 뿐이다.

## 고든이 말하는 기도의 유형

### 11 November 28

너희 모든 나라들아 여호와를 찬양하며 너희 모든 백성들아 그를 찬송할지어다 우리에게 향하신 여호와의 인자하심이 크시고 여호와의 진실하심이 영원함이로다 할렐루야 시편 117:1-2

우리를 축복하여 주시는 주님!
우리가 주님을 온전히 신뢰하며 살게 하소서.
부정적인 자세를 떠나 적극적인 자세로 살아가게 하여 주소서.
우리가 인생의 허무함을 극복하여
믿음 속에서 참된 삶의 가치를 느끼며 살게 하소서.
우리의 삶 속에서 이웃에게 사랑을 베풀며 살게 하소서.
우리의 모든 근심과 걱정, 염려를 버리게 하시고
주님께서 풍성하게 채워 주시는 은혜 속에서 살게 하소서.
우리가 부지런히 일하며 주님의 사랑 속에 살게 하여 주소서.
우리의 삶 속에서 주시는 은혜를 충만히 받게 하소서.
날마다 감사하며 즐겁게 살게 하소서.
우리 주 예수 그리스도의 이름으로 기도합니다. 아멘!

### 오늘의 묵상

고든은 기도의 세 가지 유형에 대해 이렇게 말한다.
1. 첫 번째 기도 유형은 친교다
2. 두 번째 기도 유형은 간구다
3. 세 번째 기도 유형은 중보다

진실한 기도는 자신만을 위한 간구로 끝나지 않는다. 다른 사람들을 위해 하나님의 보좌 앞에 나아가는 것이다. 중보는 기도의 최고봉이다. 첫 번째와 두 번째 기도는 자신을 위한 것이지만, 세 번째 기도는 남을 위한 기도다. 고든

# 11 November 29

## 악한 사람을 위한 기도

여호와께 감사하라 그는 선하시며 그의 인자하심이 영원함이로다 이제 이스라엘은 말하기를 그의 인자하심이 영원하다 할지로다 이제 아론의 집은 말하기를 그의 인자하심이 영원하다 할지로다 이제 여호와를 경외하는 자는 말하기를 그의 인자하심이 영원하다 할지로다 내가 고통 중에 여호와께 부르짖었더니 여호와께서 응답하시고 나를 넓은 곳에 세우셨도다 시편 118:1-5

우리에게 지혜를 주시는 주님!
이 세상의 지혜에는 한계가 있으나
천지만물을 창조하시고 운행하시는 하나님의 진리는 위대하오니
우리에게 지혜를 주사 어리석은 삶에서 벗어나게 하소서.
우리의 믿음이 언제나 흔들림 없이
주님만을 바라보고 주님만을 따르며
주님만을 경외하는 삶을 살게 하여 주시기를 원합니다.
생명의 주인이신 주님을 우리의 주인으로 모시게 하소서.
주님께서 우리의 생명을 보호하여 주시고 인도하여 주시니
주님의 뜻을 따르게 하여 주시기를 원합니다.
우리가 주님만을 믿으며 살게 하여 주시기를 원합니다.
우리 주 예수 그리스도의 이름으로 기도합니다. 아멘!

### 오늘의 묵상

오, 주님, 착한 사람들만이 아니라 악한 사람들도 기억하옵소서. 그러나 저들이 우리에게 가한 고통은 기억하지 마옵소서. 또 이 고통을 통해 우리가 거둔 열매들을 기억하옵소서. 곧 이 모든 일들을 통하여 자라난 우리의 동지애, 충성심, 겸손, 용기, 관용 그리고 넉넉한 마음이옵니다. 저들이 심판대에 서게 될 때 우리가 맺은 열매들로 인하여 저들이 용서받게 하소서. 작가 미상

## 11 November 30

### 기도는 세상을 변화시킨다

행위가 온전하여 여호와의 율법을 따라 행하는 자들은 복이 있음이여 여호와의 증거들을 지키고 전심으로 여호와를 구하는 자는 복이 있도다 참으로 그들은 불의를 행하지 아니하고 주의 도를 행하는도다 주께서 명령하사 주의 법도를 잘 지키게 하셨나이다 내 길을 굳게 정하사 주의 율례를 지키게 하소서 내가 주의 모든 계명에 주의할 때에는 부끄럽지 아니하리이다 내가 주의 의로운 판단을 배울 때에는 정직한 마음으로 주께 감사하리이다 내가 주의 율례들을 지키오리니 나를 아주 버리지 마옵소서 시편 119:1-8

우리를 만나 주시는 주님!
오늘도 이 새벽에 주님께 기도함으로써
기도 속에서 주님을 만나게 하여 주시기를 원합니다.
우리가 바른 믿음을 가지고 주님을 섬기게 하여 주시고
주님께서 주시는 은혜와 평강을 누리게 하여 주소서.
우리를 구원하여 주시는 주님의 복음을
이 세상 끝나는 날까지 날마다 증거하며 살게 하여 주소서.
우리의 기도가 영혼을 구원하고 주님께로 인도할 수 있도록
기도하게 하여 주시기를 원합니다.
우리가 항상 주님이 원하시는 삶을 살게 하소서.
우리 주 예수 그리스도의 이름으로 기도합니다. 아멘!

### 오늘의 묵상

역사는 불굴의 기도가 얼마나 중요한지를 입증하는 간증들로 가득 차 있다. 불굴의 기도는 나라의 운명을 바꾸었다. 기도 때문에 군대들은 꼼짝 못했다. 파도가 잔잔해졌다. 기도로 산들을 정복하고, 강을 건넜다. 우리는 불굴의 산을 정복하며 앞으로 계속 전진해야 한다. 우리는 탐험을 중단해서는 안 된다.

# 12
December

## 우리의 삶 속에
## 주님의 뜻을 이루소서

주님의 은혜로
내 마음이 기뻐하심을 입어
시기가 사라지고
미움도 사라지고
욕망도 사라져
마음에 평안을 이루어
내 마음이 행복해지니
내가 복 있는 하나님의 자녀다

## 주님의 사랑으로

주님의 사랑으로
내 마음이 가난해져

욕심도 사라지고
질투도 없어지고
다툼도 사라져
마음에 천국을 이루니
내가 복 있는 하나님의 자녀다

주님의 은혜로
내 마음이 기뻐하심을 입어

시기가 사라지고
미움도 사라지고
욕망도 사라져
마음에 평안을 이루어
내 마음이 행복해지니
내가 복 있는 하나님의 자녀다

## 12 December 1

### 기도는 의무다

내가 환난 중에 여호와께 부르짖었더니 내게 응답하셨도다 여호와여 거짓된 입술과 속이는 혀에서 내 생명을 건져 주소서 너 속이는 혀여 무엇을 네게 주며 무엇을 네게 더할꼬 장사의 날카로운 화살과 로뎀 나무 숯불이로다 메섹에 머물며 게달의 장막 중에 머무는 것이 내게 화로다 내가 화평을 미워하는 자들과 함께 오래 거주하였도다 나는 화평을 원할지라도 내가 말할 때에 그들은 싸우려 하는도다
시편 120:1-7

교회를 세우신 주님!
교회를 하나님의 말씀으로 세워 주심을 감사드립니다.
주님의 교회가 하나님의 말씀을 통하여 만들어지고 이루어져
주님의 영광을 드러내게 하여 주시기를 원합니다.
우리의 마음을 활짝 열어 주셔서 말씀을 깨닫게 하여 주시고
주님의 말씀 안에 믿음이 굳건히 서게 하여 주시기를 원합니다.
우리가 주님의 증인된 삶을 살아가게 하여 주심으로
주님의 뜻을 이 땅에 이루어 가게 하여 주시기를 원합니다.
교회가 영원히 변치 않는 말씀 위에 굳건히 서게 하소서.
주님의 사랑을 주고받는 공동체가 되어 기도와 찬송과 말씀으로
언제나 주님께 영광을 돌리게 하여 주시기를 원합니다.
우리 주 예수 그리스도의 이름으로 기도합니다. 아멘!

### 오늘의 묵상

모든 의무는 하나의 은사이며, 온갖 부르심도 축복이며, 또한 종종 짐으로 느끼는 고된 일 역시 실로 은혜다. 우리가 아래로부터 쳐다볼 때 기도는 부담이지만, 하나님 편에서 내려다볼 때 기도는 축복이다. 기도는 크나큰 날개 같아서 날개의 무게가 증가할수록 비행력도 증가한다. 만일 우리가 하나님께 대한 의무를 다하지 않는다면 하나님께서도 잠잠하실 것이다. 의무를 부인하는 것은 하나님을 부인하는 것이다. 십자가 없는 곳에는 그리스도도 계시지 않는다. "고통이 끝날 때 수확도 끝난다."

## 12 December 2 | 팔케의 기도

> 내가 산을 향하여 눈을 들리라 나의 도움이 어디서 올까 나의 도움은 천지를 지으신 여호와에게서로다 여호와께서 너를 실족하지 아니하게 하시며 너를 지키시는 이가 졸지 아니하시리로다 이스라엘을 지키시는 이는 졸지도 아니하시고 주무시지도 아니하시리로다 여호와는 너를 지키시는 이시라 여호와께서 네 오른쪽에서 네 그늘이 되시나니 낮의 해가 너를 상하게 하지 아니하며 밤의 달도 너를 해치지 아니하리로다 여호와께서 너를 지켜 모든 환난을 면하게 하시며 또 네 영혼을 지키시리로다 여호와께서 너의 출입을 지금부터 영원까지 지키시리로다 시편 121:1-8

우리의 목자가 되시는 주님!
우리를 전능하신 하나님의 손길로 창조하여 주시고
죄와 허물 속에 있던 우리를 주님의 십자가의 보혈로
구원하여 주심을 이 새벽에 기도드리며 감사드립니다.
우리가 주님의 생명의 말씀과 복음 안에서 살게 하여 주시고
주님 앞에 온전히 회개하여 변화된 삶을 살게 하여 주소서.
주님께서 우리의 구주가 되심을 고백하고 시인하며
이를 드러내고 전하는 삶을 살게 하여 주시기를 원합니다.
주님의 말씀의 진리를 배워 잘 적용하게 하시고
부르심에 순종하는 삶을 살게 하여 주시기를 원합니다.
우리에게 맡겨진 사명을 잘 감당하게 하여 주시기를 원합니다.
우리 주 예수 그리스도의 이름으로 기도합니다. 아멘!

### 오늘의 묵상

주여, 때로는 나로 하여금 굶게 하십시오. 배부르면 둔하고 만사가 근심스럽기 마련입니다. 또한 내게 적을 보내십시오. 한 명, 또 한 명, 투쟁은 힘을 새롭게 해 주는 것입니다. 유희와 춤을 위해 경쾌한 발을 주십시오. 황금빛 감도는 먼 곳에 날 수 있는 힘을 주십시오. 그리하여 화관, 넘치는 화관을 저를 위해 더 높이 별들 속에 계양하십시오. 팔케

## 12 December 3

### 조지 도슨의 기도

> 사람이 내게 말하기를 여호와의 집에 올라가자 할 때에 내가 기뻐하였도다 예루살렘아 우리 발이 네 성문 안에 섰도다 예루살렘아 너는 잘 짜여진 성읍과 같이 건설되었도다 지파들 곧 여호와의 지파들이 여호와의 이름에 감사하려고 이스라엘의 전례대로 그리로 올라가는도다 시편 122:1-4

눈 내리는 아름다운 계절을 주신 주님!
온 세상에 하얀 눈이 펑펑 내리는 날이면
마음이 즐겁고 행복해집니다.
눈 내리는 날이면 사랑하는 사람과 거리를 걷고 싶고
한 잔의 커피를 마시며 도란도란 이야기도 나누며
정감 있는 시간들을 보내고 싶습니다.
눈이 내리면 온 세상이 하얀색으로 변하는 것처럼
우리의 삶에 주님의 사랑이 가득하게 하여 주시기를 원합니다.
주님의 보혈로 우리의 모든 죄악을 눈과 같이 희게 하여 주셔서
우리를 구원받은 하나님의 친 백성이 되게 하심을 감사드립니다.
눈이 내리는 날이면 우리를 구속하여 주신 주님을 찬양합니다.
우리 주 예수 그리스도의 이름으로 기도합니다. 아멘!

### 오늘의 묵상

모든 은혜의 하나님, 모든 지각에 뛰어난 하나님의 평강을 주소서. 사람들과의 우정과 하나님과의 참되고 신성한 우정으로 말미암은 고요함이 우리 영혼을 사로잡게 하소서. 요란한 세상에서 잠시 물러나 잃었던 힘을 다시 회복하며 하나님의 은혜로 굳게 서고 강하게 해 주소서. 우리 주 예수 그리스도로 말미암아 이 세상의 모든 어려움을 헤치고 나아가 영원한 안식의 항구에 안전하게 다다르게 하소서. 아멘! 조지 도슨

## 12 December 4

### 소망은 경이로운 것이다

하늘에 계시는 주여 내가 눈을 들어 주께 향하나이다 상전의 손을 바라보는 종들의 눈같이, 여주인의 손을 바라보는 여종의 눈같이 우리의 눈이 여호와 우리 하나님을 바라보며 우리에게 은혜 베풀어 주시기를 기다리나이다 여호와여 우리에게 은혜를 베푸시고 또 은혜를 베푸소서 심한 멸시가 우리에게 넘치나이다 안일한 자의 조소와 교만한 자의 멸시가 우리 영혼에 넘치나이다 시편 123:1-4

우리의 삶을 인도하여 주시는 주님!
우리의 삶을 축복하여 주셔서 우리가 행한 일 속에
주님의 인도하심을 맛보아 알게 하여 주시기를 원합니다.
우리가 하는 일들이 잘 이루어지게 하여 주시고
주님께 모든 영광을 돌리게 하여 주시기를 원합니다.
우리가 일 속에 빨려 들어가 주님을 잊는 일이 없게 하시고
물질로 인하여 세상 유혹에 빠져들지 않게 하소서.
이 세상에 우리 주님의 일에 쓰임받는 것이
가장 고귀한 일임을 깨달아 순종하며 살게 하여 주소서.
오늘까지도 주님께서 우리를 인도하여 주심에 감사드립니다.
우리가 살아가는 모든 날 동안에 주님께 헌신할 수 있는
믿음을 주사 주님 보시기에 아름다운 삶을 살게 하소서.
우리 주 예수 그리스도의 이름으로 기도합니다. 아멘!

#### 오늘의 묵상

소망은 경이로운 것이다. 삼위일체, 부활, 그리고 물을 포도주로 바꾸는 것이나 보리떡 다섯 개와 물고기 두 마리로 수천 명의 사람을 먹인 것과 같은 기적들만큼이나 경이로운 것이다. 소망은 그리스도의 선물이며, 복음의 핵심이며, 겨자씨만한 믿음이다. 소망은 활기차고, 은혜를 누리며, 행동하는 믿음을 가진 영혼의 연료다. 소망은 기도의 본질이며 핵심이다. 기도는 소망이 구체화된 것이다.

## 12 December 5 | 마들레인 렝글의 기도

이스라엘은 이제 말하기를 여호와께서 우리 편에 계시지 아니하셨더라면 우리가 어떻게 하였으랴 사람들이 우리를 치러 일어날 때에 여호와께서 우리 편에 계시지 아니하셨더라면 그때에 그들의 노여움이 우리에게 맹렬하여 우리를 산 채로 삼켰을 것이며 그때에 물이 우리를 휩쓸며 시내가 우리 영혼을 삼켰을 것이며 그때에 넘치는 물이 우리 영혼을 삼켰을 것이라 할 것이로다 시편 124:1-5

만복의 근원이 되시는 주님!
우리가 삶 속에서 주님을 닮아 공평을 행하게 하소서.
거짓을 떠나 정직하고 성실하게 살게 하여 주시기를 원합니다.
주님 안에서 복된 성도의 삶을 살게 하여 주시기를 원합니다.
우리의 삶이 믿음 속에서 주님께 인정받고 칭찬받는
삶이 되기를 원하오니 주님께서 인도하여 주시기를 원합니다.
이 세상은 사탄에게 속하여 추악한 곳이니
성도답게 진리 안에서 살게 하여 주시고
우리에게 정직한 영을 주시기를 원합니다.
우리의 삶에 주님의 은총을 베풀어 주시기를 원합니다.
오직 주님의 영광만을 나타내는 의로운 삶을 살게 하여 주소서.
우리 주 예수 그리스도의 이름으로 기도합니다. 아멘!

### 오늘의 묵상

나는 말로써 살아가나 기도에서 말을 하려고 하면 말이 없어진다. 모든 언어는 침묵으로 변한다. 기도는 나의 말을 앗아가고 그 말들의 공허함을 드러낸다. 목소리를 죽이면 평온을 누리게 되고, 침묵에 진심으로 귀를 기울이게 된다. 침묵은 기쁨이요, 찬양이다. 이 경이로운 깊은 묵상의 시간에 자아는 깨어지고 모든 말은 흩어진다. 이 시간은 이내 시간을 부수고 말을 부수고 나를 부순다. 침묵 속에서 나는 치유되고, 고침을 받는다. 나는 말을 떠나 되돌아온다. 모든 말이 끝날 때 비로소 나는 말을 깨닫기 때문이다. 나는 말로 살아가나 기도하기 위해 말씀되신 분께 향할 때는 말이 없어진다. 아멘!

마들레인 렝글

## 마테를링크의 기도

**12 December 6**

여호와를 의지하는 자는 시온 산이 흔들리지 아니하고 영원히 있음 같도다 산들이 예루살렘을 두름과 같이 여호와께서 그의 백성을 지금부터 영원까지 두르시리로다 악인의 규가 의인들의 땅에서는 그 권세를 누리지 못하리니 이는 의인들로 하여금 죄악에 손을 대지 아니하게 함이로다 여호와여 선한 자들과 마음이 정직한 자들에게 선대하소서 자기의 굽은 길로 치우치는 자들은 여호와께서 죄를 범하는 자들과 함께 다니게 하시리로다 이스라엘에게는 평강이 있을지어다 시편 125:1-5

---

우리를 구원하여 주시는 주님!
우리에게 주님의 언약을 굳게 믿을 수 있는 믿음을 주소서.
아직도 주님을 알지 못하고 영접하지 못한 사람들이
주님 앞으로 돌아오는 일들이 오늘도 일어나게 하여 주소서.
이 세상에서 살아가며 정직하고 진실하게 하여 주시고
밝고 바르게 살아가는 사람들이 늘어나게 하여 주시기를 원합니다.
우리가 어디를 가든지 우리가 어느 곳에 있든지
주님께서 사랑하여 주시고 인도하여 주심을 믿습니다.
주님의 약속 가운데 우리를 인도하여 주시고
붙잡아 주심을 확신하며 강하고 담대한 믿음으로 살게 하소서.
주님의 약속을 믿고 언제나 소망 속에 살게 하여 주소서.
우리 주 예수 그리스도의 이름으로 기도합니다. 아멘!

---

**오늘의 묵상** 주여, 당신께서는 내 비참함을 아십니다! 내가 바치는 것을 보십시오! 내가 바치는 것을 보십시오. 땅에 핀 나쁜 꽃들입니다. 이미 생존하지 않는 여인을 비추는 헛된 햇빛입니다. 또한 내 권태를 보십시오. 이것은 멸망한 달의 밝음, 새벽의 어둠입니다. 그리고 나의 고독에 당신의 그 영광의 비를 열매 맺게 하십시오. 주여, 내게 당신의 길을 열어 주소서. 이 피곤에 지친 영혼을 당신의 길 위에서 비추어 주십시오. 나의 기쁨조차도 얼음으로 뒤덮인 풀잎과 같이 슬프기만 합니다. 마테를링크

## 12 December 7 루시 쇼의 기도

> 여호와께서 시온의 포로를 돌려 보내실 때에 우리는 꿈꾸는 것 같았도다 그때에 우리 입에는 웃음이 가득하고 우리 혀에는 찬양이 찼었도다 그때에 뭇 나라 가운데에서 말하기를 여호와께서 그들을 위하여 큰 일을 행하셨다 하였도다 여호와께서 우리를 위하여 큰 일을 행하셨으니 우리는 기쁘도다 여호와여 우리의 포로를 남방 시내들같이 돌려 보내소서 눈물을 흘리며 씨를 뿌리는 자는 기쁨으로 거두리로다 울며 씨를 뿌리러 나가는 자는 반드시 기쁨으로 그 곡식 단을 가지고 돌아오리로다
> 시편 126:1-6

우리를 택하시고 불러 주신 주님!
주님께서 우리를 택하시고 불러 주심에 감사드립니다.
우리가 구원의 기쁨에 참여하게 하셨으니
이 새벽에 주님께 감사의 기도를 드립니다.
주님 안에서 우리의 삶이 소망이 넘치게 하여 주시고
이 새벽에도 우리의 마음이 기쁨에 넘쳐서
우리의 영혼을 새롭게 하여 주심을 믿습니다.
우리가 성령의 은혜로 새로운 힘과 능력을 받아
영육이 강건함으로 날마다 기쁨 속에
주님의 사역에 동참하여 주시기를 원합니다.
주님의 복음에 부르심을 받아 믿음의 정병답게 살게 하소서.
우리 주 예수 그리스도의 이름으로 기도합니다. 아멘!

### 오늘의 묵상

때때로 자백할 때 나는 두 가슴 사이 피부를 가르고 흉골과 늑골이 맞닿은 부분을 고통스런 뼈 톱으로 자른 다음, 더 깊숙이 헤치고 들어가 큰 핏줄에서 뻗어 나온 작은 핏줄들을 젖히고 나의 뜨거운 심장을 주님께 보여드린다. 내 속 가장 은밀한 곳까지 파고들어 오시는 주님 때문에. 루시 쇼

## 12 December 8

### 우리의 삶은 기도만큼 거룩해야 한다

여호와께서 집을 세우지 아니하시면 세우는 자의 수고가 헛되며 여호와께서 성을 지키지 아니하시면 파수꾼의 깨어 있음이 헛되도다 너희가 일찍이 일어나고 늦게 누우며 수고의 떡을 먹음이 헛되도다 그러므로 여호와께서 그의 사랑하시는 자에게는 잠을 주시는도다 보라 자식들은 여호와의 기업이요 태의 열매는 그의 상급이로다 젊은 자의 자식은 장사의 수중의 화살 같으니 이것이 그의 화살통에 가득한 자는 복되도다 그들이 성문에서 그들의 원수와 담판할 때에 수치를 당하지 아니하리로다 시편 127:1-5

전지전능하신 주님!
우리에게 이 세상의 빛과 소금의 직분을
잘 감당하라고 하심을 믿고 감사를 드립니다.
우리가 언제나 주님의 자녀답게 믿음 안에서 살게 하소서.
주님을 섬기며 주님을 따르며 주님을 닮아 가게 하시고
믿음에 열심을 품고 주님께 예배하는 삶을 살게 하여 주소서.
우리가 주님을 중심으로 서로 사랑하고 아끼며
서로 보살펴 주게 하여 주시기를 원합니다.
항상 가족과 이웃과 성도들을 사랑하고
기도하며 살아가게 하여 주시기를 원합니다.
우리가 선행에 힘쓰고 주님의 거룩함을 좇으며
덕을 세우며 살게 하여 주시기를 원합니다.
우리 주 예수 그리스도의 이름으로 기도합니다. 아멘!

#### 오늘의 묵상

앤드류 머레이는 이렇게 말했다. "우리의 삶은 우리의 기도만큼 거룩해야 한다. 우리의 기도는 거룩한 삶이나 삶에서 맺는 열매로 그 진실성이 입증되어야 한다. 진정으로 기도에 헌신되면 하나님의 은혜로 진정으로 하나님께 헌신된 삶을 살며 하나님을 섬길 수 있는 능력을 받게 될 것이다."

## 12/9 기도는 우리를 보호한다

> 여호와를 경외하며 그의 길을 걷는 자마다 복이 있도다 네가 네 손이 수고한 대로 먹을 것이라 네가 복되고 형통하리로다 네 집 안방에 있는 네 아내는 결실한 포도나무 같으며 네 식탁에 둘러앉은 자식들은 어린 감람나무 같으리로다 여호와를 경외하는 자는 이같이 복을 얻으리로다 여호와께서 시온에서 네게 복을 주실지어다 너는 평생에 예루살렘의 번영을 보며 네 자식의 자식을 볼지어다 이스라엘에게 평강이 있을지로다 시편 128:1-6

우리가 구별된 삶을 살기를 원하시는 주님!
우리의 삶이 세상의 모습을 좇아 가며 범죄를 행하거나
타락의 늪에 빠지는 일이 없게 하여 주시기를 원합니다.
우리에게 성령의 은혜를 단비를 붓듯 내려 주셔서
날마다 신령과 진정으로 예배드리는 믿음을 갖게 하사
주님 앞으로 나아가는 믿음 속에서 살게 하여 주시기를 원합니다.
우리가 성도로 택함을 받았으니 세속의 죄악을 멀리하게 하시고
주님을 사랑하며 천국을 소망하며 살게 하여 주시기를 원합니다.
우리가 주님의 뜻을 믿음 안에서 아멘으로 화답하며
주님의 인도하심을 따르며 살게 하여 주시기를 원합니다.
삶 속에서 주님을 겸손히 섬기는 기쁨을 주시기를 원합니다.
우리 주 예수 그리스도의 이름으로 기도합니다. 아멘!

### 오늘의 묵상

기도는 악의 공격을 받는 사람들의 삶에서 마귀를 쫓아낼 수 있다. 기도는 마귀의 행동에서 우리를 보호할 수 있고, 또 실제로 보호한다. 기도하는 마음으로 성경을 읽을 때 우리는 악한 세력들을 대항할 큰 힘을 부여받는다. 기도생활을 제대로 한다면 우리는 시험과 유혹을 피하기보다는 그것에 정면으로 대응할 것이다. 유혹은 불만족이다. 삶의 불만족에서 낙심과 실망이 비롯된다. 그렇기 때문에 하나님이 기도를 통해 우리에게 주시고자 갈망하시는 격려를 받아들이는 것은 매우 중요하다.

## 12 December 10 기도의 길이 되시는 주님

이스라엘은 이제 말하기를 그들이 내가 어릴 때부터 여러 번 나를 괴롭혔도다 그들이 내가 어릴 때부터 여러 번 나를 괴롭혔으나 나를 이기지 못하였도다 밭 가는 자들이 내 등을 갈아 그 고랑을 길게 지었도다 여호와께서는 의로우사 악인들의 줄을 끊으셨도다 무릇 시온을 미워하는 자들은 수치를 당하여 물러갈지어다 시편 129:1-5

우리를 보호하시고 인도하여 주시는 주님!
우리가 주님이 우리의 구주이심을 온전히 믿게 하여 주소서.
믿음 안에서 우리의 양심이 바르게 하여 주시고
큰 믿음을 가지고 강하고 담대하게 살아가게 하여 주소서.
주님께 우리의 시간과 물질을 온전히 드리게 하여 주시고
봉사와 헌신과 섬김을 통하여 주님의 삶을 닮아 가게 하소서.
우리가 예수의 좋은 군사로 영적 능력을 소유하게 하소서.
우리에게 주신 주님의 사명을 잘 감당하며
우리를 구원하여 주신 주님을 기쁘게 하여 주소서.
주님께서 우리의 빛이 되시고 보호자가 되심을 믿습니다.
우리 주 예수 그리스도의 이름으로 기도합니다. 아멘!

### 오늘의 묵상

주님을 섬기는 자들은 주님께 기도드릴 수 있다. 예수 그리스도의 우정은 우리를 위한 기도다. 주님은 기도생활의 길이요, 진리요, 생명이다. 기도의 길은 주님의 성품과 삶에 의해 정의된다. 우리 가운데 인간으로 사셨던 하나님이신 주님처럼 되는 것은 우리 기도의 목적지가 된다.

## 12 December 11 | 한 작은 기도

여호와여 내가 깊은 곳에서 주께 부르짖었나이다 주여 내 소리를 들으시며 나의 부르짖는 소리에 귀를 기울이소서 여호와여 주께서 죄악을 지켜보실진대 주여 누가 서리이까 그러나 사유하심이 주께 있음은 주를 경외하게 하심이니이다 나 곧 내 영혼은 여호와를 기다리며 나는 주의 말씀을 바라는도다 파수꾼이 아침을 기다림보다 내 영혼이 주를 더 기다리나니 참으로 파수꾼이 아침을 기다림보다 더하도다

시편 130:1-6

우리의 삶을 날마다 새롭게 하여 주시는 주님!
오늘도 주님 앞에 기도드리게 하여 주심을 감사드립니다.
주님께서 우리에게 믿음을 주시고
소망 가운데 살게 하여 주시기를 원합니다.
항상 주님 안에 살게 하여 주시고
삶에 기쁨이 넘치게 하여 주시기를 원합니다.
오늘도 성령 충만한 생활을 하게 하시고
주님의 구원의 복음 안에 살게 하여 주시기를 원합니다.
성령의 인도하심 따라 열매 맺는 삶을 살게 하소서.
우리의 삶이 주님의 영광을 나타내는 삶이 되게 하소서.
오늘도 주님이 주시는 기쁨을 누리며 살게 하여 주소서.
우리 주 예수 그리스도의 이름으로 기도합니다. 아멘!

### 오늘의 묵상

눈 먼 상태에서 더듬어 찾지 않게 하시고, 맑은 비전으로 언제 희망의 말을 할 수 있고 언제 좀 더 유익한 원기를 더할 수 있는지 알 수 있게 하여 주소서. 불길이 약할 때 얇게 차려입은 꼬마들이 그곳에 앉아 여태껏 누려 본 일 없는 즐거움을 그려 보는 때에는 부드러운 바람을 살며시 불게 하소서. 오는 세월 동안에는 내가 한 말이나 내가 얻으려고 애쓴 이득에서 말미암아 가슴 아픈 일이 없게 하시고, 두 볼이 눈물로 젖는 일도 없게 하소서. 커서

## 12 December 12 | 기도의 지평을 넓혀라

여호와여 내 마음이 교만하지 아니하고 내 눈이 오만하지 아니하오며 내가 큰 일과 감당하지 못할 놀라운 일을 하려고 힘쓰지 아니하나이다 실로 내가 내 영혼으로 고요하고 평온하게 하기를 젖 뗀 아이가 그의 어머니 품에 있음 같게 하였나니 내 영혼이 젖 뗀 아이와 같도다 이스라엘아 지금부터 영원까지 여호와를 바랄지어다

시편 131:1-3

만복의 근원이 되시는 주님!
우리의 심령을 성령으로 새롭게 하여 주셔서
우리가 주님 앞에 온전히 서게 하여 주시기를 원합니다.
언제나 우리를 온전케 하시는 주님을 바라보며 살게 하여 주시고
주님이 보시기에 아름다운 성도의 삶을 살게 하여 주소서.
우리의 삶 속에서 주님의 뜻한 바를 이루게 하여 주시고
우리를 통해 주님의 영광을 나타내게 하여 주시기를 원합니다.
우리가 한마음으로 주님의 교회를 이루게 하여 주시고
이 악한 세대에서 믿음으로 승리하는 삶을 살게 하여 주소서.
우리 주 예수 그리스도의 이름으로 기도합니다. 아멘!

**오늘의 묵상** 우리는 하나님과의 관계가 깊어지기를 구하면서 기도 중에 하나님을 의지할 뿐이다. 기도는 우리의 지평을 넓혀 줌으로써 우리 자신보다 훨씬 더 중요한 하나님의 뜻을 볼 수 있게 된다. 기도는 작고 사소한 것을 초월하여 하나님의 관점에서 사물을 볼 수 있게 해 준다. 우선 하나님의 관점에서 우리를 살펴보도록 하자.

**December 12 / 13**

## 기도는 용서에서 시작된다

여호와여 다윗을 위하여 그의 모든 겸손을 기억하소서 그가 여호와께 맹세하며 야곱의 전능자에게 서원하기를 내가 내 장막 집에 들어가지 아니하며 내 침상에 오르지 아니하고 내 눈으로 잠들게 하지 아니하며 내 눈꺼풀로 졸게 하지 아니하기를 여호와의 처소 곧 야곱의 전능자의 성막을 발견하기까지 하리라 하였나이다

시편 132:1-5

은혜와 평강으로 함께하시는 주님!
주님의 보혈로 구원받아 영육이 새롭게 하심을 감사드립니다.
이 새벽 시간도 주님의 이름으로 기도하오니
우리의 기도를 받아 주시고 응답하여 주시기를 원합니다.
주님의 권세와 능력으로 우리의 심령을 채워 주시기를 원합니다.
주님의 사랑과 평안으로 함께하여 주시기를 원합니다.
우리의 성품이 주님을 닮아 가게 하여 주시고
맡겨진 사명을 잘 감당하게 하여 주시기를 원합니다.
우리의 믿음에 부족함이 없도록 채워 주시기를 원합니다.
모든 것이 주님을 위하여 온전히 쓰임받게 하여 주소서.
우리의 삶이 시절을 좇아 열매를 맺게 하여 주시기를 원합니다.
우리 주 예수 그리스도의 이름으로 기도합니다. 아멘!

### 오늘의 묵상

기도는 용서에서 시작된다. 용서는 거듭난 심령의 표시다. 더 큰 죄를 하나님께 용서받은 우리가 다른 사람을 용서하지 못해서야 되겠는가. 그리스도인이 다른 사람을 용서하는 데 실패하면 자신을 하나님보다 더 높이 재판관으로 앉히고, 심지어 믿음의 실체에 의심을 불러일으키게 된다.

## 12 December 14 · 기도의 자세가 힘을 발휘하지는 않는다

> 보라 형제가 연합하여 동거함이 어찌 그리 선하고 아름다운고 머리에 있는 보배로운 기름이 수염 곧 아론의 수염에 흘러서 그의 옷깃까지 내림 같고 헐몬의 이슬이 시온의 산들에 내림 같도다 거기서 여호와께서 복을 명령하셨나니 곧 영생이로다
> 시편 133:1-3

우리를 구원하여 주시는 주님!
주님의 인도하심과 사랑하심에 감사드립니다.
우리의 삶 속에서 주님의 사랑과 인도하심에
늘 감사하며 살게 하여 주시기를 원합니다.
날로 세속화되고 범죄로 물들어 가는 이 땅에서
주님의 영광을 나타내는 삶을 살게 하여 주시기를 원합니다.
우리에게 맡겨진 사명을 잘 감당하게 하여 주시고
생활 속에서도 그리스도인의 삶을 살게 하여 주소서.
이 새벽에도 주님 앞에 나왔으니
우리의 심령을 새롭게 하여 주시기를 원합니다.
우리에게 오늘도 이른 비와 늦은 비의 은혜를 주시옵소서.
우리 주 예수 그리스도의 이름으로 기도합니다. 아멘!

---

**오늘의 묵상** 기도의 자세 그 자체가 하나님께 힘을 발휘하지는 않는다. 그것은 기도하는 사람이 하나님과 자신에 대해 지니는 마음가짐에 반응한다. 기도의 자세를 포함하여 가장 중요한 원칙은 하나님과 우리 자신 그리고 하나님과의 관계를 어떻게 생각하느냐를 반영하고 있다. 따라서 우리의 자세는 예배와 기도 가운데서 하나님께 접근하는 방법이 적절한지 적절하지 않은지 보여 준다.

## 12 December 15

### 기도하라는 주님의 격려

보라 밤에 여호와의 성전에 서 있는 여호와의 모든 종들아 여호와를 송축하라 성소를 향하여 너희 손을 들고 여호와를 송축하라 천지를 지으신 여호와께서 시온에서 네게 복을 주실지어다 시편 134:1-3

자비로우신 주님!
이 땅을 변화시켜 주시고 회복시켜 주시기를 원합니다.
우리의 잘못과 허물을 용서하여 주사
이 땅을 변화시켜 주시기를 원합니다.
우리의 믿음의 지경을 넓혀 주시고
우리에게 믿음에 믿음을 주시고 주님의 뜻에 따라 살게 하소서.
우리의 마음이 옥토가 되게 하사
믿음의 결실을 30배, 60배, 100배로 맺게 하여 주소서.
우리의 상한 심령을 주님께서 치유하여 주시고
늘 새롭게 하여 주사 능력 있는 성도의 삶을 살게 하소서.
이 새벽에 소리 없이 드리는 침묵의 기도를 받아 주소서.
우리 주 예수 그리스도의 이름으로 기도합니다. 아멘!

### 오늘의 묵상

주님은 제자들에게 그들이 기도로 요청한 것을 하나님께서 주시기 전에 잠시 기다려야 한다고 가르치셨다(누가복음 11:9). 기도의 응답이 항상 즉시 오는 것은 아니므로 우리는 낙담하고 응답이 올지 안 올지 의심하는 경향이 있다. 주님은 제자들이 기도한 뒤 낙심하지 않도록 격려하기 위해 비유를 주셨다(누가복음 18:1-8).

## 거룩하고 놀라운 시간

**12 December 16**

할렐루야 여호와의 이름을 찬송하라 여호와의 종들아 찬송하라 여호와의 집 우리 여호와의 성전 곧 우리 하나님의 성전 뜰에 서 있는 너희여 여호와를 찬송하라 여호와는 선하시며 그의 이름이 아름다우니 그의 이름을 찬양하라 여호와께서 자기를 위하여 야곱 곧 이스라엘을 자기의 특별한 소유로 택하셨음이로다 내가 알거니와 여호와께서는 위대하시며 우리 주는 모든 신들보다 위대하시도다 시편 135:1-5

사랑이 풍성하신 주님!
주님의 구원하심과 사랑하심에 감사드립니다.
우리의 삶이 날마다 주님의 형상을 닮아 가게 하여 주시고
주님의 영광을 나타내게 하여 주시기를 원합니다.
겨울날 찬바람처럼 냉랭하게 살지 말게 하시고
주님의 마음처럼 온유하고 따스하게 살아가게 하여 주소서.
복음 안에서 빛과 소금의 삶을 살게 하여 주시고
성령 충만함을 입어 주님의 영광을 나타내게 하여 주소서.
우리의 모든 부족함을 주님의 사랑으로 채워 주소서.
우리의 입술로 더욱더 주님의 이름을 부르게 하시고
주님의 뜻을 이루는 삶을 살게 하여 주시기를 원합니다.
우리 주 예수 그리스도의 이름으로 기도합니다. 아멘!

**오늘의 묵상** 고백의 기도 이후에 무엇보다 먼저 마땅히 해야 할 일은 하나님께 영광을 돌리는 일이다. 다윗은 다음과 같이 선포했다. "지존자여 십현금과 비파와 수금으로 여호와께 감사하며 주의 이름을 찬양하고 아침마다 주의 인자하심을 알리며 밤마다 주의 성실하심을 베풂이 좋으니이다(시편 92:1)" 자기의 죄를 해결하고 자기의 시간표에서 벗어나 하나님께 초점을 맞추었으면 이제 하나님께 찬양과 경배를 드리는 순간보다 더 거룩하고 놀라운 시간이 어디 있을까?

## 12 December 17

### 기도는 말씀에 귀를 기울이도록 한다

여호와께 감사하라 그는 선하시며 그 인자하심이 영원함이로다 신들 중에 뛰어난 하나님께 감사하라 그 인자하심이 영원함이로다 주들 중에 뛰어난 주께 감사하라 그 인자하심이 영원함이로다 홀로 큰 기이한 일들을 행하시는 이에게 감사하라 그 인자하심이 영원함이로다 지혜로 하늘을 지으신 이에게 감사하라 그 인자하심이 영원함이로다 땅을 물 위에 펴신 이에게 감사하라 그 인자하심이 영원함이로다

시편 136:1-6

우리에게 감사의 조건을 주시는 주님!
우리에게 성령을 보내 주시기를 원합니다.
강퍅한 우리의 마음을 무너뜨리사 새롭게 변화되게 하소서.
생명의 말씀을 통하여 죄악에서 벗어나
진리의 자유함을 누리게 하여 주시기를 원합니다.
세상에서 버림받은 영혼들을 사랑할 수 있는 마음을 주셔서
그들을 위해 기도하게 하여 주시기를 원합니다.
구원의 말씀을 그들과 나눌 수 있게 하여 주시기를 원합니다.
주님만이 우리의 구원자이심을 더욱더 확신하며 살게 하소서.
우리가 주님의 뜻에 따라 기도하게 하여 주소서.
우리 주 예수 그리스도의 이름으로 기도합니다. 아멘!

### 오늘의 묵상

기도는 우리를 하나님의 말씀에 귀 기울이도록 한다. 우리가 살고 있는 이 사회는 온갖 말들이 홍수처럼 쏟아져 나온다. 거리 광고판의 휘황찬란한 문구가 우리 마음을 흐트러뜨린다. 신문지상에서는 톱뉴스 기사 제목이 소리쳐댄다. 이러한 사회에서 우리는 모든 소음을 차단하고 예수 그리스도의 귀한 말씀에 귀 기울일 필요가 있다. 규칙적인 기도생활로 우리의 삶은 고요한 정신 집중의 시간들을 가질 수 있게 되며, 주님의 부드러운 음성은 삶의 모든 소음을 덮고 평화와 기쁨의 말씀을 전하여 줄 것이다.

## 기도하는 마음의 자세를 갖추는 방법

**12 December 18**

우리가 바벨론의 여러 강변 거기에 앉아서 시온을 기억하며 울었도다 그중의 버드나무에 우리가 우리의 수금을 걸었나니 이는 우리를 사로잡은 자가 거기서 우리에게 노래를 청하며 우리를 황폐하게 한 자가 기쁨을 청하고 자기들을 위하여 시온의 노래 중 하나를 노래하라 함이로다 우리가 이방 땅에서 어찌 여호와의 노래를 부를까 예루살렘아 내가 너를 잊을진대 내 오른손이 그의 재주를 잊을지로다 내가 예루살렘을 기억하지 아니하거나 내가 가장 즐거워하는 것보다 더 즐거워하지 아니할진대 내 혀가 내 입천장에 붙을지로다 시편 137:1-6

우리의 삶을 보살펴 주시는 주님!
우리가 기도함으로 주님과 더욱더 가까워지게 하시고
말씀을 통하여 죄를 깨닫게 하사 고백함으로 용서받게 하소서.
말씀을 깊이 상고하게 하시고 우리의 삶에 적용하며 살게 하소서.
성령께서 우리의 마음을 감동시키사 주님의 뜻대로 살게 하소서.
주님의 뜻에 늘 순복함으로 주님의 뜻을 이루게 하여 주소서.
우리가 만족할 것을 찾아다니지 말게 하시고
주님이 원하시는 성도의 삶을 살게 하여 주소서.
가족과 교회와 이웃과 민족의 필요를 위하여
힘써 기도하게 하여 주시기를 원합니다.
우리의 삶이 주님 안에서 가치 있게 하여 주소서.
우리 주 예수 그리스도의 이름으로 기도합니다. 아멘!

### 오늘의 묵상

기도는 규칙적으로 취하는 어떤 행동이기도 하지만 바로 마음자세이기도 하다. 기도하는 마음의 자세를 갖추는 방법은 하나님께서 우리와 함께하심을 인식하는 것이다. 우리는 하나님이 나와 함께하시며 우리의 기도를 듣고 계신다는 확실한 믿음을 가져야 한다.

## 12 December 19

### 정직한 기도는 하나님을 신뢰하는 것이다

내가 전심으로 주께 감사하며 신들 앞에서 주께 찬송하리이다 내가 주의 성전을 향하여 예배하며 주의 인자하심과 성실하심으로 말미암아 주의 이름에 감사하오리니 이는 주께서 주의 말씀을 주의 모든 이름보다 높게 하셨음이라 내가 간구하는 날에 주께서 응답하시고 내 영혼에 힘을 주어 나를 강하게 하셨나이다 여호와여 세상의 모든 왕들이 주께 감사할 것은 그들이 주의 입의 말씀을 들음이오며 그들이 여호와의 도를 노래할 것은 여호와의 영광이 크심이니이다 시편 138:1-5

---

우리에게 새 생명을 주신 주님!
우리가 기도할 때마다 나약하고 연약함을 느끼오니
주님께서 우리를 강한 권능으로 붙잡아 주시기를 원합니다.
기도한 것들이 응답될 때까지 기다릴 줄 아는
인내심을 허락하여 주시기를 원합니다.
우리가 이루고자 하는 일들이 주님의 뜻이라면
쉽게 포기하지 않고 이루어 나가게 하여 주시기를 원합니다.
우리에게 성령을 충만히 허락하여 주사
기다림의 아름다운 법칙을 깨닫게 하여 주시기를 원합니다.
주님은 오늘도 우리의 구원자가 되심을 믿습니다.
주님께서 우리를 사랑하여 주심을 감사드립니다.
우리 주 예수 그리스도의 이름으로 기도합니다. 아멘!

---

**오늘의 묵상** 정직한 기도는 중요하다. 정직하게 기도한다는 것은 하나님에 대한 신뢰감을 표현하는 것이다. 오직 신뢰하는 사람만이 우리의 참 모습, 변화되기를 원하는 성격의 일면까지도 보여 줄 것이다. 정직한 기도는 하나님을 더 알고 신뢰하기 위한 마음에서 나오는 것이다.

## 12 December 20

### 기도는 하나님이 우리를 성숙시키는 법

여호와여 주께서 나를 살펴보셨으므로 나를 아시나이다 주께서 내가 앉고 일어섬을 아시고 멀리서도 나의 생각을 밝히 아시오며 나의 모든 길과 내가 눕는 것을 살펴보셨으므로 나의 모든 행위를 익히 아시오니 여호와여 내 혀의 말을 알지 못하시는 것이 하나도 없으시니이다 주께서 나의 앞뒤를 둘러싸시고 내게 안수하셨나이다 이 지식이 내게 너무 기이하니 높아서 내가 능히 미치지 못하나이다 내가 주의 영을 떠나 어디로 가며 주의 앞에서 어디로 피하리이까 시편 139:1-7

날씨를 주관하시는 주님!
추워지는 날씨로 두터운 옷을 입고도 한기를 느낍니다.
따뜻한 곳을 찾고 싶어집니다.
우리의 삶도 예수 그리스도로 옷 입게 하여 주시기를 원합니다.
주님의 거룩하신 삶을 닮아 가게 하여 주시고
주님의 삶의 모습을 본받게 하여 주시기를 원합니다.
주님의 이름으로 모든 어둠의 죄악을 끊고
빛으로 나아가 자유함을 누리며 살게 하여 주시기를 원합니다.
우리가 어리석은 행동을 하기보다
주님의 일에 열심을 내게 하여 주시기를 원합니다.
우리가 오직 믿음으로 기도하게 하여 주시기를 원합니다.
우리 주 예수 그리스도의 이름으로 기도합니다. 아멘!

### 오늘의 묵상

삶과 기도, 이 양자 간에 맺어진 거룩한 관계를 올바로 인식하기 위해서 우리는 영적 성숙의 의미를 검토하고, 또한 그것이 기도의 영역에서 무엇을 동반하는지 살펴보아야 한다. 우리가 결코 잊어서는 안 되는 것은 성숙이야말로 하나님께서 우리 그리스도인들의 삶 속에서 이루어지기를 바라시는 최종 목표라는 사실이다. 그분께서는 우리가 될 수 있는 한 최고가 되기를 원하신다.

## 12 December 21

### 기도는 기대 속에 해야 한다

여호와여 악인에게서 나를 건지시며 포악한 자에게서 나를 보전하소서 그들이 마음속으로 악을 꾀하고 싸우기 위하여 매일 모이오며 뱀같이 그 혀를 날카롭게 하니 그 입술 아래에는 독사의 독이 있나이다 (셀라) 여호와여 나를 지키사 악인의 손에 빠지지 않게 하시며 나를 보전하사 포악한 자에게서 벗어나게 하소서 그들은 나의 걸음을 밀치려 하나이다 교만한 자가 나를 해하려고 올무와 줄을 놓으며 길 곁에 그물을 치며 함정을 두었나이다 (셀라) 시편 140:1-5

우리에게 성령을 충만하게 받으라고 하신 주님!
이 새벽에 간구하오니 성령 충만함을 주시기를 원합니다.
불신앙이 사라지게 하여 주시고 오직 믿음 안에서 살게 하소서.
감정에 따라 살거나 충동에 따라 사는 것이 아니라
주님 생명의 말씀으로 인도받으며 살게 하여 주소서.
주님의 말씀 속에서 진정한 믿음을 깨닫게 하여 주셔서
오직 주님만을 바라보며 살게 하여 주시기를 원합니다.
우리가 기도해 주는 사람들이 늘어나게 하여 주소서.
우리가 기도해 주기 싫어지는 사람도 기도하게 하소서.
이 땅의 모든 영혼들을 위하여 기도하게 하여 주소서.
우리 주 예수 그리스도의 이름으로 기도합니다. 아멘!

#### 오늘의 묵상

기도는 믿음으로 해야 한다. 구하는 것을 얻을 수 있다는 기대를 가지고 기도해야 한다. 그러한 기대가 없이 기도한다면 기도 응답을 바랄 수 없다. 하지만 기대를 가질 만한 아무런 이유도 없이 그런 기대를 품어서는 안 된다. 우리가 기도했다면 하나님의 응답을 믿고 기대하는 것은 지극히 당연한 일이다. 믿음으로 기도하고 기대감 속에 살라.

## 12 December 22 하나님의 실존을 믿고 기대하라

여호와여 내가 주를 불렀사오니 속히 내게 오시옵소서 내가 주께 부르짖을 때에 내 음성에 귀를 기울이소서 나의 기도가 주의 앞에 분향함과 같이 되며 나의 손 드는 것이 저녁 제사같이 되게 하소서 여호와여 내 입에 파수꾼을 세우시고 내 입술의 문을 지키소서 내 마음이 악한 일에 기울어 죄악을 행하는 자들과 함께 악을 행하지 말게 하시며 그들의 진수성찬을 먹지 말게 하소서 의인이 나를 칠지라도 은혜로 여기며 책망할지라도 머리의 기름같이 여겨서 내 머리가 이를 거절하지 아니할지라 그들의 재난 중에도 내가 항상 기도하리로다 시편 141:1-5

우리에게 사랑을 충만하게 주시는 주님!
이 새벽에 기도하오니 우리의 마음에
주님의 사랑을 가득히 넘치도록 부어 주시기를 원합니다.
이 세상에는 아직도 주님을 알지 못하고 깨닫지 못하고
방황하는 사람들이 많사오니 주님의 은혜로 구원하여 주소서.
우리가 주님의 구원의 복음을 전할 수 있는
힘과 능력과 담대함을 주시기를 원합니다.
우리가 늘 겸손하고 낮아지게 하여 주시고
주님만을 의지하며 살아가게 하여 주시기를 원합니다.
주님의 말씀 속에서 배우고 깨달은 것들을
우리 삶 속에서 나타내게 하여 주시기를 원합니다.
우리 주 예수 그리스도의 이름으로 기도합니다. 아멘!

**오늘의 묵상** 우리는 하나님의 실존을 믿어야 한다. 그리고 하나님은 기꺼이 기도에 응답하시는 분임을 믿어야 한다. 하나님의 실존을 믿으면서 기도의 효용은 믿지 않는 사람들이 많다. 하나님을 믿는다고 고백하면서 기도의 필요성이나 영향력은 부인하는 것이다. 받을 것을 믿어야 한다. 무엇을 받는가? 되는 대로 무언가를 혹은 아무 거나 받는 것이 아니라 특별히 우리가 구하는 것을 받는 것이다.

## 12 December 23 · 기도는 우리의 용모를 변화시킨다

> 내가 소리 내어 여호와께 부르짖으며 소리 내어 여호와께 간구하는도다 내가 내 원통함을 그의 앞에 토로하며 내 우환을 그의 앞에 진술하는도다 내 영이 내 속에서 상할 때에도 주께서 내 길을 아셨나이다 내가 가는 길에 그들이 나를 잡으려고 올무를 숨겼나이다 오른쪽을 살펴 보소서 나를 아는 이도 없고 나의 피난처도 없고 내 영혼을 돌보는 이도 없나이다 여호와여 내가 주께 부르짖어 말하기를 주는 나의 피난처시요 살아 있는 사람들의 땅에서 나의 분깃이시라 하였나이다 시편 142:1-5

우리의 기도를 들어주시는 주님!
우리가 항상 믿음으로 기도함으로써 응답을 받게 하여 주소서.
이 새벽에도 우리의 마음을 주관하시는 주님이 계시니
믿음으로 기도하게 하여 주시기를 원합니다.
우리의 기도가 범위가 넓어지게 하여 주시고
우리의 믿음의 지경이 넓어지게 하여 주소서.
주님의 뜻에 합당한 것들을 구하게 하여 주시고
주님의 약속을 믿고 기도하게 하여 주시기를 원합니다.
우리를 둘러싸려고 하는 불신과 죄악에서 벗어나게 하소서.
고통과 역경 속에서도 주님의 말씀으로 새롭게 하여 주소서.
우리가 응답받을 수 있는 올바른 기도를 하게 하소서.
우리 주 예수 그리스도의 이름으로 기도합니다. 아멘!

### 오늘의 묵상

기도를 통하여 주님과 깊은 교제 속으로 들어가게 되면 인간의 삶을 통하여 그리스도의 삶과 영광이 그대로 나타나게 된다. 기도는 우리로 하여금 인생의 시련들을 직면할 수 있게 해 준다. 기도는 우리에게 용모가 변화된 삶을 가져다준다. 기도로 승리를 선포하라. 그 승리는 그리스도 안에서 이미 우리의 것이다. 그리고 기도로 곧이어 하나님이 하실 일을 미리 감사드려라.

# 12 December 24

## 우리에게 중요한 것은 기도하는 것이다

여호와여 내 기도를 들으시며 내 간구에 귀를 기울이시고 주의 진실과 의로 내게 응답하소서 주의 종에게 심판을 행하지 마소서 주의 눈앞에는 의로운 인생이 하나도 없나이다 원수가 내 영혼을 핍박하며 내 생명을 땅에 엎어서 나로 죽은 지 오랜 자 같이 나를 암흑 속에 두었나이다 그러므로 내 심령이 속에서 상하며 내 마음이 내 속에서 참담하니이다 시편 143:1-4

성탄 전날입니다, 주님!
오늘 많은 사람들이 선물과 카드를 준비할 것입니다.
사랑을 표현하고 싶기 때문입니다.
주님께서 우리를 사랑하여 주셔서
십자가의 사랑으로 구원하여 주신 사랑에 감사를 드립니다.
우리가 이 땅에 우리를 구원하러 오신 주님을
온전히 경배하기 위하여 준비하는 마음을 갖게 하여 주소서.
우리의 모든 죄악을 잊어 주시고 씻어 주시는
주님의 사랑을 온몸과 온 마음으로 체험하게 하여 주소서.
우리의 평생토록 주님이 구주가 되어 주시고
영원한 천국에서도 주님이 구주가 되어 주시기를 원합니다.
우리 주 예수 그리스도의 이름으로 기도합니다. 아멘!

### 오늘의 묵상

우리에게 중요한 것은 기도하는 것이다. 그렇다면 얼마나 중요한 것인가? 무엇보다 우리가 기도하면 하나님께서 들어주시고 우리가 기도하지 않으면 하나님께서 들어주시지 않는다는 것이 중요하다. 주님께서는 네가 구하면 주리라고 하셨다. 이는 만약 우리가 구하지 않으면 주님이 주시지 않을 것이라는 뜻을 분명히 함축하고 있는 것이다. 야고보는 이것을 "너희가 얻지 못함은 구하지 아니하기 때문이요(야고보서 4:2)"라고 명백하게 말하고 있다.

## 12 December 25 초신자들을 위하여 기도하라

> 나의 반석이신 여호와를 찬송하리로다 그가 내 손을 가르쳐 싸우게 하시며 손가락을 가르쳐 전쟁하게 하시는도다 여호와는 나의 사랑이시요 나의 요새이시요 나의 산성이시요 나를 건지시는 이시요 나의 방패이시니 내가 그에게 피하였고 그가 내 백성을 내게 복종하게 하셨나이다 여호와여 사람이 무엇이기에 주께서 그를 알아 주시며 인생이 무엇이기에 그를 생각하시나이까 시편 144:1-3

우리를 구원하여 주신 주님!
주님의 성탄을 찬양합니다.
우리를 구원하여 주시기 위하여 2천 년 전에
유대 땅 베들레헴에서 탄생하신 주님을 찬양합니다.
이 새벽에 기도하며 주님을 경배하오니 받아 주시기를 원합니다.
오늘 성도들이 주님의 교회에 주님의 이름으로 모일 때
주님께서 인도하여 주시기를 원합니다.
우리의 삶 속에서 십자가의 사랑으로 함께하시는 주님을
늘 항상 체험하며 살게 하여 주시기를 원합니다.
우리가 주님의 구원의 사랑을 받았으니
이 놀라운 구원의 복음을 생명이 다하는 날까지
전하고 또 전하며 살게 하여 주시기를 원합니다.
우리 주 예수 그리스도의 이름으로 기도합니다. 아멘!

### 오늘의 묵상

우리는 믿음이 연약한 초신자들을 위해 기도했는가? 그의 믿음이 쓰러져 가는 징조를 처음 발견했을 때와 대적이 그의 새로운 삶에 침투의 교두보를 확보했다는 의심을 가졌을 때, 우리는 기도했는가? 그의 짐을 우리 영혼에 나누어 지고 그가 은혜의 보좌에 앉도록 그를 도와 주었으며, 또한 그를 보호하기 위해 그의 주변에 기도의 장벽을 쌓아 주었는가?

## 12 December 26 | 외식하는 자와 이방인의 기도

왕이신 나의 하나님이여 내가 주를 높이고 영원히 주의 이름을 송축하리이다 내가 날마다 주를 송축하며 영원히 주의 이름을 송축하리이다 여호와는 위대하시니 크게 찬양할 것이라 그의 위대하심을 측량하지 못하리로다 대대로 주께서 행하시는 일을 크게 찬양하며 주의 능한 일을 선포하리로다 시편 145:1-4

사랑의 주님!
우리의 죄악을 담당하사 십자가에 화목 제물이 되어
우리를 구원하여 주신 사랑에 무한한 감사를 드립니다.
우리가 무엇을 하며 살아가야 하는지
기도를 통하여 깨닫게 하여 주시고
주님의 길을 온전히 가게 하여 주시기를 원합니다.
주님의 인도하심과 섭리하심을 굳게 믿게 하여 주시고
온전한 믿음에 이르게 하여 주시기를 원합니다.
우리가 기도하는 삶을 살게 하여 주소서.
우리가 찬양하는 삶을 살게 하여 주소서.
우리가 말씀을 묵상하는 삶을 살게 하여 주소서.
우리 주 예수 그리스도의 이름으로 기도합니다. 아멘!

### 오늘의 묵상

외식하는 자는 잘못된 동기를 가지고 기도한다. 이방인은 잘못된 방법으로 기도한다. 외식하는 자는 기도의 목적을 오용한다. 이방인은 기도의 성격을 잘못 이해한다. 외식하는 자는 사람에게 감명을 주기 위해 기도한다. 이방인은 저들의 신에게 감명을 주기 위해 기도한다. 외식하는 자의 잘못은 고의에 의한 것인 반면 이방인은 스스로의 잘못을 알지 못한다.

## 12 December 27 — 말씀은 기도할 때 큰 도움이 된다

할렐루야 내 영혼아 여호와를 찬양하라 나의 생전에 여호와를 찬양하며 나의 평생에 내 하나님을 찬송하리로다 귀인들을 의지하지 말며 도울 힘이 없는 인생도 의지하지 말지니 그의 호흡이 끊어지면 흙으로 돌아가서 그날에 그의 생각이 소멸하리로다 야곱의 하나님을 자기의 도움으로 삼으며 여호와 자기 하나님에게 자기의 소망을 두는 자는 복이 있도다 시편 146:1-5

사랑의 주님!
우리를 도와 주시고 인도하여 주시기를 원합니다.
삶의 순간순간마다 갈 바를 알지 못하는
우리에게 깨달음을 주시기를 원합니다.
이 땅의 황무함을 돌아보시고 죄악을 씻어 주시고
우리의 악함을 용서하여 주시기를 원합니다.
주님의 손길로 새롭게 변화되게 하여 주시기를 원합니다.
날마다 주님의 영광과 찬양을 드러내게 하여 주소서.
우리의 삶이 예배가 되게 하여 주시고
주님의 자녀로 살아갈 수 있는 믿음을 주시기를 원합니다.
우리를 향하신 주님의 손길을 거두지 마시옵소서.
우리 주 예수 그리스도의 이름으로 기도합니다. 아멘!

### 오늘의 묵상

하나님의 말씀은 기도할 때 큰 도움이 된다. 말씀이 우리 마음속에 거하고 기록되면 그 말씀은 충만하여 제어할 수 없는 기도의 큰 물살이 된다. 하나님의 약속들은 기도에 생명력과 온기를 주는 연료가 된다. 하나님의 말씀은 기도가 살찌고 강하게 되는 양식이 된다. 기도를 잘하기를 배우려는 사람은 먼저 하나님의 말씀을 연구하여 그의 기억과 생각 속에 그 말씀을 넣어 두어야 한다.

## 바라틴스키의 기도

**12 December 28**

할렐루야 우리 하나님을 찬양하는 일이 선함이여 찬송하는 일이 아름답고 마땅하도다 여호와께서 예루살렘을 세우시며 이스라엘의 흩어진 자들을 모으시며 상심한 자들을 고치시며 그들의 상처를 싸매시는도다 그가 별들의 수효를 세시고 그것들을 다 이름대로 부르시는도다 우리 주는 위대하시며 능력이 많으시며 그의 지혜가 무궁하시도다 시편 147:1-5

우리를 인도하여 주시는 주님!
혹한의 겨울에도 제자리를 지키고 서 있는
가로등을 바라보며 많은 것을 느낍니다.
제자리를 지키며 살아간다는 것이
얼마나 소중한 것인가를 깨닫게 하여 주심을 감사드립니다.
우리도 그리스도인으로서 지켜야 할 자리를
잘 지키며 살 수 있도록 인도하여 주시기를 원합니다.
주님만이 우리의 구원자이심을 믿고 따르게 하여 주소서.
주님만이 우리의 길이심을 믿고 따르게 하여 주소서.
주님만이 우리의 사랑이심을 믿고 따르게 하여 주소서.
우리 주 예수 그리스도의 이름으로 기도합니다. 아멘!

**오늘의 묵상** 하늘에 계신 아버지여, 내 병든 마음을 고쳐 주시옵소서. 나로 하여금 땅 위의 그 모든 유혹을 잊게 하시고, 그리하여 당신의 엄하신 낙원에 들어가는 힘을, 아, 이 몸에도 주옵소서. 바라틴스키

## 12 December 29 하나님은 존귀하시다

> 할렐루야 하늘에서 여호와를 찬양하며 높은 데서 그를 찬양할지어다 그의 모든 천사여 찬양하며 모든 군대여 그를 찬양할지어다 해와 달아 그를 찬양하며 밝은 별들아 다 그를 찬양할지어다 하늘의 하늘도 그를 찬양하며 하늘 위에 있는 물들도 그를 찬양할지어다 그것들이 여호와의 이름을 찬양함은 그가 명령하시므로 지음을 받았음이로다 시편 148:1-5

우리의 삶을 인도하여 주시는 주님!
올해도 많은 날들을 주님께서 함께하여 주시고
우리의 삶을 인도하여 주심에 무한한 감사를 드립니다.
주님께서 충만한 사랑으로 인도하여 주시고
때를 따라 축복하여 주심을 감사드립니다.
우리 삶의 한순간도 주님이 없으면 살 수 없으니
주님께 늘 감사하며 소망 속에 기뻐하며 살게 하소서.
우리가 늘 부족하고 늘 연약하여도 붙잡아 주시고
능력으로 인도하여 주심을 감사드립니다.
주님, 우리에게 믿음을 주시기를 원합니다.
우리가 주님을 떠남이 없이 언제나 주 안에서 살게 하소서.
우리 주 예수 그리스도의 이름으로 기도합니다. 아멘!

### 오늘의 묵상

위대하신 하나님은 너무 깊고 넓으시니 그를 이해하려 노력해도 헛수고뿐이라. 그의 힘과 무궁함은 헤아릴 수 없다. 사람은 자신의 체험으로 하나님을 헤아리려 하지만 예로부터 오늘까지의 슬기로는 불가능한 것. 하나님은 너무 크고, 또 너무 작아 알 수 없는 분. 그 일로 밤낮을 번민하는 자는 어리석도다! 설교나 교리로도 알 수 없는 것을 그는 알려 한다. 발터

## 12 December 30 기도하는 사람은 행복한 사람이다

할렐루야 새 노래로 여호와께 노래하며 성도의 모임 가운데에서 찬양할지어다 이스라엘은 자기를 지으신 이로 말미암아 즐거워하며 시온의 주민은 그들의 왕으로 말미암아 즐거워할지어다 춤 추며 그의 이름을 찬양하며 소고와 수금으로 그를 찬양할지어다 여호와께서는 자기 백성을 기뻐하시며 겸손한 자를 구원으로 아름답게 하심이로다 성도들은 영광 중에 즐거워하며 그들의 침상에서 기쁨으로 노래할지어다
시편 149:1-5

우리의 기도를 들으시고 응답하여 주시는 주님!
이 새벽에 기도드리며 올 한 해를 돌이켜 봅니다.
주님께 드린 기도와 응답받은 일들을 기억하며
주님께 온 마음을 다하여 감사드리게 하여 주시기를 원합니다.
우리가 주님께 받은 사랑이 너무나 크고 깊은데
우리가 주님께 드린 것은 없으니 용서하여 주시기를 원합니다.
우리를 늘 인도하여 주시는데도 우리는 넘어지고 쓰러지고
좌절할 때가 많사오니 주님을 더욱 신뢰하며 따르게 하소서.
새로운 해를 준비하는 마음을 갖게 하시고
언제 어느 때나 어디서나 주님만이 우리의 구주가 되시고
우리를 인도하여 주시기를 원합니다.
우리 주 예수 그리스도의 이름으로 기도합니다. 아멘!

### 오늘의 묵상

기도하는 사람은 참으로 행복한 사람이다. 자신의 마음을 활짝 열어 남김없이 있는 그대로 정직하고 솔직하게 하나님께 드릴 수 있고, 하나님의 응답과 무한하신 사랑을 받을 수 있으니 얼마나 행복한가. 기도로 오늘을 인도받을 수 있고 내일을 소망할 수 있다. 무엇보다도 예수 그 이름으로 기도하면 하나님이 그 마음을 알아 주시니 얼마나 행복한 일인가.

## 12 December 31 우리의 기도는 찬양의 시

할렐루야 그의 성소에서 하나님을 찬양하며 그의 권능의 궁창에서 그를 찬양할지어다 그의 능하신 행동을 찬양하며 그의 지극히 위대하심을 따라 찬양할지어다 나팔 소리로 찬양하며 비파와 수금으로 찬양할지어다 소고 치며 춤추어 찬양하며 현악과 퉁소로 찬양할지어다 큰 소리 나는 제금으로 찬양하며 높은 소리 나는 제금으로 찬양할지어다 호흡이 있는 자마다 여호와를 찬양할지어다 할렐루야 시편 150:1-6

우리를 인도하여 주시는 주님!
이 한 해도 주님의 은혜로 살게 하여 주심을 감사드립니다.
새벽마다 드리는 기도로 주님과 깊은 교제를 나누게 하여 주시고
많은 응답을 통하여 기쁨을 누리게 하여 주심을 감사드립니다.
주께서 우리 목자가 되사 함께하심은 놀라운 축복이오니
더욱더 주님을 사랑하며 살게 하여 주소서.
우리가 열심을 다하여 주님을 믿게 하여 주시고
주 안에서 형통함을 보게 하여 주시기를 원합니다.
우리의 가정이 믿음 속에 화목하게 하시고
주님의 교회가 부흥되게 하여 주시고
나라와 민족이 주 앞에 바로 서서 예배하게 하여 주소서.
주님께서 항상 함께하여 주심을 감사드립니다.
우리 주 예수 그리스도의 이름으로 기도합니다. 아멘!

### 오늘의 묵상

우리의 기도는 마침내 우리 마음의 열망을 가장 신실하게 표현하게 될 것이다. 사랑의 새로운 언어로, 우리가 가장 사랑하는 주님의 이름으로 하나님을 향하여 영원한 찬양의 시로 표현될 것이다. 하나님은 영광을 받으시고, 우리는 응답 속에 살아갈 것이다.

## 이 땅에 오신 예수여

놀라운 기쁨입니다
놀라운 감격입니다
예수 그리스도가 이 땅에 오셨다는
그 놀라운 소식은 곧 복음입니다

주님이 오심으로 인해 우리는
더럽혀짐에서 깨끗함을 받았습니다
모든 억압에서 풀려났습니다
자유입니다
진리의 자유입니다

감추어도 결국에는 모두 다 드러나
순간순간 죄의식으로
초라해져 버리고 말았던 우리는
예수 그분이 이 땅에 오심으로 인해
새로운 여행을 떠나고 있습니다
용서라는 이름의 여행
구원의 여행입니다

아직도 이 아름답고 행복한 일들을
모르는 사람들이 많을 것입니다
이 여행에 그대를 초대합니다
예수 그 놀라우신 이름으로
그대를 초대합니다

삶이 분주하고 바쁠 때 드리는
# 새벽기도 365일

초판 1쇄 발행 2012년 10월 30일
초판 4쇄 발행 2020년 2월 25일

**글** | 용혜원
**펴낸이** | 한순 이희섭
**펴낸곳** | (주)도서출판 나무생각
**편집** | 양미애 백모란
**디자인** | 박민선
**마케팅** | 이재석
**출판등록** | 1998년 4월 14일 제13-529호
**주소** | 서울특별시 마포구 월드컵로 70-4(서교동) 1F
**전화** | (02) 334-3339, 3308, 3361
**팩스** | (02) 334-3318
**이메일** | tree3339@hanmail.net
**홈페이지** | www.namubook.co.kr
**블로그** | blog.naver.com/tree3339

ISBN 978-89-5937-280-5 (04230)
     978-89-5937-223-2 (세트)

값은 뒤표지에 있습니다.
잘못된 책은 바꿔 드립니다.